2013年5月14日，中共中央总书记、国家主席、中央军委主席习近平在天津人力资源发展促进中心考察时与应聘人员交谈。

2013 年 6 月 8 日，中共中央政治局常委、国务院总理李克强到河北师范大学了解大学生就业情况。

2013年5月17日，中共中央政治局委员、国务院副总理刘延东出席全国普通高校毕业生就业工作电视电话会议并讲话。

2013 年 3 月 28 日，中共中央政治局委员、国务院副总理马凯到人力资源社会保障部视察，并与部党组成员合影。

2013 年 5 月 17 日，中共中央政治局委员、国务院副总理马凯出席全国普通高校毕业生就业工作电视电话会议并讲话。

2013 年 12 月 17 日，中共中央政治局委员、国务院副总理马凯出席第八届全国人民满意的公务员和公务员集体表彰大会并讲话。

2013 年 12 月 26 日，人力资源社会保障部部长尹蔚民出席全国人力资源和社会保障工作会议暨优质服务窗口表彰大会并做工作报告。

2013 年 5 月 13 日，人力资源社会保障部部长尹蔚民会见应邀来华访问的国际劳工组织总干事盖·莱德。

2013 年 5 月 23 日，人力资源社会保障部部长尹蔚民到江苏省南京市高校毕业生就业指导中心调研高校毕业生就业创业工作。

2013 年 6 月 4 日，人力资源社会保障部部长尹蔚民到湖北省武汉市企业调研。

2013年7月25日，人力资源社会保障部副部长杨志明主持部年中务虚会并做总结讲话。

2013年5月29日，人力资源社会保障部副部长杨志明到黑龙江省漠河市调研基层劳动就业和社会保障公共服务平台工作。

2013 年 3 月 29 日，中组部副部长兼人力资源社会保障部副部长潘立刚为省委组织部副部长和市县组织部长任职培训班学员做“深入学习贯彻党的十八大精神 进一步做好新形势下人才工作”主题报告。

2013 年 8 月 9 日，中组部副部长兼人力资源社会保障部副部长潘立刚到天津市未来科技城调研。

2013年1月8日，人力资源社会保障部副部长、国家公务员局副局长杨士秋出席全国行政机关公务员管理工作会议并做工作报告。

2013年4月23日，人力资源社会保障部副部长杨士秋到山东省济南市历下区街道人力资源社会保障服务中心调研。

2013 年 6 月 13 日，人力资源社会保障部副部长王晓初出席第 102 届世界劳工大会并做“携手合作，促进体面劳动的新发展”的发言。

2013 年 9 月 9 日，人力资源社会保障部副部长王晓初到浙江省温州源大创业园调研。

2013 年 4 月 25 日，人力资源社会保障部副部长何宪主持全国军队转业干部安置工作电视电话会议。

2013 年 5 月 8 日，人力资源社会保障部副部长何宪到江西省九江市星子县劳动保障所调研。

2013 年 1 月 30 日，人力资源社会保障部副部长胡晓义出席全国医疗保险工作座谈会并讲话。

2013 年 9 月 11 日，人力资源社会保障部副部长胡晓义到西藏阿里地区普兰县巴嘎乡岗莎村调研城乡居民养老保险工作。

2013 年 3 月 22 日，人力资源社会保障部副部长信长星主持部第二届专家咨询委员会成立大会。

2013 年 10 月 29 日，人力资源社会保障部副部长信长星到湖南省益阳市企业调研。

2013 年 1 月 15 日，人力资源社会保障部副部长、国家外国专家局局长张建国出席 2013 年全国引进国外智力工作会议并讲话。

2013 年 7 月 4 日，人力资源社会保障部副部长、国家外国专家局局长张建国到北京市外国人及外国专家服务中心调研外国专家服务窗口建设情况。

2013 年 12 月 19 日，人力资源社会保障部副部长邱小平主持 2014 年春节前保障农民工工资支付工作视频会议。

2013 年 10 月 31 日，人力资源社会保障部副部长邱小平到重庆市巴南区龙海社区基层服务平台调研。

2013 年 9 月 4 日，中纪委驻人力资源社会保障部纪检组组长袁彦鹏与人社部 31 名新任职司局级领导干部进行集体廉政谈话。

2013 年 5 月 9 日，中纪委驻人力资源社会保障部纪检组组长袁彦鹏到山西省晋城市皇城村调研新农保工作。

2013 年 1 月 8-9 日，全国行政机关公务员管理工作会议在北京召开。

2013 年 3 月 18 日，人力资源社会保障部召开传达贯彻 2013 年“两会”精神大会。

2013 年 4 月 25 日，全国军队转业干部安置工作电视电话会议在北京召开。

2013 年 5 月 13 日，人力资源社会保障部与土耳其国家人事委员会共同签署两部门《公共行政与人事管理合作谅解备忘录》。

2013 年 5 月 17 日，国务院召开全国普通高校毕业生就业工作电视电话会议。

2013 年 7 月 2 日，人力资源社会保障部召开党的群众路线教育实践活动动员大会。

2013年7月6日，人力资源社会保障部与瑞士联邦经济部共同签署两部门《关于劳动和就业领域的合作协议》。

2013年7月23日，人力资源社会保障部与俄罗斯联邦总统公务及人事局共同签署延长两部门合作谅解备忘录的协议和两部门年度合作计划。

2013年12月17日，第八届全国人民满意的公务员和公务员集体表彰大会在北京召开。

2013年12月19日，人力资源社会保障部等10部委召开2014年春节前保障农民工工资支付工作视频会议。

2013年12月26-27日，全国人力资源和社会保障工作会议暨优质服务窗口表彰大会在北京召开。

2013 年 8 月 13 日，人力资源社会保障部与四川省人民政府签署《共同推进四川贫困地区人社事业发展，促进西部经济发展高地建设合作备忘录》。

2013 年 8 月 22 日，人力资源社会保障部召开第 42 届世界技能大赛参赛总结大会暨首届中国青年技能夏令营开营仪式。

2013 年 11 月 7 日，第五届中国社会保障论坛在北京召开。

2013 年 11 月 8 日，人力资源社会保障部与河北省人民政府签署《共同推进河北省人力资源和社会保障事业发展与改革备忘录》。

2013 年 11 月 13 日，人力资源社会保障部召开传达贯彻党的十八届三中全会精神大会。

2013 年 12 月 2-3 日，人力资源社会保障部 2013 年年底务虚会在北京召开。

2013 年 12 月 9 日，人力资源社会保障部与丹麦社会事务、儿童与社会融合部共同签署《中丹两国政府社会保障协定》及其行政协议。

2013 年 12 月 16 日，第五届全国就业与社会保障先进民营企业表彰大会在北京召开。

中国人力资源和社会保障年鉴

（文献卷）

CHINA HUMAN RESOURCES AND SOCIAL SECURITY YEARBOOK

2014

中国劳动社会保障出版社

中国人事出版社

图书在版编目(CIP)数据

中国人力资源和社会保障年鉴. 2014/人力资源和社会保障部组织编写. —北京：中国劳动社会保障出版社：中国人事出版社，2014

ISBN 978-7-5167-1601-4

Ⅰ.①中…　Ⅱ.①人…　Ⅲ.①人力资源管理-中国-2014-年鉴②社会保障-中国-2014-年鉴　Ⅳ.①F249.21-54②D632.1-54

中国版本图书馆 CIP 数据核字(2014)第 271444 号

中国劳动社会保障出版社
中　国　人　事　出　版　社 出版发行

（北京市惠新东街 1 号　邮政编码：100029）

*

北京新华印刷有限公司印刷装订　　新华书店经销

880 毫米×1230 毫米　16 开本　51 印张　1.75 彩色印张　1215 千字

2014 年 12 月第 1 版　2014 年 12 月第 1 次印刷

定价：498.00 元

读者服务部电话：(010) 64929211/64921644/84643933

发行部电话：(010) 64961894

出版社网址：http://www.class.com.cn

#《中国人力资源和社会保障年鉴》
编辑委员会成员

《中国人力资源和社会保障年鉴》
编辑部成员

编 辑 说 明

一、《中国人力资源和社会保障年鉴（2014）》是关于人力资源和社会保障工作的专业性史料工具书。全书系统收录了2013年度我国人力资源社会保障工作重要文献、资料和数据，全面记录了2013年我国人力资源社会保障事业发展概况，客观反映了人力资源社会保障工作改革发展成就、经验以及今后需要继续研究解决的问题。它是对党政机关领导干部和各部门工作人员、人力资源社会保障系统工作者、企业领导和人力资源管理者，以及人力资源社会保障科研理论工作者有价值的参考用书和工具书。

二、本年鉴分文献卷、工作卷两卷。文献卷包括人力资源和社会保障重要文献、2013年人力资源和社会保障大事记。工作卷包括人力资源和社会保障工作概览、全国人力资源和社会保障工作、地方人力资源和社会保障工作、人力资源和社会保障统计资料。

三、本年鉴中，全国人力资源和社会保障工作分为28个部分：就业工作、人力资源市场建设与管理、职业能力建设、军转安置、专业技术人才工作、事业单位人事管理、公务员管理、养老保险、失业保险、医疗保险、工伤保险、生育保险、城乡居民社会养老保险、社会保险经办管理、社会保险基金监督、劳动关系、劳动人事争议调解仲裁、机关事业单位工资福利离退休工作、农民工工作和发展家庭服务业促进就业工作、法制建设、劳动保障监察、规划统计、信息化建设、科学研究、干部教育培训和评比表彰、新闻宣传政务信息与出版、国际及港澳台地区交流合作、社团活动；地方人力资源和社会保障工作47篇。

《中国人力资源和社会保障年鉴（2014）》的编辑出版是在全国人力资源社会保障系统的共同努力下完成的。在此，向所有参加编辑出版工作的领导和同志表示衷心的感谢。

《中国人力资源和社会保障年鉴》编辑部

2014 年 10 月

目　录

文献卷

人力资源和社会保障重要文献

一、党和国家领导人关于人力资源和社会保障工作的重要讲话

二、人力资源和社会保障部领导的讲话

三、重要文件

（一）中共中央、国务院文件

（二）人社部文件

人力资源和社会保障大事记

工作卷

人力资源和社会保障工作概览

全国人力资源和社会保障工作

地方人力资源和社会保障工作

统 计 资 料

人力资源和社会保障重要文献

一、党和国家领导人关于人力资源和社会保障工作的重要讲话

习近平在各地调研时关于人力资源社会保障工作的讲话

稳中求进推动经济发展　持续努力保障改善民生

中共中央总书记、国家主席、中央军委主席习近平 5 月 14 日至 15 日在天津考察。

保障和改善民生，是习近平调研的重要内容。他来到人力资源发展促进中心，了解中心提供的就业服务项目，并同正在现场的招聘人员和应聘大学生亲切交谈，详细询问有关情况。他还前往天津职业技能公共实训中心，了解职业技能培训情况，并同高校毕业生、失业人员、农村富余劳动力等代表座谈。习近平强调，保障和改善民生是一项长期工作，没有终点站，只有连续不断的新起点，要实现经济发展和民生改善良性循环。在听取了座谈会上各位代表的发言后，习近平指出，就业是民生之本，解决就业问题根本要靠发展。要切实做好以高校毕业生为重点的青年就业工作，加强城镇困难人员、退役军人、农村转移劳动力就业工作，搞好职业技能培训、完善就业服务体系，缓解结构性失业问题。他勉励当代大学生志存高远、脚踏实地，转变择业观念，坚持从实际出发，勇于到基层一线和艰苦地方去，把人生的路一步步走稳走实，善于在平凡的岗位上创造不平凡的业绩。他要求有关部门加大对高校毕业生自主创业支持力度，对就业困难毕业生进行帮扶，增强学生就业创业和职业转换能力。（新华网天津 2013 年 5 月 15 日电，节选）

技术人员和工人是企业最宝贵财富

8 月 28 日傍晚，习近平来到大连加氢反应器制造有限公司。看到技术人员和工人攻克难关锻造出的一台台压力容器，他高兴地说，技术人员和工人是企业最宝贵的财富，要抓好队伍的稳定性，调动他们的积极性。随着企业经济效益不断提高，工人待遇也要相应提高。（新华网北京 2013 年 8 月 28 日电）

民族振兴靠人才

习近平在东软集团（大连）有限公司对年轻人说，全面小康社会靠什么实现？如果走粗放经营的老路，能源资源无法支撑。必须走出一条新路，依靠创新驱动。要发展实体经济，促进信息化、工业化融合。要把人才工作抓好，让人才事业兴旺起来，国家发展靠人才，民族振兴靠人才。（新华网北京 2013 年 8 月 29 日电）

尽最大力气用好人才

8 月 30 日上午，习近平来到沈阳机床集团。听说企业连续两年经营规模世界第一、职工 75%以上是“80 后”，总书记高兴地同“飞阳”团队年轻人攀谈起来。他说，人才是最宝贵的财富，要尽最大力气培养和用好人才，加大研发投入。年轻人成长了，企业才有希望，国家才有希望。（新华网北京 2013 年 8 月 30 日电）

就业是永恒课题

习近平在沈阳多福社区的座谈会上说，就业是永恒的课题，更是世界性难题。我国每年新增1 000多万就业人口，必须大力促进就业创业，一是要集中精力抓发展，二是要把就业再就业工作做实，三是劳动者要转变观念。行行出状元，只要是劳动就值得尊重，大家都要尊重劳动。（新华网北京2013年8月30日电）

促进和谐劳动关系

习近平11月25日晚6时许来到山东如意科技集团有限公司。听说企业在依靠科技创新发展的同时努力为员工提供住房、医疗保障，注重保持劳资关系和谐，总书记很高兴。他叮嘱企业负责人发挥社会主义优越性，多关心职工，多谋福利，多为社会和谐做贡献。（新华网北京2013年11月26日电）

家政服务大有可为

济南市外来务工人员综合服务中心人来人往，一片繁忙。习近平27日下午来到这里，了解当地政府为外来务工人员提供一揽子服务、帮助农民工融入城市等情况。他同窗口单位工作人员和前来办事的农民工亲切交谈，了解为农民工的服务有哪些项目，农民工工作稳不稳定、收入是不是在增长、有没有自己的房子住、孩子上学问题解决得怎么样，叮嘱当地干部把涉及农民工的政策落实好，并在实践中不断完善。一群从事家政服务的“阳光大姐”围上来向总书记问好，习近平对她们说，家政服务大有可为，要坚持诚信为本，提高职业化水平，做到与人方便、自己方便。（新华网济南2013年11月28日电，节选）

李克强主持召开国务院常务会议 研究做好今年高校毕业生就业工作

国务院总理李克强5月15日主持召开国务院常务会议，研究进一步部署四川芦山地震灾后过渡性安置并适时启动恢复重建工作，研究做好今年高校毕业生就业工作，决定进一步提高重点高校招收农村学生比例。

会议指出，今年高校应届毕业生达699万人，就业压力明显增大。做好高校毕业生就业工作，关乎经济升级、民生改善和社会稳定。要采取有效措施，切实保障应届毕业生就业水平不降低、有提高。一要落实现有政策。对高校毕业生就业政策落实情况开展集中检查。二要拓宽就业渠道。开发更多岗位，引导毕业生到中小企业、非公经济和基层就业。实施离校未就业毕业生的“就业促进计划”，为他们提供持续的就业帮扶。三要鼓励自主创业。落实创业培训补贴、小额担保贷款及贴息、税费减免等政策，降低自主创业门槛。四要完善就业服务。各地可将校园招聘活动纳入公共就业服务适当支持。毕业生异地求职，可按规定享受当地免费公共就业服务和就业扶持政策。五要开展就业帮扶。对城乡低保家庭的应届高校毕业生，从今年起给予一次性求职补贴。适当提高毕业生就业见习基本生活补助标准。六要促进就业公平。严防招聘过程中出现性别、民族、残疾等方面的歧视。加强国有企业招聘活动监管，切实做到招聘信息、过程、结果“三公开”，鼓励国有企业、科研机构吸纳更多高校毕业生就业。（新华社北京2013年5月15日电，节选）

李克强对全国医改工作电视电话会议召开做重要批示

全国医改工作电视电话会议6月28日在京召开，中共中央政治局常委、国务院总理李克强做出重要批示，批示指出："医改事关民生福祉，也是民心所向。新一轮医改以来，按照党中央、国务院的部署，各有关方面扎实工作，攻坚克难，医改取得重大阶段性成果，请代我向大家表示衷心感谢。医改是世界性难题，需要持续不懈的艰苦努力。各地方、各有关部门一定要把推进医改作为保障和改善民生的重要任务，坚持保基本、强基层、建机制，向深化改革要红利，把基本医疗卫生制度作为公共产品向全民提供，努力办好人民满意的医疗卫生事业。"（人民网北京2013年6月28日电）

李克强会见出席2013夏季达沃斯论坛的企业家代表并讲话

国务院总理李克强9月10日在大连会见出席2013夏季达沃斯论坛的企业家代表时表示，就业是每个政府都要面对的突出问题。对于中国政府来说，我们发展的目的是为了保障和改善民生，而最大的民生就是就业。

李克强谈到，在未来10年、20年，中国的劳动力总量都将在8亿以上。所以，对中国政府来说，首先面临的问题或压力还是要保证比较充分的就业。中国面临的就业问题，不仅有总量压力，还存在着结构性的矛盾。通俗地说，就是有的岗位找不到合适的人，有人找不到合适的岗位。这种结构性矛盾未来随着中国经济结构的调整优化可能还会更加突出。

李克强表示，为了促进就业，中国政府首先将会长期采取积极的就业政策。而积极就业政策的前提是要稳增长，我们稳增长的目的在很大程度上就是为了保就业。

第二，要持续调整经济结构，特别是要大力发展服务业。因为服务业是就业最大的容纳器，而且中国目前服务业的比重低于世界平均水平，也低于同类发展中国家。前一段时间我看有评论说，亚洲国家的服务业比重平均已经超过了50%，而中国目前的服务业比重也就是40%多一点。

第三，要发展与就业政策相适应的职业教育培训，使很多目前还在中学学习的人未来都能够掌握与市场需求相适应的就业技能。中国有大量农民，还有2亿多的农民工。我们会采取多种措施加强对农民工和农民的培训，使他们在城市、在现代农业发展中能够找到自己合适的岗位，使他们的素质与岗位的需求相一致。

第四，要促进就业的社会公正。我们要推进就业中的机会平等。机会平等是社会公正的一个基础，具有起点的意义。所以，我们既要推行机关事业单位的人事管理制度改革，也要促进企业在用人制度方面的改革，公平公正地选择人才和员工，使更多的人乃至于每个人都能通过自己的努力、自己的本事、自己的职业才能来获得应有的岗位、应有的报酬。其实，有了公平的就业机会，人们就更愿意接受培训乃至于接受继续教育，选择和市场相适应的专业就会更有动力，他们就会感觉到有希望。

第五，要营造一种社会氛围，使就业人员转变就业观念，或者说形成一种适应就业需要的观念。中国传统文化就有“三百六十行，行行出状元”之称。其实在每个领域，即使是看似很平凡的岗位都可以做出不平凡的事。我们每一个人，包括大学生、研究生，也应该有这样的理念。另外，获得理想的职业、走到高的岗位，往往也是从低层做起的。我并不想把“总理”和“农民”这两个岗位做贵贱之分。但是，我也可以告诉大家，在几十年前我就是农民。当年我当农民的经历，对我今天担任总理的职务受益匪浅。我也相信，这个会场建筑中心的管理者，如果他有“刷马桶”的经历，会把这个建筑群管理得更好。（新华网大连2013年9月10日电）

李克强接见第八届全国“人民满意的公务员”和“人民满意的公务员集体”表彰大会受表彰人员并讲话

第八届全国“人民满意的公务员”和“人民满意的公务员集体”表彰大会12月17日上午在北京举行。中共中央政治局常委、国务院总理李克强接见了受表彰人员和与会代表。中共中央政治局常委、中央书记处书记刘云山参加接见。

李克强代表党中央、国务院向受表彰的个人和集体表示祝贺。他说，人民满意是公务员的最高荣誉。受表彰的同志绝大多数来自基层普通岗位，有的长期在边远、艰苦地区工作，大家兢兢业业、勤勤恳恳为群众办事，在平凡岗位上创造了不平凡的业绩，这种精神值得弘扬光大。

李克强指出，我国改革和发展已进入关键时期，机遇和挑战并存。能够亲身参与国家现代化建设的伟大进程，既是难得的人生际遇，也是我们共同肩负的重大责任和使命。李克强对广大公务员提出四点希望：

一要促进改革创新。当前我国经济稳中向好，明年仍有条件保持平稳运行，全面深化改革将进一步解放和发展生产力，进一步增添发展的内生动力，激发市场活力。公务员不仅是改革的参与者，更应成为改革的推动者。继续推进简政放权等一系列改革，必然会触及利益，要从大局出发、从人民群众根本利益出发，以壮士断腕的精神，义无反顾，勇挑重担，走在全面深化改革的前列。

二要始终勤政为民。公务员是人民的公仆，必须坚持人民至上，忠于职守，尽心竭力。要把让人民满意的标准高悬头上、牢记心上，把解决群众困难、为群众办实事、实现人民期盼体现在行动中，打造敢担当、有作为的政府。

三要践行法治原则。法治是实现社会公正的基础和保障，改革也要在法治的大背景下来推进。公务员要增强法治意识，自觉遵纪守法，严格依法办事、规范履职行为，身体力行推进法治政府建设，营造公平公正的发展环境。

四要严守清正廉洁。身为公务员，就是选择了一条为公众服务的道路。要得到群众信赖、让人民幸福，就必须清正廉洁。不廉者，政令难行。各级公务员要带头执行中央八项规定和国务院“约法三章”，建设廉洁政府，做俭朴清廉的表率。

李克强强调，各级党委和政府要关心公务员特别是基层公务员的工作和生活，使他们更好地为国家和人民服务。

李克强最后说，让我们紧密团结在以习近平同志为总书记的党中央周围，深入贯彻党的十八大和十八届二中、三中全会精神，奋发努力，做出更大贡献。

马凯、刘奇葆、赵乐际、杨晶、郭声琨、王正伟参加接见。

接见结束后，举行了表彰大会。马凯出席并讲话。他强调，要认真贯彻落实中央精神，继续深化干部人事制度改革，进一步完善公务员制度，健全公务员管理机制，坚定理想信念，牢记为民服务，提升素质能力，坚持依法行政，加强廉政建设，努力建设一支政治坚定、能力过硬、作风优良、奋发有为的公务员队伍。

全国“人民满意的公务员”和“人民满意的公务员集体”评选表彰活动是由中组部、中宣部、人力资源社会保障部和国家公务员局组织的。这次表彰会共授予 99 名公务员“人民满意的公务员”，授予 80 个集体“人民满意的公务员集体”荣誉称号。（新华网北京 2013 年 12 月 17 日电）

刘延东出席全国医改工作电视电话会议并讲话

全国医改工作电视电话会议28日在京召开，中共中央政治局委员、国务院副总理、国务院医改领导小组组长刘延东出席会议并讲话。她强调，要认真贯彻落实李克强总理的重要批示精神，加大攻坚力度，加快改革步伐，推动医改取得新突破，为实现健康中国目标做出新贡献。

刘延东指出，2009年新一轮医改以来，卫生事业成绩显著，基层面貌一新，人民群众得到实惠，为持续深化改革打下了坚实基础。

刘延东强调，医改是全面建成小康社会和实现中国梦的重要保障，没有全民健康就没有全面小康。必须增强使命感紧迫感，巩固成果，攻坚克难，坚定不移地把医改推向前进。要坚持医疗卫生的公益性，抓住重点，扎实做好各项工作。要进一步健全全民医保制度，着力做好保基本，积极推进居民大病保险试点，加快建立疾病应急救助制度，筑牢群众看病就医安全网。要完善基本药物制度和基层运行新机制，在继续做好硬件建设的同时，加强基层人才队伍建设，全面提升服务能力和水平。要继续以县级医院为重点推进公立医院改革，做好县级医院改革的总结评估，尽快形成改革的基本路径。要统筹推进药品生产流通、医学教育、国产医疗设备研制等配套改革，切实发挥信息化的支撑作用，形成深化医改的联动机制和强大合力。（新华网北京2013年6月28日电）

刘延东出席2013年全国职业院校技能大赛闭幕式并讲话

中共中央政治局委员、国务院副总理刘延东6月28日出席2013年全国职业院校技能大赛闭幕式时强调，要构建现代职业教育体系，打通各类技能人才发展通道，面向生产服务一线培养大批高素质劳动者和技能型人才，促进经济转型升级、扩大就业和民生改善。

中共中央政治局委员、天津市委书记孙春兰，全国政协副主席、国家民委主任王正伟出席闭幕式。

刘延东说，职业院校技能大赛举办六年，为展现职业教育成就、深化教育教学改革、促进人才培养与产业发展紧密结合、扩大职业教育吸引力产生了积极影响，已成为职业院校师生追梦圆梦的舞台，推动了校企合作，对引导职业院校办出特色、办出水平发挥了重要作用。

刘延东指出，加快发展现代职业教育，培养大量专业技能人才，是建设人力资源强国、全面建成小康社会的必然要求，是实现“四化同步”发展的客观需要，也是扩大就业、为实体经济发展提供人才支撑的重要举措。要以服务经济社会发展为宗旨，以解决青年就业为导向，系统设计职业教育体系框架和专业结构，实现与现代产业、公共服务和终身教育体系融合发展。要完善工学结合、校企合作、顶岗实习等培养模式，建设敬业奉献的“双师型”教师队伍，以信息化带动职业教育现代化。要注重学生全面发展，不仅重视专业技能训练，更要强化思想品德和职业道德教育，提高就业创业和职业转换能力。要健全职业教育保障机制，完善学生资助政策体系，引导社会特别是行业企业加大投入，纠正轻视职业教育的错误观念，推动职业教育持续健康发展。刘延东希望职业院校学生珍惜学习机会，练就过硬本领，砥砺意志品质，把个人梦、职业梦融入国家梦和民族梦，用双手开创成功之路和美好生活。

全国400多万名职业院校学生参加本届大赛，1万名学生参加总决赛；来自50多个国家的500名外国学生参加了比赛和技能展示活动。目前，全国职业院校在校生3 100万名，每年为社会输送专业技术人才近1 000万名。

在津期间，刘延东还考察了部分基层卫生计生服务机构和科技型企业。（新华网天津2013年6月29日电）

刘延东、马凯出席高校毕业生就业工作会议并讲话

全国普通高等学校毕业生就业工作电视电话会议17日在北京召开。中共中央政治局委员、国务院副总理刘延东，中共中央政治局委员、国务院副总理马凯出席会议并讲话。

会议指出，高校毕业生就业事关经济升级、民生改善和社会稳定。各地、各部门、各高校要认真贯彻落实习近平总书记、李克强总理关于做好高校毕业生就业工作的一系列指示精神，充分认识做好这一工作的极端重要性和形势的复杂严峻性，坚持把高校毕业生就业工作放在就业工作的首位，以更加坚定的决心、更加扎实的工作、更加有力的举措，全力以赴做好今年高校毕业生就业工作。

会议强调，要坚决按照中央的决策部署，落实责任、各方努力、加强引导、综合施策，把扶持高校毕业生的各项政策落到实处。要进一步拓宽就业领域和渠道，引导青年学生树立正确的就业观和择业观，到基层、到企业特别是中小微企业就业，积极支持高校毕业生自主创业。要加强就业服务和职业指导，切实做好就业困难群体帮扶工作。要严格规范用人单位招聘行为，保障毕业生合法权益，大力促进公平就业。要优化人才培养结构，突出教育与产业对接，专业和职业对接，增强学生就业创业和适应社会的本领，推动高等教育更好地适应经济社会发展需要。要进一步加强组织领导、协调配合、督促检查和宣传引导，确保实现今年高校毕业生就业水平不降低、有提高的目标。（新华网北京2013年5月17日电）

马凯出席中国政府“友谊奖”颁奖大会并讲话

2013年度中国政府“友谊奖”颁奖大会于9月29日下午在北京人民大会堂隆重举行。国务院副总理马凯向获奖外国专家颁奖并讲话。

马凯首先代表中国政府向获奖外国专家表示热烈祝贺，向所有在华外国专家表示诚挚的问候和衷心的感谢。2012年境外来中国大陆工作的外国专家已超过55万人次。他指出，外国在华专家，是中国人民的亲密朋友，是中外交流的友好使者，是中国发展的重要力量。中国人民将永远牢记外国专家为中国发展进步所做的贡献。

马凯强调，中国人民正在为实现中华民族伟大复兴中国梦而努力奋斗。中国将实行更加积极主动的开放战略，坚持更加开放的人才政策，热忱欢迎外国专家和优秀人才以各种方式参与中国现代化建设。中国政府将更加重视发挥外国专家作用，努力为外国专家和国外优秀人才来华工作、创业和发展创造良好环境，提供广阔的空间。

国家外国专家局局长张建国宣读了授予50名外国专家中国政府“友谊奖”的决定。

中国政府“友谊奖”是为表彰在中国现代化建设中做出突出贡献的外国专家而设立的最高荣誉奖项。本年度共有来自20个国家的50名外国专家获得“友谊奖”。

国务院有关部门的负责人参加了颁奖仪式。（新华社北京2013年9月29日电）

马凯出席全国军转安置工作电视电话会议并讲话

全国军队转业干部安置工作电视电话会议25日在北京召开。中共中央政治局委员、国务院副总理马凯，中央军委委员、总政治部主任张阳出席会议并讲话。

会议指出，要充分认识做好军转安置工作的极端重要性，认真贯彻落实中央关于军转安置工作的一系列方针政策。要突出安置重点，改进安置办法，拓宽安置渠道，挖掘安置潜力，千方百计安排好计划分配军转干部。要完善政策措施，扎实做好自主择业军转干部管理服务和就业促进工作。要不断提高针对性和实效性，切实加强教育培训工作。要积极推进中国特色退役军官安置制度建设，继续重视做好部分企业军转干部解困和稳定工作。

会议强调，要切实增强做好军转安置工作的政治责任感，坚决贯彻中央决策部署，加大工作力度，明确工作责任，严肃工作纪律，改进工作作风。要深入细致做好思想工作，密切军地协调配合，形成工作合力。要坚持透明公开、公平公正，坚持一切安置工作在阳光下运行。要做到执行安置计划不打折扣，落实安置政策不搞变通，完成安置任务不讲条件，确保军转安置任务圆满完成。

2012年，全国共安置了4.6万名军转干部。(新华网北京2013年4月25日电)

二、人力资源和社会保障部领导的讲话

在全国就业工作座谈会上的讲话

尹蔚民

（2013 年 2 月 21 日）

这次会议是党的十八大后召开的第一次就业专题会议，主要任务是深入学习贯彻党的十八大精神，落实全国人力资源社会保障工作会议部署，研究分析当前的就业形势，安排部署今年的就业任务。

2012 年，面对复杂的经济形势和巨大的就业压力，各地区、各部门认真贯彻中央决策部署，深入实施就业优先战略和更加积极的就业政策，全年城镇新增就业 1 266 万人，高校毕业生等重点群体就业稳步推进，保持了就业局势的稳定。对今年的工作，国务院就业联席会和部里厅局长会都已做出全面部署，工作要点也已下发，各地要细化安排，抓好落实。

一、关于当前的就业形势

就业形势与经济形势紧密相连，从根本上说，就业形势的变化取决于经济形势的变化。从去年情况看，随着经济走势和区域格局的变化，就业情况出现了一些新的特征，如城镇新增就业呈“前高后低”走势，增速自 6 月以后连续下滑；区域上则呈“西高东低”特征，东部地区城镇新增就业占全国就业份额首次下降，中部地区持平，西部地区占比上升。还有一个值得关注的变化是，农村劳动力就近就地转移就业数量逐步增加。在过去两年里，传统劳务输出大省，如河南、四川、湖北的省内转移就业人数均超过省外转移人数，江西、安徽等地农村劳动力省内转移就业增速开始超过省外转移。这说明，随着区域发展战略的实施和产业梯度转移的推进，中西部地区就业机会增加较多，“雁阵模型”在助推中西部经济发展的同时，也正在深刻改变着我国的就业格局。

当前，世界经济低速增长态势仍将持续，国内经济企稳同时仍面临风险挑战，就业总量压力和结构性矛盾并存，就业形势错综复杂。从供给看，就业总量压力依然不减。虽然数据显示我国劳动年龄人口总量和占比开始下降，但这并不意味着就业总量压力会立即减轻，因为劳动者从进入劳动年龄到进入市场求职，有一个延缓期，随着青年人口受教育年限逐步提高，实际进入劳动力市场求职的新生劳动力供给峰值会延后 4～6 年。据测算，今年城镇需就业劳动力仍维持在 2 500 万人左右的高位。随着工业化、城镇化的推进，还将有大量农村劳动力转移就业。从需求看，虽然我国经济出现缓中趋稳态势，但企稳回升的基础尚不稳固，用工需求有所减弱，我部人力资源市场一线观察调查显示，一季度有招工计划的企业比例较去年同期下降了 11.3 个百分点。化解产能过剩矛盾，将对就业岗位造成影响。产业转型升级及劳动力区域间配置的变化，也将使技能人才与一线工人双短缺的矛盾更为凸显，招工难问题可能在部分时段、部分地区、部分行业仍比较突出。

准确把握就业形势是做好就业工作的前提。越是面对复杂严峻的形势，越要加强分析研判，增强敏锐性、前瞻性和预见性。要加强统计调查等基础工作，综合运用调查、统计、监测等手段，将定量与定性相结合，开展就业形势定期分析，及时发现倾向性、苗头性问题，为决策提供可靠依据。今年部里准备建立31个大中城市就业形势分析月报制度，利用这些城市工作基础好的优势，进一步加强就业形势监测。在做好基础工作的同时，要加强前瞻性研究，深入分析宏观经济发展与就业增长的关系，关注重点行业变化对就业的影响，把握就业形势变化规律和发展趋势。

二、关于落实和完善更加积极的就业政策

积极的就业政策实施十多年来，年均近1亿人次享受各项就业扶持政策，为稳定和扩大就业、保障和改善民生发挥了至关重要的作用。但是也要看到，不重视抓落实和落实不到位的情况仍然存在。

抓好政策落实，是推动就业工作的重要环节，也检验着我们的工作作风。习近平总书记一再强调，空谈误国，实干兴邦。我们应当把狠抓政策落实作为一种行动自觉，以高度负责的态度，下大力气推动就业政策真正落实到基层，落实到群众身上。一要从实际出发抓好政策细化。对于中央确定的就业政策，要深刻理解把握政策制定的出发点和具体要求，结合本地实际，抓住突出矛盾和问题，制定有地方特色的政策措施，实现中央政策的本土化，而绝不能简单化地转发了之，更不能打折扣，甚至拖着不办。二要从群众需要出发抓好政策落实。要坚持群众立场、群众观点，从政策受益者角度出发想问题，打破利益封锁，实实在在地降低门槛、简化程序，建立简便易行的操作流程和实施办法，同时要加强宣传，主动服务。三要从解决问题出发抓好督促检查。要重视运用监督检查手段，推进政策落实，监督检查要注重实效，既要到工作好、亮点多的地区及时总结经验，完善工作思路；更要到困难多、进度慢的地区去调研督导，查问题，找根源，谋思路，推动问题的解决。

三、关于高校毕业生就业工作

做好高校毕业生就业工作，是就业工作的重中之重，必须将其摆在整个就业工作的首位，持之以恒地抓紧抓好。今年高校毕业生将达到699万人，比上年增加19万人。从调研了解的情况看，受经济增速下滑影响，部分行业企业招聘大学毕业生需求有所下降，部分高校也反映用人单位招聘活动和招聘人数减少。同时高校毕业生专业结构、就业意愿、就业能力与市场需求不相适应的结构性矛盾仍比较突出。

从长远看，促进高校毕业生就业有赖于通过转方式、调结构创造更多适合高校毕业生的就业岗位，同时必须深化高等教育改革，逐步化解结构性矛盾，实现人力资源供给与市场需求的合理匹配。对人社部门来讲，当前最重要的还是要发挥牵头部门作用，根据高校毕业生就业的特点和需要，协调各有关部门，加强工作谋划，扎实做好岗位开发、政策落实、就业服务和职业培训工作，尽最大可能减少毕业生在市场上的等待时间。一方面要最大限度地挖掘就业机会，结合产业转型升级、扶持中小企业发展及加强和创新社会管理等领域的新进展，大力开发适合高校毕业生的就业岗位，同时加强宣传引导，完善扶持政策，畅通高校毕业生自由流动和职业发展通道，使更多毕业生能够立足基层、立足一线、立足岗位成长成才；另一方面要尽最大努力改进公共就业和人才服务，畅通信息渠道，提供更有针对性的职业指导和就业服务。要以“公共就业人才服务进校园”和“实名制就业服务”为载体，多组织一些专业化、小型化、网络化的招聘服务，多开展一些有特色、有针对性的专项活动。对于就业困难的高校毕业生，特别是少数民族毕业生，要实施必要的就业援助，提供重点帮扶。同时，还要发挥人社部门信息量大、对职业供求敏感的优势，加强对就业需求的预测分

析，引导和带动高等教育改革。对于今年高校毕业生就业的具体工作，部里已下发了专门文件，各地要按照要求抓好实施。

四、关于以创业带动就业

创业是就业之源，是推动创新的重要动力。党的十八大将政府鼓励创业写入了新时期就业方针，这是一个重大发展，充分体现了中央对推动创业的高度重视。将鼓励创业与促进就业并重，有利于进一步发挥创业带动就业的倍增效应，有利于进一步激发市场主体活力，释放劳动者创新创业潜能。

落实中央关于鼓励创业的新要求，必须以更宽的视野和更高的站位，谋划推进创业带动就业工作。要把鼓励创业与实施创新驱动战略、促进民营经济和中小企业发展战略紧密结合起来，发挥各方面的资源优势，调动各方面的积极性，创造更有利于创业工作开展的良好条件。就人社部门自身工作来讲，要坚持创业与就业并重的工作思路，把促进创业融入就业政策制定、制度实施和工作推动的全过程。在政策制定方面，要适应创业工作规律和创业者的需要，协调有关部门进一步加大财税支持力度，完善相关政策，重点推动小额担保贷款政策的规范发展。在创业服务方面，要在现有公共就业和人才交流服务机构中，增设专门创业服务平台或窗口，制定服务标准，开发服务项目，拓展创业服务功能。还要有效运用市场运作模式，广泛利用各类创业孵化基地、创业服务实体等多方资源，健全创业服务体系，使各类服务主体都能在创业工作中发挥作用。在创业培训方面，要进一步加大创业培训实施力度，完善课程体系，增加补贴投入，使有创业需求和创业意愿的劳动者都能得到一次创业培训，还要加强创业教育和创业宣传，激发劳动者创新创业意愿。要继续做好创业型城市创建工作，在总结经验的基础上进一步加大创建力度，不断优化创业环境，使更多有创业意愿的劳动者敢创业、能创业、成功创业。

五、关于公共就业和人才服务

加强就业和人才服务是化解结构性失业和摩擦性失业的有效手段，也是推进基本公共服务均等化的重要内容。中央对此十分重视，在国务院批转的“十二五”就业专项规划和基本公共服务专项规划中都做出了部署。各地加快推进公共就业和人才服务体系建设，逐步建立了覆盖城乡的五级服务网络，形成了系列服务活动品牌，面向城乡劳动者的免费就业服务制度得到较好落实。山东等地还通过在公共就业和人才交流服务机构开展微笑服务，努力提升百姓对公共就业服务的满意度。

公共就业和人才服务是人社部门直接面向百姓的窗口，在加强硬件建设的同时，必须下大力气提高软实力，提升公共就业和人才服务效率和水平。在这方面，部里鼓励各地完善体制机制，推广微笑服务，创建优质服务窗口，提高服务质量和效率。一要提升供给能力，保障服务均等化。要加快推进公共就业和人才交流服务机构公共资源的有机整合，形成覆盖城乡的公共就业和人才服务体系。要加强对各项公共就业和人才服务业务的统筹协调，合理布局服务网点，使城乡各类劳动者能均等地享受到便捷高效的就业服务。二要拓展服务功能，推行服务专业化。要探索公共就业服务绩效管理办法，围绕提升服务能力和质量的要求，根据市场需求变化和不同群体的差异，再造服务流程，优化服务方式，积极开展“一对一”个性服务、“一柜式”专项服务，健全“首问责任制”和跟踪服务制度，提高公共就业服务水平。在面向劳动者提供服务的同时，要注重指导企业合理规范用工，既促进企业健康发展，又不断地增强劳动者就业的稳定性。三要强化信息资源整合与共享，推动服务信息化。从纵向看，要统一技术标准，以省、市为单位建立就业信息系统和数据中心，加快就业系统内部业务经办的信息化和数据整合，实现就业信息在全国的互联互通。从横向看，要加强就业信息与社会保障信息、企业用工信息的交换共享，实现人力资源社会保障内部业务信息的互联互通。

最后，再强调一下就业专项资金管理使用问题。近年来，各级党委、政府高度重视就业工作，就业专项资金投入逐年加大。就业专项资金是就业政策实施的重要保障，在中央财政投入力度逐年加大的同时，希望各地特别是中西部地区、东北老工业基地积极争取党委、政府的重视和财政部门的支持，加大资金投入，建立合理增长机制，确保政策实施和工作开展有足够的财力保障。在此基础上，要认真落实各项资金管理使用规定。一方面，严格执行资金支出规定，按照规定范围、规定流程、规定时间，优化审批流程，加快资金拨付。同时积极推进绩效评价试点，优化资金支出结构，提高资金使用效益，使就业专项资金支出更有利于促进市场就业、更有利于促进重点群体就业。另一方面，严格执行资金监管规定。我们与财政部已经明确了资金管理支出规定，近日部里又下发了就业专项资金管理纪律规定。这些都是转变工作作风，加强预防和惩治腐败体系建设的重要内容。希望各地按照制度要求，认真梳理本地区资金分配、管理、使用等环节可能存在的工作疏漏，扎实落实好民主决策、公开公示、结果报告等制度，建立完善质询、问责和跟踪反馈机制，把落实纪律规定情况与开展资金年度自查工作有机结合起来，制订切实可行的管理规范和实施方案，确保惠民资金安全高效。

坚持和完善中国特色公务员考试录用制度 推进高素质公务员队伍建设再上新台阶

——在全国公务员考试录用工作会议上的讲话

尹蔚民

（2013年8月16日）

这次会议是中组部、人力资源社会保障部和国家公务员局共同组织召开的。会议的主要任务是，深入贯彻落实党的十八大精神和全国组织工作会议部署，总结五年来公务员考试录用工作，分析当前形势，研究部署今后一个时期的工作。

一、坚定不移地推进依法科学公平考录，中国特色公务员考试录用制度初步建立

2008年1月召开全国公务员考录工作会议以来，各地区、各部门认真贯彻落实中央关于考录工作的要求，全面推进依法科学公平考录，全国共录用90多万人，有效改善了公务员队伍结构，增强了党政机关活力，为经济社会发展提供了可靠的组织保障。

（一）考录法规体系基本形成。2008年以来，中央公务员主管部门陆续出台了17个办法规章。各地也结合实际制定了实施细则。考录工作形成了以公务员法为依据、以录用规定为准则、以配套政策办法为规则的法规政策体系，构成了中国特色考试录用制度的重要内容。

（二）从基层选拔优秀人才的要求得到落实。除部分特殊职位外，省级以上党政机关全部从具有两年以上基层工作经历人员中考录。市（地）以下机关录用了一批优秀村干部、服务基层项目人员和应届高校毕业生。部分省市探索从优秀工人、农民中考录公务员。注重基层选拔导向，形成党政干部培养选拔链，体现了中国特色考试录用制度的政治要求。

（三）考录的科学测评体系日益完善。坚持以能力测评为导向，推进分级分类考试，不断优化考试内容，创新测评方法，建立考录专家队伍，推行面试考官持证上岗制度，成立国家级考试测评基地，形成了公务员录用考试科学评价体系，为中国特色考试录用制度的实施提供了科学支撑和技术保障。

（四）安全考试的环境建设不断加强。建立了录用考试联席会议制度和安全责任制体系，加大监督力度，全面开展警示教育和安全检查，严厉打击作弊行为，开展考试环境综合治理工作，为中国特色考试录用制度的顺利实施创造了良好条件。

（五）考录的服务水平显著提高。坚持以人为本，对特困考生减免考试费用，为特殊考生创造便利条件，畅通考生投诉和信访渠道，

及时回应考生诉求。形成了全国同步招考的常态化机制，建立了全国考录工作网络平台，为实施中国特色的考试录用制度奠定了宽厚的社会基础。

考录工作之所以能够不断取得新成绩，是党中央、国务院正确领导的结果，是各有关部门和单位积极配合的结果，是广大人民群众理解支持的结果。1987 年，党的十三大决定建立国家公务员制度，其中一项最重要的内容就是建立考录制度。以 1993 年《国家公务员暂行条例》颁布为标志、2005 年公务员法颁布为里程碑，经过 20 年的实践与发展，初步建立了中国特色公务员考试录用制度。这项制度，既体现了世界各国普遍遵循的公开公平、考试竞争、择优录用等一般性原则，又体现了中国特色：一是坚持党管干部原则，坚决贯彻党的主张，体现党的意志。二是坚持德才兼备、以德为先的用人标准，把政治素质放在突出位置。三是坚持考试与考察相结合的选拔方法，全面评价考生素质。四是坚持与时俱进、改革创新，使考录工作不断适应形势发展需要。目前在我国 700 多万公务员中，通过考试录用的已达到 40%，考录工作在提高公务员队伍素质、防止用人上的不正之风方面，发挥了十分重要的作用，已经成为党和国家选拔治国理政人才的一项战略性工作，也赢得了人民群众的拥护和社会的广泛认同。

同时，我们也应看到，考录工作还面临一些问题。主要是：考录科学化水平需要进一步提高；考录工作的一些方面和环节需要进一步加强和规范；考录队伍建设有待进一步加强；考试安全形势仍然比较严峻。我们必须高度重视，认真研究解决。

二、科学分析形势，切实增强做好公务员考录工作的责任感和使命感

党的十八大对深化干部人事制度改革、加强执政骨干队伍建设、促进社会公平正义提出了明确要求。全国组织工作会议对干部制度改革做出了新的部署。习近平总书记对考录工作十分关心，强调要提高考录工作科学化水平，贯彻关注一线和基层精神，把好公务员队伍“入口关”。他在全国组织工作会议讲话中强调，要从全局和战略高度选拔党和人民需要的好干部。我们要认真学习领会，进一步把思想认识和行动统一到中央精神上来。

一要深刻领会建设高素质执政骨干队伍对考录工作提出的新要求。公务员考录作为补充公务员队伍的重要途径，就是要秉持“为党和人民的事业选人，按党和人民的意愿选人”的原则，确保把政治业务素质过硬、符合党政机关需要的优秀人才选拔出来，源源不断地充实到党的执政骨干队伍中去，使党和国家事业薪火相传。

二要深刻领会深化干部人事制度改革对考录工作提出的新要求。必须把握考录工作发展方向和发展规律，加强考录制度顶层设计，完善考录各项政策，健全完善吸引人才、发现人才、聚集人才的机制，使考录工作不断适应深化干部人事制度改革的要求。

三要深刻领会维护社会公平正义对考录工作提出的新要求。公务员考录是社会公平的一个重要风向标，是公民实现参与国家事务管理的重要途径，是社会纵向流动的重要通道，涉及广大考生切身利益，必须从维护人民群众的根本利益和社会公平正义的根本要求出发，把公开、公平、公正作为生命线，贯穿于中国特色公务员考试录用工作的全过程。

三、坚持和完善中国特色公务员考试录用制度，推进考录工作实现新发展

当前和今后一个时期，公务员考录工作的总体要求是：全面贯彻党的十八大精神，以邓小平理论、“三个代表”重要思想、科学发展观为指导，按照全国组织工作会议的总体部署，坚持和完善中国特色的考录制度，维护公平性，提高科学性，确保安全性，推进考录工作实现新发展。

（一）贯彻落实中央精神，确保考录工作的正确方向。考录工作政治性、政策性强，只

有不折不扣地贯彻中央精神，才能保持正确的发展方向。一是要坚持“凡进必考”不动摇。面向社会考试录用公务员，是被实践证明最公平、最科学、最被人民群众认可的方法。各级党政机关补充主任科员以下非领导职务公务员，必须坚持“凡进必考”，发挥考录在机关补充人员中的主渠道作用。要坚持和完善四级联考，省级组织部门、人社部门和公务员局要密切协作，统一部署和组织实施本区域的重大招考工作。要严把队伍“入口关”，坚决杜绝违反规定不考而入的情况发生。二是要坚持德才兼备、以德为先的选拔标准。公务员考录的笔试面试主要是对考生“才”的方面测评，录用考察则是对“德”的情况测查，根据当前公务员队伍建设的实际情况，要特别重视在“德”的方面把好关。要通过考试与考察相结合，切实把那些政治上可靠，符合党政机关工作需要的优秀人才选拔到公务员队伍中来。三是要坚持面向基层的用人导向。要立足于形成党政干部培养选拔链，体现考录工作的基层导向。省级以上党政领导机关，除特殊职位外，要坚持招录有基层工作经历人员，在改进经历结构的同时，要更加注重选拔质量。市（地）以下机关特别是县乡机关要积极采取措施，吸引优秀应届生报考，使基层机关成为人才建功立业和健康成长的基地。要加大从优秀村干部和大学生村官等服务基层项目人员定向招录公务员的力度。要积极探索从优秀工人、农民等生产一线人员中考录公务员的办法。要认真总结基层政法机关招录培养体制改革试点工作，为西部和边远艰苦地区、基层的政法机关招录培养急需的专门人才。同时，也要解决好“留人难”问题。面向基层遴选公务员时，特别要注意处理好改善上级机关人员结构与稳定基层队伍的关系。

（二）坚持依法考录，维护公平公正。公平公正是考录制度最大的优越性，要确保起点公平、机会公平、过程公平。一是要不断完善考录法规政策。要研究制定职位分析和招录计划编制、资格审查、面试规程、考官管理、公示等方面的政策规定，使考录工作的各个环节有章可循。抓紧研究试题命制和试后评价标准，探索录用纠纷协调处置和录用监督办法，适时修订体检标准和操作手册。为切实体现考录政策的公平性、严肃性，各地实行对特定群体的照顾政策，应当事先报中央公务员主管部门备案，确保全国考录政策的统一性。二是要加强执法监督检查。要继续坚持职位公开、条件公开、政策公开、程序公开、结果公开，推行“阳光考录”，主动接受各方监督。把是否坚持“凡进必考”作为监督检查的重要内容，对容易出现问题的环节进行全过程监督检查。开展经常性的执法检查活动，对超越法律法规自行其是的，要依法追究责任、严肃处理。

（三）坚持科学考录，着力提高选人用人质量。在坚持公平公正的基础上，要十分注重考录的科学性，把人选准选好。一是要充分发挥考录各环节的功能。公务员考录是一项系统工程，包括多个环节。工作中，大家普遍重视笔试、面试和体检工作，这是非常必要的，但同时也不能忽视职位分析和资格条件设置工作，这是选什么人的前提和基础；不能忽视公示工作，这是拟录用人员接受群众监督的重要程序设计；不能忽视试用环节，这是把不能胜任岗位的考生淘汰出去的最后一道关口。只有考录各个环节作用都能得到充分发挥，形成整体效能，才能保证考录的科学性。二是要不断深化分级分类考试。随着公务员职位分类制度的推行和党政机关对人才要求的多样化，分级分类考试势在必行，这些年也做了大量实践探索。要认真总结经验，抓紧顶层设计，明确不同层级、不同类别公务员的能力素质要求，既在笔试面试的测查内容标准和方式方法上分级分类，也在适合不同类别职位特征的考试录用管理办法方面进行探索，从政策和技术两个层面共同推进。三是要建设高水平专家队伍。要建立专家聚集和培养机制，加强考录科研、试题命制、面试考官、笔试阅卷等专家队伍建设，并统筹建设专兼职命题科研专家队伍。探索专家激励机制，对做出突出贡献的专家给予适当的荣誉。四是要加强考录科研工作。要探索多种科研合作模式，利用好包括专业测评机构在内的各种科研资源。提高测评技术原始创新、集成创新、引进创新能力，做好新技术运用与储备。加强考试测评基地建设，增强辐射服务能力。加强考录信息化建设，注重基础资料收集整理，夯实考录工作基础。

（四）坚持安全考录，确保考试平稳有序。考试安全直接关系到考录的公信力，要切实抓紧抓好。一是要着重消除内部安全隐患。这几年，公务员考录发生了几起影响极坏的案件，暴露出我们在内部管理方面还存在漏洞，必须引起高度重视。要完善考试安全管理制度，严格工作程序和监督措施，用制度保证考试安全。强化责任意识，合理确定参与考试各方的职责，做到责任边界清晰、责任后果明确。加强警示教育，筑牢工作人员思想防线，做到防微杜渐、警钟长鸣。对明知故犯、徇私枉法的，坚决依法惩处，清理出队伍。考试机构是考试安全的重要责任主体，要加大安全投入，形成自身防控、制度防控、技术防控和监督制约有机结合的安全防范体系。二是要综合治理外部考试环境。当前，一些非法利益集团想方设法盗取、伪造、倒卖各种考试试题，有的还公然向考生行骗，拉拢考试人员下水，对考试安全造成极大威胁。前不久，我们会同公安、工信等六部门，部署了在全国开展考试环境综合治理专项行动，重点打击非法培训机构，查处团伙作弊和高科技作弊等违法犯罪行为。各地都要积极行动起来，通力合作，综合治理，建立长效机制，形成持续打击态势，净化公务员考录的安全环境。三是要完善诚信报考约束机制。要倡导考生诚信报考，加强考生诚信管理，建立诚信档案，完善考生违纪违规档案库，从制度上杜绝发生不诚信行为。要态度坚决、旗帜鲜明地对考生违纪违规行为进行处罚，决不能大事化小、小事化了。

（五）加强考录队伍建设，为考录工作提供组织保障。事业兴衰，关键在人，加强队伍建设，刻不容缓。一是要健全队伍。配强考录工作的领导班子，充实工作队伍，招考人数较多的直属机构和市（地）级公务员主管部门要配备专职考录工作人员。二是要提高履职能力。既要大力实施培训，也要坚持在实践中锻炼提高，使考录工作人员都能成为行家里手或专家权威，不断提高履职能力和服务水平。三是要严格管理。要建立科学管用的制度和机制，从严管理考录工作队伍，做到遵纪守法、秉公用权、清正廉洁，树立考录工作队伍良好形象。

深入贯彻落实党的十八届三中全会精神 推动人力资源和社会保障改革发展取得新突破

——在全国人力资源和社会保障工作会议暨优质服务窗口表彰大会上的讲话

尹蔚民

（2013 年 12 月 26 日）

这次会议的主要任务是，深入学习贯彻党的十八届三中全会精神和习近平总书记系列重要讲话精神，落实中央经济工作会议和中央城镇化工作会议、中央农村工作会议部署，总结一年来的工作，研究深化人力资源和社会保障领域重大改革问题，安排部署 2014 年的工作，表彰全国人力资源社会保障系统优质服务窗口。

一、一年来工作的简要回顾

即将过去的 2013 年，是新一届党中央和新一届政府的开局之年，是全面贯彻落实党的十八大精神的第一年。一年来，我们认真落实党中央、国务院的决策部署，按照去年工作会议确定的“实施两大战略、推进两大建设、深化两项改革”的总体布局，坚持稳中求进的总基调，开拓进取、狠抓落实，圆满完成了全年的各项目标任务，实现了良好开局。

（一）实施两大战略取得新成效。我们把确保就业局势稳定作为政治责任，适应新形势下就业格局的新特点，大力实施就业优先战略和更加积极的就业政策，加强就业服务和职业培训，加快市场整合，就业目标任务全面完成，就业局势总体稳定，为经济社会发展大局做出积极贡献。预计全年全国城镇新增就业将达到 1 300 万人，城镇登记失业率控制在 4.1% 左右。我们将高校毕业生就业工作放在首位，全力推动落实国务院新出台的高校毕业生就业创业扶持政策，实施就业促进计划，基本实现了就业水平不降低、有提高的目标。农村转移劳动力就业持续增加，面向就业困难群体的就业援助制度进一步健全。

我们深入实施人才强国战略，为经济社会发展提供了人才支撑。在专业技术人才方面，新 10 年国家百千万人才工程全面启动，专业技术人才知识更新工程取得明显成效，职称制度改革稳步推进，海外高层次留学人才引进力度进一步加大，新设博士后科研工作站 644 个。在技能人才方面，继续实施国家高技能人才振兴计划，国家级技能大师工作室和高技能人才培训基地建设步伐加快，参加世界技能大赛取得优良成绩，全年开展政府补贴性职业培训约2 000万人次。在引进国外智力方面，大力实施“外专千人计划”和高端外国专家项目，认真落实中央关于规范出国（境）培训工作新要求，精心组织中国政府“友谊奖”等引智活动，取得良好效果。

（二）推进两大建设取得新进展。我们统筹推进城乡社会保障体系建设，养老保险顶层设计研究取得阶段性成果，统一城乡居民基本养老保险制度、统筹城乡医疗保险取得新进展，城乡居民大病保险试点取得初步成效，工伤预防和工伤康复试点工作稳步推进，社会保险基金社会监督试点稳步开展，企业年金市场化投资运营监管机制进一步健全，社会保险经办管理进一步加强。预计年末城镇职工基本养老、城镇基本医疗、失业、工伤、生育五项保险参保人数分别达到32 045万人、56 800万人、16 360万人、19 800万人、16 300万人，分别比去年增加1 618万人、3 159万人、1 135万人、790万人、871万人；城乡居民社会养老保险参保人数达到49 513万人，比去年增加1 143万人；五项社会保险基金总收入3.32万亿元，比上年增长14.8%；总支出2.68万亿元，增长21%；社会保障卡持卡人数突破5亿人。经过连续9次调整企业退休人员基本养老金，月人均水平近1 900元；城乡居民基本养老金月人均达到81元；城镇居民医保补助水平由上年的人均240元提高到280元。

我们着力构建和谐劳动关系，劳动者权益得到有效维护。以实施新修订的劳动合同法为重点，全面开展规范劳务派遣专项行动，制定配套规定，劳动标准管理进一步加强，协调劳动关系三方机制逐步健全，和谐劳动关系创建活动全面深化。以加强劳动人事争议处理效能建设为抓手，积极健全调解仲裁组织机构，乡镇街道调解组织组建率近60%，地市级和县级仲裁院建院率分别达到81%和71%，仲裁结案率保持在90%以上。不断加强劳动保障监察执法，开展农民工工资支付等专项检查，劳动保障监察“两网化”管理稳步推进。研究完善做好农民工工作的政策措施，农民工在城镇落户、平等享受城镇基本公共服务工作取得新进展；中心城市家庭服务体系建设和家庭服务业标准化建设得到加强。

（三）深化两项改革取得新突破。我们积极推进人事制度改革，制度建设和队伍管理不断加强。在公务员管理方面，公务员分类管理、考录、公开遴选、平时考核等制度建设取得新进展，开展了第八届全国“人民满意的公务员”表彰，公务员培训工作进一步加强，表彰奖励工作进一步规范。在事业单位人事制度改革方面，聘用制度和岗位管理制度进一步完善，公开招聘制度得到全面落实和规范。在军转安置方面，推行统一考试、积分选岗等阳光军转安置办法，加大就业创业政策扶持和培训力度，顺利完成4.1万名军转干部安置任务；坚持源头治理、动态管理与应急处置相结合，企业军转干部解困稳定工作机制进一步健全。

我们稳步推进工资制度改革，机关事业单位和企业工资制度建设不断加强。开展了县以下机关建立公务员职务与职级并行制度试点，进行了公务员和企业相当人员工资试调查和分析比较，提出了优化机关事业单位工资结构和实施地区附加津贴制度的基本思路和初步方案。各地积极推进事业单位实施绩效工资工作，分配激励约束机制不断完善。以非公有制中小企业为重点，积极稳妥地推行企业工资集体协商制度；27个地区调整了最低工资标准，平均调增幅度为17%；开展了国有企业工资收入监督检查和企业薪酬调查工作。

（四）各项基础工作全面推进，党的群众路线教育实践活动取得扎实成效。在全面做好各项业务工作的同时，全系统的政务公开、法制建设、规划统计、新闻宣传、信访维稳、国际交流合作、干部培训、科学研究等综合性基础性工作得到进一步加强。开展了“十二五”规划中期评估，实现了时间过半、目标任务完成过半。基层劳动就业和社会保障服务设施建设积极推进，信息化建设取得新成效，劳动就业和社会保险经办服务网络进一步健全，基层公共服务规范化、信息化水平得到提升。

我们以党的群众路线教育实践活动为契机，狠抓作风建设，严格落实八项规定，紧密结合本系统的工作实际，创新活动载体，突出“接地气、体民情、转作风、促民生”特色主题，通过开展民生问题专题摸底调研、组织机关干部到基层窗口蹲点实践、创建人民群众满意的优质服务窗口等专项活动，有效带动了机关、行业作风转变。我们认真贯彻落实国务院关于职能转变工作的决策部署，在下放行政审批事项、规范评比达标表彰项目、清理职业资格等方面取得初步成效。

同时，必须清醒地看到，我们的工作还有许多不足，改革发展还面临不少困难和问题。主要是：就业结构性矛盾更加凸显，社会保障制度城乡统筹、养老保险“双轨制”等问题亟待破解，创新型人才和高技能人才短缺问题依然突出，事业单位人事制度改革尚不到位，工资收入分配差距依然较大，拖欠农民工工资问题在部分行业仍屡有发生，基层基础建设比较薄弱，抓落实不到位、工作进展不平衡等问题依然存在。我们必须进一步增强做好工作的责任感和紧迫感，以更加奋发有为的精神状态扎实推进各项工作。

二、全面把握党的十八届三中全会对人力资源和社会保障改革提出的新任务新要求

党的十八届三中全会决定是新时期全面深化改革的纲领性文献。全会决定提出一系列全面深化改革的新论断新举措，对人力资源和社会保障改革提出了一系列新任务新要求。我们这次会议的主题就是要深入学习贯彻三中全会精神，推进人力资源和社会保障领域各项改革。全面、系统地学习贯彻全会决定，联系我们工作实际，重点要从三个层面去把握：

首先，要深刻把握全会决定关于重大改革总体部署对人力资源和社会保障改革提出的新任务新要求。这是第一位的，是我们推进改革的基本遵循。其中与我们工作尤为直接的有三个方面：一是要深刻把握使市场在资源配置中起决定性作用的重大理论意义和实践意义。这就要求我们以发挥市场在人力资源配置中的决定性作用为目标，推进相关领域改革，尤其要更加自觉地坚持市场就业方向，加快市场整合，大力发展人力资源服务业，促进人才合理流动；更加注重发挥市场在工资分配中的决定作用，健全符合市场规律、反映人力资源市场供求的工资决定和正常增长机制。二是要深刻把握以促进社会公平正义、增进人民福祉为出发点和落脚点这一全面深化改革的根本目的。这就要求我们努力消除城乡、行业、身份、性别等一切影响平等就业的制度障碍和就业歧视，维护就业公平；要求我们加快推进统筹城乡的社会保障体系建设，整合城乡居民社会保障制度，破除养老保险“双轨制”，在更大范围体现制度的公平性；要求我们兼顾不同群体之间的工资收入关系，努力缩小不同地区、不同行业之间的工资收入差距，统筹处理好促进企业发展与维护职工权益的关系，促进社会公平正义。三是要深刻把握更好发挥政府作用、加快转变政府职能的重要性和基本内涵。这就要求我们进一步简政放权，把主要精力放在制定规划、政策、标准和加强监管上来；要求我们大力推进基本公共服务均等化，健全公共管理和服务体系，为广大人民群众提供优质高效的公共就业人才和社会保障服务。

其次，要深入把握全会决定直接对人力资源和社会保障改革提出的新任务新要求。这是我们的职责所在。全会决定在“推进社会事业改革创新”、“加强和改善党对全面深化改革的领导”两部分，比较集中地部署了人力资源和社会保障领域的改革事项，涵盖了两大领域、六个板块的各个方面，任务十分艰巨。各地在学习过程中都对全会决定赋予我们的具体改革任务进行了梳理，列出了清单。面对中央赋予我们的改革任务，大家既感到是一份沉甸甸的责任，更感到是一项光荣的使命，同时也是一个难得的机遇。对于这些改革任务，我们要区别轻重缓急，适应整个改革进程的要求，积极而又稳妥地加以推进。对于目前已经形成共

识、已有成熟方案的，要抓紧研究部署，尽快启动实施；对于改革方向明确、方案尚需完善的，要抓紧研究论证，尽快形成方案，报党中央、国务院决策后实施；对于认识尚不深入、路径尚不清晰的，要加强顶层设计，开展试点探索，凝聚社会共识，逐步推动实施。按照这个思路，属于全国性的改革任务，部里将会同有关方面研究制定总体实施方案，明确改革的路线图、时间表，确定每一年的改革任务和阶段性目标，全系统上下联动，共同推动实施；属于事权在地方的改革任务，各地要在地方党委、政府领导下，积极主动地加以推进。

第三，要全面把握各相关领域改革对人力资源和社会保障改革提出的新任务新要求。全会决定对其他各领域改革的部署，很多方面也与人力资源和社会保障改革密切相关，需要我们配合跟进。比如，加快经济转型升级和实施创新驱动发展战略，要求我们加快建立健全促进人才培养、流动、引进的体制机制和政策体系，健全人才评价体系，培养一大批高层次高技能人才，提供强有力的智力支撑；推进新型城镇化，要求我们推进农业转移人口市民化，推进城镇基本公共服务常住人口全覆盖，把进城落户农民完全纳入城镇社会保障体系，在农村参加的养老保险和医疗保险规范接入城镇社保体系；完善现代企业制度，要求我们深化企业内部管理人员能上能下、员工能进能出、收入能增能减的制度改革，建立职业经理人制度，合理确定并严格规范国有企业管理人员薪酬水平，完善工资决定机制；深化行政执法体制改革，要求我们进一步健全劳动保障监察体制，加强基层执法力量；创新预防和化解社会矛盾体制，要求我们完善劳动争议调解仲裁体制，健全调处化解劳动关系矛盾机制。这些改革任务都需要我们去推动落实。

2014 年是全面贯彻落实党的十八届三中全会精神、全面深化改革的第一年，明年的改革开好局、起好步对于全面推进改革至关重要。部党组经过认真研究，初步确定明年重点推进以下 5 个方面 12 项改革：

——在就业创业方面：制定实施促进高校毕业生就业创业的扶持政策，开发更多适合高校毕业生的就业岗位；规范招人用人制度，努力消除各种就业歧视。

——在社会保障方面：推进机关事业单位养老保险制度改革，着力解决“双轨制”、“待遇差”问题；整合城镇居民社会养老保险和新型农村社会养老保险，建立统一的城乡居民基本养老保险制度；制定实施职工与城乡居民养老保险制度衔接办法，促进参保人员在城乡之间顺畅转移。

——在人才方面：完善人才评价机制，分类推进职称制度改革，全面实施中小学教师职称制度改革，启动工程技术人员职称制度改革试点。

——在人事制度方面：深化公务员分类改革，建立专业技术类和行政执法类公务员管理制度；完善基层公务员录用制度，在艰苦边远地区适当降低进入门槛；在县以下机关全面实行公务员职务与职级并行、职级与待遇挂钩制度，解决基层公务员待遇偏低、晋升空间有限的问题。

——在工资收入分配方面：改革完善机关事业单位工资制度，优化工资结构，建立艰苦边远地区津贴增长机制；规范国有企业负责人薪酬管理，合理确定薪酬水平；完善最低工资制度，健全最低工资标准评价和调整机制。

人力资源和社会保障领域的改革，涉及政治、经济、社会等多个领域，关乎广大人民群众切身利益，是推进国家治理体系和治理能力现代化的重要内容，在全面深化改革中具有重要的地位和作用。我们要始终把握改革的总目标，推进各项改革都要有利于完善中国特色社会主义制度，保持改革的正确方向。要充分认识改革的艰巨性，坚持问题导向，正视改革面临的挑战，勇于担当，以敢于啃硬骨头、敢于涉险滩的勇气坚定不移地推进改革。要进一步解放思想，不断深化对人力资源和社会保障事业发展规律的认识，鼓励和引导基层大胆探索实践，积极寻求破解改革难题的新举措新办法。要更加注重改革的顶层设计，加强不同时期、不同方面改革的配套和衔接，增强改革的系统性、整体性、协同性。要遵循尽力而为、量力而行的原则，合理引导社会舆论，使社会各方面形成对人力资源和社会保障改革的合理预期。要加强对改革的组织领导，加强与有关部门的协调配合，凝聚改革共识，形成改革合力。

三、2014年工作的主要任务

2014年是改革之年，是全面完成“十二五”规划目标的关键一年。中央经济工作会议对明年国内外经济形势做出了科学分析。从国际上看，明年世界经济仍将延续缓慢复苏态势，但仍然存在不稳定不确定因素，国际金融危机的影响依然存在。从国内看，经济增速放缓、化解过剩产能，将对扩大就业、稳定劳动关系、社会保险扩面带来新的压力；加快转变经济发展方式、产业结构调整升级，对人才特别是高层次高技能人才的需求更加迫切；新型城镇化推进，将对就业、人力资源服务、社会保险关系转移接续、农民工工作带来新的挑战。我们要把思想和行动统一到中央对形势的判断和工作的决策部署上来，切实抓好各项工作落实。2014年人力资源和社会保障工作的总体要求是：全面贯彻党的十八大和十八届二中、三中全会精神，围绕“民生为本、人才优先”工作主线，坚持稳中求进工作总基调，把改革创新贯穿于就业、社会保障、人才队伍建设、人事制度改革、工资收入分配和劳动关系调整的各个环节，推动人力资源社会保障制度改革和事业发展取得新突破。

（一）着力促进就业创业。初步确定，明年城镇新增就业要达到1 000万人以上，城镇登记失业率控制在4.6%以内，目标更加积极，任务更加繁重。要进一步完善更加积极的就业政策，推动出台新一轮就业创业政策。加大对高校毕业生就业创业的扶持力度，统筹推进“三支一扶”等基层服务项目，健全高校毕业生基层服务保障体制。高度重视并精心做好化解产能过剩、企业兼并重组过程中企业职工安置工作，统筹做好城镇就业困难人员、农村转移劳动力等重点群体就业工作。落实培训补贴政策，启动实施农民工职业技能提升计划，大力开展就业技能培训、岗位技能提升培训和创业培训。完善鼓励创业的政策体系，深入推进创业型城市建设。推进人力资源市场整合，完善公共就业人才服务体系。加强人力资源市场诚信体系建设和标准化建设，促进人力资源服务业发展。修订失业保险条例，增强失业保险制度预防失业、促进就业功能。加强就业失业统计监测，推进失业预警试点。

（二）加快推进城乡社会保障体系建设。继续深化养老保险顶层设计研究，做好企业退休人员基本养老金调整工作，研究提出城镇职工基础养老金统筹方案。完善全民医保体系，推进城乡居民基本医疗保险制度整合，全面推进和完善居民大病保险制度，深化医保付费方式改革，完善异地就医结算办法。健全工伤保险配套政策标准，推动以农村地区企业、家庭服务企业和新兴网络服务企业为重点的中小微企业参加工伤保险。制定生育保险办法，落实生育保险待遇。完善社会保险基金预算制度，加强基金投资管理和监督，推进基金安全评估和社会监督试点。落实税收优惠政策，大力推动企业年金、职业年金发展。加强社会保险经办管理服务能力建设，推动养老、医疗保险全民参保登记，积极开展社会保险精算工作。大力推进社会保障卡发放，持卡总人数达到6.5亿人。

（三）不断创新人才工作体制机制。推进专业技术人才队伍建设，深入实施专业技术人才知识更新工程、国家百千万人才工程、万名专家服务基层行动等重点人才项目，开展全国杰出专业技术人才表彰；建立更加开放的引才机制，完善外国高层次人才签证、人才绿卡、人才居留和面向全体留学人员的服务政策；启动第二批西藏少数民族特培工作，稳步实施新疆少数民族特培工作；配合实施好“千人计划”、“万人计划”；改革完善博士后制度。加强技能人才队伍建设，继续实施国家高技能人才振兴计划和百城技能振兴专项活动，制定支持技工院校多元办学的政策措施，加强职业技能鉴定质量管理；组织开展全国职业技能大赛系列活动暨第43届世界技能大赛选拔活动。加大引进国外智力工作力度，扎实推进“外专千人计划”和高端外国专家项目，开拓海外引智资源，积极引进和用好国外高层次人才和急需紧缺人才；统筹做好出国（境）培训工作，控制规模，优化结构，深入推进重大人才工程培训项目；推进引智成果共享体系建设。

（四）积极推进人事制度改革。加强公务员制度和队伍建设，坚持“凡进必考”，完善基层公务员录用制度，吸引应届高校毕业生报考基层机关；稳步推进公务员聘任制试点，深入开展公开遴选工作；加强公务员考核特别是平时考核工作，实施公务员职业道德建设工程；做好“四类培训”和对口培训工作；推进国家荣誉制度建设，继续清理评比达标表彰评估项目和相关检查活动。加快推进事业单位人事制度改革，贯彻落实事业单位人事管理条例，加快配套法规建设，规范公开招聘制度，分业分类完善聘用制度，研究制定解决编外用人问题的政策措施。开展与军官职业化相适应的军队退役军官安置制度研究；积极稳妥做好军转安置工作，落实年度军转安置任务，完善自主择业待遇政策体系和管理服务措施；推进军转教育培训制度建设；健全企业军转干部解困稳定工作机制，确保企业军转干部总体稳定。

（五）进一步健全工资收入分配制度。做好改革完善机关事业单位工资制度工作，提出在县以下机关全面实施职务与职级并行、职级与待遇挂钩制度的具体意见，研究制定地区附加津贴制度实施方案。推进事业单位实施绩效工资工作，完善分配激励约束机制，在中央事业单位部署实施绩效工资。推进企业工资分配制度改革，完善企业工资集体协商制度，进一步扩大覆盖范围；合理调整最低工资标准；加强拖欠农民工工资问题综合治理。

（六）切实加强劳动者权益保障。完善农民工工作的相关政策，积极稳妥推进农民工市民化；完善扶持家庭服务业发展的政策，大力推动家庭服务业规范化建设和中心城市家庭服务体系建设。创新劳动关系协调机制，完善劳动合同法配套规定，依法规范劳务派遣；推动落实职工带薪休假制度，加强高温劳动保护工作。推进基层调解组织和仲裁院建设，创新仲裁办案方式，推广使用仲裁办案信息系统，提升劳动争议处理效能。推进企业劳动保障守法诚信建设，开展突出违法问题专项整治，完善行政执法与刑事司法联动机制，推动建立省市联动举报投诉平台，推进劳动保障监察“两网化”管理，加强基层执法力量。推动构建和谐劳动关系综合试验区建设。

面对艰巨繁重的改革发展任务，各级人力资源社会保障部门要切实加强自身建设，夯实事业发展基础。要加强干部的政治思想建设和业务能力建设，提高各级干部依法行政、履职尽责的能力。要加强各项基础工作和基层平台建设，加大信息化、标准化建设力度，优化业务流程，推行“阳光政务”，不断提升公共服务质量和效率。要加强新闻宣传策划和舆论引导，健全舆情收集、研判和回应机制，完善新闻发布和专家解读制度，主动回应社会关切。要加强作风建设，巩固第一批党的群众路线教育实践活动成果，指导开展好人力资源社会保障系统第二批教育实践活动，深入推进优质服务窗口创建活动，树立人力资源社会保障部门为民务实清廉的良好形象。

加强统筹　狠抓落实
为人社事业科学发展提供有力支撑

——在全国人力资源和社会保障规划财务工作座谈会上的讲话

杨志明

（2013 年 2 月 27 日）

这次会议的主要任务是，紧密联系规划财务工作实际，深入学习贯彻党的十八大关于改善民生的新精神，深刻领会习近平总书记近期一系列关于改善民生的新要求，深度落实全国人社工作会议新部署，总结五年经验，提升信心，分析当前探索新路，部署今年重点推进。

规划财务作为人社事业发展的一项综合性工作，对六大业务板块起着重要的支撑作用。新部组建以来，规划财务工作在规划计划、统计、信息化、标准化、财务预算、资产管理等方面都取得了突出成效，为人社事业科学发展提供了有力支撑。保国同志对去年工作的总结和今年工作的安排，我都赞成。下面，我就运用十八大精神，谋划规划财务工作讲五点意见。

一、以“16187”为重点，加大规划和年度计划的实施力度

五年来，按照“民生为本、人才优先”的工作主线，在全面完成“十一五”规划目标基础上，科学编制并重点实施了人社事业发展“十二五”综合性规划以及就业、社保、专业技术人才、高技能人才、信息化和标准化等6 个专项规划，确定了 18 项核心指标。就业 3 项：五年城镇新增就业 4 500 万人，转移农业劳动力 4 000 万人，城镇登记失业率控制在5%以内。社会保险 7 项：城镇基本养老保险参保人数达到 3.57 亿人，新型农村社会养老保险参保人数达到 4.5 亿人，城乡基本医疗保险参保人数达到 13.2 亿人，失业保险参保人数达到 1.6 亿人，工伤保险参保人数达到 2.1 亿人，生育保险参保人数达到 1.5 亿人；社会保障卡发卡数量达到 8 亿张。人才 4 项：人才资源总量达到 1.56 亿人，专业技术人才总量达到 6 800 万人，高、中、初级专业技术人才比例达到 10 ∶ 38 ∶ 52，高技能人才总量达到 3 400 万人。工资和劳动关系 4 项：最低工资标准年均增长率超过 13%，企业劳动合同签订率达到 90%，企业集体合同签订率达到 80%，劳动人事争议仲裁结案率达到 90%。七大重点项目：基层服务平台建设，省、市（地）级人力资源市场建设，省、市（地）级社会保障服务中心建设，信息化工程（“金保工程”二期），就业失业动态监测和预警工程，工伤康复基地建设，职业技能实训基地建设。还同步参与编制实施了国家“十二五”规划、

基本公共服务体系规划以及主体功能区、汶川灾后重建等区域规划。加强年度计划与规划的衔接，发挥年度计划动态综合分析作用，年初下达计划，季度动态监测分析，年中务虚会全系统分析，年底通报。探索在经济快速增长与经济增速放缓的不同条件下，推进规划的落实，计划的调控和项目的实施。

党的十八大提出实现更高质量的就业、社会保障全民覆盖、进入人才强国和人力资源强国行列、构建和谐劳动关系、深化干部人事制度改革和工资制度改革等人社工作新任务。今后一个时期的主要任务是，运用十八大精神对人社事业发展“16187”进行新谋划，统筹落实“1＋6”规划，重点完成18项核心指标，实施好7个重点项目。今年重点工作：一是组织实施好“1＋6”规划中期评估。对照规划总目标，对核心指标完成情况和重点项目资金落实、实施进度、使用成效进行深入分析，针对规划实施中的新情况，研究提出“十二五”中后期需要重点强化、加快进度、实施调整的具体措施和建议。二是落实好年度计划指标。今年的计划会前已经印发，各地要层层分解落实，注重规划目标与年度计划的有机衔接。部年中务虚会上动态分析，年底人社工作会上进行通报。

二、加大“数字人社”推进力度

五年来，建立了人社系统“统一管理、分工负责”的统计管理机制，整合了统计报表，优化了统计指标，规范了数据发布使用。尤其在应对国际金融危机中，开展了就业相关数据快速调查。每年开展社区直报调查，连续三年开展企业薪酬试调查，两次开展人社系统公共服务机构调查。建立了统计分析专家决策咨询制度，搭建了统计分析平台。协调中编办批准成立了部统计调查中心，作为参照公务员管理事业单位，受部委托开展统计调查工作。

党的十八大提出了新型工业化、信息化、城镇化、农业现代化同步发展，信息化成为重要发展方向。习近平总书记强调实干兴邦，也要求民生数据更加全面准确。当前，云计算、物联网、超联通等新兴信息技术迅猛发展，使我们进入一个前所未有的大数据时代。国务院近日下发了推进物联网有序健康发展的指导意见。新的形势要求我们以“大数据”的理念来开拓“数字人社”。“数字人社”的总体要求是：运用现代信息技术手段，整合统计调查资源，优化统计指标体系，建立统一监测平台，加强数据分析管理，贯通数据互联互通，建立专业化统计队伍，为人社决策提供数据支撑，为民众提供信息服务。今后一个时期，要进一步丰富“数字人社”内涵，完善统计法规制度，建设人社数据高地，发挥统计数据的“晴雨表”作用。今年重点工作：一是深入开展薪酬调查、农村实用人才调查、社区直报调查等专项调查。部统计调查中心将正式开展工作，逐步与就业、社保、劳动关系、人才等业务调查互联互通。二是加强人社六大业务板块和综合性基础工作的统计分析工作。三是选择部分省市开展统计监测。加强统计信息化工作，与各地共同推进人社统计基础数据库建设。

三、加大基层公共服务体系建设力度

抓落实靠基层，抓基础到基层。政策服务在基层，问题解决在基层，矛盾化解在基层，工作推动在基层，感情融洽在基层。五年来，人社基层建设明显加强。2010年启动实施基层劳动就业和社会保障服务设施建设，中央财政三年累计补助19亿元支持中西部为主的630个县、2 400个街道乡镇开展基层平台建设。“金保工程”历时八年投资80多亿元的一期项目建设已通过竣工验收，全国所有省级和绝大多数地市级人社部门建立了数据中心，城域网已经连接到92.5%的社会保险经办机构和劳动就业服务机构。二期立项加快。2012年底，社会保障卡已发放3.4亿张。部分省市先行启动了省、市（地）级人力资源市场和社会保障服务中心建设。人社标准化积极推进，编制实施了人社标准化“十二五”规划。

党的十八大明确提出到2020年基本公共

服务均等化总体实现，习近平总书记强调让人民过上更加美好的幸福生活的总要求，国务院制定的基本公共服务体系规划，要求加快基本公共服务体系建设。今后一个时期的主要任务是，劳动就业和社会保障服务在乡镇（街道）实现基本覆盖，推进向下延伸，大力推进规划项目实施。今年重点工作：一是加快基层平台建设，在去年基础上继续增加投入，合理布局，按时保质完成项目建设，同步集成劳动就业和社会保障服务软件，为“十二五”期末覆盖大多数地区和重点地区基本覆盖打好基础。二是加快“金保工程”二期建设，在一期建设基础上，对人社各领域统筹布局，发挥信息化的支撑功能，加强信息系统资源整合和共享，信息服务与业务功能向基层同步延伸。全面推进新农保信息系统试点建设。今年增发社保卡1.4亿张。三是推进省、市（地）级人力资源市场和社会保障服务中心建设，按照“数据向上集中，功能向下延伸”以及服务网络化趋势，加强统筹设计，加大协调力度，推进项目立项实施。四是做好就业失业动态监测和预警工程以及工伤康复、职业技能实训基地建设。五是深入开展人社重要标准制修订，全面启动劳动就业和社会保险综合标准化试点工作。

四、多措并举，提升财务预算资产管理水平

五年来，中央财政对人力资源和社会保障事业的投入逐年增加，我部职责范围内的中央财政转移支付资金增加了1倍多，各级人社部门工作运转经费规模也普遍增加，部本级工作经费增加了1.5倍。2012年部门预算执行达到97%，财务预算资产管理水平不断提高。部和省人社部门先后向社会公开了部门预算、决算和“三公经费”财政拨款支出预决算情况，主动接受社会监督，努力实现阳光理财。认真贯彻社会保险法和国务院关于试行社会保险基金预算的意见，开创性地试编和执行了社保基金预算，社保基金开始纳入法定的预算管理和宏观调控之下。

党的十八大对人社工作提出的新任务，都需要筹措资金给予有力支撑。中央提出厉行勤俭节约反对铺张浪费的新要求，更需要加强财务预算科学化精细化管理。今后一个时期，财务预算工作要实现“预算上规模、执行上绩效、管理上水平”。今年重点工作：一是提高预算编制质量，做到预算项目编制依据可靠，论证充分，具有可操作性。二是抓好预算执行进度，做到预算执行与业务工作计划完成互促共进。三是建立和运用预算管理网络加强动态监测。四是加强国有资产动态监管，规范政府采购行为。五是做好部门预算、决算、“三公经费”支出情况向社会公开工作。六是加强审计监督，加强对部门所属事业单位的监管，做到增收、节支和加强内审监督并重。七是做好社会保险基金预算向全国人大报送的相关工作。

五、发挥区域优势，推进部省合作和对口支援

五年来，建立了部省领导会商机制，为人社工作总结新鲜经验、解决各地突出问题、促进重点项目实施提供了对话平台，签署了20个部省（区、市）合作备忘录，中央和地方在政策支持、资金使用和项目捆绑上形成合力。深入开展了对口援藏、援疆和援青工作，部里统筹调度，搭建了17省市支援西藏7地市、19省市支援新疆（兵团）12地州（师）、6省市支援青海6州的人社对口支援平台，通过资金、项目、政策、人才支援，推动了受援地区人社事业的跨越式发展。

党的十八大提出继续实施区域发展总体战略，习近平总书记在河北阜平县考察时强调要对革命老区、民族地区、边疆地区、贫困地区加强扶持。今后一个时期，要加强部省合作，实现基本覆盖，加大援藏、援疆、援青的扶持力度，加强已签署部省合作协议的落实，推进区域政策、项目、资金、人才支持和改革先行先试，推进部省会商机制，实行动态评估。今年重点工作：一是落实河北、山东、四川备忘

录签署工作。二是推进援藏、援疆、援青工作。三是研究建立动态考评机制，加强部省合作备忘录和对口支援的调度协调，每年报告进展，加强重点事项调度，3～5年进行全面推动。

同志们，形势在发展，情况在变化。分析新形势，研究新情况，探索新对策，制定新措施，是规划财务的一项基本工作，需要有一支素质好、能力强、作风硬的队伍来保障完成。做好规划财务工作，需要提升三种能力：一是谋划大局能力。规划财务工作综合性强，牵头事务多，当前尤其要增强在经济从快速扩张期转入中速增长期大局中的谋划能力，善于从全局出发分析形势，抓重点、破难题，提高服务能力和水平。二是创新能力。要坚持思路创新、方法创新、手段创新，提高新知识、新技术运用力度，利用信息化手段提高工作效率和质量。一般干部做到应知应会，处级干部成为行家里手，司局级干部成为专家权威。三是沟通协调能力。协调是一种沟通，也是一种工作艺术，更是一种求进的相互妥协，大协调解决大问题、小协调解决小问题、不协调难以解决问题。规划财务工作对上要联系中央，对下要联系各地，对内涉及各司局、处室的平衡，对外要争取有利于事业发展的项目和资金，工作入口多，出口也多。规划、计划、资金、项目联动，都需要协调，要在协调中学会协调艺术，在运用协调艺术中提高协调能力。

习近平总书记在十八届中纪委第二次全会上强调加强对权力运行的制约和监督，把权力关进制度的笼子里。规划财务部门管钱、管物、管项目，要时刻保持清醒的头脑，严格遵守纪律和廉洁从政的各项规定，用制度管人、用制度管事。加强对重点领域和关键环节的监督管理，在项目实施、预算执行、政府采购、基本建设中，守住做人、处事、用权、交友的底线，做到自重、自省、自警、自励，树立规划财务部门清廉务实的良好形象。

规划财务工作和人社事业科学发展紧密相连，人社事业科学发展为规划财务工作开辟了广阔的空间，规划财务工作为人社事业的科学发展提供有力的支撑。规划财务工作既是一项基础性工作，又是一项创新性很强的探索性工作。我们要带着感情做好规划财务工作，从繁杂枯燥的文字、数字、报表中研究解决问题，倾听基层呼声，想基层所想，急基层所急，帮基层所需，把工作作为事业去追求，当学问去研究，勇于探索和开拓。我们要带着激情解决突出问题，把目光和精力聚焦在分析热点、攻克难点上，敢于亮剑出招、鼓励探索，宽容失误，争取每年都有一两项工作取得突破性进展。我们要带着热情做好规划财务工作，牢固树立服务意识，不怕麻烦，不辞辛苦，不畏艰难，不徇私情，服务领导决策，满足群众期待，以“踏石留印、抓铁有痕”的落实干劲，坚持不懈努力，为人力资源和社会保障事业科学发展做出新贡献。

在全国人力资源和社会保障工作会议暨优质服务窗口表彰大会上的总结讲话

杨志明

（2013 年 12 月 27 日）

一、会议的主要收获

这次会议深入学习贯彻党的十八届三中全会和习近平总书记系列重要讲话精神，迅速贯彻中央经济工作会议、中央城镇化工作会议和中央农村工作会议部署，是总结今年工作、部署明年任务、明确人社改革路线图和时间表的一次重要会议，也是交流经验、表彰先进、树立基层服务典型的会议。会议落实中央改进会风的要求，工作会和表彰会合并召开。集中大家反映，收获主要是：

大家认为，在推动人社事业改革发展认识上有新提高。大家对尹蔚民部长的工作报告给予了高度评价，认为报告提出了许多有创见的新思路和新要求，集中反映了部党组学习贯彻党的十八届三中全会和习近平总书记系列重要讲话精神的深入思考。报告总结了贯彻十八大精神一年来工作的显著成绩，分析了当前面临的形势，明确了下一步的改革发展重点。总结成绩可以坚定信心，分析形势可以保持清醒，明确任务可以激发干劲。通过学习报告，大家在统一思想认识、凝聚奋进力量上有了新提高，在把握发展大势、明确前进方向上有了新提高，在赢得发展新优势、开创事业新局面上有了新提高。大家表示，要深刻学习领会讲话精神实质，内化于心、外化于行，进一步增强勇于担当的意识，树立问题导向，提高攻坚克难的能力，在推动人社改革、解决群众突出反映的问题上取得新突破。

大家认为，讨论启迪思考，交流频现亮点。在分组讨论中，31 个省区市、新疆生产建设兵团和 15 个副省级城市的代表们结合当地实际情况，围绕人社事业改革发展的重点难点问题，交流新经验，分析新情况，研讨新措施。刚才，6 个小组的召集人在大会上从不同角度、不同层面，以不同的特点交流了分组讨论情况和贯彻落实全国会的打算，有的结合本地实际提出意见建议，有的介绍改革发展的鲜活经验，有的在深入分析形势的基础上提出落实措施，使大家在更大范围内受到启发。对大家的意见建议，会后部里将进行认真梳理和研究，好的意见建议要一条一条切实转化成推动工作的有效措施。

大家认为，通过优质服务窗口表彰，为全系统服务群众树立了学习榜样。优质服务窗口突出基层，重在服务，每三年表彰一次。这次表彰了 389 个窗口，尽管名额有限，但总体反映了基层同志以人民群众满意为标准，不怕麻烦、不辞辛劳、不畏困难、不徇私情的敬业精神，有力展现了人社部门服务群众、保障民生的良好形象。下一步，全系统要以这些优质服务窗口为榜样，积极开展系统窗口作风建设专项行动，弘扬爱岗敬业的优良作风，提升服务能力和服务质量，让老百姓到人社部门办事顺心、服务舒心、结果放心。

二、落实会议精神的几点要求

（一）领会精神、系统谋划，立足实际、及早行动。习近平总书记最近强调，一分部署，九分落实。抓这次会议精神的落实，就是要将改革发展的工作思路变为真抓实干的实际行动。当前和今后一个时期，人力资源和社会保障工作的思路已定，关键在抓落实。尹蔚民部长的工作报告梳理了中央对我们的要求，明确了明年人社领域重点推进 5 个方面 12 项改革任务和几项重点工作。这些都需要我们结合实际、大胆探索、勇于创新，按照一张好的蓝图一干到底。会后，大家要及时向党委、政府汇报。人社部门要主动将工作纳入本地的总体部署，纳入地方经济社会发展的总盘子，使中央的精神和地方实际结合起来，使人社领域各项工作的改革任务、规划指标和地方工作衔接起来。落实好明年的改革发展任务，要切实加强组织领导，按照部里对改革的统一部署和要求，加强对改革工作的领导和协调。要研究制定推进本地区改革的具体工作方案，切实把改革发展的要求变成可操作的行动计划。要把握改革重点、优先顺序和主攻方向，该统一部署的不要“抢跑”，该及时推进的尽早启动，该试点的不要仓促推开，该深入研究后再推进的也不要急于求成。要建立定期评估机制，抓好跟踪督办，做到有目标、有计划、有检查、有总结、有考核。尤其要与有关部门增强改革的耦合联动，形成推动改革的合力。

（二）贯彻会议精神要进一步加强基层基础建设。基层是人社工作的落脚点。政策服务在基层，问题解决在基层，矛盾化解在基层，感情融洽在基层，改革见效更在基层。贯彻会议关于加强基层基础建设的部署，要发扬“钉钉子”的精神，一锤一锤接着敲。

大力推进“数字人社”建设，努力实现基础工作信息化、信息工作基础化。在信息化时代条件下，信息优势已成为核心优势。人社工作点多面广，基层基础工作信息量大，要主动适应事业改革发展需要，进一步加快“金保工程”二期建设，在一期业务多集中在社保领域的基础上，二期重点将劳动就业、人事人才等领域的相关业务统筹纳入“两网五库”，加强信息资源共享，消除信息“孤岛”，解决软件不兼容、网络不畅通等突出问题，实现中央和地方信息的纵向贯通以及人社部门与公安、住建、教育、民政等相关业务部门信息的横向贯通。要进一步强化信息化对执法监管、监测分析、宏观决策、政务公开等行政活动的支撑功能。要落实好明年新增社会保障卡 1.5 亿张的任务。要优化整合现有统计调查项目，加强统计指标和统计调查总体设计，尤其要加强人社领域各业务板块数据的联动分析，充分发挥统计分析对决策的支撑作用，使改革发展能够精准发力。

加强基层服务平台建设。经过 3 年多的努力，中央财政已经安排 28 亿元补助中西部地区 907 个县、3 400 多个乡镇实施了劳动就业社会保障服务设施建设，有效改善了中西部部分地区基层服务条件。下一步，我们还要和有关部门继续加大建设力度，争取到“十二五”期末，基层服务平台覆盖到大多数县。在加强硬件建设的同时，还要在优化工作流程、规范服务设置、提高人员待遇等方面取得实质性进展，努力实现服务便捷、设备先进、流程再造、队伍充实、作风优良。同时要加强人社基层队伍培训。人社事业改革和发展需要大规模、高质量的培训。要进一步加强部省合作，形成网络，共享资源。

（三）抓好岁末年初的重点工作。每年元旦春节和“两会”期间，都是人社部门落实民生工作的关键节点和重要敏感期，民生诉求往往比较集中，触点多、燃点低。我们要把握规律，运用底线思维，落实民生政策措施，真正使群众享受到实惠。重点做好以下几项工作：

做好困难群体帮扶等工作。要以家庭困难未就业高校毕业生、零就业家庭、残疾人等就业困难人员为重点，在全国开展就业援助月专项行动。各地要组织力量，协调各方，走访到户，登记到人，帮扶到位，见到实效。要认真检查各项社会保障落实情况，着力提高经办服务质量，做好企业离退休人员养老金按时足额发放和失业保险金等社保待遇的领取和支付工作。要有针对性地组织开展春风行动，引导外出务工人员有序就业，鼓励就地就近就业，扶持返乡创业，努力化解部分地区、部分企业招工难和进城务工人员求职难的结构性矛盾。

千方百计保障农民工工资支付。临近元旦、春节，解决农民工工资拖欠进入攻坚期。12月19日，尹蔚民部长在保障农民工工资支付电视电话会议上，对“两节”期间农民工工资清欠工作提出了明确要求。各地要深入开展农民工工资支付情况专项检查，综合运用经济、行政、法律等手段，采取力措，合力攻坚，治理顽症。加大对重点行业、企业的监控和检查力度，对拖欠农民工工资问题，发现一起，严肃查处一起。加大对拒不支付农民工工资的入刑治罪力度，曝光一批典型案件，发挥警示作用，保持对欠薪犯罪行为的高压态势。依法快速调处拖欠农民工工资争议案件，积极预防和果断处置群体性事件，引导农民工理性合法维权。要重点落实“两金三制”等有关措施，保障农民工工资支付，确保广大农民工及时足额拿到应得报酬。

人社改革发展正处在一个新的历史起点上，一切难题只有在实干中才能破解，一切办法只有在实干中才能见效，一切机遇只有在实干中才能抓住和用好。我们要以勇于进取的精神状态、真抓实干的工作作风，推动人社事业改革发展迈上新台阶。

深入学习贯彻党的十八大精神
进一步做好新形势下人才工作

潘立刚

（2013年3月29日）

根据培训班安排，我就学习贯彻党的十八大精神，如何做好新形势下人才工作，特别是县域人才队伍建设，谈几点认识和体会，供同志们参考。

一、党的十八大对人才工作的新部署新要求

十八大报告在“全面提高党的建设科学化水平”部分，把人才工作列为八项任务之一进行专门部署，这在历次党代会报告中还是第一次，充分体现了中央对人才工作的高度重视，也为做好人才工作提供了根本遵循。我们一定要深刻学习领会，结合实际抓好贯彻落实。

（一）深刻认识做好人才工作对党和国家事业发展的战略意义。十八大强调，广开进贤之路，广纳天下英才，是保证党和人民事业发展的根本之举。我们要进一步认识人才工作在全局工作中的重要地位，牢固树立人才资源是第一资源的理念，更好地实施人才强国战略，大力培养人才、引进人才、用好人才，把人才优势转化为发展优势、创新优势、竞争优势，加快从要素驱动发展为主向创新驱动发展转变，在日趋激烈的国际竞争中赢得主动、赢得优势、赢得未来。

（二）深刻认识五位一体建设总体布局赋予人才工作的历史使命。十八大报告确立了经济建设、政治建设、文化建设、社会建设、生态文明建设“五位一体”的总体布局，每一项建设都强调要培养造就高素质人才，为事业发展提供人才保证。我们要深刻认识人才工作肩负的历史使命，更加自觉地在这个总体布局下思考和谋划工作，围绕“五位一体”建设目标确定人才工作任务，根据“五位一体”建设需要制定人才政策措施，加快培养高层次创新人才和急需紧缺人才，统筹推进各类人才队伍建设。

（三）深刻认识实现建设人才强国战略目标的艰巨性紧迫性。十八大强调，要造就规模宏大、素质优良的人才队伍，推动我国由人才大国迈向人才强国。这是全面建成小康社会的重点任务，也是2020年国家人才发展的战略目标。我们要进一步增强责任感紧迫感，正视现实、承认差距、密切跟踪、迎头赶上，采取更加积极有效的应对措施，实行更加开放的人才政策，广聚天下英才为我所用，进一步提高人才的创新创业能力，扩大高层次创新人才规模，逐步确立国家人才竞争比较优势。

（四）深刻认识新时期人才工作的总体要求和重要举措。十八大报告第十二部分第五项重大任务，对人才工作进行了专门部署，强调

要坚持党管人才原则，把各方面优秀人才集聚到党和国家事业中来。我们要围绕十八大提出的新任务新要求，研究提出贯彻落实的具体办法和措施，明确责任分工、工作要求和时间进度，切实完成好各项工作任务。要坚持党管人才原则，加强整体谋划和统筹协调，以更宽的视野、更高的境界、更大的气魄，把各类人才更加紧密地凝聚在党的周围。

二、十六大以来我国人才工作主要成效与经验

党的十六大以来特别是近年来，在党中央、国务院和各级党委、政府领导下，各地各有关部门认真编制实施人才发展规划，深入推进重大人才工程，创新人才政策和体制机制，开创了人才工作新局面。

（一）加强顶层设计和系统规划，人才强国战略向纵深推进。十六大以来，党中央、国务院先后召开两次全国人才工作会议，颁布实施《关于进一步加强人才工作的决定》和《国家中长期人才发展规划纲要（2010—2020年）》，确立了加快建设人才强国的行动纲领。中央人才工作协调小组加强宏观指导和统筹协调，推动人才强国战略向人才强省、人才强市、人才强县、人才强企、人才强校、人才强院战略深化。

（二）大力宣传科学人才观，党的人才思想理念日益深入人心。各地各有关部门通过理论研讨、撰写言论、制作播出公益广告等多种形式，大力宣传党的人才思想理念。科学人才观的宣传普及，促进了思想解放和观念更新，人才资源是第一资源等思想理念深入人心，尊才、重才、惜才、用才的社会氛围日益浓厚，各地各部门抓人才工作的主动性创造性不断增强。

（三）组织实施重大人才工程，人才队伍建设取得突破性进展。集中政策、资金和项目，深入实施重大人才工程，重点加强高层次人才队伍建设，是改革开放以来我们推进人才发展的一条重要经验。十七大以来，在总结以往成功实践的基础上，中央部署实施了12项重大人才工程，其中“千人计划”实施最早、影响最大，已经成为国家引才品牌。在国家重大人才工程的带动下，各地相继实施了一批特色人才工程，极大地推动了人才队伍建设。

（四）以政策突破带动体制机制创新，人才创新创业活力进一步释放。中央出台了加强高技能人才队伍建设、农村实用人才队伍建设、社会工作专业人才队伍建设、西部地区人才队伍建设、东北等老工业基地人才队伍建设等一系列政策，六支队伍和区域人才政策不断完善，人才培养、评价、使用、流动、激励机制不断健全。各地各部门抓住我国人才发展中亟待解决的重大问题，围绕人才发展规划提出的十大政策创新任务，从一项项具体政策突破入手，由点到面、逐步推进，破除阻碍人才发展的各种体制机制障碍和政策壁垒，充分激发各类人才的创新创造创优活力。

（五）制定加强党管人才工作意见，党管人才工作格局基本形成。各地各部门认真落实党管人才原则，进一步完善党委统一领导，组织部门牵头抓总，有关部门各司其职、密切配合，社会力量广泛参与的人才工作格局。中央出台《关于进一步加强党管人才工作的意见》，对健全党管人才领导体制和工作格局、完善工作运行机制、创新方式方法、加强保障措施等做出比较系统的规定。各地按照中央要求，不断健全党管人才领导体制，构建统分结合、协调高效的工作机制。

总之，近年来我国人才工作取得了重大发展和进步，实践中我们深深体会到，要做好新形势下人才工作：一是必须始终坚持服务中心、服务大局，站在全面建成小康社会、履行执政兴国使命的高度，来谋划和推动人才工作，为党和国家事业发展集聚人才。二是必须始终坚持高端引领、整体开发，以高层次人才和高技能人才为重点，着力培养一大批各行业各领域高层次领军人才，引领和带动各类人才队伍建设。三是必须始终坚持改革创新，不断推进人才工作理论创新、政策创新、制度创新

和方法创新，使人才工作始终充满生机和活力。四是必须始终坚持党的人才思想理念，总结推广基层创造和实践探索，深化对人才工作的规律性认识，不断提高人才工作科学化水平。五是必须始终加强党对人才工作的领导，健全党管人才领导体系和工作格局，充分调动各方面积极性创造性，共同建设人才强国。

三、当前和今后一个时期人才工作的重点任务

去年年底的全国组织部长会议和全国人才工作座谈会，对贯彻落实十八大精神、做好新形势下人才工作进行了部署。刘云山同志强调，要坚持党管人才，认真实施人才强国战略，大力加强人才队伍建设。赵乐际同志指出，要以落实人才发展规划为主线，坚持人才发展 24 字指导方针，加快建设规模宏大、素质优良的人才队伍。根据中央领导同志讲话精神，当前和今后一个时期要重点做好以下工作。

（一）加快确立人才优先发展战略布局。确立人才优先发展战略布局，是加快现代化建设、实现跨越发展的必然要求，也是一些国家实现成功追赶的重要经验。从历史上看，较之于优先积累物力资本的国家，优先开发人才资源的国家不仅发展速度更快，而且发展质量更高、后劲更足。从我国改革开放以来的发展实践看，东部地区能够率先发展，人才是重要支撑因素。因此，推动科学发展、创新发展、转型发展，必须优先发展人才。要引导各级领导干部树立人才优先发展的理念，转变重物轻人的思维定式和发展模式，谋划发展优先谋划人才发展，推动工作优先推动人才工作。要坚持人才资源优先开发、人才结构优先调整、人才投资优先保证、人才制度优先创新，把人才优先发展的要求落实到科学发展全过程和各环节，落实到重大立法、发展规划和重要政策上，进一步具体化、政策化、项目化。

（二）全面推进实施重大人才工程。要加大重大人才工程统筹协调力度，及时研究解决重点难点问题，确保人才工程质量。一是深入实施“千人计划”。坚持稳定规模、确保质量、优化结构，推进高层次外国专家项目、顶尖人才与创新团队项目实施，大力引进战略性新兴产业、先进制造业、现代服务业等急需人才，重点引进世界顶尖人才。完善海外人才引进使用、管理服务机制，健全人才签证、“绿卡”等各项配套政策，推进海外高层次人才创新创业基地和未来科技城建设，加强海外引才工作指导。二是全面实施“万人计划”。“万人计划”又叫“国内高层次人才特殊支持计划”，去年 8 月由中组部牵头、11 家单位联合实施。计划从 2012 年起，用 10 年左右时间，有计划、有重点地遴选支持 10 000 名左右自然科学、工程技术和哲学社会科学领域的高层次人才，形成与“千人计划”相衔接的国内高层次培养体系。下一步，我们将按照严格遴选、科学培养、塑造品牌的要求，进一步完善评审办法和实施细则，研究落实特殊支持政策，指导地方和部门实施高层次人才培养支持计划。三是启动实施“国际组织人才培养计划”。随着世界多极化和经济全球化深入发展，国际组织在当今世界政治和经济格局中扮演着越来越重要的角色。目前，我国在国际组织中人员少、职位低、影响小，担任领导职务的人才更是屈指可数。国际组织人才匮乏，影响了我国在国际舞台上的话语权，与我国的大国地位很不相称。培养支持优秀人才到国际组织任职，有利于建立我国和平发展的国际环境，争夺国际组织多边外交舞台，我们正在前期调研工作的基础上，抓紧会同相关部门研究论证具体措施办法。

（三）统筹推进各类人才队伍建设。统筹兼顾是科学发展观的根本方法，也是做好人才工作的基本要求。一要加快培养高层次创新创业人才。围绕提高自主创新能力、建设创新型国家，以高层次创新型科技人才为重点，努力造就一批世界水平的科学家、科技领军人才、工程师和高水平创新团队，注重培养一线创新人才，建设宏大的创新型科技人才队伍。加强产学研合作，重视企业工程技术与管理人才的培养，推动科技人才向企业集聚。二要大力培养青年人才。必须下大气力抓好青年人才队伍建设，尽快研究制定培养造就青年英才的政策措施，努力营造青年英才脱颖而出的良好环境。要大力实施青年英才开发计划，培养造就各行各业青年拔尖人才，鼓励青年人才到基层和艰苦地区历练成长。放手使用青年英才，让他们更多地参与项目管理决策、牵头承担重大课题、获得专项经费支持，领衔重大科研和重大工程项目、重大产业攻关项目。三要统筹抓好六支人才队伍建设。以提高执政能力和领导水平为核心，建设善于推动科学发展、促进社会和谐的高素质党政人才队伍；以提高现代经营管理水平和市场竞争力为核心，建设高素质企业家和经营管理人才队伍；以提高专业水平和创新能力为核心，建设规模合理、素质优良的专业技术人才队伍；以提高职业素质和职业技能为核心，建设门类齐全、技艺精湛的高技能人才队伍；以提高科技素质和致富能力为核心，建设农村实用人才队伍；以增强服务意识、提高服务能力为核心，建设社会工作人才队伍。四要促进区域人才协调发展。围绕西部大开发等区域发展战略，大力实施“边远贫困地区、边疆民族地区和革命老区人才支持计划”，加大对中西部人才开发项目扶持力度，推进东中西之间、城乡之间人才对口支持与交流合作。加大政策支持和工作力度，引导人才向中西部地区、欠发达地区、基层一线和农村流动。

（四）加快人才发展体制机制改革和政策创新。体制机制管长远、管根本、管全局，人才竞争说到底是制度层面的竞争。如何创新人才政策和体制机制，形成激发人才创造活力、具有国际竞争力的人才制度优势？一是加强改革顶层设计和系统谋划。注重全局与局部、治本与治标、渐进与突破相结合，推动人才发展体制机制改革与干部人事制度改革、事业单位改革、科技和教育体制改革相互衔接、互促互动，增强改革的系统性、整体性、协同性。二是加大政策突破和协同攻坚力度。加快制定人才发展规划十大政策，本着先易后难原则，能出台的先出台，能部分出台的可以先出一部分。要敢于攻坚克难，开展集中攻关，实行重点突破。要推动人才政策协同创新，建立部际协调机制，形成政策创新合力。三是进一步解放思想、积极探索创新。要围绕各类人才和各地各部门反映强烈的问题推进创新，把解决现实矛盾和突出问题作为切入点和突破点，以解决问题的多少和效果来检验创新成效。对于一些难度大、一时拿不准的问题，依托人才管理改革试验区先行试点，取得经验后再逐步推开。四是注意总结基层创造的经验。要向基层学习、向实践学习、向人才学习，及时发现、总结推广基层创造的好经验好做法，把那些经过实践检验比较成熟的政策措施，提炼上升为国家层面的政策。

（五）进一步提高党管人才工作科学化水平。要全面落实加强党管人才工作的意见，自觉用科学理论指导、科学制度保障、科学方法推进人才工作。一是健全党管人才体制机制。要充分发挥人才工作领导（协调）机构宏观指导、统筹协调职能，完善议事规则和决策程序，实现科学决策、民主决策。要健全督促落实机制，完善监测评估办法，加强人才工作重大决策落实情况检查。要推进实施人才工作目标责任制，研究制定人才工作条例，促进人才工作规范化制度化。二是形成人才工作整体合力。组织部门做人才工作，是在党委领导下牵头抓总、统筹协调，关键是要尊重、发挥领导（协调）小组各成员单位职能作用，充分发挥各行各业积极性主动性创造性，充分发挥用人单位在人才培养吸引使用上的主体作用，坚持牵头不包办、抓总不包揽、统筹不代替，明确责任、分工协作，同心同向、齐抓共管。三是完善党委联系专家制度。深入实施高层次专家国情研修规划，坚持分层分类研修培训，提高研修培训针对性实效性。加强同专家的思想联系，研究制定党委联系专家意见。调整补充中央联系专家名单，形成动态调整机制。进一步推进专家服务基层活动，利用高校、科研机构等资源有效开展专家服务。四是加强人才工作理论研究。提高人才工作科学化水平，必须深化对人才发展规律认识，不断丰富和发展中国特色人才理论。各地各部门要认真总结人才工作实践，围绕人才优先发展、建立具有国际竞争力的人才制度优势、中国特色人才理论体系等，加强理论思考和对策研究，在把握人才发展规律中推进人才工作。五是建设高素质人才工作队伍。各地各部门要把德才兼备的优秀干部充实到人才工作队伍中来，加强教育培训、提高能力素质，严格管理监督、真诚关心爱护。

四、扎实推进县域人才队伍建设

考虑到这次培训班绝大部分同志来自县市区，我想借此机会和大家谈一谈县域人才队伍建设。建设人才强县是建设人才强国的重要基础。从县域人才工作现状来看，情况不容乐观，中西部地区尤为严重。由于工业化和城镇化水平较低，产业发展处于低端，县市区留住和吸引人才的能力较弱，尤其是欠发达地区和广大农村，人才极其匮乏。这些问题不解决，势必影响县域经济的长远发展，影响到执政基础的稳固，影响到新农村建设大计，这也是我们强调抓好人才强县工作的深层原因。

（一）因地制宜确定本县人才队伍建设重点。全国 2 800 多个县，情况各不相同。人才工作必须因地制宜，根据县情和实际需要确定工作重点。就全国面上来讲，县一级一般要重点抓好三支队伍。一是抓好企业家队伍。优秀企业家是很稀缺的资源，要关心爱护、积极扶持，帮助他们解决在生产经营和发展中遇到的困难。二是抓好科技领军人才。科技领军人才是加快县域经济发展的重要引擎。调整县域经济结构，促进产业转型升级，转变经济发展方式，必须依靠科技领军人才。三是抓好农村实用人才。农村实用人才是富民强县的带头人，是广大农民的优秀代表，是新农村建设的生力军。

（二）紧紧围绕产业发展抓人才。县域经济的竞争主要是特色优势产业的竞争，特色优势产业是县域经济发展的主要支柱。因此，县域人才队伍要紧紧围绕县委县政府关于特色优势产业发展的总体部署，同步谋划特色优势产业人才发展的投入、结构、布局以及政策措施，优先培育主导产业、优势产业、特色产业急需的各类人才，形成产业升级与人才发展良性互动的局面。要把人才工作主动融入特色产业发展格局，根据产业发展需求有针对性地提供人才服务，促进人才集聚与产业集群互动、人才培育与产业升级并进。

（三）依托重大项目引进和培养人才。重大项目是引才的重要载体。人才流动的规律表明，人才跟着项目走，没有好的项目，人才就引不来。要充分发挥重点项目和重大建设工程对人才的吸附效应，使之不仅成为新的经济增长点，也成为优秀人才的集聚点。要坚持招商引资与招才引智相结合，引进项目与引进人才相结合，既要重物更要重人，不仅要去吸引项目、吸引资金，还要想着去延揽人才。

（四）放开视野柔性引才。如果我们视野不宽广，总是把眼光限定在自己的一县之地，常常会感到找不到事业发展急需的人才。要放开视野、放开思路、放开胸襟，把眼光扩大到省内外、全国乃至海外，加强与高校、科研院所之间的联系，主动搜集人才信息，舍得开出优惠条件，把有本事的优秀人才吸引到本地来创新创业，把先进的技术成果吸引到本地来转化。人才能直接引进来最好，但对急需紧缺高层次人才，而一时又不具备全职引进的，柔性引进、借脑引智也不失为一条便捷实用的好办法。不求所有、但求所用，发挥中心城市和省会城市的人才优势，广泛联络在外地创新创业有所成就的本县人才，通过科技咨询、技术指导、课题研究等形式借脑引智。

（五）制定特殊政策广聚人才。与大城市和经济发达地区相比，基层环境艰苦、待遇有限，人才工作“硬环境”没有优势，但可以在“软环境”上做文章。对于人才工作来说，事业就是感召力，环境就是吸引力，服务就是凝聚力。集聚人才和发挥人才的作用，政策、体制、服务等“软环境”往往比“硬环境”更重要。通过政策创新，努力为人才提供“保姆式服务”、“个性化服务”，解除人才在分配制度、专项投保、医疗保障和子女入学就业等方面的后顾之忧，为吸引人才、用好人才营造良好环境。

（六）设计实施一批特色人才工程。现在不少地方都尝到了实施人才工程的甜头，实施了一些特色人才工程，效果也很不错。这些年从中央到省市，都实施了一批人才工程。很多工程都是上下联动、直接到县，比如人才发展规划提出的12项重大工程，以及“大学生村官计划”、“三支一扶”计划、劳动力转移培训“阳光工程”等。要积极申报国家级、省级、市级人才工程，精心组织实施本县人才工程，集中优势资源培育急需紧缺人才。

以上介绍的6个方面，是近年来一些地方推进人才工作的经验和做法，各地的资源、环境、区位、产业发展差异很大，人才工作面临的主要问题也多不一样。希望各地从实际出发，创造性地开展工作，不断探索推进人才强市、人才强县的新经验新方法。

以党的十八大精神为指导
全面提高机关党建工作科学化水平

——在人社部直属机关第五次党的工作会议上的报告

杨士秋

（2013 年 2 月 25 日）

这次党的工作会议的主要任务是：深入学习贯彻党的十八大精神，落实全国组织部长会议和中央国家机关第二十七次党的工作会议暨第二十五次纪检工作会议部署，回顾总结一年来直属机关党的工作，研究部署今年党的工作任务，全面推进新形势下机关党的工作科学化水平的提高。下面，我受部机关党委委托，做工作报告。

一、2012 年机关党建工作成效显著，为人力资源社会保障事业科学发展提供了坚强的思想和组织保证

在部党组的坚强领导下，各单位党组织紧紧围绕人力资源社会保障中心工作任务，以迎接党的十八大和学习宣传贯彻十八大精神为主线，以深入开展创先争优活动和“基层组织建设年”活动为抓手，不断推动机关党的思想、组织、作风、反腐倡廉和制度建设，取得了可喜的成绩。

（一）迅速兴起迎接十八大召开和学习宣传贯彻十八大精神的热潮。十八大召开之前，按照中央和中央国家机关工委的有关通知要求，在部党组的高度重视下，圆满完成了我部出席党的十八大代表推选工作，我部四位部领导光荣当选。各单位组织开展了形式多样的迎接十八大主题党日活动，积极引导广大党员干部以一流业绩迎接党的十八大胜利召开。十八大召开后，各级党组织把学习宣传贯彻十八大精神作为当前和今后一个时期的首要政治任务来抓，重点做了三个方面工作：一是认真抓好十八大精神的学习领会。部里及时召开传达学习十八大精神大会，举办学习贯彻十八大精神专题辅导报告会，开展党组织书记培训，党组理论学习中心组多次进行集体学习。与此同时，各单位党组织采取中心组学习、专题讲座、座谈交流、知识竞赛等形式，认真组织党员干部原原本本学习十八大报告、党章、习近平总书记一系列重要讲话和中央“八项规定”。二是认真抓好十八大精神的宣传报道。在《人民日报》、中央电视台等主流媒体上及时宣传报道我部学习贯彻十八大精神的情况，部领导分别就“推动实现更高质量的就业”、“统筹推进城乡社会保障体系建设”和“构建和谐劳动关系”三个专题接受中央媒体集体采访。在中央国家机关党组（党委）书记学习贯彻十八大精神座谈会上，蔚民部长重点介绍了我部在就

业和社会保障方面贯彻落实十八大精神的思路和举措。组织人事报、劳动保障报和部门户网站开辟学习贯彻十八大精神专栏，加大宣传力度，营造了浓厚的舆论氛围。三是认真抓好十八大精神的贯彻落实。以部党组的名义及时下发通知，对学习宣传贯彻工作提出要求。蔚民部长在全国人力资源社会保障工作会议上，把贯彻落实十八大报告对人社工作提出的新的更高要求概括为“实施两大战略、推进两大建设、深化两项改革”，并做出了全面的安排部署。按照部党组的要求，各单位都制定了贯彻落实十八大精神的具体措施，并集中精力抓好落实，实现了学习宣传贯彻十八大精神的良好开局。

（二）努力深化和全面总结创先争优活动。按照中央的统一部署和部党组的有关安排，自2010年5月启动创先争优活动以来，各单位党组织坚持把推进创先争优活动作为机关党建工作的重点，积极引导党员干部立足岗位争优秀，在部机关紧紧抓住“五个一”活动载体，在全系统积极指导各地窗口单位深入推进为民服务创先争优活动，有力促进了各项业务工作的开展。在中央创先争优活动领导小组召开的全国窗口单位和服务行业为民服务创先争优活动经验交流会上，我部做了典型经验介绍。按照中央的有关要求，各单位党组织都认真开展了创先争优活动总结工作。9月5日，我部召开创先争优活动总结大会，蔚民部长对部机关和系统窗口单位开展创先争优活动的主要做法、取得的成效、经验体会做了全面总结，要求在推进创先争优常态化中必须强化科学意识、服务意识、创新意识、品牌意识和表率意识。通过两年多的创先争优活动，进一步增强了广大党员干部创先进、争优秀的思想意识，发挥了人社部门的职能作用，提高了机关党建工作科学化水平，促进了文明和谐机关建设，打造了人力资源社会保障优质服务品牌。

（三）不断深化学习型党组织建设。各级党组织重视学习型党组织建设，把学习型党组织建设作为机关党建工作的重要载体扎实推进。在学习内容上，紧紧围绕党中央、国务院的中心工作，组织广大党员干部重点学习十八大及党中央、国务院一系列重要会议精神，以此武装头脑、指导工作。在学习方式上，坚持“每月一书”推荐活动，举办“继承党的优良传统、发扬艰苦奋斗精神”主题党课，召开党建工作经验交流会，发挥人社部讲坛、在线学习平台作用，不断丰富学习载体，增强学习效果。在学习常态化上，注重制度建设，每年定期召开党组中心组学习会，开展集中调研和专题调研，举办处级干部党校培训班，并作为一项制度长期坚持下来。

（四）圆满完成“基层组织建设年”各项任务。按照中央和部党组的有关要求，各单位党组织把推进“基层组织建设年”活动作为提升党组织战斗力的重要抓手，制定了活动实施方案，对开展活动的总体要求、方法步骤、具体措施、组织领导等都做出明确规定。根据中组部和中央国家机关工委制定的基层党组织分类定级考核标准，机关党委对部属各单位、公务员局146个党支部进行分类定级。分类定级后，相关单位党组织根据查找出来的不足，制定整改方案，并认真抓好整改落实。有14个单位及时建立健全了党组织，各基层党组织的凝聚力、创造力和战斗力得到了进一步增强。在开展好“基层组织建设年”活动的同时，认真做好2011年部党组民主生活会群众意见建议的整改落实和2012年部党组民主生活会相关服务工作；结合年终总结、干部考核，开展民主评议党员工作，对各单位评选出的73名优秀共产党员给予通报表彰；做好党务公开、入党积极分子培训、发展党员、党费收缴管理使用、党内信息统计、党组织关系接转等日常工作，进一步夯实了基层党组织的基础。

（五）扎实推进党风廉政建设工作。组织党员干部认真学习贯彻十七届中纪委七次全会、国务院第五次廉政工作会议和十八届中纪委二次全会精神，切实增强廉洁自律意识。认真做好中央国家机关工委来部开展群众路线教育实践活动专题调研相关工作。组织司级干部到燕城监狱开展警示教育，组织党员干部收看反腐倡廉教育宣传片，做到警钟长鸣。开展廉政文化创建活动，制作廉政书签、书写悬挂廉政格言警句，积极营造廉政文化环境。近期，各单位认真组织党员干部学习中央“八项规定”和部党组“九项规定”，并结合实际抓紧制定具体的贯彻落实措施，在作风制度建设上取得了重要进展。

（六）充分发挥群团组织作用。按照部党组“文化上形成风格”的要求，工青妇等群团组织结合自身特点开展了丰富多彩的活动。游泳、网球、乒乓球、书画、摄影等12个文体协会在机关工会的指导下积极开展活动，深受干部职工的欢迎。今年春节联欢会办得既勤俭节约，又喜庆热烈，各单位自编自演的节目，精彩纷呈，展示了我部党员干部职工的聪明才智和精神风貌。组织广大干部职工踊跃参加中央国家机关公文写作技能比赛和赛诗会，取得了优异的成绩。机关团委组织团员青年开展“学习贯彻十八大精神、我为人社事业献一策”活动、学雷锋志愿者服务、“走进中关村人才特区”、“走进人社窗口一线”等活动，竭诚服务青年干部成长成才。妇委会结合“三八”妇女节举办女性健康知识讲座，侨联开展走访慰问归侨侨眷等活动，群团组织作用得到进一步发挥。

同时，顺利完成了定点扶贫县调整、挂职干部轮换交接、工作总结汇编、扶贫项目接续、扶贫工作经费落实等工作，定点扶贫工作取得了新进展。

总的来看，2012年机关党建各项工作都取得了显著成效，为机关各项业务工作的开展提供了有力的思想和组织保证。在充分肯定成绩的同时，我们也清醒地看到，与中央的要求和广大党员的期待相比，我部机关党建工作还存在着一些需要进一步加强和改进的地方。主要是：有的单位还不同程度存在着业务工作和党建工作“两张皮”或一手硬一手软的现象，思想政治工作的针对性和实效性还不够强，作风建设的力度还不够大，做好党建工作的方式方法还比较单一，机关党建科学化水平还有待进一步提高，等等。这些问题都需要我们充分重视，采取有效措施，在今后的工作中很好地加以解决。

二、以党的十八大精神为指导，以全面提高机关党建工作科学化水平为目标，扎实做好2013年机关党建工作

党的十八大报告对全面提高党的建设科学化水平提出了八项重点任务，前不久召开的中央国家机关第二十七次党的工作会议对今年的机关党建工作进行了部署。根据中央国家机关工委和部党组的有关要求，机关党委结合我部实际制定了2013年机关党建工作要点，已经印发给大家。各单位党组织要乘党的十八大的强劲东风，振奋精神，鼓足干劲，认真抓好党建各项工作任务的落实，全面提高机关党建工作科学化水平。这里，我强调四点。

（一）以高度的政治责任感，进一步抓好十八大精神的学习贯彻。学习贯彻十八大精神仍是全年的首要政治任务。各单位党组织要继续抓好十八大精神的学习领会，通过多种方式，组织党员干部精研细读，进一步学习好领会好十八大报告、党章和习近平总书记的一系列重要讲话精神，使中央精神入耳入脑入心；要继续推进十八大精神的贯彻落实，切实把蔚民部长提出的“实施两大战略、推进两大建设、深化两项改革”的总体战略分解细化为具体的目标任务，突出重点、改革创新、攻克难点，努力开创人力资源社会保障工作新局面。机关党委要加大培训、宣传和督促检查力度，认真办好机关处以上干部和企事业单位司级干部、党办主任学习贯彻十八大精神集中轮训班，及时指导企事业单位开展好处级干部学习贯彻十八大精神培训工作，充分利用简报、报刊、网站等载体宣传各单位学习贯彻情况，组织开展好“司局长谈学习贯彻十八大精神”系列宣传活动，适时召开学习贯彻十八大精神交流会，引导督促各单位党组织把学习贯彻十八大精神的各项工作任务落到实处。

（二）以为民务实清廉为主要内容，扎实开展党的群众路线教育实践活动。这项活动是十八大做出的一项重大战略部署，是保持党的先进性纯洁性、加强党的作风建设的一项重大举措。年前中央对这项工作开展了专题调研，预计今年3月下旬先启动试点，再自上而下、分级分批展开。在中央的活动方案下发前，各单位党组织要做好准备，按照为民务实清廉的要求，需要做的事情先做起来，需要改的问题先改过来。待中央的活动方案下发后，我们将进行统一部署，各单位党组织要严格按照中央和部党组的有关要求抓好落实。要把教育实践活动作为解决党员干部思想作风上的突出问题的有利契机，作为增强党员干部做好新形势下群众工作本领的重要载体，作为各窗口单位改进工作作风、更好服务人民群众的重要突破口，着力解决人民群众反映强烈的问题，切实达到“照镜子、正衣冠、洗洗澡、治治病”的目标，确保教育实践活动取得实效、取信于民。

（三）以学习型、服务型、创新型为目标，进一步加强基层党组织建设。各单位党组织要把学习、服务和创新的理念贯穿于党的建设全过程，着力把基层党组织建设成为“三型”党组织。要大力加强学习型党组织建设，充分发挥机关党校的主渠道作用，运用中心组学习、民主生活会、读书报告会、人社部讲坛、在线学习、“每月一书”推荐等多种形式，重点开展好理想信念教育和中国特色社会主义理论体系的学习，不断强化党员干部的理想信念，提升党员干部履职能力。要大力加强服务型党组织建设，紧密结合群众路线教育实践活动，认真研究服务型党组织的内涵、目标、内容、机制和方法，不断强化基层党组织服务群众的职能，不断强化基层组织服务群众的基础保障，不断提升党组织服务群众的能力和水平。要大力加强创新型党组织建设，围绕破解机关党建重点难点问题，比如刚才提到的党建与业务还不同程度地存在着“两张皮”问题，党建工作一般化、格式化问题，方式方法还比较单一等问题，加强调查研究，不断深化对机关党建特点和规律的认识，积极探索提高机关党建科学化水平的思路和办法，使党组织开展的活动，内容上更加贴近党员的需求，形式上更为党员喜闻乐见，效果上更具针对性和实效性。

（四）以改进工作作风为重点，切实加强党风廉政建设。要认真学习贯彻落实十八届中央纪委二次全会精神，坚决按照中央的有关要求去做。要不折不扣地执行中央“八项规定”和部党组“九项规定”，全体党员在调研、会风、文风、厉行节约等方面都要严格执行中央和部党组的有关规定，特别是党员领导干部要以身作则，率先垂范，并将此作为改进党风政风的一项经常性工作持之以恒地坚持下去。要严明党的各项纪律，从遵守和维护党章入手，教育引导党员维护党章的权威性和严肃性，严明党的政治纪律、组织纪律、廉政纪律、经济纪律、群众纪律、外事纪律、保密纪律等，决不允许“上有政策、下有对策”，决不允许有令不行、有禁不止，决不允许在贯彻执行中央决策部署上打折扣、做选择、搞变通。要搞好惩防体系建设，全面贯彻标本兼治、综合治理、惩防并举、注重预防的方针，扎实推进惩治和预防腐败体系建设，健全权力运行制约和监督体系，严肃查处违法违纪案件，加强对典型案件的剖析，建章立制，把权力关进制度的笼子里。加强反腐倡廉教育和廉政文化建设，积极营造“以廉为荣、以贪为耻”的良好氛围。

在做好上述重点工作的同时，要统筹做好党务公开、高质量发展党员、充分发挥群团组织作用、加强定点扶贫等机关党建各项工作。还要进一步加强党务干部队伍的自身建设，通过培训、轮岗、挂职等多种途径，使党务干部不断增强政治敏锐性，提高做党务工作的能力，保持积极而淡定的心态和较强的亲和力，为做好机关党的工作、推动人力资源社会保障事业科学发展做出应有贡献。

深入贯彻落实党的十八大精神
努力开创公务员平时考核工作新局面

——在行政机关公务员平时考核工作经验交流会上的讲话

杨士秋

（2013 年 4 月 16 日）

这次会议的主要任务是，深入学习贯彻党的十八大精神，落实全国组织部长会议、全国人力资源社会保障工作会议和全国行政机关公务员管理工作会议提出的要求，认真总结公务员考核规定颁布实施以来，特别是南昌会议以来的公务员平时考核工作，交流经验，提高认识，部署当前和今后一个时期工作，推动公务员平时考核工作科学发展。

一、回顾总结，平时考核工作取得显著成绩

近年来，按照深化干部人事制度改革规划纲要的要求，我们把考核工作作为抓队伍、抓管理、抓导向、抓落实、抓培养的关键手段，遵循试点先行、总结经验、典型示范、形成制度的基本思路，紧抓不放，积极探索，锐意创新，大力推动，平时考核工作取得了新成绩。

（一）平时考核工作扎实推进。一是大力开展。我们把平时考核作为工作重点，不遗余力地下大力气来抓。目前，从面上看，全国31个省（区、市）和新疆生产建设兵团都不同程度地开展了平时考核工作，消除了平时考核工作的“盲点”，天津等省市基本实现平时考核全覆盖，公安、税务、工商、质检等系统也有好的典型，平时考核工作呈现良好的发展态势。二是建章立制。北京、天津、河北、山西、内蒙古、辽宁、吉林、江苏、安徽、福建、江西、山东、河南、湖北、湖南、广西、重庆、云南、陕西、甘肃 20 个省（区、市）和外交部等中央国家机关出台了开展或加强平时考核工作的规范性文件，黑龙江、上海、新疆等地也对平时考核工作提出了明确要求。三是示范引导。国家公务员局在天津、河北、吉林、江苏、浙江、福建、江西、湖北、湖南、陕西等省（市）和江西省南昌市工商局建立考核联系点，先行先试，以点带面、典型引路；各省区市也相应建立了各级考核工作联系点或试点，共达 330 多个。这次会上交流的 18 个发言材料我都看过，他们都是做得较好的典型代表。四是总结研究。几年来，国家公务员局注重通过实践经验的总结研究，加强理论建设，连续委托地方或科研院校开展 24 项考核课题研究，各省区市也深入开展考核理论研究，不少成果已运用到考核实践中。去年，我们在河北召开了考核工作理论研讨会，组织了考核理论征文，17 个部委、29 个省（区、市）

和新疆生产建设兵团共提交了231篇论文。经过严格评审，共评选出5个一等奖、10个二等奖、21个三等奖。刚才已颁奖了，这些获奖论文都很有价值，部分获奖论文代表还将在会上宣讲。

（二）平时考核工作水平显著提高。一是探索创造了多种平时考核模式。如湖北省开展了以岗位职责为基础、以能力匹配为原则、以能力席位标准为依据、以“确责、履责、问责”为内容的模式；重庆市建立了以“定责、承诺、记实、讲评”为主要内容的模式；广东省公安厅实施了以工作绩效自动考、执法质量全程考、督察监察全面考“三考合一”的“工作执法一网考”的模式，覆盖全省11.2万民警、16个警种和部门。各地区各部门在实践中还有其他各具特色的模式。二是在攻克重点难点问题方面做了有益探索。在考核内容上突出德绩的考核，特别注重从日常工作、履行岗位职责、完成急难险重任务、关键时刻表现、对待个人名利态度等方面考核实绩，并从中考出公务员的政治品质、思想作风和道德修养。在指标设计上有所突破，结合公务员职位职责，制定了一套较为科学适用的考核指标体系，实现了考核有标准、评价有依据。从全国情况看，平时考核做得比较好的单位，都是这样。在考核方法上逐步规范，总结出了以任务分解、工作记实、领导定期检查评价、结果反馈为核心的平时考核基本程序，探索出了检查、抽查、考勤、业绩数据汇总等平时考核手段，分数、名次、等次等平时考核结果形式。三是技术手段上不断创新。许多地方和部门都将现代信息技术应用于公务员平时考核，发挥其方便快捷、准确、智能化的特点，使平时考核方式方法简便易行，较好地解决了难操作和难坚持的问题。河北省地税局在省公务员局网上量化测评软件基础上，研发了平时考核管理系统，在全省1 587个地税机构、20 122名公务员中应用，取得了良好的效果。

（三）公务员队伍建设得到加强。一是实现了对公务员的严格管理。平时考核指标使公务员管理有了明确标准，平时记实可以准确反映出公务员干与不干、干多干少、干好干坏等情况，是治理慵懒涣散等顽疾的一剂良方，可以解决长期存在的管理上失之于宽、失之于软的问题。二是为公务员做人做事指明了方向。考核指标使公务员道德要求、行为准则都明明白白、清清楚楚，使公务员做人做事都有了明确的遵循。三是开辟了优秀公务员成长的快车道。吉林省规定，在平时考核与年度考核结果相挂钩的基础上，连续两年被确定为优秀等次的，可以提前一年参加处、科级领导职务竞争，提前一年晋升非领导职务。四是奖惩更分明，激励更有效。许多地方出台了平时考核与年度考核接轨的硬性规定，北京规定平时考核成绩占年度考核成绩的50%，新疆规定占60%，吉林规定占70%。福建在试点单位建立了平时考核奖励制度，55%的公务员可以获得“优秀”或“良好”等次，奖金额度为个人月工资的20%至30%，评为“不称职”等次的人员则扣减工作津贴。五是培养更有针对性。通过平时考核，主管领导做到对公务员情况了然于胸，可以有针对性地进行鼓励或批评，安排教育培训、交流轮岗和挂职锻炼，提高公务员的素质能力，促进了公务员的全面发展。

在看到平时考核工作成绩的同时，我们也不能忽视还存在一些亟待解决的问题。一是认识不到位。部分同志对开展平时考核的重要性、必要性认识不足，或者过多地看到平时考核的困难，心存疑虑，有畏难情绪，态度不够积极。二是发展不平衡。不少地方平时考核工作还没有普遍推开。三是工作科学化不够。平时考核指标可操作性不强、信息化水平不高、结果使用不够理想等问题，还没有得到很好的解决。我们召开这次经验交流会的目的，不仅仅是要总结工作成绩，更重要的是要集思广益，通过交流研究，来寻找解决问题的途径和办法。

二、攻坚克难，全面推进平时考核工作

当前和今后一个时期，公务员平时考核工作总的思路是：深入贯彻落实党的十八大提出

的“完善干部考核评价机制”的要求和《2010—2020 年深化干部人事制度改革规划纲要》提出的“健全考核评价机制”的要求，坚持以德为先、注重实绩的原则，以建立指标科学、程序严密、配套完善、简便易行的考核评价体系为重点，全面推进平时考核工作，努力建设一支政治坚定、能力过硬、作风优良、奋发有为的公务员队伍。

（一）加强制度建设。制度更具有根本性、全局性、稳定性和长期性。中央公务员管理部门将出台面向全国的平时考核规范性文件，对平时考核的内容、指标、方法、结果使用等做出原则性规定。各地各部门要建立健全平时考核实施办法。没有建立平时考核制度的地方和部门，要抓紧建立；已经建立的，要在考核内容、程序、指标、结果使用等方面，不断进行丰富完善。

（二）建立科学合理适用的考核指标体系。科学合理适用的考核指标体系是平时考核工作科学化的关键。只有设计好公务员考核的指标，才能做到努力有方向、评价有依据、监督有标准。一是要区分共性指标和个性指标。针对公务员的政治标准、道德品质、行为规范、廉政建设等制定统一的共性指标，做到标准统一；针对公务员的职位职责和所承担的工作任务等制定具体的个性指标，将工作任务层层分解，到岗到人。二是要加强关键指标的筛选。抓住了这一重点和关键问题，就等于牵住了牛鼻子。通过关键指标的考核，提升管理水平、提高工作效率。三是要对考核指标实施动态管理。德、勤、廉等共性指标可以相对稳定；能、绩等方面的个性指标要根据形势任务和工作需要实行动态调整。共性指标应由各级公务员管理部门制定，报同级公务员主管部门备案。个性指标应由主管领导与公务员共同研究制定，报本单位公务员管理部门备查。

（三）推进考核方式方法创新。平时考核方法如果太简单、频率太低，容易流于形式、形同虚设；太烦琐则不易操作，难以持久。要以切实管用、简便易行为目标，创新考核方式方法。一是坚持记实评价为主的基本方法。实践证明，工作记实加领导评鉴的办法适用性较强，能有效实现平时考核的目的。从实地调研以及有关单位部门介绍的情况看，工作记实是平时考核的基础，在任何一个机关都是可以做的，这项工作做好了，平时考核就做好了。只要有平时考核，记实就必须做。要从实际出发选择工作记实周期，日记或周记，每天记一次是可行的，也就用几分钟。间隔时间太长很难记准记全，最长不应超过一周。一个单位的平时考核有没有开展起来，就看工作记实的情况，这项工作不做，就谈不上平时考核。工作记实很重要，每个人一天做了什么、做得怎么样，都要实事求是地记录。原始记录是否准确客观、符合实际，仅靠个人记录和主管领导评鉴不行，还要公开透明、上墙上网，让所有人都看到，形成有效的监督机制。同时，根据需要辅以专项工作检查、日常抽查、考勤等手段，可以做到于法周严、于事简便。二是坚持定性与定量相结合。通过量化指标来衡量公务员工作的数量、效率、质量，一目了然，更有说服力。对于一些只能用定性方式考核的事项，可以采用“画像”的办法，提出便于把握的评价标准。画像就是通过客观描述来反映，比如，对于公务员的缺点，不好把握，写轻写重都不好，就可以采用描述的办法。三是平时考核和年度考核相结合。平时考核结果在年度考核中所占比例一般不宜低于 60%，否则不足以体现平时考核的重要性。在实践中年度考核的勤、绩等内容，可以直接导入平时考核的结果；德、能、廉等内容可以平时收集，在年度考核时集中汇总评价。平时考核做得扎实，一年累计起来非常客观，年终考核就水到渠成，不会再秋后算账，可以避免“轮流坐庄”，也可以减少争议。四是运用现代信息技术。现在看，凡是平时考核工作做得扎实深入的地方和单位，无一例外地都充分利用了信息化手段，既能提高工作效率，又可保证工作质量。各地区各部门要大力开展考核信息化的研究和探索，为工作记实、数据采集、统计评价、监督反馈等提供方便。

（四）拓宽考核结果使用途径。考核结果使用直接关系到平时考核工作的生命力，要把它作为奖励惩处、职务升降、培训学习等方面的重要依据。一是平时考核结果较好即排名在前30%的，在确定年度考核优秀等次时应在这部分人中产生，在奖励表彰时应优先推荐。平时考核结果较差即排名在后20%的，不能确定为年度考核优秀等次，不能作为奖励表彰的推荐人选。这些做法都是根据实践探索提出来的，还有待进一步研究讨论。二是在竞争上岗、公开选拔、公开遴选等竞争性选拔干部过程中，平时考核结果较好的，在参加资格、考试分数等方面，采取鼓励性措施；连续三年平时考核结果较好的，可以在晋升职务时优先考虑；对于不安心做好本职工作、平时考核结果较差的，不认可其参加竞争上岗、公开选拔、公开遴选的资格。现在的竞争上岗是考试加测评，测评往往是一年的“印象”，如果把平时考核与竞争上岗结合起来，占一定权重，就能够解决考试考不出来和解决不了的问题，使结果更客观，也更让人信服。三是对平时考核结果较好的，要在培训、挂职锻炼、轮岗、疗养休假等方面优先安排；对平时考核结果较差、无法胜任工作的公务员，要及时调整岗位。四是主管领导要就平时考核结果以书面或谈话的形式定期向被考核人进行反馈，根据平时考核结果制定培养计划。对平时考核结果较好的，要及时鼓励其发扬成绩；对平时考核结果较差的，要进行批评教育、诫勉谈话，督促其整改。五是许多地区和单位还建立了平时考核结果与福利待遇等的联动机制，取得了较好的成效，各地区各部门可以结合实际，继续进行探索。

三、加强领导，精心组织，确保平时考核工作取得实效

今年是贯彻落实党的十八大精神的开局之年，也是本届政府的开局之年。工作思路已经确定，目标任务已经明确。各级行政机关公务员管理部门要坚定信心，迎难而上，扎实工作，推动平时考核工作创新发展。

（一）统一思想，提高认识。认识是行动的先导。推进公务员平时考核工作，首先要统一思想，提高认识。平时考核工作是公务员队伍建设和管理的重要内容，并具有基础性、根本性作用。无论是实现十八大提出的“建设一支政治坚定、能力过硬、作风优良、奋发有为的执政骨干队伍”的目标，还是落实十八大提出的“建设职能科学、结构优化、廉洁高效、人民满意的服务型政府”的要求，都离不开对公务员的考核工作。考核是调动公务员工作积极性、创造性的强大推力，从一定意义上讲，抓考核就是抓工作落实。我们要通过抓好平时考核，将中央的精神落到实处，将人民的期盼落到实处，将各项具体工作落到实处。对公务员主管机关而言，平时考核工作不做就是失职，必须将这项工作切实抓好。平时考核做起来是比较难的、是不容易的。除了科学设计之外，还存在认识的问题、还存在精神状态的问题，需要有认真的精神、较真的态度。制度清楚了，没有较真、碰硬的精神，是不行的。做好平时考核工作要讲原则，没有原则就很难开展、很难客观评价，就会产生畏难情绪。“轮流坐庄”的存在，就是因为不能坚持原则。毛主席说过，“停止的论点，悲观的论点，无所作为和骄傲自满的观点，都是错误的”。对于平时考核工作，我们不能停滞，要坚定不移地推进，用心做好；不能悲观，要坚定信心、坚持不懈；不能无所作为，要敢于克服各种困难。做好平时考核工作，要有科学的态度、要有认真的精神、要有敢于较真的精神、要有持之以恒的韧劲，不能虎头蛇尾。

（二）积极探索，不断创新。推动平时考核工作，必须解放思想，勇于创新，不断推进平时考核实践创新、理念创新、制度创新。一是要积极突破重点难点问题。必须尊重基层首创精神，采取“实践探索、基层突破、试点先行、总结经验”的基本方法，有意识地安排联系点、试点单位，针对重点难点问题进行大胆试验、积极探索，允许缺乏经验走弯路，宽容

失误，做得不好，就再探索、再实践，百折不挠，终究能有所突破、有所建树，终究能趟出路子、做出贡献。二是要高度重视研究规律，提高自觉性，减少盲目性。对规律的认识不是从天上掉下来的，也不是头脑固有的，要靠我们在工作实践中大胆探索，深入研究，理性思考。对方向正确、行之有效的做法，要总结一套经验，摸索一套规律，形成一套制度，让平时考核落地生根、开花结果。

（三）加强指导，扎实推进。各级公务员主管部门要高度重视公务员平时考核工作，把平时考核摆上重要议事日程，纳入工作全局进行谋划和推进。对公务员主管机关而言，平时考核不做就是失职。对具体担负公务员平时考核工作的同志而言，更要高度重视，明确职责，真抓实干，更好地担负起公务员平时考核的职责，把平时考核作为刚性任务，加强组织领导，大力推动落实。各级公务员主管部门要认真做好准备，在平时考核办法下发后，要及时结合本地实际制定平时考核工作细则或实施方案，把平时考核工作规范、全面、深入地开展起来。各级公务员主管部门要适时对平时考核工作情况进行监督检查，对于工作中发现的问题，应及时上报公务员主管部门研究处理。

贯彻党的十八大精神锐意改革进取 推动职业能力建设工作新发展

——在全国职业能力建设工作座谈会上的讲话

王晓初

（2013年3月29日）

这次会议的主要任务是：深入学习贯彻党的十八大精神，落实全国人力资源和社会保障工作会议要求，总结过去五年职业能力建设工作，分析面临的新形势，部署2013年工作。

一、过去五年职业能力建设工作取得了显著进展

在部党组的正确领导下，我们坚持民生为本、人才优先，紧紧围绕实施人才强国战略和就业优先战略，扎实工作，推进职业能力建设工作取得一系列显著进展，为促进就业和经济社会发展做出了积极贡献。

五年来，我们坚持与时俱进，不断推进职业能力建设政策创新。首次以国务院名义下发了《国务院关于加强职业培训促进就业的意见》，确立了面向全体劳动者的职业培训制度。国务院办公厅转发了《关于加强企业技能人才队伍建设的意见》，首次提出了推动企业技能人才队伍建设的一整套政策措施。制定颁发了我国第一个《高技能人才队伍建设中长期规划（2010—2020年）》，明确了今后一个时期高技能人才队伍建设的目标任务和政策措施。印发了《关于大力推进技工院校改革发展的意见》、《关于推进企业技能人才评价工作的指导意见》等文件，明确了技工院校改革发展的方向和企业在技能人才评价中的主体地位。这些重要政策的完善创新，构筑了职业能力建设基本政策框架，为新时期职业能力建设工作提供了有力的支撑。

五年来，我们坚持主动协调，不断推进职业能力建设项目拓展。人才规划纲要颁布后，我们及时加大与中组部、财政部协调力度，制定下发了《国家高技能人才振兴计划实施方案》，在全国建设1 200个高技能人才培训基地和1 000个技能大师工作室，开展技师、高级技师专项培训，中央财政将投入21亿元资金给予专项支持。针对技工院校基础能力建设薄弱、项目资金较少的情况，我们加强与教育部、财政部的协调，将技工院校纳入国家中职示范校建设项目。五年来，共有183所技工院校被纳入中职示范校建设项目，405所技工院校被纳入中职基础能力建设项目，累计获得41.4亿元资金支持。各地也积极争取财政支持，实施了一批职业培训和技能人才队伍建设项目。通过各方努力和各类项目的实施，有效地提升了职业能力建设的基础能力。

五年来，我们坚持改革创新，不断推进职业能力建设工作向深度和广度发展。为应对国际金融危机影响，我们实施了特别职业培训计划。为支援四川灾后重建，我们组织实施了技工培训援助行动，103 所技工院校无偿接收了灾区 2 723 名学生。为扩大技工院校影响，全国每年举行招生宣传活动。为创新技能人才培养模式，我们启动了一体化课程教学改革试点，已开发完成了 5 个专业的课程标准和 91 种教材，试点院校增加到 130 个。为扩大技能人才社会影响，我们不断创新激励机制。将高技能人才纳入享受国务院政府特殊津贴范围，共有 1 286 名高技能人才享受国务院特贴。加大表彰力度，从去年开始，将中华技能大奖获得者从往届的 20 名增加到 30 名，全国技术能手从 200 名增加到 300 名。大力推进技能竞赛，启动了全国企业岗位练兵技术比武活动，加入世界技能组织，首次参加第 41 届世界技能大赛并取得了良好成绩。已初步形成了以企业岗位练兵为基础、以国内竞赛为主体、以世界技能大赛为龙头、国内竞赛与国际大赛相衔接的技能竞赛体系，每年有 1 000 多万名企业职工和院校学生参加竞赛活动，极大地激发了广大劳动者学习技能的积极性。

五年来，我们坚持整体推进，不断夯实职业能力建设工作基础。2011 年，国务院首次召开了全国职业培训工作电视电话会，部署推动职业培训工作。每年年初，我们都召开系统工作会，印发工作要点，推进各项工作开展。我们适时启动了国家职业分类大典修订工作，印发了《国家职业技能标准编制技术规程》，开发了 287 个职业技能标准，启用了五批职业技能鉴定国家题库。累计开发 3 000 余种技工教育和职业培训教材。培训 4 000 余名技工院校教师，其中 21 人出国培训。开发应用了职业培训补贴实名制信息管理系统、技工院校电子注册与统计信息管理系统和职业资格证书查询管理系统，为做好规范管理工作奠定了信息化基础。

五年来，我们坚持为转方式、调结构、稳增长、促就业服务，大规模开展就业技能培训、岗位技能提升培训和创业培训，全面提高劳动者就业创业能力，加快技能人才队伍建设。2012 年，开展政府补贴性职业培训 2 049 万人次，职业技能鉴定人数 1 831 万人，技工院校在校生 422 万人，高技能人才 3 440 万人，技能劳动者 1.34 亿人，分别比 2007 年增长了 35.4%、49.7%、15%、53.6%、35.5%。五年共开展政府补贴性培训 9 709 万人次，职业技能鉴定人数 8 064 万人，技工院校开展培训 2 431 万人次，毕业生 585 万人，就业率一直保持在 96%以上。

工作中也存在着一些突出问题。受传统观念制约，技能人才的社会地位不高，技能成才的吸引力不足；受体制机制制约，政策落实和工作推进还存在障碍；受技术基础能力制约，职业培训能力和培训质量还有待提高；受法律法规缺失制约，工作手段还不够有力等。需要进一步予以解决。

二、充分认识新形势下做好职业能力建设工作的重要意义

党的十八大报告描绘了全面建成小康社会的宏伟蓝图，对人力资源社会保障工作也提出了明确的要求。不久前召开的十二届全国人大一次会议闭幕会上，习近平主席对实现中华民族伟大复兴的中国梦做了深刻论述。我们要从全局的战略高度，深入学习贯彻十八大报告和“两会”精神，科学分析面临的新形势，坚持立足新起点，不断创造新业绩。

（一）加强职业能力建设工作，是提升劳动者就业创业能力，实现人民生活水平全面提高的必然要求。党的十八大把人民生活水平全面提高列为全面建成小康社会的重要目标，明确提出要推动实现更高质量的就业，要千方百计增加居民收入，努力让人民过上更好的生活。加强职业技能培训，不断提升劳动者的就业创业能力，既是劳动者实现更加稳定、更高质量就业的根本途径，也是劳动者提高收入水平的内在基础。我们要从维护最广大人民根本

利益的高度，落实好十八大关于加强职业培训的要求，不断增强工作的自觉性。

（二）加强职业能力建设工作，是提升劳动者职业技能水平，实现经济发展方式转变、提升企业核心竞争力的必然要求。党的十八大提出要使经济发展更多依靠科技进步、劳动者素质提高、管理创新驱动，推进经济结构战略性调整，提高企业核心竞争力。加强职业技能培训，大力提升劳动者特别是企业职工的职业技能水平，既是支撑产业发展、推动经济发展更多依靠劳动者素质提高的题中之意，也是提高劳动生产率、增强企业核心竞争力的核心因素。我们要从坚持解放和发展生产力的高度，落实好十八大关于加强职业培训的要求，不断增强工作的主动性。

（三）加强职业能力建设工作，是加快培养技能人才，实现进入人才强国和人力资源强国行列战略目标的必然要求。党的十八大把进入人才强国和人力资源强国行列列为全面建成小康社会的目标，强调要加快确立人才优先发展战略布局，造就规模宏大、素质优良的人才队伍。加强职业能力建设工作是推进技能人才发展的根本之策，是加强高技能人才队伍建设的主要抓手。我们要从把各方面优秀人才集聚到党和国家事业中来，为全面建成小康社会提供人才支撑的高度，落实好十八大关于人才工作的要求，不断增强工作的坚定性。

总之，我们要立足全面建成小康社会的新形势，深刻领会和落实党的十八大精神，坚定信念、振奋精神、不懈奋斗，增强做好工作的责任感和使命感。

三、切实做好今年职业能力建设工作

今年工作要紧紧围绕贯彻落实十八大和全国“两会”精神，深入落实“民生为本、人才优先”的工作主线，以推进职业培训年活动、加强企业职工技能培训、转变职业资格管理方式、深化技工院校改革以及开展国内国际技能竞赛等为重点，进一步完善职业培训制度，创新支持政策，开展大规模职业培训，加快高技能人才队伍建设，以更高质量的职业培训促进实现更高质量的就业，以更高水平的技能人才队伍建设助推经济发展方式转变，推动职业能力建设工作实现新发展。

（一）深入实施国家高技能人才振兴计划，统筹推进高技能人才队伍建设。一要完善工作机制。要进一步健全高技能人才培养、评价、竞赛、选拔等工作机制，推进高技能人才工作的科学化、制度化、规范化。二要全面实施计划项目。今年，部里将继续开展高技能人才培训基地和技能大师工作室项目建设，还将启动技师培训项目。各地、各部门要做好项目组织实施工作，并同步做好本地方、本部门配套项目的实施工作。三要加大激励宣传力度。要着力创新支持政策，制定高技能人才引进、落户等优惠政策，大力推动劳动、技术等要素按贡献参与分配，使技能劳动者获得与其能力业绩相适应的工资和待遇。要进一步完善高技能人才表彰制度，创新宣传方式，加大表彰奖励和宣传力度，进一步营造劳动光荣、崇尚技能的良好社会氛围。

（二）开展职业培训年活动，全面推进职业培训工作。蔚民部长在今年系统会上明确提出要开展职业培训年活动。职业培训年活动的主要内容是，以全国百家城市技能振兴专项活动为载体，进一步完善职业培训制度，提升培训质量，推动职业培训开展。一要全面推进全国百家城市技能振兴专项活动的开展。目前部里已下发通知对专项活动做了部署，要通过开展活动实现“三个率先”，实现培训促进就业创业的效果有明显提升，劳动者的就业稳定性、创业成功率有明显提高。各地要加强对百家城市的工作指导，及时总结推广典型经验。部里也将及时通报活动的进展情况。二要大规模开展职业培训。要继续面向以高校毕业生为重点的青年、农村转移劳动力、城镇困难人员、退役军人等群体，开展更有针对性、更符合培训对象需求、更高质量的职业培训，提高劳动者的就业创业能力。要把企业职工技能培训工作作为新的增长点，通过开展岗位练兵技术比武等活动推进企业职工全员培训，提升企业职工的职业技能水平。三要加强监督管理。要严格执行培训机构设置标准。要完善政府购买培训成果方式，通过公开招标确定定点职业培训机构。要加大推广应用职业培训补贴实名制信息管理系统的力度，加强对职业培训补贴情况的动态管理，保障培训质量和效果。

（三）深化一体化课程改革，大力推进技工院校改革发展。一要大力推进一体化课程改革工作。部里将继续开发一体化课程标准和教材，制定出台一体化教师标准及培训方案，加强一体化师资培训。各试点学校要认真落实好试点方案和各项要求。一体化课程改革难度大，也很复杂，各地各技工院校要严格按照部里的统一部署，有序推进。未列入一体化课改试点的学校和专业，要按照部里教学计划大纲要求，规范使用公共课和专业课教材。二要完善技工院校改革发展政策。我们将制定技工院校教师职称制度改革文件，开展技工院校教师正高级职称改革试点工作，还将制定三类国家级重点技工院校评估细则。三要继续实施好技工院校国家建设项目。要进一步落实中职基础能力建设项目、中职示范校建设项目，落实助学金、免学费等政策。各地要加强项目建设，既要用好用足现有政策，又要大力开发新项目，进一步提高技工院校办学实力。

（四）改革职业资格管理方式，大力做好职业技能竞赛工作。一要尽快研究制定职业资格管理方式改革工作方案。我们要认真贯彻落实国务院决定，推动政府管理职业资格方式的转变。目前，部里正在研究制订工作方案，同时研究制订评价规范，对实施评价的基本条件、组织程序等做出规定。各地要按照部里的统一部署，积极稳妥推动这项改革。二要全力做好技能竞赛工作。今年将举办国家级一、二类大赛40项，还将组团参加第42届世界技能大赛，开展大赛备战、参赛、宣传等系列活动和国内青年技能夏令营活动。各地、各部门要进一步推动竞赛活动的开展，并积极配合做好世界技能大赛备战和参赛等有关工作，进一步扩大技能人才在社会上的影响力，营造全社会关心、重视高技能人才的良好氛围。

（五）加强项目资金管理，提高资金的安全性和有效性。随着职业能力建设事业的发展，工作中涉及的资金量越来越大。这既给我们的工作增加了手段，同时也带来了潜在的风险。资金问题是“高压线”，任何人都不能踩线。从各方面反映的情况看，违规违纪骗取挪用资金受到惩处的情况还时有发生。各地一定要引以为戒，高度重视资金的管理使用和项目监管，严格执行财经纪律，健全资金管理制度和监督检查制度，尤其是加强对各类项目资金使用情况的监管，确保资金不出问题，确保资金使用实现预期的产出目标。

深入学习贯彻党的十八大精神 不断开创专业技术人才工作新局面

——在全国专业技术人才工作座谈会上的讲话

王晓初

（2013年4月2日）

这次会议的主要任务是深入学习贯彻党的十八大精神，按照全国人才工作座谈会和全国人力资源社会保障工作会议的部署，总结五年来专业技术人才工作成绩，分析新形势新任务，安排部署2013年工作。下面，我讲三点意见。

一、五年来专业技术人才工作取得的成绩和经验

党的十七大以来，我国专业技术人才工作紧紧抓住贯彻落实全国人才工作会议和人才规划纲要的战略机遇，围绕经济社会发展大局，不断改革创新，开拓进取，开创了专业技术人才工作新局面。

一是队伍建设成效显著。五年来，我们始终坚持以能力建设为核心，不断促进专业技术人才队伍扩大规模、提升素质、优化结构。目前，全国专业技术人才总量达5 550.4万人，五年来新增专业技术人才860多万人、留学回国人员80多万人、博士后5万多人，开展专业技术人员继续教育1.5亿人次，新增取得职业资格证书专业技术人员1 288.4万人，高、中、初级专业技术人才比例达11∶36∶53。目前，全国两院院士近1 500人，有突出贡献中青年专家5 200多人，政府特殊津贴专家16.7万人，百千万人才工程国家级人选4 100多人。改革开放以来，留学回国人员总数突破百万大关，达到109万人。许多地方和部门也都实施了各具特色的领军人才选拔培养计划，高层次人才的引领带动作用不断加强。

二是政策体系不断完善。五年来，我们着眼于专业技术人才队伍的长远和全面发展，不断创新政策措施，初步形成了点面结合、较为完善的政策体系。国家层面颁布实施了专业技术人才中长期规划和留学回国人员、博士后两个“十二五”专项规划，各省市均结合实际，制定出台了本省市专业技术人才队伍建设中长期规划，形成了左右配套、上下衔接的专业技术人才规划体系。围绕人才规划牵头或参与的67项重点任务，人社部制定出台了64项人才政策。大多数省市积极落实中央政策要求，结合实际创新人才政策，专业技术人才创新创业的政策环境日益优化。

三是制度改革稳步推进。五年来，我们始终围绕影响和制约专业技术人才发展的突出问题，推动重大制度改革取得积极进展。研究提出了职称制度改革总体思路，中小学教师职称制度改革扩大试点全面推开，研究制定了工程技术人员职称制度改革方案，职业资格清理规范取得阶段性成果。改革完善政府特殊津贴制度，报请党中央、国务院印发了继续实行政府特殊津贴制度的意见，明确了新十年的目标任务和政策措施。加快博士后管理体制改革步伐，分级管理体制不断健全，培养质量稳步提高。

四是重大工程项目取得突破。五年来，我们始终把龙头工程作为带动整体队伍的重要抓手，重大人才工程取得新的突破。专业技术人才知识更新工程列入国家 12 项重大人才工程，成为带动专业技术人才队伍建设的龙头工程，已举办高级研修班 400 多期，累计培训急需紧缺和骨干专业技术人才 100 多万人。制定出台了新一轮百千万人才工程实施方案，并纳入“国家特支计划”统筹实施。万名专家服务基层行动计划深入实施，仅去年各级人社部门就组织一万多名专家服务基层一线。香江学者计划、博士后国际交流计划、赤子计划、创业启动支持计划、新疆西藏特培等一大批重点人才项目相继实施。各地针对经济社会发展的重点需求，也普遍启动实施了不同类别、不同层次的人才项目，产生了良好的人才和社会效益。

五是服务体系初步建立。五年来，我们始终把更好服务专业技术人才作为根本目的，搭建了以“一园、两站、两基地”（留学人员创业园，博士后科研流动站、工作站，专家服务基地、继续教育基地）为主体的服务平台框架，构建了以“千人计划”服务窗口为龙头、以服务联盟为依托的留学人员回国服务体系，信息服务系统建设加快推进。目前，全国共有留学人员创业园 260 多家，其中省部共建 41 家，入园企业 1.7 万多家；博士后科研流动站、工作站 4 832 个、国家级专业技术人员继续教育基地 40 个。各级人社部门也积极加强服务平台建设，创新服务方式，拓宽服务内容，服务质量不断提高。

五年来，我们始终坚持党管人才原则，以大部制改革为契机，不断探索发挥政府人才工作综合管理职能作用的途径，印发了贯彻落实《关于进一步加强党管人才工作的意见》的通知，系统上下普遍成立了以主要领导同志为组长的人才工作领导小组，建立了工作调度协调和信息交流机制，初步形成了上下互动、合力推进的政府人才工作格局。

五年来专业技术人才工作的成功实践和宝贵经验，值得在今后工作中坚持运用。这就是坚持围绕中心、服务大局，为经济社会发展提供人才保障和智力支持；坚持突出重点、整体推进，以高层次人才为重点，带动整体队伍建设全面推进；坚持以用为本、改革创新，充分尊重人才成长规律，激发广大专业技术人才的创新创业活力；坚持统筹兼顾、分类指导，统筹不同地区、行业、领域的人才发展；坚持团结协作、密切配合，充分发挥各方面积极性，形成整体工作合力。

同时，我们也要清醒地看到，我国专业技术人才工作还存在一些问题，高层次创新型人才短缺问题仍然突出，制约专业技术人才发挥作用的体制机制障碍依然存在，基层和非公领域专业技术人才队伍建设比较薄弱，人才公共服务体系还不健全，政府人才综合管理部门职能作用需要进一步发挥等。这些问题，需要进一步下功夫研究解决。

二、深入学习领会党的十八大对专业技术人才工作的新要求新部署

我们要从战略和全局高度，深入学习领会党的十八大精神，全面贯彻落实到专业技术人才各项工作中。

（一）对确立人才优先发展战略布局，加强高层次创新创业型人才队伍建设提出了新的更高要求。十八大报告提出要加快确立人才优先发展的战略布局，造就规模宏大、素质优良的人才队伍，推动我国由人才大国迈向人才强国。专业技术人才是我国人才队伍的核心和骨干力量，是实现创新驱动、加快转变经济发展方式的重要支撑。我们要以高层次人才和急需紧缺人才为重点，加快培养造就一支高素质、

创新能力强的专业技术人才队伍，以人才优先发展的成果构筑产业优势，支撑自主创新，推动转型升级。

（二）对创新政策措施，加快人才发展体制机制改革提出了新的更高要求。十八大报告提出要加快人才发展体制机制改革和政策创新，形成激发人才创造活力、具有国际竞争力的人才制度优势。这就要求我们把专业技术人才政策创新和制度改革作为重点，加强顶层设计，加强重大政策、重要制度的集中攻关、试点探索和统筹落实，构建有利于专业技术人才成长和发挥作用的制度环境。

（三）对转变政府职能，构建人才公共服务体系提出了新的更高要求。十八大报告提出要建设服务型政府，推动政府职能向创造良好环境、提供优质公共服务、维护社会公平正义转变。全国“两会”审议通过的国务院机构改革和职能转变方案，进一步把职能转变放到深化行政体制改革的核心位置。这就要求我们把政府人才公共服务体系建设放到人社工作更加重要的位置，为专业技术人才提供便捷、高效的服务。

（四）对坚持党管人才原则，充分发挥政府人才工作综合管理职能作用提出了新的更高要求。十八大报告提出要坚持党管人才原则，把各方面优秀人才集聚到党和国家事业中来。作为政府人才工作综合管理部门，我们要在党管人才工作格局中，坚持“民生为本、人才优先”的工作主线，更好履行综合管理职责，拓展管理服务渠道，丰富管理服务手段，夯实管理服务基础，提高管理服务水平。

三、2013年专业技术人才工作重点任务

做好当前和今后一个时期专业技术人才工作要深入学习贯彻十八大精神，以邓小平理论、“三个代表”重要思想、科学发展观为指导，围绕“民生为本、人才优先”的工作主线，以专业技术人才知识更新工程为龙头，以高层次和急需紧缺人才为重点，以提高创新创业能力为核心，以非公领域和基层为新的着力点，完善政策措施，创新体制机制，加强队伍建设，健全服务体系，全面推进专业技术人才事业科学发展。重点做好以下七个方面的工作：

（一）服务转型升级和创新驱动，突出培养造就高层次创新创业型人才。一是健全专家选拔培养体系。紧紧围绕经济社会发展重点领域、地方优势产业和特色产业发展，加大政府特殊津贴、百千万人才工程、有突出贡献中青年专家选拔培养力度，带动地方实施好特色专家品牌项目，加快构建与国家发展战略协调一致、与地方产业发展同频共振的专家选拔培养体系。二是建立专家发挥作用的政策体系。深入开展万名专家服务基层行动计划，健全专家服务基层的长效机制，积极引导高级专家聚焦产业、服务基层，为基层经济社会发展提供智力支撑。研究制定加强创业型科技人才队伍建设的意见，以特殊政策措施支持科技人才到产业一线创新创业，促进科技成果转化。三是完善专家服务体系。建立专家联系制度，充分发挥专家服务机构的作用，加强专家动态管理和服务，完善专家休假和走访慰问制度。

（二）深入实施专业技术人才知识更新工程，引领专业技术人才整体素质提高。一是加强整体设计和统筹协调。制定工程实施年度计划，分解落实工程任务，整合利用现有资源、现有政策，推动工程实施。健全上下联动、同频共振的工程运行协调机制，更好地突出重点、聚焦产业、服务经济社会发展。二是着力实施好重点项目。全面开展急需紧缺人才培养培训和岗位培训，实施好高级研修项目，新建20个国家级专业技术人员继续教育基地，制定出台基地建设管理办法。三是稳步实施新疆、西藏少数民族科技骨干特殊培养工作。加强西部人才资源开发和振兴东北老工业基地人才资源开发。研究起草新一轮西藏特培、青海三江源人才工程实施方案。四是大力加强继续教育基础建设。制定专业技术人员继续教育规定，加大继续教育网络平台建设力度，编辑出版知识更新工程公需科目系列教材。

（三）加快推进职称制度改革，健全专业技术人才评价发现机制。一是加强改革的顶层设计。争取出台《关于分类推进职称制度改革的指导意见》，明确改革的总体方向和基本思路。二是推进分类改革。加快推进重点行业、主体系列分类改革，在扩大试点基础上，全面开展中小学教师职称制度改革，启动工程技术人员职称制度改革试点，研究提出会计、技校等系列职称改革意见。三是健全完善职业资格制度。落实中央减少资格许可和认定的要求，研究制订工作方案，加快完成职业资格清理规范工作。加强宏观管理，加快制定《职业资格设置管理条例》，修改完善《境外职业资格在境内开展相关活动管理办法》。四是提高职称管理科学化、规范化水平，研究制定《职称评审管理办法》，加强职称评审和专业技术人员资格考试工作。

（四）加大吸引留学人员回国工作力度，打造我国人才竞争优势。一是健全完善政策体系。制定中国“绿卡”待遇和人才类签证配套政策和实施细则。研究制定面向全体留学回国人员的普惠性支持政策，完善进一步支持留学人员创业发展的政策。二是健全留学人员回国服务体系。以留学人员回国服务联盟为龙头，汇聚服务窗口、服务中心、工作站、创业园以及各类社会服务机构的资源优势，夯实服务平台，提升服务水平，打造服务品牌。三是实施好留学人员引进和支持项目。按照“稳定规模、确保质量、优化结构”的要求，统筹实施好“千人计划”、“创业启动支持计划”、“赤子计划”等重点引才项目、创业项目和为国服务项目。

（五）稳步推进博士后制度改革完善，培养青年拔尖人才。一是推进博士后制度改革。出台关于改革完善博士后制度促进博士后事业发展的意见，继续推进博士后分级管理体制改革。二是加强博士后国内外交流。全面启动博士后国际交流计划，继续推进香江学者计划，大规模开展博士后学术、人才交流活动。三是稳步扩大博士后规模，着力提高质量。新设立一批博士后科研工作站，稳步扩大招收规模，加强博士后与重大科研项目的结合，提高培养质量。做好博士后日常经费和博士后科学基金资助。

（六）大力加强基层和非公领域专业技术人才队伍建设，不断拓展人才发展新空间。一是要研究制定促进基层专业技术人才发展的政策措施，拓展基层岗位职业发展空间，加大支持倾斜力度，培养一大批扎根基层的高素质专业技术人才。二是要探索建立符合非公领域专业技术人才特点的管理服务机制，将非公领域专业技术人才纳入专业技术人才队伍建设总体规划，及时掌握情况，破除体制机制障碍，畅通工作渠道，政府人才政策措施、制度建设、工程项目、服务体系等对非公领域专业技术人才要一视同仁。三是要深入基层，深入实际，深入非公单位，加强调查研究，摸清基本情况，找准主要问题，弄清基本需求。四是要健全专业技术人才流动配置和激励保障机制。以用好用活人才，提高人才效能为目标，更好发挥市场在专业技术人才资源开发配置中的基础性作用。完善按劳动、资本、技术、管理等要素按贡献参与分配的政策，重点向关键岗位、业务骨干、创新人才倾斜。

（七）努力加强系统自身建设，打造学习型、服务型、创新型队伍。一是提高认识，改进作风。要全面落实中央关于改进工作作风、密切联系群众的各项规定和要求，深入开展为民务实清廉群众路线教育实践活动，推进全系统建成“专业技术人员之家”。二是突出重点，改革创新。要把社会关注和人才期盼的重点难点问题摆到突出位置，加强顶层设计和政策创新，增强工作的系统性、整体性、协同性，不断提高工作科学化水平。三是统筹协调，形成合力。搞好系统上下沟通联络，加强与相关部门和单位协调配合，充分调动各方面积极性，形成齐心协力下好“一盘棋”的工作格局。四是加强宣传，营造环境。要围绕专业技术人才工作的重大项目、重大工程、重大政策、重大改革措施等，加大宣传力度，积极营造鼓励支持专业技术人才发展的良好环境。

在“人才强国研究出版工程”启动仪式暨人才学理论研究丛书发布会上的讲话

何　宪

（2013年10月25日）

中国人事科学研究院和党建读物出版社联合举办“人才强国研究出版工程”启动仪式暨人才学理论研究丛书发布会，该项目作为国家首个人才研究方面的大型出版工程，被列入国家新闻出版总署“十二五”重点出版规划，今天正式启动了，人才学理论研究丛书作为该工程的第一批出版物，今天亦正式对外发布。我谨代表人力资源和社会保障部对项目成功立项和第一批丛书正式出版表示热烈的祝贺！对为“人才强国研究出版工程”提供支持和付出辛勤劳动的同志表示衷心的感谢！

“人才强国研究出版工程”体系完整，规模宏大，内容丰富，是我国人才研究领域的一件前所未有的大事，下面我就做好这项工作谈三点意见：

一、充分认识“人才强国研究出版工程”的重要意义

人才是中国最为重要、最有潜在优势、最可持续发展和最可靠的战略资源。进入新世纪新阶段，党中央、国务院做出了实施人才强国战略的重大决策。习近平同志指出：“把我国建设成人才强国，是一项庞大的系统工程，必须认识规律、尊重规律，按规律办事。”人才强国战略已成为我国经济社会发展的一项基本战略。编辑和出版人才强国系列书稿，总结人才强国战略的伟大实践，推进人才理论的深入研究，推动人才科学体系的发展和建设，是深入贯彻党的十八大精神，加快确立人才优先发展的战略布局，落实《国家中长期人才发展规划纲要》，推动我国由人才大国迈向人才强国的重要行动，是一项具有全局和战略意义的大事。我们要充分认识这项工作的重大意义，通过实施好这项工程，推动人才理论和人才强国战略思想的研究，为进一步深化相关人事管理制度改革和完善人才政策，提供理论依据。

二、打造人才研究出版的精品工程

“人才强国研究出版工程”要出版一批贴合时代发展、符合社会需求的人才研究权威著作，打造人才学研究领域的品牌项目，成为人才研究出版的精品工程。

第一，坚持正确的政治方向。人才强国战略是党中央、国务院在科学分析国际国内形势后做出的战略选择，是我国加快实施经济转型的战略部署，“人才强国研究出版工程”的组织和实施要紧紧围绕中央的决策和部署，深入研究和总结人才强国战略实施过程中的重大理论和实践问题，推动建设中国特色社会主义人才理论体系，为人才发展实践提供理论支撑。

第二，确立有效的工作方式。人才强国研究出版工程由中组部人才局、我部政研司、法规司、市场司、能建司、专技司、事业司、工资司等领导及部分专家学者组成编委会，并选择在人才学界具有号召力和权威性的专家担当编委会主任。编委会负责制定书稿选题、选定书目，并确定相应的书稿编写人员。同时，还应邀请相应的专家学者组成学术委员会，负责审核书稿大纲、校阅书稿以及提出修改意见等工作。

第三，组织精干的编写力量。人科院与党建读物出版社共同组建编辑工作委员会，统筹确定选题、编写进度、出版要求等事项。人科院要抽调一批经验丰富、高素质的工作人员组成办公室，进行集中办公，具体承办书稿的编辑、出版等工作。

第四，确保较高的出版质量。编写人员应立足于国内外人才发展的最新动态，立足于我国人才强国战略和创新型国家建设的需要，遵循人才发展的客观规律，借鉴国内外人才思想，深入研究我国人才工作30多年来丰富的实践。在理论上、实践上和方法上均有新的突破，体现学科的发展与创新。

三、全力保障出版工程顺利完成

“人才强国研究出版工程”是一项庞大而系统的出版项目，蔚民部长、晓初副部长都非常重视，做出了专门的批示，各有关单位要关心、重视和支持这项工作。

一是部里各相关司局要为“人才强国研究出版工程”提供各种必要支持。各单位要认真履行职责，积极参与、相互配合、形成合力，共同推动工程顺利完成。

二是人科院要与党建读物出版社紧密合作，共同推进工程项目如期完成。人科院的工作人员要与党建读物出版社的编辑做好衔接，两方人员要充分沟通协调。两个单位之间还要建立常规性的联络机制，不定期召开联席会议，商讨工作中遇到的各种事项，协调安排各方工作。

三是编委会要牵头组稿、统稿、审稿等各项具体工作的实施，发挥介于出版社、作者、学术委员会之间的沟通与协调作用。各专题负责人要认真履行职责，把好进度，确保高质量按期完成专题书稿的研究与写作任务。

同志们，做好“人才强国研究出版工程”意义深远、责任重大、任务艰巨，希望各相关部门和人员以高度的政治责任感、良好的精神状态和扎实的工作作风，把这项工程建设好、完成好。

当前军转安置工作的几个问题

——在全国军转系统工作人员业务培训班上的讲话

何　宪

（2013 年 11 月 12 日）

当前的军转工作，处于改革发展的关键时期。落实军转干部安置任务，推进军转工作改革探索，任务十分繁重。军转工作面临的新形势和任务，对我们提出了新的要求。下面，我就当前军转安置工作的几个重点问题，谈点意见。

一、关于公平公正安置机制建设的问题

计划分配军队转业干部接收安置工作，是军转工作的重中之重。这项工作任务艰巨，需要研究解决的问题很多，当前最重要的一个方面，就是要建立公平公正的安置机制。为什么要专门强调建立完善公平公正的安置机制并提升到这个高度？这是因为，它既是市场经济条件下做好军转安置工作的一个原则要求，也是军转安置工作创新发展的内在需要；既符合新形势下干部人事制度改革发展的方向，也反映了广大军转干部和军队各级组织的愿望与心声。中央领导对不断改进军转干部安置工作和建立公开公正公平的安置工作机制提出了明确要求。2012 年初，国务院军转安置工作小组等四部门联合印发了《关于改进计划分配军队转业干部安置办法若干问题的意见》（国转联［2012］1 号），对推动公平公正的军转安置机制建设提出了具体要求。中央单位也探索实行了接收安置军转干部统一考试的办法。目前，公开公正的安置机制基本覆盖全国，安置工作的透明度和公信力得到显著增强，军转安置工作在新的历史条件下展现出了新的活力，受到了各方面的充分肯定和好评。

推进公平公正的安置机制建设，需要做好各个环节的工作。这里面很重要的一个环节，就是接收安置考试考核工作。把考试考核工作作为公平公正安置机制建设的抓手，就牵住了“阳光安置”的“牛鼻子”，抓住了新的安置机制建设的关键。近年来，各地不懈努力，基本探索建立起了安置考试的制度，中央单位也连续四年实行统考，部队和军转干部都比较认可。但是，这里面还有几个问题，需要作深入的研究。一是人才配置的问题。如何通过考试考核的机制把干部安排到合适的岗位上，做到既公平安置又人岗相适，避免人才浪费。二是安置导向的问题。如何改进现行的考试考核安置机制，树立正确的安置导向，把广大干部的心思和精力凝聚到安心服役上，而不是用在准备考试考核上，真正体现军转工作“两个服务”的要求，对部队建设起到促进作用。在具体做法上，目前各地考试考核尚处于探索的过

程之中，还不够完善，比如，在对象界定上，有的营以下干部考试，团职干部不考试；有的不论团营连，统统都考试；有的进公务员队伍的要考试，进事业单位和企业的不考试。在内容设置上，考试方面，有的只搞笔试不搞面试，有的既有笔试又有面试；有的笔试只考申论，有的笔试既考申论又考行政能力测验；有的只考一科，有的要考两到三科；有的只考理解分析的内容，有的还考死记硬背的东西；有的根据军转干部特点来命题，有的完全照搬照抄公务员考试的内容；有的甚至出一些军转干部前所未闻的偏题、怪题。考核方面，有的设置军龄、职务、立功受奖等三五个要素，有的考核项目多达几十项；有的对考核的分值设置畸轻畸重，有的对艰苦边远地区的认定缺乏依据；有的在省内不同地市间考核项目也不同。在实施方法上，有的单考试不考核，或单考核不考试；有的既有考试，又有考核；有的统一考，有的分类考；有的考资格，有的考岗位；有的先通过考试考核取得安置资格，再双向选择安置岗位，落选的最后还要积分选岗位。在结果运用上，有的考试与考核的权重比例不合理；有的考试考核结果与安置使用不挂钩。在考务管理上，各自为政的多，统一规范的少，有的参照公务员的考务管理规定来执行；有的参照专业技术人员资格考试管理规定来执行；只有少数地区制定了专门的军转考试考务管理规定。这些现象，部队有反映，军转干部也有反映，确实到了该改进军转干部考核工作、规范军转安置考试工作的时候了。

如何对现有的军转安置考试考核工作进行改进和规范，进一步完善公平公正的安置机制呢？我们有一个基本的考虑，就是：明确一个方向，把握三条原则，抓住两个着力点。

一个方向，就是要通过我们的努力，使军转安置考试考核工作科学化、规范化、制度化，使它成为以考试考核的办法安置军转干部的一项基本分配制度。改进和规范考试考核工作，这个总体方向不能偏。我们要建立的中国特色退役军官安置制度这样一个长远目标，它是由分配制度、就业制度、培训制度、管理制度、保障制度等多项具体制度组成的总制度，而每一项具体制度，都需要我们在新的实践中继续探索和发展。在这样的方向指引下，我们才能对军转安置考试考核工作的总体原则、方式方法、操作规程等一系列问题进行总体设计，做出明确规定。

三条原则，一是公开公正，科学合理。军转安置的考试考核不能搞“一刀切”，不能大而化之，笼而统之，针对性要强，考试考核的内容和权重要合理适当，既要使全体转业干部的安置体现公平公正公开的要求，也要使安置重点对象得到合规合理合适的照顾，从而保证那些政策规定需要突出的功臣模范以及长期在艰边地区和特殊岗位工作的同志得到重点安置和照顾安置。二是既要考虑服役时干什么，也要考虑安置后做什么。在考试考核时不把两者割裂开来，既考出他的德才条件，又考出他的实际表现；既考出他的学习能力，又考出他的工作能力，从而确保通过这样的分配制度能达到人岗相适、人尽其才、各得其所的目的。三是有利于树立正确的安置导向，有利于稳定部队的干部队伍。要通过考试考核，起到增强安置透明度的作用，起到稳定军心鼓舞士气的作用，起到为军队能打仗、打胜仗传递正能量的作用。我们竖起的考试考核这根“指挥棒”，千万不能把部队干部引导到成天想着考试、早早准备考试，从而影响安心工作、安心服役上来。否则，就是搞偏了，搞歪了。

两个着力点，就是要把“考什么”与“怎么考”研究清楚搞明白。“考什么”，就是考试考核的内容。如何设置军转安置考试、测评、考核的内容和要素，需要我们综合考虑军转干部这个特殊群体的特点，综合考虑地方接收安置岗位的实际需要，综合考虑军转干部人才资源的发展情况，在这个基础上合理确定。现在各地军转安置的考试内容五花八门，这就需要进行科学的指导，必要时在全国范围内进行统一和规范。考核主要是军转干部服役期间的德才表现和功绩贡献，需要与军队密切配合，总政对这项工作也很重视，上半年还在青海、江苏和广东做了试点。“怎么考”，就是考试考核的组织实施办法。上个月底我去杭州参加大城市会议，大家认为可以有三种形式：第一种是统一考，就是全国统一时间、统一试卷、统一组织。第二种是分着考，就是中央、省、市和县以下根据安置实际，分级考试，不必统一。第三种是统分结合着考，统一考试制度、分头组织实施也行，统一考试内容、分级分类落实也行。无论采取哪种方式，我们都要把有利因素与不利因素考虑周全，把利与弊分析透彻，把考试考核的风险降到最低点。

对于考试考核这个问题，是制定一个统一的制度规定好，还是出台一个规范性指导性意见好？要不要制定全国统一的考试考核大纲？要不要建立一个规范化的军转考试考务工作规程？如何加强军转安置考试考核工作基础性建设？等等。都需要我们作进一步的思考和研究。

二、关于军转干部分类安置与合理配置的问题

分类安置与合理配置的问题，是军转干部科学安置的问题，是宏观层面上的问题。近年来，60%以上的军转干部向大城市集中，80%以上的军转干部向党政机关集中，这“两个集中”引发了军转干部人才资源配置的极度不合理，并造成了比较严重的人才浪费现象。大家分析，造成这“两个集中”的原因，除了这些年我们的安置去向条件逐渐放宽、军队转业干部安置数量持续较大以外，优质社会资源集中在大城市、公务员群体相比其他群体更为稳定等一些社会现象也是重要的诱因。因此，我们在研究解决这个问题的时候，绝不能把它孤立于社会因素之外单纯进行研究，而要放到社会主义市场经济体制这个大气候、大环境、大条件里进行综合研究，提出对策意见。

一方面，如何推进军转干部的合理分布？就全国公务员队伍来讲，每年安置4万名军转干部并不是一个很大的问题，但目前的问题在于军转干部太集中。我们组织调研组，到一些省市以及部队进行调研，反映有几个问题比较突出：

就地方而言，大中城市尤其是省会城市和中心城市空编有限，安置用编困难，很多单位军转干部所占比例已经很高，班子和干部队伍结构不合理，有些省直机关、市直机关已经五六年不招录公务员了；县、乡空编较多，但除部分经济发达省份外，军转干部极少愿到县乡安排，安置任务主要集中在省市两级。

就军转干部而言，要求进党政机关当公务员的愿望十分强烈；许多人明确表示宁可在大城市低职安排，也不愿到中小城市安排领导职务；相当比例的在边疆民族地区和艰苦地区工作的同志不愿意就地安置。

就区域比较而言，经济发达的地区军转干部愿意下基层，经济欠发达的地区军转干部要求往上走。这里面有一个重要因素，就是因为经济发达地区乡镇、街道的待遇要比省、市高一些。比如，最近我们到浙江衢州市、金华市等地调研，军转干部到乡镇、街道工作的很多。兰溪市今年有10名军转干部，5名选择到乡镇工作；义乌市的苏溪镇有7名军转干部，占班子成员近50%。江苏江阴等地也是如此。对此，我们要客观分析。如何把集中在大城市和党政机关安置的军转干部，引导到中小城市工作，到中心城区以外的郊区县和基层一线工作，到事业单位和国有企业工作，推进军转干部在安置去向、安置行业上的合理分布，确实需要各个方面多想想办法，多做些研究。前几年，广西作过这方面的探索；今年年初，我们在贵州召开座谈会，也请贵州作些探索；前不久，军地联合到新疆调研，也准备在鼓励引导军转干部到南疆和基层安置上研究制定一些政策措施。下一步，还需要我们进一步打开思维，拓展思路，从国家改革发展的形势、军队干部政策的调整、地方干部人事制度的改革以及社会管理的创新等多角度、多方位来研究有效的办法和措施。比如，怎么样有效激发自主择业安置制度的活力，减轻计划分配

的安置压力；怎么样畅通军队干部特别是团职干部退休安置的渠道；怎么样从职务安排、待遇保障、家属子女照顾等方面，为到中小城市和县乡基层安置的军转干部科学设置一路“绿灯”，保障大城市的安置压力有序分流。围绕这些目标，我们还要继续深入研究，不断完善相关的政策措施，从而推动这项工作健康稳步发展。

另一方面，如何推进军转干部的分类安置？这些年，在安置工作中，各地反映比较强烈的一个问题，就是军转干部改行安置的比较多，比如，军校教员转业不愿去教书，军队医生转业不愿去看病，军队护士转业不愿去打针，纷纷要求进机关当公务员。这些军队专业技术人才，都是国家培养出来的，如果不按照专业对口、人尽其才的原则来分配，做到用其所长、才尽其用，就是极大的人才浪费。军转安置工作是组织人事工作的组成部分，安置军转干部的过程就是人才调配的过程。因此，推进军转干部的分类安置，是实现军转人才资源合理配置的重要手段。究竟按照什么标准来分类，怎么进行分类，还需要我们作进一步的研究，并通过探索和实践，蹚出一条符合我们国情、军情的军转干部分类安置的好路子来。

三、关于自主择业军转干部就业创业的问题

当前军转工作最突出的矛盾和问题，就是计划安置的路子越走越窄；同时，自主择业的路子也没有真正迈开。计划分配军转干部集中在大城市，集中在党政机关，集中在东部沿海经济发达地区，造成转业干部分布严重失衡，安置工作难度日益增大，这个问题在上面已经讲过，它说明了什么？说明了当前的计划安置工作已经很难适应市场经济条件下干部队伍和人才队伍的要求，难以为继，不可持续。再看一看自主择业工作。军转干部自主择业，代表着市场经济条件下军转工作发展的方向，工作的重点在于促进就业创业。自主择业的军转干部，年龄在40岁左右，年富力强，经过部队的长期培养和锻炼，政治坚定，敢打敢拼，是一支重要的人才力量，抓好他们的就业创业工作，发挥好他们的作用，才能增强自主择业安置制度的活力，增强自主择业制度对军转干部的吸引力，才能真正走开自主择业安置的路子，才能打开整个军转安置制度改革发展的局面。这就是我们反复强调这个问题的主要考虑。大家一定要从打破当前军转工作困境、推动军转工作改革发展的全局高度来认识这项工作，高度重视这项工作，下大力气抓好这项工作。

自主择业安置方式是党和国家干部人事制度改革的一项重要举措，是军转安置制度的一项重大改革，是建立中国特色退役军官安置制度迈出的重要步伐。13年的实践表明，自主择业作为一种新的安置方式，符合社会主义市场经济对军转干部人才资源的配置要求，符合广大军转干部的愿望，为军转干部施展才干提供了更加广阔的舞台，发挥了积极的作用，得到了军队、地方和转业干部的积极拥护。13年来，全国共有13万余名军转干部选择自主择业，占符合自主择业条件的40%多，占安置总数的20%左右。各级军转部门按照中央的要求，认真落实各项待遇规定，不断探索和改进自主择业军转干部管理服务办法，做了大量艰苦细致的工作，取得了比较明显的成绩，特别是就业创业工作取得了新的突破。去年以来，我们先后在北京、天津举办了两个全国层面的就业、创业培训实验班，在青岛举办的就业培训班也即将开班，示范和导向的效果非常好。各地在扶持自主择业军队转业干部就业创业上，也出台了一些扶持就业创业政策规定，开展了一些自主择业军队转业干部教育培训工作，改进了适应性培训、网络培训和个性化培训办法，为自主择业军队转业干部就业创业做了一些基础性工作。比如，通过在人才信息网和就业服务网刊登信息、定期举办专场招聘会、集中定向推荐等方式，从多个渠道促进自主择业军队转业干部就业创业。自主择业军队转业干部中，有一大批人在不同行业、不同领

域实现了就业创业，施展才华，为当地经济社会建设发展做出了新的贡献，赢得了社会赞誉。

目前，在自主择业军转干部就业创业的问题上，还存在一些认识上的误区：

一是认为自主择业就是退休，把自主择业的退役金，比作我们地方干部的退休金，只要发放好退役金、落实好待遇就行了。实际上，自主择业军队转业干部平均年龄在40多岁，绝大多数人还是想通过就业创业实现自身价值的。

二是认为政府推荐工作就是走计划分配的老路，还不如直接计划分配，省钱又省事。事实上，我们扶持自主择业军转干部就业创业，走的是市场化、社会化的路子，是在双向选择的前提下积极发挥组织作用，推动自主择业军队转业干部尽快实现就业。

三是认为自主择业就是自己找工作，就是面向人才市场、面向社会，由自主择业军转干部自己选择工作岗位。实际上，中央3号文件已经明确："自主择业的军队转业干部由政府协助就业"，中央8号文件进一步强调，把确有就业愿望和就业能力作为选择自主择业安置方式的一项重要条件。实现就业固然需要自主择业军队转业干部自身的努力，也需要各级军转部门的大力扶持帮助。可以说，这些认识误区和问题是当前制约自主择业军队转业干部就业创业工作发展的瓶颈，我们必须下大力气去克服和解决。

做好自主择业军转干部就业创业工作，是推进自主择业安置制度建设的一个重要突破口。下一步，我们还要认真研究分析国家就业创业工作的整体形势，正确把握自主择业军转干部就业创业工作的特点和规律，继续按照"摸需求、抓培训、推服务、建平台、重宣传"的总体思路，建立健全扶持自主择业军队转业干部就业创业体制机制，协助自主择业军队转业干部多领域多渠道多层次实现就业，不断增强自主择业安置方式的活力和吸引力。

一是摸清需求。重点是摸清、摸透自主择业干部的专长特点和就业需求，及时向国有企业、民营企业、新创办的企业介绍他们的优势和特点；摸清、摸透社会、企业对自主择业军队转业干部的人才需求和企业对工作岗位的要求，建立动态岗位需求信息，为培训、推荐、对接打下工作基础。

二是狠抓培训。重点是创品牌、创效应，继续探索创新自主择业军转干部培训方式方法，把培训与就业创业有机衔接起来，打破行政区划限制，整合优势资源，优化培训格局，把中央的指导、示范与地方的探索实践结合起来。中央层面办一些全局性的就业创业培训班，不同省份可以结合本地地域特色、专业优势、产业特点等因素，开办某一专业或几个专业的专题就业培训班。

三是跟进服务。充分利用国家现行就业创业大政策，把自主择业军转干部纳入当地扶持就业创业政策范围，在培训、信息、资金、场地、税收等方面予以倾斜。要联系和协调有关部门，争取财政贴息和税费优惠，鼓励金融机构提供资金支持，落实小额担保贷款，积极探索抵押担保等创新方式，为从事个体经营、创办经济实体的自主择业军队转业干部创造有利条件。要做好自主择业军转干部人才资源品牌的整体推介工作，持续扩大社会影响力。

四是建好平台。重点是为自主择业军转干部与企业之间搭建桥梁，建立平台，实现资源信息和人才共享，互利互赢。要探索在经济技术开发区等园区、企业相对集中的地区建立自主择业军队转业干部就业创业实习实训基地，调动民营企业培训、接收自主择业军队转业干部的积极性，发挥示范带动作用。此外，对一些有军队服役经历的企业家、积极支持军转安置及国防事业的企业家，应当鼓励探索成立退役军官就业创业的服务性组织，搭建起区域性、全国性的退役军官就业创业平台，调动社会各方面的力量，共同做好这方面的工作。在这方面，广东省和武汉市都进行了探索，成立了自主择业就业创业的促进组织，各地也要积极进行尝试，把这项工作搞起来。

五是宣传造势。重点是在社会上营造吸纳

和鼓励自主择业军转干部就业创业的良好氛围。通过报刊、广播电台、电视台及其他媒体，大力宣传支持自主择业军转干部就业创业就是支持国防建设和军队建设，大力宣传自主择业军转干部的特点和素质条件。对在自主择业军转干部就业创业工作中取得显著成绩的单位和个人要给予充分宣传和表彰奖励，这一点，我们在明年的军转表彰上要适当向自主择业倾斜。通过这一系列“组合拳”，把自主择业军转干部就业创业工作实实在在地抓起来。

迈向省集中

——在全国人力资源社会保障信息化工作座谈会上的讲话

胡晓义

（2013年4月25日）

这次全国人力资源社会保障信息化工作座谈会的主要任务是，深入学习贯彻党的十八大精神，落实全国人力资源社会保障工作会议部署，总结过去五年信息化工作，分析当前形势，研究今后一个时期信息化工作思路，部署2013年任务。

一、过去五年人社领域信息化工作的回顾

2012年人力资源社会保障信息化工作取得了新进展："金保工程"一期顺利验收，社保卡新增发放1.42亿张，跨地区协作系统建设全面铺开，各业务领域信息化应用进一步普及。2012年的成绩，是过去五年信息化工作显著成效的又一体现。五年来，伴随着人力资源社会保障事业的快速发展，人社系统信息化水平迈上了一个新台阶，为各项工作提供了有力支撑。

——打造两大品牌。一是社会保障卡便民品牌。五年间，发卡地区从85个增加到293个，持卡人数从3 500万人猛增到3.41亿人；并通过加载金融功能，开发了持卡缴费和领取待遇的功能，普遍实现了医保费用即时结算，树立起"民生卡"的良好社会形象。二是12333咨询服务品牌。31个省份307个地市（含省本级）开通了12333电话咨询服务，比2008年初增加34.1%，咨询员3 000多人，年处理来电量6 000多万个，成为人社部门服务广大群众的又一重要窗口。各地还积极推动网上服务、自助服务等形式，使政府公共服务更加高效便捷。

——引领两项创新。一是管理服务模式创新。通过信息化手段的支撑和引领，"五险合一"、"一单征收"、"一站式服务"、"柜员制"等经办服务新模式普遍实施，就业服务与社保经办实现联动，还强化了劳动关系"两网化"管理、社保基金非现场监督、医保网上实时监控等。二是异地业务协同创新。社会保险各项跨地区业务系统从无到有，快速推进，全国就业信息监测平台全面实施和应用，全国公共招聘网入网机构达到180家，基本实现就业信息全国联网，推动了系统建设从本地独立建设向跨地域协作转变，有力促进了各项业务的跨地区协同办理。

——推动两个"全面"。一是顺应城乡统筹，实现信息系统对各类人员的全面覆盖。配合实施新农保和城居保，同步部署信息系统建设，快速实现了信息系统从城镇向农村、管理服务对象从职工向全体城乡居民的扩展。纳入

信息系统管理的人数已从五年前的不足 2 亿人猛增到近 10 亿人。二是保障政策落实，实现信息系统对各项主体业务的全面支持。就业服务、社会保险已基本实现全程信息化管理，劳动关系管理、人事人才、公务员管理等，也借助信息化手段极大提升了管理水平，为各项政策的落实发挥了重要支撑作用。

——夯实两个基础。一是夯实信息网络基础。信息网络向街道社区及农村乡镇普遍延伸，实现了广泛覆盖；部省市三级网络互联的省份从五年前的 14 个增加到 30 个，其性能从支持非实时数据传递发展为支撑实时业务经办，安全保障能力显著加强。二是夯实数据资源基础。入库管理的各类服务对象信息更加全面、及时，并实现了数据在市级的集中管理和实时更新。通过联网监测，开辟了新的信息采集渠道，上传数据量成倍增长。这些数据资源已经成为人社系统的宝贵财富，为下一步深入开发利用奠定了良好基础。

过去五年，是信息化建设逐步走向统一、信息化应用快速普及的五年，信息化对业务工作的有力支撑和对管理创新的全面引领作用日益显现。这里面，凝聚着人社系统信息工作战线广大同志的心血和智慧，记录着同志们的拼搏和奉献。

二、认清形势，认准目标，坚定不移迈向“省集中”

党的十八大对人力资源社会保障工作确定了新目标，提出了更高要求。信息化工作必须与时俱进，进一步开拓创新，为人社事业全面协调可持续发展提供更加有力的基础保障。

未来八年，围绕全面建成小康社会的总任务，人社领域信息化工作将呈现几个显著的特点。一是业务工作统筹城乡、覆盖全民、跨制度衔接、跨区域协作的趋势越发明显。比如社会保险将加快从制度全覆盖到人员全覆盖的步伐，以增强公平性、适应流动性、保证可持续性为重点，全面建成覆盖城乡居民的社会保障体系。这要求从更高层面、更宽视角和更长远眼光进行信息化的设计和部署。二是公众对政府公共服务的质量和效率要求越来越高。在本地的、传统大厅式服务的基础上，足不出户的网络服务、跨地区流动中的即时服务、个性化的服务等需求将越来越旺盛。信息系统必须覆盖更广、延展更深、功能更强，才能满足日益增长的合理需求，使公共服务更加方便、快捷，社会管理更加全面和精细化。三是信息技术向着高速化、集成化、虚拟化、大容量迅猛发展，移动技术、云计算、物联网、新一代互联网等日益成熟和普及，网络上的地域和部门界线越来越模糊，人社领域信息化工作必须适应这种集中、统一、融合的大趋势。

一直以来，人社信息化工作坚持“数据向上集中，服务向下延伸”的方针，实践证明是完全正确的。在金保一期建设中，适应当时以市级统筹为主的业务特点，我们按照“市集中”的思路推动信息化建设，着力解决经办工作从手工、单机和局域网向系统管理的转变，取得了很好成效。站在新起点，面对新形势，围绕新任务，我们要以更大的魄力和更高的眼界确定新目标——在市级集中的基础上，实现省级集中。“省集中”与“市集中”相比，一是更能适应今后业务工作全覆盖、跨制度、跨城乡、跨区域的发展方向，为人社工作提供更有力的支撑；二是符合省内业务流程、工作模式逐步统一的现实情况，并有城乡居民养老保险等系统建设和一些省份的成功实践；三是体现着信息化大容量、大平台、大跨度、高效率的本质特点，有利于更好发挥信息化的引领创新功能。但要实现“省集中”，势必涉及现有体制、机制的重大调整，要改变许多既有观念和已经熟悉的工作方式，可以说是一次重大变革。我们必须以对历史高度负责、对事业高度负责的态度做出抉择，义无反顾地迈出这一步，将“省集中”作为今后八年信息化工作的重要任务和基本方向，坚定不移地推向前进。

迈向“省集中”，必须准确把握其内在要求。首先，“省集中”是数据集中和系统集中的有机结合。数据要归集到省，实现对省内全部人员信息和业务信息的集中统一管理，并在此基础上实现系统的集中部署，通过全省统一的信息系统，对人员动态管理，对服务实时支持。其次，“省集中”是纵向集中和横向整合的有机结合。在金保一期中，各地都不同程度地整合了业务系统，如“五险合一”，就业、社保一体化建设等。“省集中”并不是要将这些已经整合的系统拆散，再逐个地归集到省，而是要作为一个统一整体实现在省级集中。归集可以有先后顺序，但统一、整合、一体化的方向不能变。最后，“省集中”是信息共享和业务协同的有机结合。数据和系统集中到省，但系统的应用还在地市。“省集中”并不改变省、市之间业务工作的职责划分，只是通过统一、集中的系统和统一、规范的流程，使各地市之间、各业务之间的协同更加紧密，运转更加高效。

迈向“省集中”，要解决好几个关键问题。一是顶层设计。“省集中”不仅是省内信息互联互通和共享的保障，更是构建全国统一信息系统、实现全国“一卡通”的基础和重要步骤，因此必须按照“省级物理集中、全国逻辑集中”的总要求，在标准规范、应用软件等方面，都纳入全国统一部署。二是平稳过渡。在迈向“省集中”的路径上，要依据统一规划，做出符合实际的安排，可以先集中基础数据，再集中业务数据；也可以先将部分业务、部分地市的系统集中到省里，再逐步带动其他业务、其他地市系统向省级集中；同时做好已经集中到省系统与留在本地系统的衔接，不能影响到业务的开展。三是省市互动。省级人社部门要承担起组织开展“省集中”的主体职责，充分考虑地市的实际情况，调动地市积极性。地市人社部门要协助做好全省系统的需求和设计，配合搞好系统和数据的迁移，保障本地网络运行，并建好、用好留在本地的应用系统。省市相互配合，共同推进“省集中”目标的实现。四是保障安全。“省集中”后，系统安全影响更具全局性。因此，要将安全建设作为“省集中”的重要内容，常抓不怠，利用集中的优势，形成整体防护力量，切实保障系统安全。

三、全面落实2013年人社系统领域信息化的重点工作任务

2013年是新一届政府的开局之年，是人社领域落实十八大精神的头一年，也是人社领域信息化推动“省集中”跨出重要一步的一年。《2013年人力资源社会保障信息化工作要点》对全年任务进行了部署。这里，我强调四个方面。

（一）继续加强社会保障卡的发放和应用。全年新增发卡1.4亿张，持卡人员达到4.8亿人，实现社保卡在人社业务中的普遍应用；加强管理，全面整改质量安全检查中发现的问题；建设全省持卡人员基础信息库，将其作为今年“省集中”建设的重点，探索与业务系统的数据联动机制。

（二）全力保障重点业务工作落实。在人力资源管理领域，探索整合人才和劳动力两个市场的信息系统，推动一体化建设，实现就业管理服务各项业务全覆盖；启动以高校毕业生实名制管理等为典型应用的跨地区就业管理服务系统的设计；继续搞好“两高”人才、军转安置、公务员管理等系统建设。在社会保险领域，着力实现城乡居民社会养老保险信息系统全覆盖，推进城乡统筹的基本医保系统整合，大力开展基本医疗保险医疗服务监控系统应用。在劳动关系领域，重点推广劳动关系管理信息系统统一应用软件，努力提升劳动关系协调管理、劳动保障监察、劳动人事争议调解仲裁等项业务工作的信息化水平。

（三）大力推动信息化公共服务。实现所有省份开通12333电话咨询服务，并推动服务系统向省级集中。分析和整合各业务领域的网上服务需求，构建统一、综合的网上服务大厅。推进自助服务一体机在经办服务大厅、街道社区、农村乡镇、定点医疗机构等场所的部署。推动不同公共服务渠道之间优势互补，发挥集成优势。

（四）切实保障数据和网络安全。推进重要信息系统等级保护工作，确保完成所有信息系统的定级备案和整改测评，建立健全信息安全管理制度，加强安全检查和培训，强化管理制度的执行力和安全策略的有效性。以省级为重点，加快推进电子认证基础设施建设和应用，确定适应“省集中”要求的容灾备份布局。

此外，全面推进跨地区业务系统的建设和应用，着力提升数据质量和开发利用价值等，也是今年的重点工作。今年还要完成“金保工程”二期立项工作，这关乎人力资源社会保障信息化建设的长远发展，各地要高度重视，配合部里早立项，立好项。

四、大力抓好信息化工作队伍自身建设

培养、造就一支素质高、能力强、作风硬的信息化工作队伍，是人社领域信息化建设持续、稳定发展的基础和保障。

（一）提升工作能力。社会保障卡的发行应用、12333 的广泛覆盖，使信息化部门从单纯的后台技术支持逐步走向了前台管理服务。“省集中”后，省级信息化部门还将承担保障全省系统安全运行、支撑全省业务工作有效开展等重要职责。从事信息化工作的同志要适应这一变化，努力掌握和提升履行职责所需的工作能力，善于用先进理念、最新科技武装自己，勤于学习人社业务知识，确保思想观念、工作能力和知识储备跟上时代发展要求。

（二）改进工作作风。重点是顾大局，讲服务，杜铺张，重实效。前两句强调信息化部门要牢固树立服务意识，始终围绕中心，服务大局，尽职尽责为业务工作服务，全心全意为人民群众服务。后两句强调以求真务实作风推进信息化工作，不做表面工程，不搞形象工程；不浪费，不浮夸，讲实话；干实事，求实效。

（三）培养团队精神。信息化部门自身要形成有凝聚力的团队，还要与业务部门密切合作，分工不分家，共同做好需求分析和应用管理，通过技术与业务的良性互动，推进信息化工作不断前行。全国从事信息化工作的同志要相互学习，取长补短，形成携手奋斗的良好氛围。

（四）加强廉政建设。随着信息化建设快速推进，地位提升，信息化工作中职务犯罪的风险也在增加。部里近期印发的《社会保险工作人员纪律规定》和《就业专项资金管理纪律规定》，都将“信息系统相关人员”列为适用范围，对信息管理行为提出了规范要求。我们要始终绷紧廉政这根弦，在招标采购中严格执行国家有关规定，把每一个信息化工程都建成经得起历史和群众检验的阳光工程；要在日常工作中严格按照上述两个规定办事，规范行使数据管理的权力；要建立健全信息化工作管理制度，将建设、运行、管理等环节全部纳入规范化轨道。

统一思想提高认识
扎实推进城乡居民大病保险工作

——在全国城乡居民大病保险工作视频会上的讲话

胡晓义

（2013年11月11日）

这次会议的主要任务是认真学习贯彻国务院领导同志指示精神，总结交流大病保险试点经验，研究进一步推进和完善城乡居民大病保险工作的措施。刚才广东省湛江市、福建省龙岩市和江西省分别介绍了经验，希望各地认真学习借鉴。

一、认真总结大病保险试点经验

去年以来，各地认真贯彻落实国家发展改革委等六部委《关于开展城乡居民大病保险工作的指导意见》（发改社会［2012］2605号），积极稳妥推进城乡居民大病保险试点。目前，全国有25个省份制定了城乡居民大病保险试点实施方案，确定了134个试点城市，其中59个已经启动运行，其他省市也正在积极制订方案、开展委托管理招投标和准备启动实施。此外，200多个地市探索了多种形式的大病保障措施。

总的来看，大病保险试点工作平稳推进，取得了初步成效。一是减轻了患者高额医疗费用负担。据对44个试点城市运行情况分析，政策范围内住院费用支付比例普遍提高12%以上，对贫困家庭起到了雪中送炭的效果。医疗保险托底功能增强，取得了较好社会反应。二是提高了医保基金使用效率，扩大了保障功能。今年1—9月，全国居民医保基金当期结余率同比下降3个百分点，一个重要因素就是一部分资金投向了大病保险。三是通过委托商业保险机构承办大病保险业务，探索了创新公共管理服务的路径。

在实践中，各地摸索、积累了初步经验：一是筹资从低水平起步，保障向高费用倾斜。大病保险所需资金大都是从居民医保基金中划拨，年人均筹资标准控制在30元左右，以封顶线以上及高额个人自付费用为支付重点。这是医保基金的资源供给有限性决定的。从我国长期处于社会主义初级阶段的基本国情看，这一点应当继续坚持。二是大病保险作为基本医保的属性更加明确，在“扶贫助弱”的导向下，支付政策逐渐明晰。各地“合规费用”大都在基本医疗保险支付范围基础上作适当放宽，以城乡居民人均可支配收入界定家庭灾难性医疗支出，对高额自付费用给予一定比例的支付。三是立足制度公平，着眼城乡统筹。22个省的实施方案统筹考虑城乡政策衔接，已实现城乡统筹的地区普遍规定了统一的城乡居民大病保险制度和标准。四是坚持大病保险的公共属性和政府责任，积极探索委托管理。大病保险不是一般商业健康保险，医保管理机构作为委托方，必须履行政府赋予的管理职责，既要遵循招标委托的一般规则，更要结合医保的特点，逐步完善委托管理的操作流程和激励约束机制。

在看到大病保险试点取得初步成效的同时，也要清醒地看到，试点总体进展不平衡，存在一些需要研究解决的问题。一是基金收支面临新问题。今年前三季度，全国居民医保基金当期支出增幅高于收入增幅，一些地区出现当期赤字。居民医保基金既要消化医疗费用的不断增长，又要划出一块来建立大病保险，形成双重压力。即使是基金有结余的地区也担心难以长期支撑制度运行，还担心委托商保机构后难以监管，造成支出失控。二是筹资标准、合规费用、待遇设定、盈利率等核心政策，在多部门协调中意见难以统一，地区间也存在政策差异大、操作不规范等问题。三是委托管理存在协调难、签约难、衔接难等问题，有的地方出现了招投标不规范和流标等现象。

这些困难和问题，客观上迟滞了试点的进程，同时也说明了通过试点发现矛盾、探索规律、循序渐进的必要性。各地要进一步提高认识，正视矛盾，总结经验，完善政策，攻坚克难，推进和完善大病保险制度。

二、进一步提高推进大病保险制度的思想认识

党的十八大报告和今年政府工作报告都明确提出了“健全全民医保体系，建立重特大疾病保障和救助机制”的任务。《2013 年深化经济体制改革重点工作的意见》（国发〔2013〕20 号）确定了“整体推进城乡居民大病保险”的任务目标。国务院领导高度重视和关注大病保险工作和实施情况。最近，李克强总理再次批示，要求抓紧推进和完善大病保险制度，强调这是社会托底和医改的重要内容。我们要认真学习领会党中央、国务院的决策部署，充分认识推进大病保险的重要意义，切实提高工作的自觉性。

建立居民大病保险制度是构建维护社会稳定托底机制的重要安排。我国正处于社会经济发展的重大转型期，维护社会稳定是保证经济社会发展战略调整和全面推进各项改革的社会基础。当前，部分重特大疾病患者自负的高额医疗费用超出家庭的承受能力，因病致贫、因病返贫时有发生，特别是极端个案冲击着社会的底线。去年中央决定开展大病保险试点的文件一经出台，便得到社会广泛关注和人民群众热切期待，充分说明建立大病保险制度，绝不仅仅是一般待遇水平的调整，而是一项关系维护社会稳定的重要托底制度。

建立居民大病保险制度是健全全民医保体系、深化医改的重要内容。全民医保基本实现，对保障人民群众基本医疗、化解医疗风险发挥了基础性的作用，但其总体保障能力仍然有限。大病保险作为一项相对独立的补充保险制度，立足于解决灾难性医疗风险，根据基金承受能力确定合理保障标准，因地制宜地做出政策安排，制度安排更为灵活。这既有利于基本保障制度的功能拓展和绩效放大，也是推进多层次医保体系建设、减轻基本医保压力的重要举措。

建立居民大病保险制度是促进政府职能转变、创新管理服务方式的重要探索。大病保险业务委托管理，是社会保险公共管理服务领域探索政府购买服务、创新管理方式的重要尝试。现在，医疗保险已经覆盖了 13 亿人，各级社会保险机构不仅承受着巨大的管理服务压力，而且身陷各种矛盾之中，必须改革创新，“另辟蹊径”。实行大病保险委托管理，把一部分可以由市场机构办的事务委托出去，政府集中力量管好“守住底线”的事项，同时加强市场监管，既有利于转变政府职能、提高行政效能，又有利于更好地发挥社会资源的作用。各级人社部门和社保经办机构要以改革的勇气、积极的态度、负责的精神和严谨的作风，主动适应这一变化，努力探索创新医保管理体制和

机制。

当前推进大病保险要处理好以下几个方面的关系：

一是处理好试点探索与整体推进的关系。大病保险试点尽管时间不长，但已经初步证明这项制度具有正面社会效应，基本政策是可行的。试点暴露出一些问题和困难，是任何创新过程都会出现的正常现象，要在制度、政策和管理服务方面予以改进和完善。各地一方面要继续搞好试点，总结提升规律性认识，抓紧研究解决问题的对策；另一方面要对整体推进做好思想上、政策上、管理上的必要准备，把试点摸索的成功经验运用到整体推进中，同时继续搞好针对性专项试点，努力解决突出矛盾和问题。

二是处理好大病保险与其他保障机制的衔接关系。缓解群众重特大疾病费用负担，需要发挥多种制度和机制的协同作用，不可能单靠一种制度解决。一方面要把基本保险、大病补充、医疗救助、社会慈善和商业保险等多层次保障制度安排运行好、衔接好；另一方面要通过推进深化医改，切实解决卫生资源合理配置的问题，促进降低医疗服务成本。推进大病保险，在基本医保范围内，要统筹考虑职工医保、城乡居民医保、医疗救助等多种制度间的政策衔接和功能协同；在基本医保外部，要综合考虑与商业健康保险、社会慈善事业的功能侧重、重点群体指向和救助机制的协调，最终形成责任清晰、功能协同、政策衔接、服务顺畅的重特大疾病医疗保险和救助制度。

三是处理好压力与动力、挑战与机遇的关系。推进大病保险，群众企盼、社会关注、中央重视，既是压力，也是动力。新事物、新机制、新要求、新问题对我们来说无疑是新挑战，但也有诸多有利条件。当前基本医疗保险基金结余总体还较高，明年还将提高居民医保财政补助标准，这是推进大病保险的经济基础。地方试点取得的经验，为规范大病保险制度提供了实践基础。各地要充分认识这项工作的重要性和紧迫性，认真总结各类探索的试点经验，抓住时机，选对路径，因地制宜，做出总体安排和部署，以积极务实的精神，切实完成推进完善大病保险工作的任务。

三、推进和完善大病保险制度的工作要求

按照国务院的部署和有关工作要求，各地要将全面推进和完善城乡居民大病保险制度列为当前重要任务，进行总体谋划，明确任务、推进计划和工作措施。

（一）确保完成今年试点任务，谋划好明年工作。

《2013年深化经济体制改革重点工作的意见》（国发［2013］20号）和《深化医药卫生体制改革2013年主要工作安排》（国办发［2013］80号）确定由我部牵头，会同有关部门推进大病保险试点工作。为此，我部与卫生计生委、财政部、保监会共同协商：一是由我部牵头、各有关部门各司其职，共同研究试点有关问题，协调推进工作，抓好2605号文件的贯彻落实。二是年底前所有省份要出台试点方案，试点城市要正式启动。三是加强督导，拟于本月开展调研督查。临近年尾，各项工作都比较繁重，各地不仅要确保完成本部门承担的大病保险试点任务，而且要在政府领导下，切实负起牵头之责，统筹协调好试点工作。

目前还有7个省份没有出台实施方案，过半试点城市还没有启动实施，这些省份和城市要有明确的时间进度安排、工作重点和落实措施，年底前都要上报实施方案，具备条件的试点地区要抓紧启动。省里的实施方案要统筹考虑城乡居民和不同保障机制间的政策衔接，未实行城乡统筹的地区可以城乡分别组织实施。北京、上海等地已经有了大病保障政策安排，也要结合贯彻落实2605号文件，研究提出进一步完善的工作方案。

在试点的基础上，国务院将专门研究部署下一步推进和完善大病保险制度工作，各地要及早谋划、统筹安排。一要在总结大病保险试点和其他多种大病保障形式经验的基础上，研究全面建立城乡居民大病保险制度的目标任务

和总体思路。二要针对试点中出现的矛盾和问题，进一步完善大病保险基本政策和管理机制。三要强化城乡统筹和居民大病保险与医疗救助等多种保障制度的政策衔接。四要做好其他大病保障方式的制度并轨。要研究按照大病保险的制度设计和基本政策进行整合，积极稳妥地将之纳入大病保险制度轨道。

（二）进一步完善大病保险制度基本政策。

要在2605号文件确定基本原则和基本要求的基础上，进一步充实、细化。首先，大病保险要与医疗救助制度共同构筑医疗负担托底功能，将保障范围向困难群体倾斜。要将大病保险支付政策与医疗救助制度统筹谋划，引入家庭困难状况分析，设计差别性支付政策，把握缓解“灾难性支出”的社会功能和制度取向。而且要坚持分级按比例付费的原则，防止集中到高等级别医院就医的倾向。其次，筹资水平要瞻前顾后，坚持低水平起步，稳步调整。要根据医保基金承受能力确定筹资标准。有的地方在实践中同步建立了个人缴费机制，可以总结经验、逐步完善。第三，“合规费用”的界定要体现基本保障责任，不能放得过宽，也不能各地差异过大。起步时，可以先把基本医保支付范围作为“合规费用”边界，有条件的地区可按准入法适当放宽。第四，以保本微利为原则确定受托承办机构盈利率水平。要合理确定盈利率并探索建立盈亏水平调节机制。建制初期测算可能不太准，要通过几年数据积累逐步科学化、精细化。

（三）积极探索委托管理新机制。

针对委托管理试点中出现的矛盾和问题，要以改革的精神去探索建立新机制。在招标环节，要坚持在政府统一招投标平台上实施，并力争多地区合并招标。这样，既可以保证招标的规范性，又能够给受托机构较大的市场空间，有利于委托管理的合规、顺利实施。在签约环节，重点在明确委托、受托双方的权责关系，对一时难以“定死”的具体标准，可以先规定基本范围和幅度，同时商定调节机制，以此解决“麻秆打狼两头怕”以致签约难的问题，争取实现合作共赢。在监管环节，要明确监管指标，细化监管措施，提升监管手段，同时要探索奖惩和退出机制。少数地区，一时难以确定受托商保机构的，社保经办机构可先把责任承担起来，同时抓紧解决招投标和委托管理问题。

在全国就业工作座谈会上的总结讲话

信长星

（2013年2月22日）

昨天，尹蔚民部长做了重要讲话，对全面做好今年就业工作提出了明确要求。大家一致认为，蔚民部长的讲话重点突出，目标明确，思想性、针对性和可操作性都很强，对做好当前和今后一个时期的就业工作具有重要指导作用。大家表示，将认真落实这次会议提出的要求，扎实工作，全力确保就业工作稳中有进。讨论中，大家也反映了当前就业工作面临的一些重点难点问题。这里，我就大家普遍关心的几个具体问题谈些意见。

一、关于小额担保贷款

小额担保贷款是促进劳动者创业、化解融资难题的一项重要政策。落实党的十八大关于鼓励创业的新要求，必须坚持不懈地抓好小额担保贷款政策的落实。近年来，小额担保贷款工作明显提速，部分地区增速尤为迅猛。从人民银行统计看，2008年之前，小额担保贷款每年放贷量不足80亿元，2009年开始进入快车道，放贷量年年翻番。2009年升至160亿元，2011年为396亿元，2012年1—11月已达到548亿元。从中央财政贴息资金统计看，2012年中央财政已拨付贴息资金61.4亿元，是2008年的6倍。

小额担保贷款过去曾经是最难落实的一项政策，这几年之所以发展这么快，说明政策本身好，符合劳动者的创业需求；同时也说明工作上去了，政策落实到位。应该说，主流是好的。但在财政检查和审计调查中也发现，小额担保贷款政策执行中也有一些不规范的地方。如个别地方弄虚作假，将不符合条件的劳动者、企业纳入小额担保贷款；有的地方对防范金融风险重视不够，为了扩规模、赶进度，变通贷款年限，过度放大担保放贷倍数，甚至用就业资金直接放贷等。春节前我们与财政部做了沟通，都认为小额担保贷款工作总体是好的，应持之以恒地推动政策落实，但同时必须建立长效发展机制，走规范、健康发展之路。对于个别地方提出的贴息资金缺口问题，财政部表示，只要是符合政策条件的，中央财政都会支持。今年，几个部门将对现行小贷政策进行梳理，针对实际存在的问题和创业发展的需要，制定加强和完善小额担保贷款政策的新文件。希望各地从三方面着手，进一步做好小额担保贷款工作。一要加强对贷款发放前后的审核监管和跟踪服务，注重规范管理，切实防范骗取套取贷款和贴息资金的问题。二要强化创业服务，把小额担保贷款与创业培训、信用社区建设、创业服务体系建设和具体服务相结合，努力构建“贷得出、用得好、收得回”的良性机制。三要积极争取领导重视和各方支持，加大担保基金筹集力度，同时要依照相关规定合理把握好基金规模与贷款总量的关系。

二、关于公益性岗位管理问题

2002年，针对国有企业下岗职工出中心再就业难，特别是大龄下岗失业人员难以实现市场就业的问题，在总结国内外实践经验、反复测算财政承受能力的基础上，中央决定运用公益性岗位政策，对“4050”人员实施再就业援助。经过各方共同努力，公益性岗位政策不断调整、完善和充实，对象范围从最初的国有企业“4050”人员扩展到地方政府确定的就业困难人员，岗位由最初的保洁保绿保安等社区服务岗位延伸到社会公共管理服务领域，岗位补贴标准逐年提高，每年享受公益性岗位补贴人员达到300多万人。公益性岗位政策的实施，帮助困难人员实现了就业，弥补了政府公共服务能力的不足，得到了就业困难人员的欢迎。但值得引起注意的是，随着岗位开发规模的不断扩大，岗位退出难、资金占比大、用工主体不明确等问题开始显现。审计调查还发现，个别地方骗取套取公益性岗位补贴资金，用于弥补机构的人员经费、工作经费，这也极大地影响了政策的权威性和公信力。

为促进公益性岗位规范发展，去年我们与财政部共同部署对这项工作进行总结评估，各地为此做了大量工作，也提出了很多好的建议。天津、黑龙江、吉林、上海、西藏等地还出台了规范岗位开发、加强人员管理的专门文件。从地方评估看，政府开发公益性岗位帮扶困难人员就业，主要功能是弥补市场失灵，解决市场无力解决的困难人员就业问题，因而它只能满足困难人员临时性、兜底性的就业需要，必须把握好政策尺度，规范化地实施好公益性岗位帮扶政策。一要把好入口。还是要把这项政策用在最困难的失业人员身上。对于符合条件的困难高校毕业生，应按规定纳入扶持范围，但对多数毕业生而言，引导他们到基层就业，将他们充实到基层公共服务岗位，从方向上看恐怕还是要通过提高基层财政保障能力，建立政府购买服务的正常机制来解决。二要畅通出口。核心是要给人以出路。在这方面可借鉴当年分类分步组织下岗职工出中心的思路，积极稳妥地做好政策到期人员退出公益性岗位工作，不能简单地清退、停补。对年龄偏大、就业困难、生活无来源的困难人员，要及时接续失业保险和最低生活保障，对其中工作称职的，要积极鼓励用人单位主动留用；对具备市场就业能力的劳动者特别是新进入公益性岗的年轻人，要提前做工作，明确政策要求，主动送信息、送服务、送培训，帮助他们尽快转岗就业。三要强化管理。公益性岗位多数是政府投资开发的公共管理服务类岗位，政府特别是人社部门承担着岗位开发、管理、使用多重责任。各地要推动公益性岗位实名制管理。结合信息监测工作，把公益性岗位人员基本情况、岗位性质、岗位期限、补贴情况等搞清楚，加强统计分析，实施动态管理。要进一步强化岗位使用方特别是用人单位的主体责任，建立公益性岗位谁使用、谁管理的工作机制。实践中，一些地方将公益性岗位的两项补贴扩大到了企业实体，一些地方运用劳务派遣、直接聘用等办法鼓励企业承担岗位开发责任。对于这些做法，我们近期将会同财政部开展专题调研，一并予以研究。

三、关于离校未就业高校毕业生实名制服务

促进离校未就业高校毕业生就业是人社部门的直接责任，开展实名制就业服务则是我们开展工作的重要手段，也是国务院对我们的明确要求。做好这项工作，关键在于摸清底数、搞好服务。今年年初我们与教育部做了沟通，争取两部联合发文对加强信息衔接做出部署。不少地方已在这方面进行了探索，如安徽省将公共就业服务扩展到高校，并请高校直接提供基础数据；江苏、江西、广东等省加强与教育部门的互联互通，直接从教育部门获取基础信息；北京市各区县专门开辟绿色通道，为辖区内高校直接转交未就业毕业生档案提供便利；个别地方还在学生入校时就掌握了本地户籍学生的基本情况。希望各地多做工作，积极主动

地争取教育部门和高校的支持，尽可能从高校直接获取信息，这样既提高信息准确度，也减少工作重复。同时要发挥人社部门的职能优势，充分运用办理毕业生报到接收、档案托管、就业失业登记以及基层平台工作人员入户走访等多种渠道，摸清毕业生基本情况，健全完善未就业毕业生实名制信息库，争取今年9月底前实现应届离校未就业高校毕业生信息全部入库，在此基础上做好数据分析应用，为制定就业政策提供决策支持。掌握毕业生信息后，要依托公共就业和人才服务机构，广泛深入开展调查，切实了解实名登记毕业生的就业状况和就业需求，根据他们的特点和需要，提供个性化、精细化的职业指导和就业服务，组织参加职业培训、就业见习，落实各项就业扶持政策，开展宣传活动，帮助他们多渠道就业创业。

四、关于公共就业服务经费问题

公共就业服务是政府履行公共服务职能的重要方面。就业促进法和国务院相关文件都明确规定，县以上政府要建立公共就业服务机构并纳入同级财政预算。但从全国情况看，还有近一半的机构自收自支，服务经费保障不足，中西部地区的一些县以下基层服务机构甚至连最基本的工作经费都没有。为此，部里一直加强与财政部的协调，推动问题的解决。去年年底两部共同出台了完善公共就业服务体系的文件，明确了公共就业服务机构经费保障办法，要求各地将公共就业服务机构，包括提供公共就业服务的人才交流服务机构纳入同级财政预算。同时还明确对财力吃紧的县及县以下机构特别是基层平台，允许通过以奖代补的方式，从就业专项资金中给予适当补助。大家都认为，这个文件含金量高、针对性强，在解决公共就业服务经费保障方面有实质性突破。但也有同志反映，短时间内纳入财政不容易、今年的预算不好追加等，这也凸显了抓紧落实政策的重要性和紧迫性。

推动政策落实，要抓好三个关键环节：一是研究预算保障方案。要积极协调财政部门，尽快出台地方配套文件，明确公共就业服务机构的公益属性，把三项经费特别是项目经费和工作经费纳入财政预算，来不及的要抓紧申请追加预算。要通过财政预算从根本上解决经费来源。二是研究奖补制度。健全经费保障机制的根本目的是提高服务质量和水平，奖补制度必须以绩效为基础。在明确经费来源的同时，要根据公共就业服务的数量、质量、成本和效果特别是群众满意度，建立政府购买公共就业服务和奖补基层平台的有效机制，更好地激励服务机构提高工作绩效。今年部里准备开展公共就业和人才服务绩效管理试点，各地也要提前动手，抓紧研究，不等不靠。三是研究规范经费支出的办法。新文件通过奖补政策，给出了就业资金用于工作经费的渠道。对此，要正确认识、准确把握，要注意控制奖补资金的规模，不可与民争利，把本应用于保障政策实施的资金大量用于工作奖补；注意限制奖补对象范围和使用方向，避免多头补贴、多项提取，把本应用于就业工作的奖补用于与就业工作无关的支出。还要特别提醒注意的是，对于原来资金使用较为灵活的自收自支单位，纳入预算后要指导督促其严格执行财政资金管理规范，切实防范违规风险。希望各地抓紧时间，在今年上半年都能出台地方的具体操作办法。

五、关于就业统计工作

近年来，各级领导对就业形势越来越关注，经济运行一有波动，首先就想到就业，要求我们准确研判形势，提出建议。在这方面，部里采取了一些措施，如每季度召开形势分析会、开展部分城市公共就业服务机构市场供求状况分析、委托人力资源服务企业进行一线观察、开展企业失业动态监测和农村劳动力转移就业监测等。今年部里计划在31个大中城市（直辖市和省会城市）建立就业形势分析月报制度，发挥大城市基础工作扎实、对各方面情况反应敏锐的优势，掌握更加及时有效的就业信息。前期，我们就此征求了各省和省会城市的意见，会上又专门听取了这些城市的意见。大家都表示，这项工作很必要，但也提出，地方人员少、经费有限，希望尽量依托现有渠道，不要过多增加地方负担，且反映有些数据得不到。对此，我们充分理解，目前的征求意见方案做了些调整。初步考虑是，31 个大中城市的月报制度将主要依托现有统计数据和统计渠道，即这些统计数据都是部里已经部署或安排过的常规统计或调查，是大家都在做的项目。在此基础上，将部分数据指标由季报调整为月报，并对部分指标的内容做了些细化。希望 31 个大中城市扎实推进这项工作，既为部里做好形势研判夯实基础，也为其他城市开展统计分析探出一条路子。希望各地加强对这项工作的业务指导，尽最大可能为城市提供便利和支持。

各地还要高度重视对就业形势的分析研判工作，结合本地特点，及时开展专项调查、统计分析和信息监测，形成具有权威性、时效性的分析报告，为各级领导决策提供依据和参考。在这方面，很多地方都有很好的实践。如上海市建立了就业形势分析月报制度，贵州省开展了农村劳动力转移就业专项调查，广东省形成了年度就业形势分析报告，浙江省建立了企业用工监测体系和紧缺行业、紧缺工种定期发布制度，江西、安徽两省加强面向城乡劳动者的就业信息监测系统建设，探索推进了城镇新增就业、农村劳动力转移就业、高校毕业生就业多个实名制。希望大家积极探索和实践，积累更多经验。

今年就业工作的目标任务已经确定，关键在于抓好落实。就业系统广大干部职工要认真贯彻中央关于改进工作作风、密切联系群众的各项规定和要求，以高度的政治自觉、良好的工作作风抓好落实。要加强调查研究，倾听群众呼声，了解真实情况，体察群众冷暖，认真解决就业领域群众最关心最直接最现实的利益问题。要优化服务质量，大力推广微笑服务、精细服务，扎实开展特色服务，推进工作标准化、制度化和精细化建设。要加强廉政建设，部里刚刚下发就业专项资金管理纪律规定，各地要以此为切入点，完善制度，加强监管，健全惩治和预防腐败体系，自觉接受人民群众监督，以良好的政风行风取信于民。

在年中务虚会上的发言

信长星

（2013 年 7 月 26 日）

上半年，全国就业形势总体平稳。城镇新增就业 725 万人，同比增加 31 万人，其中东部地区同比增长 5%，中部持平，西部增长 9%；高校毕业生就业人数同比持平，但初次就业率有所下降；二季度外出农民工达 17 111 万人，同比增加 444 万人，增长 2.7%；失业人员再就业、就业困难人员就业人数同比基本持平；6 月底城镇登记失业率为 4.1%，继续稳定在较低水平。在经济增速放缓的背景下，这样的局面是来之不易的。同时也要清醒地看到，就业方面面临的困难和问题也很突出，其中最突出的还是高校毕业生就业。与此同时，部分行业稳岗压力也在加大。这些都说明，经济增速放缓对就业的影响已经在显现，我们要跟踪分析，冷静观察，沉着应对。

下半年的重点工作，一要突出抓好高校毕业生就业工作，尤其要扎实组织好“离校未就业高校毕业生就业促进计划”，切实抓好信息对接、服务对接、政策对接，确保毕业生离校后服务不断线。二要加强就业和人才服务，健全公共服务体系，扎实开展绩效管理和标准化建设试点，完善就业信息监测平台和公共招聘平台建设。同时要促进人力资源服务业发展。三要推进人力资源市场整合，按照部里的部署，进一步整合资源、提高效率、深化改革、促进发展，务求取得实质性进展。四要抓好失业保险工作。扎实做好扩大失业保险基金支出范围和失业预警试点工作，加快修订失业保险条例。

围绕把握工作规律，提高工作科学化水平这一主题，下面我侧重谈谈对就业发展趋势的一些初步看法，因为在这些趋势中已经蕴含着一些带有规律性的东西。一个时期以来，我国就业格局正在悄然发生着深刻的变化。在今后一个时期，这种变化还将继续。我把它归纳为五个转变：

供给：从劳动力无限供给向有限供给转变。一方面，我们依然面临巨大的劳动力总量压力，至少在“十二五”期间甚至“十三五”还是如此。看不到这一点，我们就会对形势发生误判。另一方面也要看到，我国的劳动力供给确实正在逐步告别无限供给的时代，劳动年龄人口的下降、农民工增速的下降等，都是这种转变的信号。随着多年来农业劳动力持续大规模转移，农村已不再是一个取之不尽的蓄水池，尚有潜力，但不再是无限的。看不到这一点，就不能解释何以工资连年提高仍存在长期性、普遍性的招工难，就不能深刻理解转变发展方式的必要性、紧迫性。这一变化意味着，劳动力成本上升是必然的，产业转型升级是必须的，潜在增长率的降低是带有规律性的。相应地，这对如何把握经济增长与就业增长的关系，如何开发新的“人口红利”，如何保持竞争优势，都提出了新的课题。

压力：从总量为主向总量压力与结构性矛盾并存转变。总量压力未减，但压力增速趋缓了，目前及未来将要更多面对的是结构性矛盾。近年来，部分地区、部分企业招工难和部分群体就业难的结构性矛盾愈演愈烈。如果说，普工、一线操作工招工难反映的是劳动力供给的有限性，即有限的劳动力供给难以充分满足低端岗位就业需求，那么，技能人才短缺、大学生就业难反映的则是转型过程中更具复杂性、长期性的一种结构性矛盾。在结构调整、产业转型升级过程中，结构性失业问题会更为突出。产业转型升级固然会带来大批新的岗位，但劳动力从低端产业向高端产业的转换并不是自然而然就能实现的，其间必然伴随着结构性失业，伴随着失业率波动的阵痛。而国际经验表明，结构性失业要比周期性失业更难对付，应对周期性失业一般通过刺激性措施在较短时期内就能奏效，治理结构性失业则需要在优化产业结构、改善劳动力供给、优化资源配置等多个方面做文章，需要下更大的功夫，须长期坚持方能见效。

焦点：从困难人员向青年就业转变。实施积极的就业政策之初，我们面对的主要是下岗失业人员、就业困难人员，现在这方面问题依然不少，但相对不那么突出了，以高校毕业生为重点的青年就业问题开始成为首要问题。从国际经验看，青年就业一直是世界性难题，包括欧美发达国家在内的主要经济体都长期面对着青年失业率高企的困扰，最近召开的欧盟首次青年就业会议已将其作为最紧迫的任务。目前我们所面临的大学生就业问题既与其他国家青年就业问题有相似之处，又与我国发展的阶段性特征相关联。已经持续十多年的高校扩招，从积极的角度看，人力资本投入大幅增加，为正在推进的产业转型升级储备了大量人才，问题是，产业转型升级创造高端岗位的速度远远低于毕业生数量的增速，而教育结构以及体制机制与市场需求不相适应的问题在扩招的背景下又有所放大，从而导致目前这种现实困境。这是前进中的问题，有人称之为“转型中的烦恼”。

结构：从传统结构向现代就业结构转变。过去几十年间，我国就业结构已从第一产业占绝大多数的“金字塔型”，转变为目前的“准哑铃型”（第一产业就业比重2004年稳定下降到50%以下，2008年下降到40%以下；第二产业就业比重2012年首次突破30%；第三产业就业比重2011年首次超过第一产业就业比重；2012年，三次产业就业比重为33.6∶30.3∶36.1，可称之为“准哑铃型”）。数据显示，2011年70个高收入国家的第一产业就业比重在10%左右，第三产业就业比重均超过60%。相比之下，我国第一产业就业比重仍然较高，第三产业就业还有很大发展空间。可以预见，未来的变化必将是一个从目前过渡阶段的“准哑铃型”向“倒金字塔型”转变的过程。

格局：从区域失衡向东中西部均衡发展转变。从城镇就业看，自2003年开展城镇新增就业统计以来，东部地区城镇新增就业占全国比重一直在50%以上，从2008年起开始发生变化，东部地区占比开始下降，从当年的50.6%下降到今年6月底的43.9%；中西部地区所占份额开始上升，目前已占到56.1%，成为扩大就业的重要增长极。从农村劳动力转移就业看，传统的“孔雀东南飞”格局也正在逐步向就地就近转移就业转变。近两年河南、四川、湖北省内转移就业人数已超过省外输出，江西、安徽等地农村劳动力省内转移就业增速也开始超过省外转移。这些变化反映了“雁阵模型”在助推中西部地区经济发展的同时，也促进了区域间人力资源的均衡配置，我们有理由认为这是我国就业格局重大变化的开始，并将是一个持续发展的过程。

顺应这些变化，我们继续实施就业优先战略和更加积极的就业政策，在正确把握就业规律的基础上，不断创新完善就业工作的思路和措施。要更加关注青年就业。解决好青年就业问题必须树立战略眼光，在岗位开发、政策设计、服务方式上都要创新思维。在岗位开发上要更加注重高端岗位的创造，劳动密集型要升级，技术密集型要提高，智力密集型要大力发展；在政策设计上要更有针对性，着力点要放在促进和开发上，帮助青年提升能力、积累经验；在服务方式上要更加精细化，从过去的大市场、援助式转向小型化、专业化、网络化；还要研究就业制度改革、教育体制改革和结构调整改革等长远问题。要更加关注就业质量。劳动力供求的变化、结构性矛盾的凸显，客观上要求我们不仅要重视就业规模，更要关注就业的结构和质量。而就业结构的改善、质量的提升，从根本上讲依赖于转方式、调结构，依赖于通过产业转型升级创造更多的高端就业岗位。从我们工作角度讲，要优化就业环境，促进就业公平，推动构建和谐劳动关系，增加劳动者收入，改善劳动条件，完善社会保障，提高就业稳定性。要更加关注劳动者素质的提升。相关研究成果表明，劳动者从第二产业的劳动密集型产业转向第二产业的资本密集型产业，受教育水平需提高 1.3 年；转向第三产业的技术密集型产业，受教育水平需提高 4.2 年。当前我们正处于转方式、调结构的关键时期，经济升级关键是技术升级、人才升级，我们必须大力发展职业教育和职业培训，造就一支高素质的产业大军，为打造经济“升级版”提供人力资源支撑。在这个问题上一定要防止短视。如果因当前存在大量技能要求不高的岗位而使大批青少年过早进入劳动力市场，那么，这批人中的相当一部分在若干年之后，可能成为一批新的“4050”就业困难群体。同时，须更加关注就业存量的稳定，在这方面失业保险大有可为。要更加关注人力资源合理配置。开发劳动力资源潜力，提高配置效率，获取新一轮人口红利，呼唤人力资源配置模式的新变革。要强化公共就业和人才服务，加强信息引导和区域合作，促进就业信息全国互联互通；要针对企业和劳动者的新需求，探索个性化、精细化的服务模式；要健全统一规范灵活的人力资源市场，进一步打破市场分割，促进劳动力合理流动，促进社会纵向流动；还要加强创业服务和扶持，推动以创业带动就业。同时要研究如何提高劳动力参与率。

就业工作关系群众切身利益，系统上下要以群众路线教育实践活动为契机，以开展“接地气、体民情、转作风、促民生”活动为载体，进一步做好就业工作。在政策上，要抓好落实，让政策真正惠及更多群众；在作风上，要深入群众，问计于民、问需于民，汇聚破解就业难题的智慧和力量；在服务上，要以群众满意为目标，开展微笑服务、精细服务、上门服务，切实提高服务的质量和水平；在窗口建设上，要优化工作流程，提高办事效率，方便群众办事。

深入学习贯彻党的十八大精神
奋力开创引智事业科学发展新局面

——在全国引进国外智力工作会议上的讲话

张建国

（2013年1月15日）

这次全国引进国外智力工作会议是经国务院批准召开的一次重要会议。会议的主要任务是，深入学习贯彻党的十八大精神、习近平总书记同外国专家座谈时的重要讲话和张德江副总理的重要批示精神，认真落实中央经济工作会议、全国人力资源和社会保障工作会议部署，总结2012年主要工作，部署2013年重点任务。

一、2012年引进国外智力工作简要回顾

2012年，全国外专系统认真贯彻落实党中央、国务院的决策部署，围绕中心、服务大局，按照“抓管理、抓重点、抓成果”的基本思路，以落实国家引智“十二五”规划为主线，以实施“外专千人计划”为突破，以引进国外高层次人才、提高出国（境）培训质量和效益为重点，坚持高端引领，整体推进，各项工作取得了重要进展。

（一）高端引领，重大引智工程扎实推进。

一是大力实施“外专千人计划”和高端外国专家项目。顺利完成第二、三批“外专千人计划”申报评审工作，目前已有94名专家入选；评审实施397项高端外国专家项目，高端引领的导向作用明显增强；“外专千人计划”和高端外国专家项目专家评审和管理信息系统运行良好，“外专千人计划”引才体系逐步完善。认真做好“外专千人计划”配套政策制定实施工作，入选专家后续联络服务工作全面铺开。二是积极推进人才队伍能力建设引智工程。2012年共批准出国（境）培训人员5万余人次。紧贴国家重大人才工程建设，大力支持经济社会发展重点领域人才队伍建设急需的人才培训，培训的针对性和实效性不断增强。重点培训项目顺利实施。三是统筹抓好各类重点引智项目。2012年审批各类专家项目10 034项，资助聘请外国专家35 727人次。据统计，2011年来中国大陆工作的外国专家达52.9万人次。高端和重点引领趋势初步显现，独联体与东欧国家引智项目、软件与集成电路引智项目深入实施，国家科技重大专项引智计划、创新团队国际合作伙伴计划、高等学校学科创新引智计划、引进海外高层次文教专家重点支持计划持续推进。按照公开、公正、公平的原则，海外高层次人才交流基金社会管理专项有序推进。

（二）注重实效，开发利用国外智力资源能力不断提升。

一是重大引智会议和重大外事活动的影响力持续扩大。习近平总书记与外国专家座谈活动影响深远、意义重大。2012年中国政府“友谊奖”评审颁奖活动圆满完成。第十一届中国国际人才交流大会、第九届中美工程技术研讨会、百名外国专家新疆行、外籍人才招聘会等重要活动成功举办。各地立足服务地方重大发展战略需求，积极搭建高层次人才交流合作平台。安徽“外国专家江淮行”、福建“6·18”国（境）外专家项目洽谈会、陕西杨凌国际农业合作周、黑龙江“哈洽会”等活动得到地方政府的高度关注和支持，区域性引智平台机制效应明显增强。二是高层次引智渠道进一步巩固和拓展。巩固和深化了与原有渠道的交流与合作。加大国外智力资源开发力度，积极开辟高层次专家组织渠道和国（境）外优质教育培训资源，深化与国（境）外著名大学、科研机构、学术团体和大型企业在高层次人才方面的合作。三是各地加大高层次引智渠道开发力度。通过组团招聘、设立海外联络处、举办高层次人才招聘会等多种形式，不断探索与外国专家组织、行业协会和国际猎头公司合作的新方式。

（三）突出重点，引智体制机制创新取得新进展。

一是国家引智“十二五”规划实施机制初步建立。推动建立由发展改革委、科技部、公安部、人社部和外专局组成的《规划》实施联席会议制度，联合上述部门以及外交部、教育部制定《规划》实施部际分工方案。做好《规划》实施监督检查和评估准备工作。各地积极开展规划编制及实施工作，山东、江苏、湖北、广东、广西、湖南、内蒙古、宁夏、山西、北京、重庆、成都等印发省区市引进国外智力“十二五”规划，陕西、河北、四川、天津等出台贯彻落实国家引智“十二五”规划的实施意见和工作方案，全国引智发展规划体系初步形成。二是出国（境）培训管理得到加强。我们坚持“总量控制、计划管理、突出重点、保压结合、服务发展”的原则，规范审批审核程序和标准，认真落实计划审批与总结报送、成果跟踪、计划执行、经费核销、境外管理“五挂钩”制度，督促指导培训计划均衡执行。制定实施出国（境）培训团组国内预培训及回国总结经费管理办法，对各省区市外专局出国（境）培训项目管理人员实行培训考试持证上岗制度，科学化管理水平进一步提升。三是引智项目管理年活动成效明显。加强引智项目和经费管理，制定项目经费审批的责任追究制度，规范审批流程。集中力量开展全国范围内的重点专项检查，研究制定整改落实的制度措施。各地普遍采取措施强化管理，堵塞漏洞，抓管理、促规范的意识明显增强。四是建立外国专家建言机制。认真落实温家宝总理指示精神，组织外国专家为中国经济社会发展建言献策，为进一步发挥外国专家顾问咨询作用创造更好条件。五是各地因地制宜，加快引智创新步伐。国家外国专家局与福建福州市共建“中国福州海西引智试验区”，在福州市外专局加挂“福州市外国人工作管理局”牌子，统一归口外国人在榕工作管理，探索建立符合国际惯例、具有福州特色的引智服务体系。山东日照市以建设“中国蓝色经济引智试验区”为突破口，努力打造蓝色经济人才高地。甘肃实施小额担保贷款制度，着力解决引智项目发展资金筹集难问题。天津启动资助选派优秀博士后国际化培养计划，加快高层次创新型人才培养步伐。浙江建立中国浙江国际人才市场网络平台，促进企业与外国专家信息有效对接。六是深化局省（部际、大项目）合作机制。与水利部、云南省、贵州省、工信部、中国农科院、中国商飞公司签署引智合作框架协议（行动计划），与人社部、农业部、科技部、国资委、中科院有关司局签订人才培训合作协议，重点支持服务国家和地方发展战略的引智项目。

（四）统筹协调，引智发展环境进一步优化。

一是引智法规政策建设取得突破性进展。主动与全国人大法工委、国务院法制办和国务院相关部委沟通，针对《中华人民共和国出境入境管理法》征求意见稿，提出建设性修改意见。该法以吸引国外高层次专门人才为立法目的之一，首次以法律形式明确了“外国专家主管部门”的法律地位、工作重点和具体内容；增设“引进人才”签证类别，规定了制定并定期调整外国人在中国境内工作指导目录、外国人在中国境内工作管理办法等，为逐步建立健全引智法律制度体系奠定了重要基础，对于优化引智发展环境，推进引智事业科学发展具有重要意义。探索实行技术移民、《开发利用国外智力资源办法》、《引进国外智力成果共享办法》起草工作进展顺利。二是引智行政许可深入推进。在新一轮行政审批项目规范清理中，保留了外国专家来华工作许可、聘请外国专家单位资格认可、介绍外国文教专家来华工作的境外组织资格认可及宗教院校聘用外籍专业人员资格认可。规范聘请单位和中介机构管理。加强外国专家管理工作指导和业务培训。继续推进外国专家分类管理。三是引智公共服务建设得到改善。我局与有关部门联合印发的《关于为外籍高层次人才来华提供签证及居留便利有关问题的通知》、《外国人在中国永久居留享有相关待遇的办法》，为高端外国专家来华工作提供了更多出入境和居留便利，强化了国家外国专家局及省级外国专家主管部门对高端外国专家的管理服务职能。加快完善外国专家测评系统建设，开发推广外国专家管理信息系统。制定实施中国国际人才市场管理办法，国际人才市场建设稳步发展。引智成果示范推广工作深入推进。智力拥军和引智扶贫工作取得新进展。四是引智宣传工作深入推进。加强与中央主要新闻媒体合作，精心策划主题宣传活动，进一步加大引智规划政策、先进典型和优秀成果宣传报道力度，扩大引智工作影响，宣传效果明显增强。

回顾一年的工作，我们深切感到，做好引智工作必须继承和发扬多年积累的宝贵经验。一是必须坚持围绕中心、服务大局。坚决贯彻落实党中央、国务院的决策部署，把中央对引智工作的指示要求落到实处。二是必须坚持突出重点、统筹兼顾。始终把大力引进和用好国外高端紧缺人才、提高出国（境）培训质量和效益等重点工作摆在突出位置，以重点工作的突破带动整体工作的推进。三是必须坚持迎难而上、改革创新。牢固树立创新思维和进取意识，针对制约引智事业发展的新情况新问题，不断创新工作方式，为科学发展注入不竭动力。四是必须坚持团结协作、密切配合。注重与各有关单位的协调配合，注重系统上下的协调一致，形成推动工作的整体合力。

一年来引智工作取得的成绩，是党中央、国务院正确领导的结果，是地方政府高度重视和各有关部门大力支持的结果，更凝聚着全国外专系统广大干部职工的智慧、辛劳和付出。在此，我代表国家外国专家局党组向关心支持引智事业发展的各部门各单位，向我们全国外专系统干部职工表示崇高敬意和衷心感谢！

二、深入学习贯彻党的十八大和习近平总书记重要讲话精神，把思想和行动统一到中央对引智工作的新要求上来

十八大报告系统阐述了坚持和发展中国特色社会主义的一系列重大理论和实践问题，明确提出了全面建成小康社会和全面深化改革开放的目标任务，是夺取中国特色社会主义新胜利的政治宣言，是新形势下全面建成小康社会的行动纲领，为我们进一步做好新时期引智工作指明了方向。去年 12 月 5 日，习近平总书记在北京同在华工作的优秀外国专家代表亲切会谈，并发表重要讲话。这是十八大胜利闭幕后，习近平总书记的第一场外事活动。讲话充分肯定了外国专家在我国革命、建设及改革各个时期的卓越贡献和重要历史作用，全面阐述了中国对外开放战略和外交政策，鲜明表达了中国政府坚持对外开放基本国策和互利共赢开放战略的坚定决心和信心，充分展示了中国政府积极发展与世界各国友好合作的开阔视野和博大胸怀，进一步明确了引智工作在建设中国特色社会主义进程中的功能定位和独特作用，对我们做好新时期引智工作提出了新的更高要求。

我们要以高度的政治责任感和紧迫感，深入学习十八大报告和习近平总书记重要讲话，认真领会精神实质和思想内涵，紧密结合实际，针对引智工作的薄弱环节，明确改进的思路和方向，不断推动引智事业科学发展。重点就是要围绕一个中心、做好一个服务、推进三项建设。

围绕一个中心，就是要紧紧围绕推动科学发展、加快转变经济发展方式这一中心任务开展工作

深刻理解科学发展观对引智工作提出的新要求。把科学发展观确立为党必须长期坚持的指导思想，实现了党的指导思想的又一次与时俱进。引智工作围绕中心、服务大局，就是要始终以科学发展观为统领，根据科学发展的需要制定引智政策措施，围绕科学发展的要求谋划推动引智工作，用服务科学发展的成果检验引智工作成效，努力把科学发展观的要求落实到引智工作各方面、全过程。这是引智工作找准定位、体现价值、取得成效的重要前提，也是引智工作服务科学发展的出发点和落脚点。

深刻理解加快转变经济发展方式对引智工作提出的新要求。十八大报告指出，要适应国内外经济形势新变化，加快形成新的经济发展方式，把推动发展的立足点转到提高质量和效益上来。落实好十八大精神，必须紧紧围绕推进经济结构战略性调整这个主攻方向，通过引进国外智力，促进现代服务业和战略性新兴产业发展，促进科技进步、劳动者素质提高和管理创新，促进节约资源和循环经济发展，促进城乡区域发展协调互动，从而为中国特色新型工业化、信息化、城镇化、农业现代化同步发展服好务。

深刻理解“五位一体”总体布局对引智工作提出的新要求。十八大报告指出，要全面落实经济建设、政治建设、文化建设、社会建设、生态文明建设“五位一体”总体布局。落实好十八大精神，必须将服务社会主义文化强国建设纳入引智重点工作，扩大文化领域对外开放，积极吸收借鉴国外优秀文化成果，促进中华文化走向世界；必须把服务资源节约型、环境友好型社会建设作为引智工作重要内容，积极推进绿色发展、循环发展、低碳发展等方面的引智项目；必须更加注重以人为本，加快推进以保障和改善民生、加强和创新社会管理为重点的引智项目，使引智成果惠及更多群众。

做好一个服务，就是要大力开发利用国外人才智力资源，为深入实施人才强国战略服务

为实施人才强国战略服务，引智工作必须始终坚持高端引领，大力推动实施创新驱动发展战略。十八大报告指出，要以全球视野谋划和推动创新。习近平总书记在广东考察工作时强调，走创新发展之路，首先要重视集聚创新人才，要充分发挥好现有人才的作用，同时敞开大门，招四方之才，招国际上的人才，择天下英才而用之。引进国外智力是对外开放的重要组成部分，在建设创新型国家的过程中扮演着重要角色，不仅是引进消化吸收再创新的基础，也对原始创新、集成创新起着至关重要的作用。要注重借鉴各国发展科技的先进经验，主动参与国际科技合作和人才竞争，依托国家重大科研项目和重大工程、重点学科和重点科研基地、国际学术交流合作项目，大力引进和用好国外高层次科技人才，更加科学有效地利用全球人才智力资源，在更高的起点上推进我国自主创新。

为实施人才强国战略服务，引智工作必须统筹推进各类人才队伍建设。十八大报告指出，要统筹推进各类人才队伍建设，实施重大人才工程，加大创新创业人才培养支持力度。选派各类人才出国（境）培训，是加快提升我国人才队伍整体素质的重要方式。出国（境）培训必须以人才能力提升为核心，以高层次人才和高技能人才为重点，为统筹推进六支人才队伍建设服务，大力培养具有国际竞争力的人才队伍；必须积极开发利用国（境）外优质教育培训资源，进一步规范培训管理，切实提高

出国（境）培训工作的质量和效益。

为实施人才强国战略服务，引智工作必须更好服务提高开放型经济水平。十八大报告指出，要全面提高开放型经济水平，提高利用外资综合优势和总体效益，推动引资、引技、引智有机结合。将引技、引智作为提高利用外资综合优势和总体效益的重要因素，表明我国利用外资将从主要吸引资本转移到吸引人才、资本、技术结合上来，引智工作在国家改革开放大局中的地位和作用日益凸显。习近平总书记在广东考察工作时强调，要面向世界，以国际视野汲取先进的管理科技。落实十八大和习近平总书记讲话精神，必须深入实施更加开放的人才政策，积极吸收借鉴国外优秀成果，通过“请进来”与“派出去”相结合，帮助企业加快走出去步伐，为增强企业国际化经营能力，培育一批世界水平的跨国公司做出更大贡献。

为实施人才强国战略服务，引智工作必须努力优化引智发展环境。十八大报告指出，要加快人才发展体制机制改革和政策创新，形成激发人才创造活力、具有国际竞争力的人才制度优势。习近平总书记在与外国专家座谈时指出，我们将继续创造条件，让外国专家在中国工作生活得更舒心、更安心。这对优化引智发展环境提出了更高要求。当前，我们在引智体制机制创新、专家管理、引智资源配置、综合协调保障等宏观管理方面思想认识还不完全到位，工作及管理方式有待创新。为此，必须深化改革，针对制约引智发展的重点难点问题，集中力量研究制定突破性的政策措施，逐步建立健全引进和用好国外人才的制度体系；必须认真落实保障外国专家合法权益的政策措施，营造良好的工作生活环境；必须深入推进行政审批制度改革，营造更加便捷高效的政务服务环境；必须大力宣传引智方针政策、创新做法和实际成效，营造良好的舆论环境；必须加强分类指导，根据不同行业、地域需求制定引智政策措施，优化引智资源配置；必须持续加强引智机构和队伍建设，不断提高干部队伍政治素质和业务水平。

推进三项建设，就是推进引智法治化建设、开发利用国外智力资源能力建设、引智成果共享体系建设

推进引智法治化建设。法治是治国理政的基本方式，要更加注重发挥法治在国家治理和社会管理中的重要作用，全面推进依法治国，加快建设社会主义法治国家。引智法治化建设，是管理制度创新的基本手段和主要方法，是形成人才引进制度优势的重要保障，事关引智工作全局和长远发展。多年来，在引智立法方面，我们付出了很大努力，但目前仍面临不少困难，引智立法工作相对滞后。落实十八大精神，必须充分认识推进依法行政的重要性和紧迫性，用法治的思维和方式开展引智工作，全面推进科学立法、严格执法、全面守法；必须抓住出境入境管理法颁布的重大机遇，集中力量、深入研究，力争在配套法规的制定方面取得重要突破，逐步建立具有中国特色、体现时代特征、符合国际惯例的引智法制体系；必须加强行政许可实施工作，规范审批程序，完善审批内容，不断提高依法管理水平；必须重视地方引智法制建设，鼓励各地区先行先试，及时将成熟的政策、制度和经验上升为法律法规。

推进开发利用国外智力资源能力建设。十八大报告指出，要充分开发利用国内国际人才资源，积极引进和用好海外人才。当今世界国际人才竞争日益激烈，加快转变经济发展方式对人才的需求更加迫切，这对我们开发利用国外智力资源能力建设提出了更高要求。日益增长的国外智力资源需求和落后的供给能力之间的矛盾将长期存在，我们必须高度重视。当前，我国开发利用国外智力资源的总体水平还不高，尤其是高端专家资源开发不够，供给不足，利用不充分。落实十八大精神，必须遵循国际人才流动规律，聚焦国际一流人才智力资源，开辟高层次引智新渠道；必须积极探索灵活多样、便捷高效且与国际通行做法接轨的引智方式，加快建设开放、规范的国际人才市场体系，逐步完善开放、共享的国外人才资源信

息服务系统，搭建更加协调有序的国际合作平台，更好地满足日益增长的引智需求；必须加强宏观指导和统筹协调，完善外国专家管理服务体系，健全科学高效的国外智力资源绩效评估和成果共享机制，最大限度地发挥外国专家作用。要充分发挥我国特有的制度优势和工作传统，探索建立具有中国特色的国外智力资源开发利用模式和保障机制。

推进引智成果共享体系建设。十八大报告指出，要实现发展成果由人民共享。改革开放30多年来，引进国外智力坚持“请进来”和“派出去”相结合，积极吸收借鉴世界各国优秀文明成果，形成了一大批符合我国发展特点的技术、品种、产品和管理方法，为经济社会发展提供了有力的国外智力支持。建立符合社会主义市场经济要求的引智成果共享体系，是引智服务科学发展、促进加快转变经济发展方式的重要手段，是优化引智工作布局、提升引智综合效益的有效途径。当前，跨地区、跨行业的引智成果共享体系还不完善，引智成果发现培育和评价共享机制还不健全，高层次、大规模的引智成果共享还不多。为此，必须拓宽信息交流沟通渠道，完善市场利益分配机制，推动建立“市场主导、政府推动、企业主动、社会联动”的引智成果共享机制和平台，发挥社会主义市场机制在引智成果共享中的基础性作用；必须以提高引智综合效益为目标，完善引智成果培育发现机制与环境，稳步推进引智成果共享体系建设；必须充分发挥国家引智成果示范推广基地和示范单位的重要作用，加大国家重点领域引智成果推广力度，在共赢中实现共享。

三、全面做好2013年引进国外智力工作

2013年，是全面贯彻落实党的十八大精神的开局之年，是全面实施国家引智“十二五”规划的关键一年，做好今年的引进国外智力工作具有十分重要的意义。2013年引进国外智力工作的总体要求是：认真贯彻党的十八大精神，以邓小平理论、“三个代表”重要思想、科学发展观为指导，落实国家引智“十二五”规划，按照“抓管理、抓重点、抓成果”的基本思路，稳中求进，开拓创新，扎实开局，以引智法治化建设、开发利用国外智力资源能力建设、引智成果共享体系建设为主要着力点，大力引进国外高层次人才和急需紧缺人才，进一步提高出国（境）培训质量和效益，加快引智体制机制改革创新步伐，优化引智发展环境，努力开创引智事业科学发展新局面。关于2013年工作，已在工作要点中做出具体部署。这里，我着重强调以下三个方面：

（一）大力提高引智宏观管理科学化水平。

——积极推动引智法规制度建设。主动参与《普通签证签发管理办法》、《外国人停留居留管理条例》等出境入境管理法配套法规制订工作，稳步推进外国专家出入境及居留便利等方面政策的配套完善。举全系统之力，会同人社部，做好《外国人在中国境内工作管理办法》起草工作。会同有关部门，制定《外国人在中国境内工作指导目录》。推进探索实行技术移民制度研究，进一步修改完善《开发利用国外智力资源办法》、《引进国外智力成果共享办法》和《关于进一步加强引进国外智力工作的意见》。

——深入推进国家引智“十二五”规划的贯彻落实。充分发挥《规划》实施部际联席会议制度作用，认真落实部际分工方案，制定重大工程和主要任务工作安排和具体措施，保障《规划》按计划扎实推进。建立《规划》实施评估检查机制，制定考核评价体系和考核办法。适时启动《规划》中期评估。

——健全外国专家管理服务体系。深入推进外国专家分类管理。建立高层次外国专家管理服务体系，认真落实高端外国专家在签证及居留便利方面的措施，依法保障外国专家的合法权益。完善外国专家建言机制，联系一批高层次外国专家，以多种形式组织优秀外国专家座谈交流。推动外国专家智库建设。

——进一步加强出国（境）培训管理。严格落实中央文件精神，认真履行审批审核职

责，控制培训规模，优化培训结构，加强监督管理，确保培训取得实效。加强调查研究，推进培训管理体系建设，合理设置培训项目，着力改进培训方式，切实提高培训质量和效益。

——强化引智项目和经费管理。随着引智经费的增长，管理责任更加重大。认真抓好引智项目管理年整改意见的贯彻落实。落实引智项目和经费管理工作责任制，进一步明确地方外专局长为引智项目和经费管理“第一责任人”，加强实施督导和过程管理，推动建立科学高效的引智项目和经费管理长效机制。

——深化局省（部际、大项目）合作。在深入分析各地各部门战略需求、重点领域和比较优势的基础上，完善区域合作和扶持机制，引导引智资源向中西部地区、革命老区、民族地区、边疆地区和贫困地区倾斜。加强局省合作工作的调查研究和评估检查，改进合作方式，提升合作成效。

——深入开展引智理论研究。认真组织开展邓小平同志发表“利用外国智力和扩大对外开放”重要谈话30年周年纪念活动。总结30年引智实践，研究引智发展的阶段性特征、发展趋势以及重大现实问题和热点难点问题，推动引智工作思想解放和理论创新。加强重点国别政策研究和国际人才流动规律研究。加强外国专家来华统计数据的研究、分析和利用。

——加强引智干部队伍自身建设。认真贯彻落实中央关于改进工作作风、密切联系群众的各项规定，牢固树立为民务实清廉的意识，精简会议文件、改进调查研究、密切联系群众、抓好廉洁自律，树立外专系统良好形象。健全地方引智工作机构，配齐配强工作力量，加大干部教育培训和实践锻炼力度，努力提高引智干部知全局、懂业务、干实事、善服务的能力，为推动引智事业科学发展提供坚实的组织保证。

（二）全力推动引智工作上层级、上水平。

——以深入实施“外专千人计划”和高端外国专家项目为引领，统筹推进各项重大引智工程。建立更加科学公正的遴选机制，做好2013年“外专千人计划”申报和平台评审工作，努力在新的起点上提高项目管理水平。加强分类指导和跟踪管理，全力抓好入选专家的政策落实和服务联络工作，推动形成完善的“外专千人计划”服务工作体系，确保项目实施效果和公信力。做好2013年高端外国专家项目的组织实施工作。

统筹抓好产业转型升级、区域协调发展、两型社会建设等重大引智工程，大力引进国外高层次人才和急需紧缺人才。适应经济社会发展对引智的需求变化，及时调整实施方案，完善政策措施，形成密切配合、协调一致、整体推进的工作格局，促进引智事业健康发展。

——统筹抓好各类人才出国（境）培训，提升人才队伍整体素质。坚持控制总量、优化结构、提高质量的原则，以人才资源能力建设为核心，以高层次、高技能人才为重点，精心组织实施人才队伍能力建设引智工程。联合相关部委，做好国家重大人才工程配套服务项目，适时开展项目评估。加强国外优质教育培训资源开发利用，深化与国外著名大学、研究机构、大型企业的交流合作。

——开发利用国外高层次智力资源，提高引智资源配置能力。充分利用我国政府部门与外国政府、国际组织在各领域的交流合作，充分发挥我驻外使领馆、外国驻华使领馆的桥梁和纽带作用，开辟高层次人才引进渠道。加强中国国际人才交流协会驻外机构建设，加强与各地各部门驻外机构的联系，有效发挥其在人才政策研究、资源开发和渠道开辟方面的职能作用。继续深化与传统专家组织合作，完善项目执行情况通报和派遣专家评价机制。探索通过市场化方式，与世界更多的高层次专家组织、国际猎头公司建立合作关系。积极开展与国外高等院校、科研机构、企业和专业学术团体的合作，搭建高层次国际人才交流合作平台。加快推进国际人才市场体系建设，畅通国外人才流动渠道。进一步丰富国外人才资源信息总库，为引智主体提供有效服务。积极探索新的服务模式，提高国外智力资源的利用效率。支持有条件的科研机构和企业“走出去”，创新利用国外智力资源模式。引进国外先进、成熟、适用的职业资格认证及知识体系。

（三）努力促进引智成果共赢共享。

——突出各项重大引智工程的高端引领作用，把成果作为评判引智工作优劣成败的重要标准。牢固树立成果意识，将抓成果贯穿于引智工作全过程。建立与重点项目单位联系机制，完善流程管理，加强过程跟踪，强化科学评价，力争多出经验，多出成果。

——以创新引智成果示范推广机制为重点，加大重点领域和重点区域引智成果示范推广力度。进一步提升引智成果示范基地和示范单位科学化管理水平，抓好增量，优化存量，完善绩效考评和退出机制，确保其先导和示范作用。建立健全科学的引智成果发现、评价和示范推广机制，以更加灵活的方式加速引智成果向现实生产力转化。加强对引智试验区的工作指导，及时总结试点经验和相关政策，发挥好集聚辐射带动作用。

——以共赢为目标，实现引智成果开放共享。设立全国性引智成果信息共享平台，构建开放共享的引智成果管理模式，逐步实现引智成果收集、整理、分类和展示的信息化。加快推进覆盖面广、实用高效的专家库、项目库和成果库建设。加强引智成果推广模式和重要成果的宣传报道，定期组织开展引智基地和示范单位人员的培训和经验交流。支持地方实施具有地方特色和行业特点的引智工程和示范项目。重视加强引智成果“二次引进”，推动全国范围内引智成果共享。探索建立引智成果有偿转让、利益补偿等市场机制，实现共赢共享。

在纪念邓小平同志“利用外国智力和扩大对外开放”重要谈话发表30周年座谈会上的讲话

张建国

（2013年7月10日）

今天，我们在这里举行座谈会，纪念邓小平同志“利用外国智力和扩大对外开放”重要谈话发表30周年。重温小平同志的引智思想和理论，缅怀他领导改革开放、开创中国特色社会主义伟大事业的丰功伟绩，对于深入贯彻落实党的十八大精神，全面深化改革开放，努力开创引智事业科学发展新局面，具有重要的现实意义和深远的历史价值。

30年前正值我国改革开放初期，针对我国搞现代化建设既缺乏经验又缺少人才的状况，小平同志高瞻远瞩，发表了“利用外国智力和扩大对外开放”的重要谈话。他指出“要利用外国智力，请一些外国人来参加我们的重点建设以及各方面的建设。对这个问题我们认识不足，决心不大。搞现代化建设，我们既缺少经验，又缺少知识。不要怕请外国人多花了几个钱，他们长期来也好，短期来也好，专门为一个题目来也好，请来之后，应该很好地发挥他们的作用”。在这篇谈话中，他提出了全面对外开放的思想，强调“要抓住西欧国家经济困难的时机，同他们搞技术合作，使我们的技术改造能够快一点搞上去。同东欧国家合作，也有文章可做，他们有一些技术比我们好，我们的一些东西他们也需要”。最后，小平同志特别强调，利用外国智力和扩大对外开放，“这是个战略问题”。这篇重要谈话，通篇贯穿了解放思想、实事求是和改革创新的精神，明确提出了外国智力的概念和利用外国智力加快现代化建设的重要思想，是我国改革开放历史进程中的重要文献，是指导引智事业科学发展的行动指南，有力地推进了改革开放和社会主义现代化建设的历史进程。从此，引智工作进入了蓬勃发展的新时期。

30年来，小平同志的引智思想在中国特色社会主义的伟大实践中不断丰富和发展。以江泽民同志为核心的党的第三代中央领导集体，把改革开放伟大事业成功推向21世纪，引智事业向纵深发展。他强调指出，“人才资源是第一资源，要广纳贤才，知人善任，既重视国内人才，也要积极吸引海外人才”。以胡锦涛同志为总书记的党中央，大力实施人才强国战略，召开了新中国成立后首次中央人才工作会议，他强调，“要善于利用国际国内两种人才资源，做到自主培养开发人才和引进海外人才并重”。这些重要论述，集中体现了党和国家在改革开放新形势下引进国外智力的指导思想，是与小平同志的引智思想既一脉相承又与时俱进的理论成果。

党的十八大以来，党中央引智理论和指导思想又有了新的发展。党的十八大报告提出，“要以全球视野谋划和推动创新。要全面提高开放型经济水平，提高利用外资综合优势和总体效益，推动引资、引技、引智有机结合。要充分开发利用国内国际人才资源，积极引进和用好海外人才”。习近平总书记与外国专家座谈时发表重要讲话。他指出，“我们的事业是得到世界人民支持的事业，我们的事业是向世界开放学习的事业，我们的事业是同世界各国合作共赢的事业”。他充分肯定了外国专家在中国革命、建设和改革各个时期的重要作用，强调“在中华人民共和国成立后，大批外国专家投身中国建设事业，为中国各方面建设做出了积极贡献，对促进中外交流合作发挥着重要桥梁和纽带作用。要继续从各个方面创造条件，让外国专家在中国的工作生活更舒心、更安心”。习近平总书记的重要讲话，明确表达了中国政府坚持对外开放基本国策和互利共赢开放战略的坚定决心，为探索和发展新时期引智理论，将引智工作推向深入指明了方向。

回顾过去30年，在小平同志引智思想的指引下，引智理论不断创新，引智内涵不断拓展，引智成效更加凸显。逐步形成了全方位、宽领域、多层次的引智发展格局，引智工作在经济社会发展大局中发挥了不可替代的独特作用。一是规模不断扩大，境外来中国大陆工作的专家数量从20世纪80年代初每年不足万人到2011年的52.9万人次，出国（境）培训人数由每年百余人次到现在的每年5万人次。二是领域不断拓展，从引进先进适用技术人才到强调大胆吸收借鉴人类社会创造的一切文明成果，从技术人员培训到各类人才队伍出国（境）培训，引智覆盖面不断拓宽。三是结构更加合理，特别是通过“外专千人计划”、高端外国专家项目等国家重大引智工程和项目的实施，高层次、急需紧缺人才的引进取得突破，高端引领的作用更加凸显。四是机制更加灵活，中国政府“友谊奖”、中美工程技术研讨会、中国国际人才交流大会等重大活动的影响力持续扩大，高层次人才交流合作平台不断巩固。五是服务更加完善，服务和保障外国专家权益的法律法规逐步完善，国际人才市场建设稳步发展，引智成果示范推广力度进一步加大，引智科学化管理水平显著提高，引智发展环境明显优化。

30年过去了，国际形势和国内形势产生了广泛而深刻的变革。从国际环境看，深化国际人才智力交流合作，应对共同挑战、实现互利共赢已成为当今世界的普遍共识。从国内发展看，我国正处在加快转变经济发展方式，推进经济结构战略性调整的关键时期。今天，我们再来重温这个谈话，深刻领会小平同志的引智思想，仍然具有很强的启示作用和指导意义，为我们清醒地认识和应对当前国际人才竞争挑战，深入实施人才强国战略，坚持更加开放的人才政策，提供了强大的思想武器。我们要紧紧把握时代脉搏，更加坚定走中国特色社会主义引智道路的信心，更加深刻地认识引智工作在国家经济社会发展大局中的战略地位和独特作用。

首先，引智是我国对外开放的重要组成部分。人才智力的对外开放，是更好融入世界经济发展过程的重要内容。开展国际人才交流合作，积极引进国外人才、先进技术和管理经验，有利于加深国家之间的了解，增进人民之间的友谊，是为我国争取和平稳定的国际环境、平等互利的合作环境的有效途径，已成为我国进行国际交往的重要桥梁。

其次，引智是实施人才强国战略的重要内容。人才强国战略是开放的战略，是统筹国内国际两个人才资源的战略。实施人才强国战略，必须秉持面向世界的、开放的人才观，广开进贤之路，广纳天下英才；必须坚持自主培养开发国内人才和大力引进海外人才相并重；

必须坚持以人才能力建设为核心，大力开发利用国（境）外优质智力资源。

再次，引智是服务加快转变经济发展方式的有效途径。推动转型升级，创新是根本，人才是关键。引进国外智力，主动参与国际科技合作和人才竞争，一方面能有效缓解国内高端智力资源紧缺的矛盾，另一方面通过引进消化吸收再创新，能够大大提高原始创新、集成创新的能力和水平，从而实现优势领域、关键技术的重大突破，在更高的起点上推进我国自主创新。

最后，引智是实现“中国梦”的必然要求。实现“中国梦”的过程，是一个不断学习吸收借鉴人类文明成果的过程，是一个汇聚世界精英人才的过程。引智符合当今世界互利共赢的时代要求，为世界各国优秀人才实现其“中国梦”搭建了广阔的舞台，为中华民族实现伟大复兴的“中国梦”提供了重要的国外人才智力支撑。

今天，我们纪念小平同志“利用外国智力和扩大对外开放”重要谈话，就是要在新的时代背景下，更好地认清引智工作所肩负的光荣使命，以改革创新的精神，加快推进引智工作的转型升级，为全面建成小康社会、实现中华民族伟大复兴的奋斗目标提供更加坚实的国外人才智力保障。

第一，坚持高端引领，大力引进和用好高端紧缺人才。人才是第一资源，是竞争之基、转型之要、活力之源。要突出重点，以深入实施“外专千人计划”和高端外国专家项目为引领，统筹推进产业转型升级、区域协调发展、两型社会建设等重大引智工程，大力引进和用好国外高层次人才和急需紧缺人才。以此为带动，切实把引进人才的重心放在提高质量、增强效益、优化结构上来。要创新方式，积极学习借鉴国外人才资源开发的有益经验，以提升合作层次、突出合作成效为导向，以带动科研水平提升、关键技术突破为目的，探索建立更加灵活多样、便捷高效的合作新方式，大力提升开发利用国外智力资源的能力和水平。

第二，推进依法行政，努力创造良好的引智发展法治环境。引智法治化建设，是形成我国人才引进制度优势的重要保障，事关引智工作全局和长远发展。要抓住《中华人民共和国出境入境管理法》实施的重大机遇，力争在配套法规的制定方面取得重要突破。要逐步完善海外人才的国民待遇制度，逐步建立灵活便利的人才签证政策，认真落实保障海外人才合法权益的政策措施，推动建立具有中国特色、体现时代特征、符合国际惯例的引智法制体系，为来华工作的国外优秀人才创造良好的法治环境。

第三，加快职能转变，充分发挥外国专家主管部门的职能作用。转变职能，就是要改进政府管理，推动政府职能向创造良好发展环境、提供优质公共服务、维护社会公平正义转变。要加快行政审批制度改革，进一步发挥市场在引智资源配置中的基础性作用，不断激发外国专家和用人单位等市场主体的内生动力，逐步建立“政府引导、市场主导、社会广泛参与”的引智工作新体制。要改进引智公共服务，把着力点更多地放在整体布局、统筹协调、规划引导和监管服务上，积极搭建协调有序的国际合作平台，进一步完善外国专家服务管理体系，逐步完善开放、共享的国外人才资源信息服务系统，加快推进引智成果共享体系建设，不断提升我国引智工作的软实力。要积极探索引智政策、公共服务的创新举措，特别要按照国际惯例，为高端人才提供更多便利，为形成区域性的高层次人才集聚效应创造良好的政策环境。

各位嘉宾，重温小平同志“利用外国智力和扩大对外开放”的重要谈话，使我们更加深切地感受到引智事业使命光荣、责任重大、大有可为。让我们更加紧密地团结在以习近平同志为总书记的党中央周围，高举中国特色社会主义伟大旗帜，全面贯彻落实党的十八大精神，坚持对外开放、合作共赢，坚持改革创新、锐意进取，努力开创引智事业科学发展新局面，为实现中华民族伟大复兴的“中国梦”贡献一份力量！真诚欢迎更多的海外高层次人才参与中国的改革开放进程，共享中国繁荣进步的机遇和成果，我们愿意竭诚为你们提供优质服务。衷心希望通过大家的共同努力，为建设持久和平、共同繁荣的和谐世界做出新的贡献！

深入学习贯彻党的十八大精神 全面加强劳动关系矛盾源头治理

——在全国劳动关系工作座谈会暨贯彻落实新修订劳动合同法工作部署会上的讲话

邱小平

（2013年2月26日）

这次会议的主要任务是，深入学习贯彻党的十八大精神，按照中央经济工作会议和全国人力资源社会保障工作会议的部署，总结2012年和过去五年劳动关系工作取得的成绩，分析面临的形势，研究安排2013年的劳动关系矛盾源头治理工作，对贯彻落实新修订的《劳动合同法》进行具体部署。所谓劳动关系矛盾源头治理，就是将劳动关系工作关口前移，通过加强协调劳动关系的法律、体制、制度、机制和能力建设，实现矛盾治理从治标向治本、从事后救济向事前防范转变，从源头上预防和减少劳动关系矛盾。加强劳动关系矛盾源头治理，对构建和谐劳动关系具有基础性、根本性作用，是劳动关系部门的重要任务。

一、充分肯定2012年和过去五年劳动关系协调工作取得的成绩

2012年，各级人社部门积极应对经济增长下行压力加大对劳动关系的影响，劳动关系矛盾源头治理各项工作取得了新的成绩。劳动标准立法进一步加强，小企业劳动合同制度实施和农民工劳动合同签订“春暖行动”取得新成效，集体合同制度实施“彩虹”计划基本实现既定目标，25个省份调整了最低工资标准，第二次企业薪酬试调查和农民工工资支付保障制度建设顺利推进，和谐劳动关系创建活动深入开展，为从源头上预防和化解劳动关系矛盾发挥了积极作用。

经过多年来特别是近五年的改革发展，符合社会主义市场经济要求的协调劳动关系体制机制基本建立，总体维护了劳动关系和谐稳定，为促进经济健康快速发展和社会稳定做出了应有贡献。五年来，我们高度重视加强协调劳动关系的法制建设。狠抓劳动合同法及其实施条例等法律法规的贯彻落实，先后推动颁布了《女职工劳动保护特别规定》，修改《劳动合同法》的决定，配合有关部门制定了防暑降温措施管理办法等规章，各地也出台了一批地方性法规规章，协调劳动关系的法制保障逐步完善。五年来，我们不断健全劳动关系协调机制。劳动合同制度普遍实施，据统计调查，2012年底全国各类企业劳动合同签订率达到

88.4%；集体协商和集体合同制度覆盖范围稳步扩大，2012 年全国经人社部门审查的当期有效集体合同 131.1 万余份，覆盖职工 1.45 亿人；全国共建立协调劳动关系三方机制组织 1.7 万个，在构建和谐劳动关系中的独特作用逐步得到发挥。五年来，我们积极推进企业工资分配制度改革。企业工资决定机制和正常增长机制逐步建立，工资指导线等宏观指导制度不断健全，企业薪酬试调查工作全面开展，最低工资标准正常调整机制普遍建立，规范国有企业特别是中央企业负责人薪酬管理取得新进展，对收入过高国有企业工资总额和工资水平的调控力度逐步加大。企业职工工资水平在经济发展的基础上稳步提高，工资收入差距有所缩小。五年来，我们妥善解决了大量劳动关系突出矛盾。保障企业工资支付的长效机制初步建立，拖欠农民工工资问题得到有效遏制。成功应对了国际金融危机对稳定劳动关系带来的挑战，妥善处置了各类集体停工事件。

但是，当前劳动矛盾源头治理工作还存在许多困难和问题：一方面，部分用人单位侵害职工基本权益的现象仍大量存在，劳动者利益诉求越来越多样化，因职工要求增加工资和改善劳动条件等引发的集体利益争议呈上升趋势，劳动关系矛盾已进入多发期和凸显期，与其他社会矛盾的传导性也在逐步增强；另一方面，协调劳动关系的法律、体制、制度和机制仍不健全，基础能力还比较薄弱，不适应劳动关系的形势变化。

二、深刻认识党的十八大对劳动关系协调工作提出的新任务新要求

党的十八大将构建和谐劳动关系摆在中国特色社会主义事业“五位一体”总体布局的重要位置，对劳动关系协调工作明确提出了新任务和新要求。在新的历史条件下，做好劳动关系协调工作、加强矛盾源头治理的地位作用比以往任何时候都更加重要，任务比以往任何时候都更加繁重。

（一）实现经济持续健康发展对劳动关系协调工作提出了新任务新要求。十八大报告要求全面深化经济体制改革，加快转变经济发展方式，使经济发展更多依靠内需特别是消费需求拉动，在发展平衡性、协调性、可持续性明显增强的基础上实现国内生产总值和城乡居民人均收入比 2010 年翻一番。完善协调劳动关系的体制机制，深化企业工资分配制度改革，在发展中兼顾效率和公平，促进实现包容性发展、和谐发展，是深化经济体制改革的重要内容，也是实现经济持续健康发展、跨越“中等收入陷阱”的必要条件。我们要按照十八大报告的重要论述，处理好劳动与资本的关系，坚持在经济发展基础上不断提高劳动者权利水平，维护劳动收入在初次分配中的主体地位，合理调整工资收入分配关系，使经济发展成果更多惠及广大劳动者。要处理好政府与市场的关系，在劳动关系协调和企业工资分配工作中，更加尊重市场规律，更好地发挥政府作用。要坚持劳资两利、合作共赢，统筹处理好促进企业发展和维护劳动者权益的关系，统筹处理好维护劳动者当前利益与长远利益的关系，实现广大劳动者根本利益的全面协调可持续。

（二）加强社会主义民主法治对劳动关系协调工作提出了新任务新要求。十八大报告提出要更加注重健全民主制度、丰富民主形式，保证人民依法行使民主权利；全面推进依法治国，实现国家各项工作法治化。在劳动关系领域加强民主和法治，有利于实现劳动关系规范有序，是国家民主法治建设的重要组成部分。我们要按照十八大报告的重要论述，进一步健全协调劳动关系三方机制，在宏观层面加强政府、工会和企业代表组织的沟通合作，充分反映各方利益诉求，形成构建和谐劳动关系的工作合力；要加强企业民主管理建设，完善并落实职工代表大会制度，积极稳妥推进集体协商，探索劳资协商会、劳资恳谈会等多种民主管理形式，最大限度地保障职工的知情权、参与权、表达权和监督权。要进一步完善劳动关系法律法规，增强企业依法用工和职工依法维

权意识，提高依法行政能力，把劳动关系建立、运行的全过程纳入法制化轨道。

（三）改善民生和加强社会建设对劳动关系协调工作提出了新任务新要求。十八大报告提出要在改善民生和创新管理中加强社会建设，明确要求推动实现更高质量的就业和千方百计增加居民收入、缩小收入分配差距，加快形成党委领导、政府负责、社会协同、公众参与、法治保障的社会管理体制，形成源头治理、动态管理、应急处置相结合的社会管理机制。特别是强调要健全劳动标准体系和劳动关系协调机制，初次分配要兼顾效率和公平，努力实现“两个同步”、提高“两个比重”。这为构建和谐劳动关系、深化收入分配制度改革指明了方向。劳动关系协调工作事关保障和改善民生，是加强和创新社会管理的重要内容，是实现社会和谐的重要基础。企业工资分配是劳动关系的核心问题，企业工资制度是收入分配制度的重要组成部分。我们要按照十八大报告的重要论述，积极转变政府的劳动关系管理职能，创新具有中国特色的劳动关系协调工作体制、制度和机制，从源头上最大限度增加和谐因素，最大限度减少不和谐因素。要深化企业工资制度改革，保护劳动所得，增加低收入职工收入，调节过高收入，规范工资收入分配秩序。

三、认真做好2013年的劳动关系协调工作

2013年的总体要求是：深入学习贯彻党的十八大精神，坚持以邓小平理论、“三个代表”重要思想、科学发展观为指导，积极应对经济形势变化对劳动关系的影响，着力加强劳动关系矛盾源头治理，稳中求进，开拓创新，以规范劳务派遣为重点贯彻落实新修订的劳动合同法，以健全工资正常增长机制和支付保障机制为重点深化企业工资制度改革，以加强特殊工时和劳动定额管理为重点健全劳动标准体系，以健全组织和完善职能为重点加强协调劳动关系三方机制建设，以体制制度创新、机制整合和要素集成为重点建设构建和谐劳动关系综合试验区，努力促进劳动关系和谐稳定，推动劳动关系事业科学发展。

（一）深入贯彻落实新修订的《劳动合同法》。各地要把规范劳务派遣作为今年的一项重要任务，全面开展规范劳务派遣专项行动，建立健全业务行政许可、定期报告情况等长效监管机制，积极抓好法律宣传、培训和法规政策清理，努力实现劳务派遣单位依法规范经营、用工单位依法合理使用劳务派遣工的目标，切实维护被派遣劳动者合法权益。同时，要继续指导、督促小微企业依法与职工订立、履行劳动合同，进一步推进劳动用工备案工作，加强对企业劳动用工的动态监管，不断提高劳动合同签订率和履行质量，规范企业裁员行为。

（二）继续深化企业工资分配制度改革。各地要认真贯彻国务院转发的关于深化收入分配制度改革的若干意见，结合本地实际抓紧研究制定具体措施，确保企业工资制度改革任务落到实处。一是积极稳妥推行工资集体协商制度。继续以非公有制中小企业为重点，充分发挥政府部门统筹规划、立法规范、指导服务、监督检查、争议调处等促进作用，进一步扩大工资集体协商覆盖范围，增强实效性。同时，继续指导推动企业与职工就劳动条件、劳动定额、女职工保护等开展集体协商。二是加大对企业工资分配的宏观指导调控力度。探索建立最低工资标准评估机制，继续稳慎调整最低工资标准。完善并落实工资指导线、人力资源市场工资指导价位和行业人工成本信息指导制度，继续探索发布重点行业工资指导线，加快建立企业薪酬调查和信息发布制度。三是加强和改进国有企业工资收入分配管理。切实履行指导和监督职能，会同有关部门加快改革国有企业工资总额分类管理办法，对部分过高收入行业的国有及国有控股企业严格实行工资总额和工资水平双重调控政策；继续加强和改进国有企业特别是中央企业高管薪酬管理，研究建立与企业领导人分类管理相适应、选任方式相匹配的差异化薪酬分配制度，对行政任命的高

管人员薪酬水平实行限高。加强国有企业工资内外收入监督检查工作。四是全面开展拖欠农民工工资问题专项治理。以欠薪多发的建设领域和加工制造等行业为重点，全面推行农民工实名制管理，健全工资支付动态监控制度，探索建立建设领域农民工工资预储账户制度，继续完善工资保证金制度，建立工程总承包企业清偿欠薪责任制，大力推进工资支付诚信体系建设，督促企业落实按月足额支付工资的法律规定，努力实现“十二五”期末农民工工资基本无拖欠。

（三）进一步健全劳动标准体系。一是加强和改进对企业实行特殊工时制度的管理。完善具体管理办法和工作流程，依法加强审批工作，指导实行特殊工时制度的企业配套制定科学合理的劳动定额、工时考勤、休息休假、薪酬支付等办法。二是推进劳动定额标准化工作。研究制定劳动定额标准体系和发展规划，推动劳动定额标准化技术组织建设，充分发挥商会及行业协会的作用，组织制定一批行业标准，抓好在企业的贯彻实施工作。三是推动落实职工带薪年休假制度、女职工劳动保护特别规定和高温劳动保护政策，有针对性地研究解决实施中存在的问题。

（四）加强协调劳动关系三方机制建设。一是健全三方机制组织。继续开展建立协调劳动关系三方委员会试点。进一步加强三方办公室建设，在有条件的地区探索建立实体化办事机构。完善三方机制及其办公室工作制度。二是完善三方机制职能。切实发挥三方机制在推动劳动关系立法、拟订劳动标准、促进集体协商、调处集体利益争议等方面的作用。建立三方定期分析研判劳动关系形势制度，共同研究解决劳动关系领域的重大问题。三是继续深入开展和谐劳动关系创建活动。进一步扩大创建活动覆盖范围，丰富创建内容，规范创建标准，改进创建评价，完善激励措施。

（五）推进构建和谐劳动关系综合试验区建设。构建和谐劳动关系是一项艰巨复杂的系统工程，需要通过综合改革试点，加快探索从整体上构建中国特色和谐劳动关系的新路子。去年，部里和天津市政府决定在天津滨海新区共建全国构建和谐劳动关系综合试验区，通过在新区全面推进体制机制创新、机制整合、要素集成、方法改进和能力提升，为全国创造经验。今年部里还将再选择一批条件相对成熟的城市（区）作为全国综合试验区。各地也要结合本地实际，积极开展综合试验区建设，先行先试、典型示范，全面提升和谐劳动关系建设水平。

深入学习贯彻党的十八大精神 努力实现农民工工作和家庭服务业工作新发展

邱小平

（2013 年 3 月 1 日）

这次会议的任务是，深入学习贯彻党的十八大精神，落实中央经济工作会议要求以及国务院农民工工作联席会议第十一次全体会议和发展家庭服务业促进就业部际联席会议第五次全体会议部署，总结去年的农民工工作和家庭服务业工作，安排今年的工作任务。下面，我讲三点意见。

一、2012 年农民工工作和家庭服务业工作取得新进展

在农民工工作方面：

一是农民工就业规模持续扩大。开通全国招聘信息公共服务网，组织开展“春风行动”，完善公共就业服务，落实创业扶持政策，加强职业技能培训。天津各区县兴建求职农民工免费公寓，江西、福建、甘肃等地完善省际劳务协作机制，山西、贵州等地为农民工量身定做“创业贷款”。深圳等地探索培训补贴直补企业，湖北、新疆等地提高补贴标准，河北、四川率先推进农民工培训省级统筹，河南、云南、西藏等地和新疆兵团开展特色培训，打造劳务品牌。2012 年底，全国农民工总量达 2.63 亿人，比上年增加 983 万人；其中外出农民工 1.63 亿人，比上年增加 473 万人。

二是农民工劳动用工进一步规范。农民工劳动合同签订率稳步提高。出台修改劳动合同法的决定，进一步规范劳务派遣。继续加强农民工工资支付保障长效机制建设，浙江、北京等地开展“工资基本无拖欠行动”，陕西省政府颁布农民工工资支付保障规定。25 个省份调整最低工资标准，平均提高 20.2%。2012 年底，外出农民工月收入 2 290 元，比上年增长 11.8%。

三是农民工参加社会保险覆盖面不断扩大。加强社会保险法宣传贯彻，提高经办管理服务水平，做好农民工异地就医和基本养老保险关系跨省转移接续工作，方便农民工参保和享受待遇。2012 年底，全国农民工参加职工基本养老保险 4 543 万人、基本医疗保险 4 996 万人、工伤保险 7 173 万人、失业保险 2 702 万人，比上年末分别增长 9.7%、7.6%、5.1%、13.0%。

四是农民工权益保障机制更加健全。建立快速有效处理农民工劳动争议长效机制，广东等地推行移动仲裁庭。加强劳动保障监察执法，推进“网格化、网络化”管理。扩大法律援助覆盖面，辽宁等地打造“半小时法律援助服务圈”。保障农民工民主政治权益，26 名优秀农民工当选党的十八大代表，农民工工会会员达到 9 655.7 万人。

五是农民工更多享受子女教育、文化生活等城镇基本公共服务。国办转发做好进城务工人员随迁子女接受义务教育后在当地参加升学考试工作的意见，30个省份出台了实施方案。继续推动“两看一上”活动，湖南、海南、宁夏等地免费为农民工放电影，联席会议办公室会同中央电视台举办2013年全国农民工春节晚会。卫生部门加强农民工适龄子女预防接种工作，人口计生部门改善对农民工的计划生育服务。内蒙古等地在开发区集中建设农民工公寓。一些地方扩大农村土地承包经营权登记试点。

六是农民工城镇落户工作稳步推进。积极落实国办关于积极稳妥推进户籍管理制度改革的通知，青海、安徽等17个省份印发实施意见。上海、山东等17个省份逐步建立居住证制度。

七是农民工工作基础建设进一步加强。联席会议办公室组织各成员单位深入开展中国农民工发展研究，并在此基础上起草了《关于进一步解决农民工问题的若干意见（代拟稿）》，将尽快报请国务院印发。江苏等地加快农民工综合服务中心建设，黑龙江、江西南昌等地开展了农民工工作考核评估。

在家庭服务业工作方面：

一是完善发展规划和落实扶持政策。服务业发展“十二五”规划将家庭服务业公益性信息服务平台建设、家庭服务业从业人员培训、家庭服务业千户百强创建确立为发展家庭服务业三大工程。各地继续抓好国办发43号文件有关扶持政策的贯彻落实，北京颁布鼓励家政服务企业实行员工制管理的试点意见。杭州投入资金6 665万元，落实财政奖励、人员培训、社保补贴和政府购买服务等政策。民政部组织开展“社会养老服务体系建设推进年”活动。

二是启动中心城市家庭服务体系建设。部际联席会议办公室印发《关于加强中心城市家庭服务体系建设的通知》，在全国确认72个中心城市作为先行先试联系点。河北、广西等地采取有效措施抓落实，工作取得初步成效。

三是继续开展千户百强创建活动。各地采取扶持大中型龙头企业发展、加强经验交流等措施，推动创建活动取得丰硕成果。重庆建立家庭服务业创业孵化基地暨综合市场。2012年，全国规模以上家庭服务企业达839家，知名品牌达48家，7家企业年营业额超1亿元。

四是做好家庭服务从业人员就业、培训和权益维护工作。各地认真落实就业扶持政策，加大就业创业服务力度，加强输出地与输入地劳务对接，鼓励和帮助农民工等到家庭服务业就业。全总牵头举办育婴和养老护理技能大赛，安徽、河南、山东等地培训了数万名家庭服务从业人员。部际联席会议办公室推动将家政学正式列入《普通高等学校本科专业目录（2012年）》。各地加大劳动保障监察执法力度，畅通劳动争议仲裁“绿色通道”，积极维护家庭服务从业人员劳动报酬等权益。

五是加强组织领导和有关基础工作。江苏等地基本实现协调机构地级市全覆盖，湖南、辽宁、吉林等地还把工商、税务等部门吸纳为联席会议成员单位。部际联席会议办公室征集确定了家庭服务业行业标识。地方行业协会覆盖率进一步提高，行业自律等作用逐步发挥。

在总结成绩的同时，我们也要看到存在的问题：一是农民工接受职业技能培训的比例偏低、培训质量有待提高；二是农民工劳动合同签订率、社会保险参保率仍然偏低，拖欠工资等侵权现象时有发生；三是农民工在基本公共服务方面还不能平等享受市民权益，在城市落户困难问题仍未很好解决；四是家政服务供给不足，服务质量不高。

二、围绕推进农民工市民化扎实做好2013年农民工工作

党的十八大把农民工工作摆在中国特色社会主义事业“五位一体”总体布局的重要位置，从加快转变经济发展方式、改善民生和创新社会管理出发，明确提出要加快改革户籍制度，有序推进农业转移人口市民化，努力实现

城镇基本公共服务常住人口全覆盖；推动实现更高质量的就业，做好农村转移劳动力就业工作；积极推动农民工子女平等接受教育，让每个孩子都能成为有用之才。这是我们党站在新的历史起点上，对农民工工作提出的新任务新要求。深入学习贯彻党的十八大精神，进一步解决好农民工问题，不仅是重大的经济和社会问题，也是重大的政治问题。我们要切实增强责任感和使命感，以有序推进农民工市民化为方向，全面做好各项农民工工作。

2013 年农民工工作要点已经联席会议审议通过并印发，各地区、各成员单位要按照分工意见抓好组织实施。这里，我再强调几项重点工作。

（一）突出稳定和扩大农民工就业这个重点。加强农民工就业形势研判，认真落实促进农民工就业和创业的各项政策，强化公共就业服务和创业服务。加大农民工职业技能培训投入，统筹开展培训工作，进一步提高资金使用效益，着力扩大培训规模，提升培训的针对性和有效性。

（二）不断提高农民工工资按时足额支付率、劳动合同签订率和社会保险参保率。全面开展拖欠农民工工资问题专项治理，完善并落实工资支付监控制度和支付保障制度，加强专项检查工作，保障农民工工资按时足额支付。认真贯彻实施新修订的《劳动合同法》，严格规范劳务派遣，继续推动小微企业全面实行劳动合同制度，提高农民工劳动合同签订率。推进城乡养老保险制度衔接，做好基本养老保险关系转移接续和基本医疗保险异地就医等工作，研究解决农民工依法参加社会保险存在的问题，提高农民工参保率。

（三）努力在农民工随迁子女参加中高考方面实现突破。切实落实关于做好进城务工人员随迁子女接受义务教育后在当地参加升学考试工作的意见和各省区市的实施方案。今年开始实施的地区，教育、发改、公安、人社等部门要加强协调配合，做好考生资格审核和报名工作，统筹规划高中学位；其他地区要借鉴先进地区经验，抓紧细化完善有关规定和办法。

（四）努力在将农民工纳入住房保障体系方面实现突破。国务院已经决定，今年年底前，地级以上城市要将符合条件的稳定就业农民工纳入当地住房保障范围。各地要搞好规划、细化政策，加大保障性住房建设力度，按期完成任务。

（五）努力在推进农民工城镇落户方面实现突破。尚未出台户籍管理制度改革实施意见的地区，要按照国办发［2011］9 号文件要求尽快出台；已经出台的地区要抓好落实，重点解决稳定就业的举家外出农民工和新生代农民工在输入地落户问题。公安部研究起草了《居住证管理办法（草案）》，将尽快颁布。各地要抓好实施工作，推动农民工持证享受城镇基本公共服务。

（六）努力在促进农民工社会融合方面实现突破。推动农民工本人融入企业、子女融入学校、家庭融入社区、群体融入城镇。积极推荐优秀农民工作为各级人大代表、政协委员候选人。开展农民工专项公共文化服务，指导社会组织搞好农民工服务。推进农村留守流动儿童关爱服务体系建设。

三、围绕增加家庭服务供给大力推动家庭服务业新发展

发展家庭服务业对于促进就业、服务民生、调整经济结构和扩大内需具有重要意义。2013 年要继续贯彻落实国办发 43 号文件精神，按照“一二百千”总体工作思路，着力建立一个健全的中心城市家庭服务体系，狠抓规范化和职业化“两化”建设，落实扶持政策创建千户百强企业（单位），努力增加家庭服务供给，提升家庭服务质量，推动家庭服务业新发展。重点做好四个方面的工作。

（一）细化和落实对家庭服务企业的扶持政策。各地区、各有关部门要按照国办发 43 号文件要求，结合实际对有关扶持政策逐项细化并狠抓落实，同时研究制定新的扶持政策，增强政策的针对性和有效性。对符合条件的家

庭服务企业给予税收优惠和资金支持，保证其使用水电气热价格不高于工业企业，支持家政服务企业购买职业责任险、人身意外伤害保险。建设社区日间照料中心，推动家庭服务企业进社区，帮助其解决经营场所等问题。鼓励各种资本投资创办家庭服务企业，支持工会、共青团、妇联和残联等组织利用自身优势发展多种形式的家庭服务机构。继续开展千户百强企业（单位）创建活动，不断推动企业做大做强。

（二）加强家庭服务业规范化、职业化建设。制定出台家政服务业管理规定，规范家政服务企业与家政服务员、家庭之间的关系。开展家庭服务标准和服务规范制修订工作，强化市场监管，规范市场行为。加强对行业协会的指导和支持，发挥协会在行业自律等方面的作用。推广使用家庭服务业标识，促进提高行业规范性和美誉度。实施家庭服务业公益性信息服务平台建设工程，发挥供需对接、服务监督功能。实施家庭服务业从业人员培训工程，扩大培训规模、提高培训质量，开展职业技能竞赛。修订家政服务员职业技能标准，开发专业培训教材。推动高等院校设立家政学本科专业、高等职业院校和技工院校建立家庭服务业技能人才培养基地，开展校企合作。

（三）鼓励各类劳动者到家庭服务业就业。对自主创业从事家庭服务业的，按规定提供创业服务；对在家庭服务业灵活就业的就业困难人员，给予社会保险补贴。为家庭服务从业人员免费提供公共就业服务。培育家政服务劳务品牌，强化输出地与输入地的对接。定期公布家政服务员工资指导价位，促进合理确定工资水平。通过社会保险补贴等措施，促进家政服务企业为家政服务员参加社会保险。依法处理涉及家政服务员的纠纷、纠正侵害家政服务员权益的行为。宣传家政服务员的社会贡献，表彰先进，努力提高家政服务员的社会地位。

（四）推进中心城市家庭服务体系建设。指导、支持、督促中心城市按照《关于加强中心城市家庭服务体系建设的通知》要求，率先全面落实国办发 43 号文件精神，建立家庭服务体系。各地要及时总结报送经验做法和存在的问题，部际联席会议办公室将通过简报等方式予以交流，并适时召开经验交流会。

农民工工作和家庭服务业工作涉及面广、政策性强，需要各成员单位各司其职、密切配合，形成工作合力。各级工作协调机构办公室要进一步加强统筹规划和顶层设计，抓好发展规划、年度计划任务的分解并组织实施，强化督促检查、工作调度和考核评估，协调解决政策落实中的重点、难点问题，做好向政府请示汇报以及舆论宣传、信息交流和统计调查等基础工作，积极总结推广典型经验，切实发挥牵头作用。

深入推进系统党风廉政建设
打造人社部门为民务实清廉的良好形象

——在全国人力资源社会保障系统党风廉政建设工作座谈会上的讲话

袁彦鹏

（2013 年 3 月 29 日）

这次全国人力资源社会保障系统党风廉政建设工作座谈会的主要任务是：以党的十八大精神为指导，深入贯彻落实十八届中央纪委第二次全会、国务院第一次廉政工作会议和全国人力资源社会保障工作会议精神，总结过去五年来的党风廉政建设工作，交流经验体会，研究部署 2013 年人社系统党风廉政建设和反腐败工作。

一、五年来人社系统党风廉政建设工作回顾

2008 年以来，各级人社部门紧紧围绕人社事业发展改革大局推进党风廉政建设，着力保障民生政策落实，着重加强制度和内控机制建设，强化监督检查，坚持不懈地推进政风行风建设，反腐倡廉工作取得明显成效。

（一）紧紧围绕人社工作大局，统筹谋划部署反腐倡廉工作，党风廉政建设科学化水平得到进一步提升。五年来，各级人社部门紧紧围绕实施积极就业政策、完善城乡社会保障体系、加强人才队伍建设、深化人事制度改革、推进工资制度改革、构建和谐劳动关系等中心工作，部署和推动党风廉政建设和反腐败工作。坚持以人社工作中事关群众切身利益、社会关注度高和问题易发多发的工作领域为重点，有针对性地采取措施，加强规范和监督。多次召开社会保险风险管理会议，谋划保障基金安全的办法措施；先后召开四次全国就业专项资金监管工作视频会议和五次全国人事考试工作会议，破解就业资金管理和考试安全工作的难题。五年来，各级人社部门不断强化“管行业必须管行风、管业务必须管廉政”的责任意识，以社保基金监督管理、就业资金使用管理和人事考试风险管理三项工作为重点的反腐倡廉工作格局基本形成。

（二）紧紧围绕惠民政策贯彻落实，加强监督检查和专项治理，业务工作管理得到进一步规范。按照中央纪委统一部署，会同财政等部门在全国范围内开展了社保基金专项治理，清理整改违规资金 181.16 亿元，230 人受到党政纪处理或被追究刑事责任；和公安等有关部门联动，打击社保基金诈骗及各类考试中的违法犯罪；联合公安、工商等部门开展清理整顿人力资源市场秩序专项行动；会同有关部门开展纠正公务员考录、事业单位公开招聘中不正之风工作和治理公职人员“吃空饷”问题。

先后在全系统组织开展职工基本医疗保险、失业保险、工伤保险基金和就业专项资金管理使用情况检查，配合审计部门开展社保基金的全面审计，并认真整改检查和审计出的问题。监督检查和纠风专项治理工作的开展，进一步规范了业务工作管理，推动了中央惠民政策的落实，维护了人民群众的合法权益。

（三）紧紧围绕重点工作领域和关键环节，加强制度和内控机制建设，预防腐败制度体系得到进一步完善。各级人社部门普遍开展了廉政风险防控机制建设，全面清理确认本单位行使的行政权力和内部管理权力，绘制权力运行流程图，查找分析廉政风险点，完善风险防控制度措施，从源头和机制上预防腐败风险。为减少决策风险，各级人社部门不断健全完善民主集中制、集体决策、专家咨询、社会公示与听证等制度，不断提高权力运行依法公开的力度。为规范从政行为，防止利益冲突，部里制定了《党员领导干部防止利益冲突廉洁从政行为规范》，印发了社会保险工作人员纪律规定和就业专项资金管理纪律规定。为加强对重点工作监管，各级人社部门围绕就业专项资金管理、公务员考录、事业单位公开招聘、专业技术人员资格考试、人力资源市场秩序等方面建立健全了一系列制度和管理措施。许多地方采取了制度加科技的方法，对社保基金、就业资金、工程项目等实施实时监控，风险防控能力和水平逐步提升。

（四）紧紧围绕政风行风建设，积极推进政务公开、创建“优质服务窗口”等活动，为民服务环境得到进一步优化。各级人社部门按照依法行政、廉洁高效的要求，不断加强政风行风建设。积极推进行政审批制度改革，不断规范行政审批行为，普遍建立政务公开制度，制定政务信息公开实施办法，扎实推进行政决策公开、权力运行公开、信息公开和公共服务机构办事公开，努力保障人民群众对人社工作的知情权、参与权、表达权和监督权；积极参加当地政府组织的民主评议政风行风活动，广泛动员人民群众加强对人社工作的监督，促进工作作风的转变。许多人社部门在行风评议中多年名列前茅。部里评选表彰了390个“优质服务窗口”，绝大部分省区市开展了省级优质服务窗口的评选表彰，并大力宣传他们的事迹，带动了窗口单位的规范化建设和服务水平的提升。

回顾五年来系统党风廉政建设工作，我们深切感受到：必须紧紧围绕中心、服务大局，紧密结合人社中心工作谋划定位党风廉政建设。坚持把社保基金、就业资金、人事考试等事关重大民生问题作为工作重点，用党纪政纪保证业务工作的健康发展，维护好群众的切身利益。必须坚持重点防控、源头治理，紧紧围绕人社部门权力运行防控廉政风险。突出重点岗位和关键环节，完善制度、健全工作机制，强化教育自律和监督，有效防范腐败的发生。必须坚持固本强基、刹风整纪，紧紧围绕“民生为本、人才优先”工作主线推进政风行风建设。努力解决作风不正、行为失范、违规违纪问题，规范从政行为，转变工作作风，改进管理服务，打造人社部门为民、务实、清廉的形象。这里要特别强调的是，各级人社部门党组高度重视党风廉政建设，领导干部坚持一岗双责，认真抓好职责范围内的反腐倡廉工作；各业务部门坚持把业务工作与廉政工作一起部署、一起检查、一起落实，积极承担起分管业务领域的反腐倡廉工作；系统派驻纪检监察机构的同志们，努力协调推动，秉公执纪，勤勉奉献，为人社事业健康发展做出了重要贡献。

在充分肯定成绩的同时，也必须清醒地看到，侵吞社保基金、骗取就业培训资金以及考试招聘中营私舞弊等问题仍然比较多，系统干部队伍中以权谋私、贪污受贿等问题时有发生。据统计，2012年全国纪检监察机关共立案查办人社系统违纪案件924件，比2011年增加76件，增长了9%，值得我们高度警觉。这也从一个侧面说明，人社系统反腐倡廉制度机制还不够健全，制度和纪律的执行还不够有力，监督和管理还存在漏洞，党风廉政建设责任制还没有全面落到实处。

二、全面做好人社系统 2013 年党风廉政建设和反腐败工作

党的十八大对新形势下的反腐倡廉工作提出了新的更高的要求，十八大结束后，中央印发了关于改进工作作风密切联系群众的“八项规定”，十八届中央纪委第二次全会对 2013 年党风廉政建设和反腐败工作进行了全面部署，刚刚召开的国务院第一次廉政工作会议对反腐倡廉工作提出了六大要求，各级人社部门要全面把握中央精神和面临的形势，紧紧围绕全国人社工作会议提出的实施两大战略、推进两大建设、深化两项改革的思路和年度工作任务，脚踏实地，扎实工作，深入推进 2013 年党风廉政建设和反腐败工作。

（一）加强监督检查，确保人社工作重大决策部署执行有力、落实到位。要紧紧围绕促进就业、社会保障体系建设、人才队伍建设、人事制度改革、工资制度改革和构建和谐劳动关系等重大决策部署的贯彻落实，围绕全国人社工作会议部署的年度重点工作任务和重要指标的完成情况，开展监督检查，跟踪问效。对检查出的问题，及时认真整改，严格追究责任，以严明的纪律保证政令畅通，推动工作落实。要加强对“十二五”规划工程项目实施情况的专项检查，健全完善项目审批和资金审核、拨付、管理、使用等制度，确保各项工程项目的健康实施。要加强对落实新一届政府机构改革和转变职能方案落实情况的监督检查，确保科学有序进行。要积极探索监督检查的有效方法，把全面督查与重点督查、经常性督查与专项督查、传统督查方式与现代科技手段结合起来，提高监督检查的质量和效果。

（二）不折不扣地贯彻落实中央“八项规定”，切实转变工作作风。为落实中央“八项规定”要求，部党组制定了“九项规定”。各级人社部门要把贯彻落实“八项规定”作为一项严肃的政治任务，结合实际，制定具体的贯彻措施。要突出重点，在克服形式主义、官僚主义，厉行节约、制止奢侈浪费，严格执行廉洁从政规定、纠正以权谋私行为等方面下功夫，要正文风、改会风、转作风、树新风。要结合即将开展的以为民务实清廉为主要内容的群众路线教育实践活动，着力整治庸懒散奢等不良风气，解决在工作作风方面存在的突出问题。要扎实推进政务公开工作，推进行政权力运行公开化、规范化，完善办事公开制度，及时、准确、全面公开群众普遍关心、涉及群众切身利益的政府信息，逐步扩大公开的领域和范围，着力推进决策过程和结果公开。要积极参加当地组织的政风行风评议活动，充分发挥新闻媒体和网络监督作用，不断改进工作作风，规范行政行为，优化服务质量。要加强公共服务体系建设，进一步发挥门户网站的政务公开主渠道作用，增强在线办事和交流互动功能，加强 12333 电话咨询等公共服务系统建设，为群众提供高质量的信息服务。要以 2013 年开展的“优质服务窗口”评选表彰活动为契机，深化“优质服务窗口”创建活动，进一步提高窗口单位的制度化、规范化建设水平和为民服务能力。

（三）强化专项治理，坚决遏制社保基金管理、公务员考录和事业单位招聘等工作领域问题多发势头。根据近年来系统发生的问题和社会舆情，2013 年要着力在四个方面刹风整纪：一要按照五部委印发的《关于纠正公务员考录和国有企事业单位招聘中不正之风的实施意见》，继续深入开展纠正公务员考录和事业单位公开招聘中不正之风工作。二要进一步强化社会保险基金、就业专项资金监管。以医保、新农保、城居保基金为重点开展社会保险基金安全专项检查，全面推行社会保险基金非现场监督模式，做好社会监督试点工作，完善社会保险运行分析预警制度和基金财务会计制度，严格落实社会保险工作人员纪律规定，积极建立完善与公安等部门联动机制，严厉打击诈取骗取社保基金行为。完善就业专项资金管理办法，严格执行就业专项资金管理纪律规定，坚持就业资金分配方案集体研究制度，建立健全就业资金分配使用监督、拨付情况公示

以及跟踪问效等制度。三要继续开展人事考试环境综合治理专项活动。加强人事考试管理，严肃考风考纪，会同公安、工信、工商、税务等部门继续开展人事考试环境综合治理专项行动，打击违法行为，确保考试安全。四要推进清理公职人员“吃空饷”工作，会同编制、监察、财政等部门开展监督检查，及时纠正存在的问题。

（四）加强对重点领域和环节的监督管理，进一步规范行政权力运行。首先，要进一步减少和规范行政审批。要按照统一部署，清理规范行政许可和非行政许可审批事项，最大限度地减少行政审批。对继续保留的，也要进一步完善制度、规范程序、提高效能。其次，要突出重点。紧紧围绕行政审批权、资金管理权、基金经办权、工程项目审批运作权、行政执法权等权力，加强监督管理、完善工作机制、推动制度创新。要加强对重点领域和环节廉政风险的分析评估，分析制度、执行、监管等方面存在的漏洞，梳理共性问题，有针对性地采取措施。第三，深化廉政风险防控机制建设工作。要根据新出现的问题，进一步强化防控措施，不断推进责任体系的健全完善和行政管理权力的规范化运行。

（五）严肃查处违法违纪案件，充分发挥查办案件的治本功能。坚持有腐必反、有贪必肃。认真受理群众举报，严肃查处利用行政审批权、行政执法权、专项经费管理权等权力谋取私利的案件；严肃查处贪污私分、挤占挪用、骗取套取社保基金和就业资金的案件；严肃查处人事考试中违反考试工作纪律、内外勾结泄露考试机密的案件；严肃查处公务员考录和事业单位公开招聘中徇私舞弊、失职渎职的案件。要充分发挥查办案件的治本功能，对本部门及所属系统发生的案件要及时通报，充分利用身边的人和事开展警示教育，深入剖析案件原因，举一反三，查找制度缺陷和管理漏洞，完善制度，加强监管。

三、努力为反腐倡廉工作提供组织保证

各级人社部门党组织一定要充分认识党风廉政建设和反腐败斗争的极端重要性，充分认识人社系统存在的消极腐败现象和不正之风的严重危害性，进一步增强忧患意识、风险意识、责任意识。要加强对党员干部的严格教育、管理和监督，严明纪律，改进作风，加快建立健全惩治和预防腐败体系，不断增强自我净化、自我完善、自我革新、自我提高的能力。要把反腐倡廉工作放到更加突出的位置，切实加强领导，以踏石留印、抓铁有痕的精神抓好贯彻落实。要从实际出发，本着务实高效的原则，进一步健全完善党风廉政建设责任体系。要一如既往地重视和支持纪检监察工作，为纪检监察部门开展工作创造必要的条件，要关心和理解纪检监察干部，政治上多关心、工作上多支持、生活上多帮助。派驻纪检监察机构要积极履行监督和协调职责，协助驻在部门党组抓好党风廉政建设各项工作的落实。要全面加强自身建设，以更高的标准、更严的纪律要求自己，带头加强学习，带头改进工作作风，不断提高有效履行职责的能力和水平，做严守纪律、改进作风、为民务实清廉的表率，用铁的纪律打造人民满意的纪检监察干部队伍。

在全国人力资源和社会保障政务公开工作座谈会上的讲话

袁彦鹏

（2013 年 11 月 19 日）

这次会议的主要任务是，贯彻党的十八大和十八届三中全会关于推进权力运行公开化的精神，落实《国务院办公厅关于进一步加强政府信息公开回应社会关切提升政府公信力的意见》（国办发〔2013〕100 号）要求，总结交流人社系统政务公开工作取得的成绩和经验，观摩学习浙江省人社系统开展“阳光政务”的做法，分析当前面临的形势，研究部署人社系统政务公开工作。

一、充分肯定人社系统政务公开工作成绩，认真学习浙江“阳光政务”经验

新部组建以来，特别是 2010 年在广东省从化市召开基层公共服务体系建设推进会以来，各地人力资源社会保障部门认真贯彻中央关于政务公开的决策部署，落实政府信息公开条例，政务公开工作取得了新成效，积累了新经验，也呈现出一些新特点。一是公开范围和内容有新突破。权力公开从事项、依据、程序、结果等静态的信息公开向动态的权力运行过程公开拓展。信息公开的范围从传统的领导活动、工作动态逐步扩大到机构职能、办事程序、政策法规、统计数据和财政预决算等多个方面和领域。二是回应社会关切有新成效。各地积极应对社会关注特别是媒体炒作的事件，通过新闻发布会、接受记者专访、回答网友提问、网站公告等方式及时发声、妥善应对，较好地回应了社会关切，维护了人社部门的形象和政府公信力。三是网上办事渐成新趋势。各地积极顺应信息时代的新要求，普遍应用现代信息技术，大力加强电子政务建设特别是网站建设，推进行政审批、行政管理和公共服务事项的网上办理，形成了政务公开的一股新趋势和新潮流，大大方便了群众，提高了效率。四是公开形式有新举措。由人社部门主动对外单向发布信息，发展为通过新闻发布会答记者问，政府网站的领导信箱来信回复、在线访谈、在线咨询，政务微博、微信，12333 电话咨询，依申请公开答复等多种方式进行双向互动，提升了政务公开的效果。五是公开平台有新拓展。各地将公开平台由政务服务大厅、公共服务平台、政府网站、咨询服务电话等传统公开载体，逐渐向微博、微信、手机、移动电视、有线电视等新媒体拓展，形成了全方位、多层次、立体化的公开格局。

作为政务公开工作开展较好的地区，浙江集中代表了近年来全国人社系统政务公开工作的成效和发展趋势，今天我们通过现场观摩已经有了切身感受和体会。浙江省人社系统的做法可以概括为“五个一”：

一是一把手工程。浙江省人社厅把“阳光政务”作为一把手工程和厅党组的“一号工程”，建立“一把手挂帅、纪检牵头、法规牵动、业务联动”的领导体制和工作机制，各市、县（市、区）人社部门也对口建立了领导小组和工作机构。吴顺江厅长亲自做动员部署，亲自协调解决工作中的重大问题，亲自过问工作进展情况。纪检组长负责督促检查工作落实情况。正是因为有了一把手的强力推进、靠前指挥，“阳光政务”的推进才有了强大动力。

二是一竿子插到底。浙江省人社厅把“阳光政务”作为系统工程来抓，省厅先行，形成示范，市县狠抓落实，紧紧跟上，形成了整体联动、全面推开的工作格局。省厅通过开会、督查、通报、培训，把“阳光政务”纳入系统年度先进单位和个人考核评选等多种方式，指导督促各地开展工作，确保“阳光政务”建设横向到边、纵向到底，使全系统的“阳光政务”工作同步推进，整体上位。

三是一揽子设计。浙江省人社厅统筹考虑党委、政府对权力运行、干部监督管理、政务服务等相关要求，充分整合各方面需求，对“阳光政务”进行一揽子设计。依托“一库四平台”（权力目录库、网上办事服务平台、权力运行工作平台、电子监察平台和公务员考核平台），实现了政务公开与简政放权、效能提升、完善制度、廉政风险防控、电子监察、便民服务和干部日常考核等各个方面的结合，既避免了各领域重复建设、各自为政，又使相互联系的各项工作得以同步推进，相得益彰，取得了“一举多得”的良好效果。

四是一个网办事。浙江省人社厅专门在门户网站上建设“阳光政务”网上办事大厅，将厅本级 171 个对外办事项目中的 127 个纳入办事大厅进行网上办理，实现了业务“网上受理、协同办理、网上反馈”全流程网上运行。将传统的面对面办事调整为网上办事，变群众跑腿为受理机构跑腿，背后是观念的转变、流程的再造、管理服务方式的创新，可以说是革命性的变革。

五是一体化公开。浙江省人社厅在行政权力清理环节坚持业务到哪里，清理到哪里，做到全程扫描、全面查找，层层审核把关，实现了业务全覆盖，179 项行政权力和公共服务事项全亮相，除 8 项涉密、敏感事项外，其余 171 项全公开，每个事项的办事程序、联系电话等 15 项子信息全公布。在公开环节通过“一张网、一个号、一扇窗、一份单、一面墙”和手机短信、有线电视等平台，实现一体化全面公开。就业等与群众日常生活密切相关的信息还通过有线电视进了楼道和家庭，真正做到了家喻户晓。

在看到成绩的同时，我们也要清醒地看到不足。比如具有人社部门特点的政务公开范围、标准和规范尚未形成，监督、考核和社会评议制度还不够完善，政务公开存在一定的随意性；对社会关注的问题回应不够主动，对公众的误解或质疑发声不够及时，损害了部门形象；对政务微博、微信等新兴公开载体的研究不够，跟进不够及时，作用有待发挥；政府网站建设还存在多而散的状况，大部分地区的对外办理事项还没有实现一个网办事、一站式服务；对共性问题的沟通协调不够，特别是对相同的依申请公开事项，各地还存在办理结果不同、答复口径不一的问题，人社部门面临的法律风险、媒体炒作风险和社会稳定风险不断积聚；政务公开本身还存在多头管理、互相观望的现象，工作机制有待进一步理顺，工作合力有待进一步形成。这些问题需要引起我们高度重视，并切实采取措施加以解决。

二、准确把握政务公开工作面临的新形势新要求

（一）准确把握中央对政务公开的新要求。党的十八大、十八届三中全会、《国务院机构改革和职能转变方案》、《国务院工作规则》、国务院第一次廉政工作会议和国务院常务会议都对政务公开工作进行了部署。《国务院办公厅关于进一步加强政府信息公开回应社会关切提升政府公信力的意见》（国办发［2013］100

号）对政务公开工作提出了具体要求。我们要认真学习贯彻新一届党中央、国务院对政务公开的新要求，深刻领会新一届中央领导集体治国理政的新理念，结合人社工作实际抓好贯彻落实。

（二）准确把握经济社会发展对政务公开的新需求。随着我国社会主义市场经济的深入发展，经济社会活动对政府信息的需求不断增强。政府掌握的大量信息资源，对于企业和个人分析市场，科学地安排生产、生活，合理配置资源的作用越来越重要。马凯副总理把人社部门定位为宏观经济调控的重要参与者、社会管理和市场监管的重要执行者、公共服务的重要提供者、社会公平正义的重要维护者，这是对新时期人社工作职能定位的高度概括。人社部门的行政行为和掌握的信息，影响着经济社会的运行，关系到每个公民和市场主体的切身利益。我们必须把握经济社会发展的阶段性特点，大力推进人社政务公开，更好地服务改革发展稳定大局。

（三）准确把握人民群众对政务公开的新期待。当前，信息传播方式的变革深刻地改变着人们的生活方式和经济社会的运行方式，民主、法制理念深入人心，群众期待政府的治理方式与时俱进，为群众提供更及时、权威的信息和更人性化的服务。我们必须准确把握群众对政务公开的新期待，树立以人为本、执政为民的理念，把政务公开作为党的群众路线教育实践活动纠“四风”、树形象的有力抓手，应用新技术，依托新平台，创造新形式，进一步提高政务公开的效果和政务服务的便捷度，以政务公开的实际成效赢得群众的信任和拥护，真正树立人社部门为民务实清廉的良好形象。

三、突出重点，以改革创新精神深入推进政务公开工作

当前和今后一个时期，做好人力资源和社会保障政务公开工作的总体要求是：以邓小平理论、“三个代表”重要思想、科学发展观为指导，深入贯彻党的十八大和十八届三中全会精神，围绕“民生为本、人才优先”的工作主线，加强政务公开平台建设和机制建设，推进各项人力资源和社会保障行政权力运行公开化、规范化，及时、准确、全面公开群众普遍关心、涉及群众切身利益的政府信息，为人民群众提供优质便捷高效服务。重点要抓好四方面工作：

（一）以行政审批公开为重点，推进行政权力公开透明运行。按照中央关于转变职能、简政放权的要求，深入推进行政审批制度改革，进一步减少人社部门对微观事务的管理，充分发挥市场在资源配置中的决定性作用，更好发挥社会力量在管理社会事务中的作用。对确需保留的项目，要及时向社会公布并建立动态更新机制，优化流程、简化程序、限时办结。要以网上审批和电子监察为着力点，推进行政审批在网上集中公开办理。要以廉政风险防控机制建设为切入点，全面清理、确认本部门的行政职权，摸清底数、编制目录并实行动态管理，加大公开力度。要加强机关干部职工关心的干部选拔任用等内部管理事项公开。要强化对各项行政权力和内部管理权力的过程监控，从制度机制上防止权力失控、决策失误和行为失范。

（二）以关系群众切身利益的事项为重点，深入推进政府信息公开。要认真落实政府信息公开条例，不断完善实施办法和制度机制。建立健全政府信息主动发布机制，以就业、社会保障等关系群众切身利益的事项为重点加大主动公开力度。要增强信息公开的规范性和条理性，编制并动态更新政府信息公开目录和指南，及时、全面、准确地发布人社部门的权威政府信息，及时回应社会关切。要按照由近及远的原则，以目前仍然有效的规范性文件为重点，全面清理并分时段、有步骤地公开人社领域应公开的政府信息。要进一步规范依申请公开工作，认真做好涉及信息公开的举报投诉、行政复议、行政诉讼等工作。加强政府信息公开保密审查，防止公开涉密和不宜公开的信息。

（三）以部门门户网站为重点，加强政务

公开平台建设。要积极推进电子政务建设，利用现代信息技术改进政务和服务流程，将政务公开与简政放权、效能提升、完善制度、廉政风险防控、电子监察、便民服务和干部日常考核等各项工作有机结合，使相互联系的各项工作实现整体联动、同步推进、相互促进。要着力加强政府网站特别是门户网站建设和管理，强化网站的在线办事、互动和查询功能，把网站打造成为政务公开和政务服务的第一平台。积极探索利用政务微博、微信等新媒体及时发布各类权威信息，与公众进行互动交流。同时，要继续推进传统的实体办事大厅建设，依托各类行政办事大厅和公共服务机构，打造一站式公共服务平台，要进一步加强新闻发言人制度建设，建立健全舆情收集、研判和处置机制，及时发现并回应人社领域的重要舆情。要加强 12333 公益服务电话建设和管理，清理整合有关电话资源，逐步统一使用 12333 对外提供服务。

（四）以依申请公开为重点，加强对政务公开难点问题的研究探索。当前迫切需要研究解决的是依申请公开问题，既有申请量大幅上升的问题，还有申请内容的泛化问题，也有申请渠道不规范问题。像一些群众的信访问题、政策咨询、政策解释、举报投诉和各种疑问都递到政务公开机构，希望通过依申请公开渠道给予答复，给我们的工作带来了很大压力。还有一些信息公开申请信被寄到了业务处室甚至个人手里，被当作普通信访来信或私人信件做了处理。为扭转这种被动局面，部里正在研究有效应对和处理的办法，各地也要加强对依申请公开疑难问题的研究，抓紧建立分类处理、内部沟通转办机制，为系统依申请公开工作提供有益经验。各地要把政务公开理论研究纳入人社理论研究的整体规划，不断把握其规律性，增强工作的预见性、主动性和创造性。

最后，我强调一下对政务公开工作的组织领导问题。政务公开工作涉及面广，是一项系统工程，必须做到领导重视、靠前指挥，才能抓实抓出成效。各级人社部门要把政务公开切实摆上重要工作日程，建立健全政务公开领导体制和工作机制，与业务工作同研究、同部署、同落实、同检查。各厅局主要负责同志作为政务公开工作的第一责任人，要亲自过问，分管负责人要直接负责，逐级落实责任，确保各项工作措施落实到位。要加强对工作的规划和指导，保障必要的经费、场地和设备。要加强队伍建设，充实力量，加强培训，提高工作人员的能力素质。要加强督促检查，健全激励和问责机制，确保政务公开工作取得实效。

三、重 要 文 件

（一）中共中央、国务院文件

国务院办公厅关于做好2013年全国普通高等学校毕业生就业工作的通知

国办发［2013］35号

各省、自治区、直辖市人民政府，国务院各部委、各直属机构：

普通高等学校毕业生（以下简称高校毕业生）是国家宝贵的人才资源。做好高校毕业生就业工作，关乎经济发展、民生改善和社会稳定。2013年，全国高校毕业生就业总量压力继续加大，结构性矛盾十分突出，就业任务更加繁重。党中央、国务院高度重视高校毕业生就业工作，要求采取切实有效的措施，进一步做好高校毕业生就业工作。经国务院同意，现就有关问题通知如下：

一、深入落实高校毕业生就业政策

近年来，国务院坚持劳动者自主就业、市场调节就业、政府促进就业和鼓励创业的方针，实施就业优先战略和更加积极的就业政策，围绕促进高校毕业生就业创业出台了一系列政策措施，各地区也结合实际制定了一些有本地特色的具体政策，对促进高校毕业生就业发挥了积极作用。但从目前情况看，有的政策尚未落实到位，政策效应尚未得到充分发挥。各地区、各有关部门要抓紧对高校毕业生就业政策落实情况组织一次集中检查，逐项督促落实。对尚未制定具体实施办法的，要抓紧研究制定，尽快实施，并跟踪了解落实情况；对其中门槛高、手续复杂的，要本着尽可能方便高校毕业生享受政策的原则，制定简便易行的操作流程，切实降低门槛、简化程序；对因保障措施不到位影响政策落实的，要加大投入，提高保障水平，确保政策顺利实施。同时，要适应新的形势和特点，积极创新，进一步细化和完善促进高校毕业生就业创业的政策措施。采取多种方式广泛宣传就业法律法规和政策，提高高校毕业生和用人单位的政策知晓度。

二、拓宽高校毕业生就业渠道

各地区、各有关部门要结合转方式、调结构的进程，积极为高校毕业生开发就业岗位，尤其要充分发挥战略性新兴产业、先进制造业、高新技术产业、智力密集型产业、现代服务业、现代农业发展对高校毕业生就业的拉动作用。在制定产业发展规划时，要同时制定人才培养、吸纳、引进计划。加大对小微企业的扶持力度，进一步落实社保补贴、培训补贴等扶持政策，鼓励其吸纳高校毕业生就业。大力宣传民营企业、非公有制经济组织对经济社会发展的重要意义和突出贡献，引导高校毕业生到民营企业、非公有制经济组织就业。引导国有企业积极履行社会责任，吸纳更多高校毕业生就业。结合推进城镇化、加强和创新社会管理进程，加大财政投入，探索通过政府购买服务的方式，开发城乡基层特别是城市社区和农村公共管理及社会服务工作岗位，引导高校毕业生到基层就业。统筹实施基层服务项目，规范岗位管理，健全保障机制，落实和完善生活补贴、社会保险、期满就业服务等政策，积极促进服务期满人员就业创业。开展农业技术推广服务特岗计划试点，选拔一批高校毕业生到乡镇担任特岗人员。加大面向基层考录公务员和招聘事业单位工作人员的力度。建立健全征集高校毕业生入伍服义务兵役的政策体系和长效机制。逐步扩大科研项目单位吸纳高校毕业生规模，鼓励优秀高校毕业生作为科研助理或辅助人员参与项目实施。

三、鼓励高校毕业生自主创业

各地区、各有关部门要积极完善创业政策，加强创业教育、创业培训和创业服务，大力扶持高校毕业生自主创业，尤其要鼓励高校毕业生创办国家和地方优先发展的科技型、资源综合利用型、智力密集型企业，支持通过网络创业带动就业。各高校要将创新创业教育融入专业教学和人才培养全过程，并将创业教育课程纳入学分管理，鼓励在校生积极参加创业教育和创业实践活动。鼓励高校与公共就业人才服务机构合作开展创业培训和实训，从2013年起，将创业培训补贴政策期限从目前的毕业年度调整为毕业学年（即从毕业前一年7月1日起的12个月）。各地区要对自主创业高校毕业生进一步放宽准入条件，降低注册门槛，创业地应按规定给予小额担保贷款及贴息、税费减免等政策扶持。加大政策倾斜力度，积极推进大学生创业孵化基地建设，为自主创业高校毕业生提供项目开发、开业指导、融资、跟踪扶持等“一条龙”创业服务。

四、加强高校毕业生就业服务

各地区、各高校要切实加强对高校毕业生的就业服务和职业指导。各高校要加快推进就业指导课程和学科建设，全面开展职业发展教育和就业指导，着力提高就业指导课程的针对性和实效性。加强专兼职结合的职业指导师资队伍建设，为高校毕业生提供个性化的咨询辅导。支持高校发挥自身优势，实行校企对接，有针对性地组织开展校园招聘活动。高校开展的校园招聘活动，可纳入公共就业服务大型专项活动项目给予适当支持。各地要充分发挥公共就业人才服务机构和高校毕业生就业指导服务机构的作用，广泛开展公共就业人才服务进校园活动，帮助高校毕业生及时了解就业形势、就业政策和企业用人需求。广泛收集适合高校毕业生的就业岗位信息，及时向高校和高校毕业生提供，并组织开展分区域、分行业、分层次的专场招聘活动。健全全国就业信息公共服务网络平台，实现与高校校园网互联互通，充分利用短信、微博、移动互联平台等多种渠道发布就业信息，切实降低求职成本。允许高校毕业生在求职地（直辖市除外）进行求职登记和失业登记，申领《就业失业登记证》，纳入本地免费公共就业服务和就业扶持政策范围。各级公共就业人才服务机构要从高校毕业生的实际需要和便利出发，统一服务标准，优化服务流程，提供高效、便捷的就业服务。

五、开展就业帮扶和就业援助

大力加强离校未就业高校毕业生就业服务。在全国范围内组织实施“离校未就业高校毕业生就业促进计划”，综合运用各项政策措施和服务手段，力争使每一名有就业意愿的离校未就业高校毕业生在年底前实现就业或参加到就业准备活动中。做好未就业高校毕业生离校前后实名信息衔接和服务接续。各地公共就业人才服务机构要及时了解未就业高校毕业生的情况，依托基层服务平台，一对一地开展服务。对有就业意愿的，及时提供用人信息；对有创业意愿的，组织其参加创业培训，提供创业服务，落实创业扶持政策；对暂时不能实现就业的，要通过扩大就业见习和职业培训规模，组织参加就业见习和职业培训；对就业困难高校毕业生，提供有针对性的就业援助。各地可根据当地经济发展和物价水平，适当提高高校毕业生就业见习基本生活补助标准；对高校毕业生参加职业技能培训和技能鉴定，应按规定给予补贴。

各地区、各高校要将特困家庭高校毕业生作为帮扶的重点，认真开展摸底排查，掌握特困家庭高校毕业生的求职情况，有针对性地开展帮扶。从 2013 年起，对享受城乡居民最低生活保障家庭的毕业年度内高校毕业生，可给予一次性求职补贴，补贴标准由省级财政、人力资源社会保障部门会同有关部门根据当地实际制定，所需资金按规定列入就业专项资金支出范围。

要进一步促进少数民族高校毕业生就业。各地区、各高校要高度重视少数民族高校毕业生的就业工作，给予必要的帮扶与指导，鼓励他们自主创业。承担对口支援西藏、青海、新疆任务的地区要组织本地用人单位积极面向受援地高校毕业生开展各类招聘活动，并将到本地求职的受援地高校毕业生纳入就业扶持政策范围。承担对口支援西藏、青海、新疆任务的中央企业要结合援助项目建设，积极吸纳当地高校毕业生就业。

六、大力促进就业公平

各地区、各有关部门要大力营造公平的就业环境。用人单位招用人员、职业中介机构从事职业中介活动，不得对求职者设置性别、民族等条件，招聘高校毕业生，不得以毕业院校、年龄、户籍等作为限制性要求。规范签约行为，任何高校不得将毕业证书发放与高校毕业生签约挂钩。加大人力资源市场监管力度，严厉打击招聘过程中的欺诈行为，及时纠正性别歧视和其他各类就业歧视现象。规范国有单位招聘行为，完善公务员招考和事业单位公开招聘制度，探索建立国有单位招聘信息统一公开发布制度，加强国有企业招聘活动监管，在国有企业全面推行分级分类的公开招聘制度，切实做到信息公开、过程公开、结果公开。加大劳动用工、缴纳社会保险费等方面的劳动保障监察力度，切实维护高校毕业生就业后的合法权益。

有关部门要按照《国务院关于进一步做好普通高等学校毕业生就业工作的通知》（国发〔2011〕16 号）的要求，研究深化高校毕业生就业制度改革的具体意见，简化高校毕业生就业程序，消除其在不同地区、不同类型单位之间流动就业的制度性障碍。要指导督促各地制定实施办法，切实落实允许包括专科生在内的高校毕业生在就（创）业地办理落户手续的政策（直辖市按有关规定执行）。

七、推动高等教育更好地适应经济社会发展需要

要深入推动教育体制改革，根据国家经济社会发展水平和产业升级的需要，合理确定普通教育与职业教育发展规模，改善人力资源供给结构。扩大高校办学自主权，逐步建立高校教学质量外部考评机制，指导高校加强实践教学，着力培养学生的综合素质和实践能力，提高人才培养质量。加强职业教育和技能培训，完善相关政策和激励措施，创新技能人才培养模式，搭建技能人才职业发展通道。加强经济社会发展对高校毕业生需求的前瞻性研究，建立健全高校毕业生需求预测和发布制度，完善就业状况的反馈机制，引导高校合理调整专业设置。建立高校毕业生就业和重点产业人才供需对接机制，超前部署重点产业相关专业设置和培养计划，努力实现人才培养、社会需求和就业的良性互动。

八、加强高校毕业生就业工作组织领导

各地区、各有关部门要把高校毕业生就业工作摆在重要位置，落实责任、各方努力，加强引导、综合施策。将高校毕业生就业工作情况列入政府政绩考核内容，明确具体目标、工作措施和进度，把责任落实到地方、部门和高校，把工作做到前面，切实缓解高校毕业生的就业困难，切实保障应届高校毕业生就业水平不降低，并力争有所提高。要充分发挥就业工作联席会议制度的作用，建立健全高校毕业生就业工作领导和协调机制，分工协作，齐抓共管，形成合力。要将高校毕业生就业工作经费纳入同级财政预算，切实保障各项就业服务工作开展所需经费。要密切关注高校毕业生就业

形势，加强分析研判，及时研究解决工作中出现的新情况、新问题，同时要研究解决高校毕业生就业难问题的长远措施。要加大高校毕业生就业工作宣传力度，重点宣传新时期就业方针和就业创业政策措施，以及高校毕业生到基层就业创业的先进典型，引导广大高校毕业生树立正确的就业观和择业观，将个人理想融入实现中华民族伟大复兴中国梦进程中，到城乡基层、到中小企业、到中西部地区、到祖国最需要的地方成长成才、建功立业。

各地区、各有关部门要按照本通知精神，抓紧制定实施办法，切实抓好贯彻落实。

二〇一三年五月十六日

（二）人社部文件

中华人民共和国人力资源和社会保障部令

第 19 号

《劳务派遣行政许可实施办法》已经人力资源社会保障部第 10 次部务会审议通过，现予公布，自 2013 年 7 月 1 日起施行。

部长　尹蔚民

二〇一三年六月二十日

劳务派遣行政许可实施办法

第一章　总　　则

第一条　为了规范劳务派遣，根据《中华人民共和国劳动合同法》、《中华人民共和国行政许可法》等法律，制定本办法。

第二条　劳务派遣行政许可的申请受理、审查批准以及相关的监督检查等，适用本办法。

第三条　人力资源社会保障部负责对全国的劳务派遣行政许可工作进行监督指导。

县级以上地方人力资源社会保障行政部门按照省、自治区、直辖市人力资源社会保障行政部门确定的许可管辖分工，负责实施本行政区域内劳务派遣行政许可工作以及相关的监督检查。

第四条　人力资源社会保障行政部门实施劳务派遣行政许可，应当遵循权责统一、公开公正、优质高效的原则。

第五条　人力资源社会保障行政部门应当在本行政机关办公场所、网站上公布劳务派遣行政许可的依据、程序、期限、条件和需要提交的全部材料目录以及监督电话，并在本行政机关网站和至少一种全地区性报纸上向社会公布获得许可的劳务派遣单位名单及其许可变更、延续、撤销、吊销、注销等情况。

第二章　劳务派遣行政许可

第六条　经营劳务派遣业务，应当向所在地有许可管辖权的人力资源社会保障行政部门（以下称许可机关）依法申请行政许可。

未经许可，任何单位和个人不得经营劳务派遣业务。

第七条　申请经营劳务派遣业务应当具备下列条件：

（一）注册资本不得少于人民币 200 万元；

（二）有与开展业务相适应的固定的经营场所和设施；

（三）有符合法律、行政法规规定的劳务派遣管理制度；

（四）法律、行政法规规定的其他条件。

第八条 申请经营劳务派遣业务的，申请人应当向许可机关提交下列材料：

（一）劳务派遣经营许可申请书；

（二）营业执照或者《企业名称预先核准通知书》；

（三）公司章程以及验资机构出具的验资报告或者财务审计报告；

（四）经营场所的使用证明以及与开展业务相适应的办公设施设备、信息管理系统等清单；

（五）法定代表人的身份证明；

（六）劳务派遣管理制度，包括劳动合同、劳动报酬、社会保险、工作时间、休息休假、劳动纪律等与劳动者切身利益相关的规章制度文本；拟与用工单位签订的劳务派遣协议样本。

第九条 许可机关收到申请材料后，应当根据下列情况分别做出处理：

（一）申请材料存在可以当场更正的错误的，应当允许申请人当场更正；

（二）申请材料不齐全或者不符合法定形式的，应当当场或者在5个工作日内一次告知申请人需要补正的全部内容，逾期不告知的，自收到申请材料之日起即为受理；

（三）申请材料齐全、符合法定形式，或者申请人按照要求提交了全部补正申请材料的，应当受理行政许可申请。

第十条 许可机关对申请人提出的申请决定受理的，应当出具《受理决定书》；决定不予受理的，应当出具《不予受理决定书》，说明不予受理的理由，并告知申请人享有依法申请行政复议或者提起行政诉讼的权利。

第十一条 许可机关决定受理申请的，应当对申请人提交的申请材料进行审查。根据法定条件和程序，需要对申请材料的实质内容进行核实的，许可机关应当指派2名以上工作人员进行核查。

第十二条 许可机关应当自受理之日起20个工作日内做出是否准予行政许可的决定。20个工作日内不能做出决定的，经本行政机关负责人批准，可以延长10个工作日，并应当将延长期限的理由告知申请人。

第十三条 申请人的申请符合法定条件的，许可机关应当依法做出准予行政许可的书面决定，并自做出决定之日起5个工作日内通知申请人领取《劳务派遣经营许可证》。

申请人的申请不符合法定条件的，许可机关应当依法做出不予行政许可的书面决定，说明不予行政许可的理由，并告知申请人享有依法申请行政复议或者提起行政诉讼的权利。

第十四条 《劳务派遣经营许可证》应当载明单位名称、住所、法定代表人、注册资本、许可经营事项、有效期限、编号、发证机关以及发证日期等事项。《劳务派遣经营许可证》分为正本、副本。正本、副本具有同等法律效力。

《劳务派遣经营许可证》有效期为3年。

《劳务派遣经营许可证》由人力资源社会保障部统一制定样式，由各省、自治区、直辖市人力资源社会保障行政部门负责印制、免费发放和管理。

第十五条 劳务派遣单位取得《劳务派遣经营许可证》后，应当妥善保管，不得涂改、倒卖、出租、出借或者以其他形式非法转让。

第十六条 劳务派遣单位名称、住所、法定代表人或者注册资本等改变的，应当向许可机关提出变更申请。符合法定条件的，许可机关应当自收到变更申请之日起10个工作日内依法办理变更手续，并换发新的《劳务派遣经营许可证》或者在原《劳务派遣经营许可证》上予以注明；不符合法定条件的，许可机关应当自收到变更申请之日起10个工作日内做出不予变更的书面决定，并说明理由。

第十七条 劳务派遣单位分立、合并后继续存续，其名称、住所、法定代表人或者注册资本等改变的，应当按照本办法第十六条规定执行。

劳务派遣单位分立、合并后设立新公司的，应当按照本办法重新申请劳务派遣行政许可。

第十八条 劳务派遣单位需要延续行政许可有效期的，应当在有效期届满 60 日前向许可机关提出延续行政许可的书面申请，并提交 3 年以来的基本经营情况；劳务派遣单位逾期提出延续行政许可的书面申请的，按照新申请经营劳务派遣行政许可办理。

第十九条 许可机关应当根据劳务派遣单位的延续申请，在该行政许可有效期届满前做出是否准予延续的决定；逾期未做决定的，视为准予延续。

准予延续行政许可的，应当换发新的《劳务派遣经营许可证》。

第二十条 劳务派遣单位有下列情形之一的，许可机关应当自收到延续申请之日起 10 个工作日内做出不予延续书面决定，并说明理由：

（一）逾期不提交劳务派遣经营情况报告或者提交虚假劳务派遣经营情况报告，经责令改正，拒不改正的；

（二）违反劳动保障法律法规，在一个行政许可期限内受到 2 次以上行政处罚的。

第二十一条 劳务派遣单位设立子公司经营劳务派遣业务的，应当由子公司向所在地许可机关申请行政许可；劳务派遣单位设立分公司经营劳务派遣业务的，应当书面报告许可机关，并由分公司向所在地人力资源社会保障行政部门备案。

第三章 监督检查

第二十二条 劳务派遣单位应当于每年 3 月 31 日前向许可机关提交上一年度劳务派遣经营情况报告，如实报告下列事项：

（一）经营情况以及上年度财务审计报告；

（二）被派遣劳动者人数以及订立劳动合同、参加工会的情况；

（三）向被派遣劳动者支付劳动报酬的情况；

（四）被派遣劳动者参加社会保险、缴纳社会保险费的情况；

（五）被派遣劳动者派往的用工单位、派遣数量、派遣期限、用工岗位的情况；

（六）与用工单位订立的劳务派遣协议情况以及用工单位履行法定义务的情况；

（七）设立子公司、分公司等情况。

劳务派遣单位设立的子公司或者分公司，应当向办理许可或者备案手续的人力资源社会保障行政部门提交上一年度劳务派遣经营情况报告。

第二十三条 许可机关应当对劳务派遣单位提交的年度经营情况报告进行核验，依法对劳务派遣单位进行监督，并将核验结果和监督情况载入企业信用记录。

第二十四条 有下列情形之一的，许可机关或者其上级行政机关，可以撤销劳务派遣行政许可：

（一）许可机关工作人员滥用职权、玩忽职守，给不符合条件的申请人发放《劳务派遣经营许可证》的；

（二）超越法定职权发放《劳务派遣经营许可证》的；

（三）违反法定程序发放《劳务派遣经营许可证》的；

（四）依法可以撤销行政许可的其他情形。

第二十五条 申请人隐瞒真实情况或者提交虚假材料申请行政许可的，许可机关不予受理、不予行政许可。

劳务派遣单位以欺骗、贿赂等不正当手段和隐瞒真实情况或者提交虚假材料取得行政许可的，许可机关应当予以撤销。被撤销行政许可的劳务派遣单位在 1 年内不得再次申请劳务派遣行政许可。

第二十六条 有下列情形之一的，许可机关应当依法办理劳务派遣行政许可注销手续：

（一）《劳务派遣经营许可证》有效期届满，劳务派遣单位未申请延续的，或者延续申请未被批准的；

（二）劳务派遣单位依法终止的；

（三）劳务派遣行政许可依法被撤销，或者《劳务派遣经营许可证》依法被吊销的；

（四）法律、法规规定的应当注销行政许可的其他情形。

第二十七条 劳务派遣单位向许可机关申请注销劳务派遣行政许可的，应当提交已经依法处理与被派遣劳动者的劳动关系及其社会保险权益等材料，许可机关应当在核实有关情况后办理注销手续。

第二十八条 当事人对许可机关做出的有关劳务派遣行政许可的行政决定不服的，可以依法申请行政复议或者提起行政诉讼。

第二十九条 任何组织和个人有权对实施劳务派遣行政许可中的违法违规行为进行举报，人力资源社会保障行政部门应当及时核实、处理。

第四章 法律责任

第三十条 人力资源社会保障行政部门有下列情形之一的，由其上级行政机关或者监察机关责令改正，对直接负责的主管人员和其他直接责任人员依法给予处分；构成犯罪的，依法追究刑事责任：

（一）向不符合法定条件的申请人发放《劳务派遣经营许可证》，或者超越法定职权发放《劳务派遣经营许可证》的；

（二）对符合法定条件的申请人不予行政许可或者不在法定期限内做出准予行政许可决定的；

（三）在办理行政许可、实施监督检查工作中，玩忽职守、徇私舞弊，索取或者收受他人财物或者谋取其他利益的；

（四）不依法履行监督职责或者监督不力，造成严重后果的。

许可机关违法实施行政许可，给当事人的合法权益造成损害的，应当依照国家赔偿法的规定给予赔偿。

第三十一条 任何单位和个人违反《中华人民共和国劳动合同法》的规定，未经许可，擅自经营劳务派遣业务的，由人力资源社会保障行政部门责令停止违法行为，没收违法所得，并处违法所得1倍以上5倍以下的罚款；没有违法所得的，可以处5万元以下的罚款。

第三十二条 劳务派遣单位违反《中华人民共和国劳动合同法》有关劳务派遣规定的，由人力资源社会保障行政部门责令限期改正；逾期不改正的，以每人5 000元以上1万元以下的标准处以罚款，并吊销其《劳务派遣经营许可证》。

第三十三条 劳务派遣单位有下列情形之一的，由人力资源社会保障行政部门处1万元以下的罚款；情节严重的，处1万元以上3万元以下的罚款：

（一）涂改、倒卖、出租、出借《劳务派遣经营许可证》，或者以其他形式非法转让《劳务派遣经营许可证》的；

（二）隐瞒真实情况或者提交虚假材料取得劳务派遣行政许可的；

（三）以欺骗、贿赂等不正当手段取得劳务派遣行政许可的。

第五章 附 则

第三十四条 劳务派遣单位在2012年12月28日至2013年6月30日之间订立的劳动合同和劳务派遣协议，2013年7月1日后应当按照《全国人大常委会关于修改〈中华人民共和国劳动合同法〉的决定》执行。

本办法施行前经营劳务派遣业务的单位，应当按照本办法取得劳务派遣行政许可后，方可经营新的劳务派遣业务；本办法施行后未取得劳务派遣行政许可的，不得经营新的劳务派遣业务。

第三十五条 本办法自2013年7月1日起施行。

中华人民共和国人力资源和社会保障部令

第 20 号

《社会保险费申报缴纳管理规定》已经人力资源社会保障部第 114 次部务会审议通过，现予公布，自 2013 年 11 月 1 日起施行。

部长　尹蔚民

二〇一三年九月二十六日

社会保险费申报缴纳管理规定

第一章　总　　则

第一条　为规范社会保险费的申报和缴纳管理工作，根据《中华人民共和国社会保险法》（以下简称社会保险法）、《社会保险费征缴暂行条例》，制定本规定。

第二条　用人单位进行缴费申报和社会保险经办机构征收社会保险费，适用本规定。

本规定所称社会保险费，是指由用人单位及其职工依法参加社会保险并缴纳的职工基本养老保险费、职工基本医疗保险费、工伤保险费、失业保险费和生育保险费。

第三条　社会保险经办机构负责社会保险缴费申报、核定等工作。

省、自治区、直辖市人民政府决定由社会保险经办机构征收社会保险费的，社会保险经办机构应当依法征收社会保险费。

社会保险经办机构负责征收的社会保险费，实行统一征收。

第二章　社会保险费申报

第四条　用人单位应当按月在规定期限内到当地社会保险经办机构办理缴费申报，申报事项包括：

（一）用人单位名称、组织机构代码、地址及联系方式；

（二）用人单位开户银行、户名及账号；

（三）用人单位的缴费险种、缴费基数、费率、缴费数额；

（四）职工名册及职工缴费情况；

（五）社会保险经办机构规定的其他事项。

在一个缴费年度内，用人单位初次申报后，其余月份可以只申报前款规定事项的变动情况；无变动的，可以不申报。

第五条 职工应缴纳的社会保险费由用人单位代为申报。代职工申报的事项包括：职工姓名、社会保障号码、用工类型、联系地址、代扣代缴明细等。

用人单位代职工申报的缴费明细以及变动情况应当经职工本人签字认可，由用人单位留存备查。

第六条 用人单位到社会保险经办机构办理社会保险缴费申报有困难的，经社会保险经办机构同意，可以邮寄申报。邮寄申报以寄出地的邮戳日期为实际申报日期。

有条件的地区，用人单位也可以按照社会保险经办机构的规定进行网上申报。

第七条 用人单位应当向社会保险经办机构如实申报本规定第四条、第五条所列申报事项。用人单位申报材料齐全、缴费基数和费率符合规定、填报数量关系一致的，社会保险经办机构核准后出具缴费通知单；用人单位申报材料不符合规定的，退用人单位补正。

社会保险经办机构在开展社会保险稽核工作过程中，发现用人单位未如实申报造成漏缴、少缴社会保险费的，按照社会保险法第八十六条的规定处理。

第八条 用人单位应当自用工之日起30日内为其职工申请办理社会保险登记并申报缴纳社会保险费。未办理社会保险登记的，由社会保险经办机构核定其应当缴纳的社会保险费。

用人单位未按照规定申报应缴纳的社会保险费数额的，社会保险经办机构暂按该单位上月缴费数额的110%确定应缴数额；没有上月缴费数额的，社会保险经办机构暂按该单位的经营状况、职工人数、当地上年度职工平均工资等有关情况确定应缴数额。用人单位补办申报手续后，由社会保险经办机构按照规定结算。

第九条 用人单位因不可抗力，不能按期办理缴费申报的，可以延期申报；不可抗力情形消除后，应当立即向社会保险经办机构报告。社会保险经办机构应当查明事实，予以核准。

第三章 社会保险费缴纳

第十条 用人单位应当持社会保险经办机构出具的缴费通知单在规定的期限内采取下列方式之一缴纳社会保险费：

（一）到其开户银行或者其他金融机构缴纳；

（二）与社会保险经办机构约定的其他方式。

社会保险经办机构、用人单位可以与银行或者其他金融机构签订协议，委托银行或者其他金融机构根据社会保险经办机构开出的托收凭证划缴用人单位和为其职工代扣的社会保险费。

第十一条 职工应当缴纳的社会保险费由用人单位代扣代缴。用人单位依法履行代扣代缴义务时，任何单位或者个人不得干预或者拒绝。

用人单位未按时足额代缴的，社会保险经办机构应当责令其限期缴纳，并自欠缴之日起按日加收0.5‰的滞纳金。用人单位不得要求职工承担滞纳金。

第十二条 征收的社会保险费，应当存入社会保险经办机构按照规定开设的社会保险基金收入户。社会保险经办机构应当按照有关规定定期将收到的基金存入依法开设的社会保险基金财政专户。

第十三条 社会保险经办机构对已征收的社会保险费，根据用人单位实际缴纳额（包括代扣代缴额）和代扣代缴明细，按照国家有关规定进行记账。

第十四条 用人单位应当按月将缴纳社会保险费的明细情况告知职工本人。

用人单位应当每年向本单位职工代表大会通报或者在本单位住所的显著位置公布本单位全年社会保险费缴纳情况，接受职工监督。

第十五条 社会保险经办机构应当及时、完整、准确地记录用人单位及其职工的缴费情况，并将缴费情况定期告知用人单位和职工。

用人单位和职工有权按照《社会保险个人权益记录管理办法》等规定查询缴费情况。

社会保险经办机构应当至少每年一次向社会公布社会保险费征收情况，接受社会监督。

第四章 未按时足额缴纳社会保险费的处理

第十六条 用人单位有下列情形之一的，社会保险经办机构应当于查明欠缴事实之日起5个工作日内发出社会保险费限期补缴通知，责令用人单位在收到通知后5个工作日内补缴，同时告知其逾期仍未缴纳的，将按照社会保险法第六十三条、第八十六条的规定处理：

（一）未按规定申报且未缴纳社会保险费的；

（二）申报后未按时足额缴纳社会保险费的；

（三）因瞒报、漏报职工人数、缴费基数等事项而少缴社会保险费的。

第十七条 用人单位未按照本规定第十六条规定的期限补缴的，社会保险经办机构可以按照社会保险法第六十三条第二款的规定，向用人单位开户银行或者其他金融机构查询其存款账户。

第十八条 社会保险经办机构可以根据查询结果向所属的社会保险行政部门申请做出划拨社会保险费的决定，并提交下列材料：

（一）用人单位名称、法定代表人、地址、联系方式；

（二）用人单位开户银行、户名及账号；

（三）申请划拨的事实、理由及依据；

（四）申请划拨的社会保险费数额；

（五）社会保险行政部门要求提供的其他材料。

第十九条 社会保险行政部门接到社会保险经办机构划拨申请后，应当按照《中华人民共和国行政强制法》的规定，及时做出划拨社会保险费决定，并书面通知用人单位开户银行或者其他金融机构予以划拨。

第二十条 社会保险行政部门做出的划拨社会保险费决定，应当按照《中华人民共和国行政强制法》的规定送达用人单位，并抄送社会保险经办机构。

第二十一条 经查询，用人单位账户余额少于应当缴纳的社会保险费数额的，或者划拨后用人单位仍未足额清偿社会保险费的，社会保险经办机构可以要求用人单位以抵押、质押的方式提供担保。

第二十二条 用人单位应当到社会保险经办机构认可的评估机构对其抵押财产或者质押财产进行评估，经社会保险经办机构审核后，对能够足额清偿社会保险费的，双方依法签订抵押合同或者质押合同；需要办理登记的，应当依法办理抵押登记或者质押登记。

第二十三条 社会保险经办机构与用人单位签订抵押合同或者质押合同后，应当签订延期缴费协议，并约定协议期满用人单位仍未足额清偿社会保险费的，社会保险经办机构可以参照协议期满时的市场价格，以抵押财产、质押财产折价或者以拍卖、变卖所得抵缴社会保险费。

延期缴费协议期限最长不超过1年。

第二十四条 用人单位提供担保并签订延期缴费协议的，其职工在延缴期间按照规定享受社会保险待遇。

第二十五条 用人单位经责令仍未补缴且有下列情形之一的，社会保险经办机构可以按照社会保险法第六十三条第三款的规定，向所在地有管辖权的人民法院申请扣押、查封、拍卖用人单位财产，以拍卖所得抵缴应缴纳的社会保险费、滞纳金：

（一）经查询，用人单位开户银行账户余额少于应缴纳的社会保险费数额且未签订担保合同的；

（二）经划拨，用人单位仍未足额清偿应缴纳的社会保险费且未签订担保合同的；

（三）延期缴费协议期满，因担保财产的市场价格或者权利状况发生变化，用人单位仍未足额清偿应缴纳的社会保险费的。

第二十六条 社会保险经办机构申请人民法院强制执行的，应当提供下列材料：

（一）强制执行申请书；

（二）用人单位欠缴社会保险费及加收滞纳金的事实、理由和依据；

（三）社会保险经办机构限期补缴通知；

（四）用人单位的意见；

（五）用人单位有本规定第二十五条所列情形时的相关材料；

（六）申请强制执行的用人单位财产情况；

（七）法律、行政法规规定以及人民法院要求的其他材料。

强制执行申请书应当由社会保险经办机构负责人签名，加盖社会保险经办机构的印章，并注明日期。

第五章 法律责任

第二十七条 社会保险行政部门及其工作人员做出划拨社会保险费决定时，有下列行为之一的，按照《中华人民共和国行政强制法》的规定，由上级社会保险行政部门或者有关部门责令改正，对直接负责的主管人员和其他直接责任人员依法给予处分；给用人单位或者个人造成损失的，依法承担赔偿责任；构成犯罪的，依法追究刑事责任：

（一）违反法定程序做出划拨社会保险费决定的；

（二）未在规定时限内及时做出划拨社会保险费决定并书面通知用人单位开户银行或者其他金融机构的；

（三）决定划拨的社会保险费数额错误的；

（四）向当事人泄露信息影响划拨社会保险费的；

（五）有违反法律、法规和规章的其他行为的。

第二十八条 社会保险经办机构及其工作人员有下列行为之一的，由社会保险行政部门责令改正，视情节轻重对直接负责的主管人员和其他直接责任人员依法给予相应处分：

（一）未按照本规定第八条核定或者确定用人单位应当缴纳的社会保险费数额的；

（二）对已征收的社会保险费未按照国家规定记账的；

（三）未依法责令欠缴社会保险费的用人单位限期补缴社会保险费、加收滞纳金的；

（四）申请人民法院强制执行不符合规定的；

（五）签订担保合同和延期缴费协议不符合规定的；

（六）未按照规定审核、处置担保财产的；

（七）法律、法规和规章规定的其他情形。

第二十九条 社会保险经办机构擅自更改社会保险费缴费基数、费率，导致少收或者多收社会保险费的，由社会保险行政部门责令其追缴应当缴纳的社会保险费或者退还不应当缴纳的社会保险费；对直接负责的主管人员和其他直接责任人员依法给予处分。

第三十条 用人单位未按照规定向社会保险经办机构进行缴费申报或者未按照规定缴纳社会保险费的，社会保险行政部门应当依法查处。

用人单位未按时足额缴纳社会保险费的，由社会保险经办机构按照社会保险法第八十六条的规定，责令其限期缴纳或者补足，并自欠缴之日起按日加收0.5‰的滞纳金；逾期仍不缴纳的，由社会保险行政部门处欠缴数额1倍以上3倍以下的罚款。

第三十一条 用人单位未按月将代扣代缴社会保险费明细情况告知职工本人，或者未按照规定通报、公布本单位全年社会保险费缴纳情况的，职工有权向社会保险行政部门举报、投诉。

第六章 附 则

第三十二条 社会保险费由税务机关征收的，社会保险经办机构应当及时将用人单位和职工应缴社会保险费数额提供给税务机关；税务机关应当及时向社会保险经办机构提供用人单位和职工的缴费情况。

社会保险经办机构应当按月将单位和个人

缴纳失业保险费的情况提供给负责支付失业保险待遇的经办机构。

第三十三条 以个人身份参加社会保险的，社会保险费申报和缴纳办法另行规定。

第三十四条 本规定自2013年11月1日起施行。原劳动和社会保障部《社会保险费申报缴纳管理暂行办法》（劳动和社会保障部令第2号）同时废止。

人力资源和社会保障部　中华全国工商业联合会关于加强非公有制企业劳动争议预防调解工作的意见

人社部发［2013］2号

各省、自治区、直辖市及新疆生产建设兵团人力资源社会保障厅（局）、工商业联合会：

非公有制经济是社会主义市场经济的重要组成部分，是促进就业的主要渠道，是构建和谐劳动关系的重要领域。当前，非公有制企业劳动关系总体和谐稳定，但企业内部劳动争议协商解决机制不健全，劳动争议预防调解制度尚未全面建立，劳动争议仍易发、多发。为贯彻落实《中华人民共和国劳动争议调解仲裁法》及《企业劳动争议协商调解规定》，切实加强非公有制企业劳动争议预防调解工作，进一步促进劳动关系和谐，维护社会稳定，现提出如下意见：

一、加强非公有制企业劳动争议预防调解工作的指导思想和目标任务

加强非公有制企业劳动争议预防调解工作要以邓小平理论、“三个代表”重要思想和科学发展观为指导，按照“预防为主、基层为主、调解为主”的工作方针，建立健全企业内部劳动争议协商调解机制，提升企业自主预防解决争议的能力，促进建立互利共赢、和谐稳定的劳动关系，推动企业健康持续发展。

加强非公有制企业劳动争议预防调解工作的目标任务是：在大中型企业普遍依法建立劳动争议调解委员会，在小型微型民营企业设立劳动争议调解员，在商会（协会）建立劳动争议调解组织，建立健全企业内部劳动争议协商解决机制，形成企业、商会（协会）、乡镇街道调解组织与仲裁机构协调配合的劳动争议预防调解工作网络，建设一支公道正派、热心调解、具有较高专业素质的调解员队伍，逐步实现非公有制企业劳动争议预防调解工作全覆盖，努力将劳动争议化解在萌芽状态、解决在基层。

二、推动非公有制企业普遍建立劳动争议协商调解机制

指导推动大中型企业在总部设立劳动争议调解委员会，鼓励企业根据需要在分支机构设立劳动争议调解委员会，在车间、工段、班组设立调解小组，建立企业内部多层次的劳动争议调解组织，逐步形成劳动争议分类处理、分级负责、上下联动的工作机制。指导推动小型微型民营企业由劳动者与企业共同推举职工代表担任调解员，负责本企业劳动争议预防调解工作。

指导企业探索建立多种形式的劳动争议协商解决机制。充分发挥企业劳动争议调解委员会或调解员促进劳资双方沟通协商的作用，采

取召开劳资恳谈会、劳资协商会以及设立意见箱、开展问卷调查等方式，就劳动条件、劳动报酬、职工福利等涉及劳动者切身利益的问题听取职工意见，及时了解掌握并认真研究解决职工的合理诉求。完善职代会、厂务公开等民主管理制度，依法保障职工的知情权、参与权、表达权、监督权。

三、充分发挥商会（协会）预防调解劳动争议的作用

指导行业性、区域性商会（协会）建立劳动争议调解组织，当前要重点推进制造、餐饮、建筑、商贸服务和民营高科技等行业商会（协会）劳动争议调解组织建设。商会（协会）要依托劳动争议调解组织，切实加强对本行业、本区域内非公有制企业劳动争议预防调解工作的指导，积极开展劳动保障法律法规政策咨询服务和劳动争议调解工作，搞好企业劳动争议预防调解培训，协助企业与当地调解仲裁机构进行沟通。

四、加强非公有制企业劳动争议调解与仲裁工作的衔接

各地劳动争议仲裁机构要大力开展非公有制企业、商会（协会）劳动争议调解组织调解协议的仲裁审查确认工作，对于争议双方当事人持生效的调解协议书向仲裁委员会提出的审查申请，要及时受理，快速立案，对程序和内容合法有效的调解协议依法出具调解书，不断提高企业、商会（协会）调解组织的社会公信力和调解协议的执行力。要积极开展劳动争议调解建议工作，对当事人未经调解直接申请仲裁的劳动争议案件，在征询双方当事人同意后，可向当事人发出调解建议书，引导其在企业、商会（协会）等劳动争议调解组织解决争议。要积极稳妥开展委托调解工作，研究制定委托调解的基本条件，完善委托程序，制定规范的委托调解文书，将适合调解的申请仲裁案件委托商会（协会）、乡镇街道劳动争议调解组织处理。

五、加强非公有制企业劳动争议预防调解工作的组织实施

各级人力资源社会保障行政部门和工商联组织要高度重视非公有制企业劳动争议预防调解工作，切实加强组织领导，共同推动这项工作深入开展。人力资源社会保障行政部门要发挥统筹协调作用，会同工商联组织制定工作计划，积极指导推动非公有制企业和商会（协会）加强劳动争议预防调解工作，建立健全集体性劳动争议协调处理机制。工商联组织要发挥职能优势，加强对非公有制企业经营者的培训，引导企业认真执行劳动保障法律法规及政策，搞好劳动争议协商调解工作，参与处理重大集体性劳动争议。

要建立非公有制企业劳动争议预防调解工作情况通报制度，及时沟通争议处理情况，共同研究解决工作中存在的困难和问题，不断完善预防调解政策措施。要建立集体性劳动争议预防预警制度，共同加强对非公有制企业劳动争议隐患的排查，对于已经发生的集体劳动争议，加强联调联控，积极稳妥处理。

二〇一三年一月十日

人力资源和社会保障部关于贯彻实施新修订的劳动合同法严格规范劳务派遣的通知

人社部发［2013］6号

各省、自治区、直辖市及新疆生产建设兵团人力资源社会保障厅（局）：

2012年12月28日，第十一届全国人民代表大会常务委员会第三十次会议通过《关于修改〈中华人民共和国劳动合同法〉的决定》，重点对劳务派遣做了新的法律规定，自今年7月1日起施行。为做好贯彻实施工作，进一步规范劳务派遣，现就有关事项通知如下：

一、充分认识贯彻实施新修订劳动合同法严格规范劳务派遣的重要意义

劳务派遣作为一种补充用工方式，在满足用人单位灵活用工需求和解决摩擦失业、促进劳动者就业等方面发挥了积极作用。但在实践中也存在部分用工单位超范围使用被派遣劳动者、部分劳务派遣单位不与被派遣劳动者签订劳动合同、不依法缴纳社会保险费、被派遣劳动者与用工单位同岗位劳动者同工不同酬等问题，损害了被派遣劳动者的合法权益，影响了劳动关系的和谐稳定。这次全国人大常委会通过修改劳动合同法的决定，从设立经营劳务派遣业务行政许可、进一步界定“三性”工作岗位范围、严格控制劳务派遣用工数量、落实被派遣劳动者同工同酬权利和加重违法行为法律责任等方面做出了新的法律规定。认真贯彻实施新修订的劳动合同法，严格规范劳务派遣，对维护广大被派遣劳动者的合法权益，构建和谐劳动关系，促进企业健康发展，保持社会稳定具有重要意义。各级人力资源社会保障部门要充分认识做好这项工作的重要性和紧迫性，按照解决突出问题与建立长效机制相结合、依法规范管理与加强指导服务相结合的原则，采取切实有力的措施，将新修订劳动合同法的各项规定贯彻落实到位，实现劳务派遣单位依法规范经营、用工单位依法合理使用被派遣劳动者、被派遣劳动者合法权益得到有效保护的目标，促进劳务派遣规范有序发展。

二、全面开展规范劳务派遣专项行动

根据全国人大常委会修改劳动合同法的决定，现在离新的法律规定正式施行还有将近半年时间。为使新修订的法律能够全面贯彻实施，各地人力资源社会保障部门要积极争取工商行政管理部门的支持，按照属地管理的原则，自本通知下发之日起，用半年左右的时间，对现有劳务派遣单位、用工单位及其派遣使用劳动者的情况集中开展一次规范行动。

要对劳务派遣情况进行全面摸底调查，准确掌握辖区内劳务派遣单位和用工单位基本情况、被派遣劳动者人数及劳动合同签订、工资支付、参加社会保险等情况，建立健全管理台账。

要对劳务派遣单位进行清理整顿，依法取缔不具备法定资质的劳务派遣机构，依法整顿

用人单位自行设立劳务派遣单位向本单位或者所属单位派遣劳动者的行为。

要加强对劳务派遣和用工行为的规范指导。依法纠正和查处劳务派遣单位不签订劳动合同、劳动合同期限不足两年、违法解除终止劳动合同、不参加社会保险、克扣劳动报酬、向被派遣劳动者收取押金以及未与用工单位签订劳务派遣协议等违法行为；对劳动合同和劳务派遣协议的内容不符合按照同工同酬原则实行相同的劳动报酬分配办法规定的，要督促指导劳务派遣单位和用工单位及时进行调整；对修改劳动合同法的决定施行前新开展劳务派遣业务的，也要按照修改劳动合同法的决定精神积极做好引导工作。

三、建立健全加强劳务派遣监管的长效机制

要切实做好经营劳务派遣业务的行政许可工作。部里将依照修改劳动合同法的决定尽快制定劳务派遣行政许可管理办法，各地要结合本地区实际研究制定具体实施细则。在修改劳动合同法的决定正式施行后，对申请行政许可的劳务派遣单位，人力资源社会保障部门要依法及时办理行政许可，并指导其依法办理公司登记。要对已经依法取得行政许可并办理公司登记的劳务派遣单位实行年度核查制度，对未能通过核查的，依照有关规定撤销行政许可并予以公告。

要健全劳务派遣单位用工备案制度，指导督促劳务派遣单位依法建立职工名册，及时到当地人力资源社会保障部门办理劳动用工备案手续。各级人力资源社会保障部门要加强劳务派遣统计工作，定期对本地区的劳务派遣统计数据进行汇总分析并逐级上报。

要加大对劳务派遣的监察执法力度，将劳务派遣单位和用工单位遵守新修订劳动合同法的情况作为每年开展劳动用工专项检查的重点内容，依法严肃查处劳务派遣用工中的各类违法行为。各级劳动保障监察机构要建立跨地区执法监管协作机制，切实维护跨地区被派遣劳动者的合法权益。

要探索建立劳务派遣单位履行法定义务情况报告制度，督促劳务派遣单位定期向当地人力资源社会保障部门报告与被派遣劳动者订立、履行劳动合同以及与用工单位订立、履行劳务派遣协议等法定义务情况，实现对劳务派遣的全面、动态监管。

四、认真抓好宣传培训和法规政策清理工作

各地要充分利用广播、电视、报纸、杂志、网络等媒体，广泛宣传新修订劳动合同法的意义和内容，重点向劳务派遣单位、用工单位和被派遣劳动者宣传劳务派遣行政许可、劳务派遣用工岗位适用范围、被派遣劳动者同工同酬权利以及违法行为的法律责任等内容，努力在全社会形成依法规范劳务派遣管理的良好舆论氛围。

各地人力资源和社会保障部门要高度重视本系统工作人员的学习培训工作，通过举办专题培训班、召开专题研讨会等方式，有计划地组织系统干部职工认真学习新修订劳动合同法，深刻领会和准确把握法律条款的精神实质，提高依法行政的能力和水平。要支持和配合工会组织和企业代表组织等相关单位，采取主动送法上门等方式，认真抓好劳务派遣单位和各类用工单位以及劳动者的学习培训，增强劳务派遣单位依法经营、用工单位依法使用被派遣劳动者的自觉性，提高劳动者依法维权的意识。

为确保新修订的劳动合同法有效实施，部里正在研究制定《劳务派遣规定》。各地要对照新修订劳动合同法和部颁规定，对本地区已经制定出台的涉及劳务派遣的法规、规章或规范性文件进行全面清理，对与法律相抵触的，要及时按照法定程序修订或废止。尚未制定配套法规、规章或规范性文件的，要因地制宜抓紧研究制定，进一步增强法律的操作性。

五、切实加强组织实施

各地人力资源社会保障部门要把贯彻实施新修订的劳动合同法，严格规范劳务派遣作为当前一项重要任务摆上日程，切实加强组织领导，狠抓落实。要结合本地区实际研究制定贯彻实施方案，明确目标任务，明确工作责任，明确时限要求，明确具体措施。部门内的相关单位要密切配合，形成合力；上级部门要加强对下级贯彻实施工作的指导、督促和检查。要加强与工会组织和企业代表组织等单位的沟通协调，共同做好新修订劳动合同法的贯彻实施工作。要深入基层加强调查研究，密切跟踪掌握贯彻实施过程中出现的新情况、新问题，及时采取措施认真加以解决。

请各省、自治区、直辖市及时对本地区贯彻落实本通知的有关工作情况进行总结，于今年7月底前报部劳动关系司。

二〇一三年一月二十三日

人力资源和社会保障部关于做好国家级重点技工院校评估工作的通知

人社部发［2013］9号

各省、自治区、直辖市及新疆生产建设兵团人力资源社会保障厅（局）：

为推动示范性技工院校建设，促进技工院校提升办学水平，根据《关于大力推进技工院校改革发展的意见》（人社部发［2010］57号）和《关于做好技工院校审批管理工作的通知》（人社部发［2012］63号），我部决定将原国家级重点技工学校评估调整为国家级重点技工院校评估，包括国家级重点技工学校、国家级重点高级技工学校和国家级重点技师学院评估。现就有关事项通知如下。

一、各省、自治区、直辖市人力资源社会保障部门要从促进区域经济发展和本地区技工院校办学实际出发，综合考虑产业结构调整、技能人才结构和劳动者就业需求等，科学统筹规划本区域三类国家级重点技工院校的数量和布局。要依照《国家级重点技工学校评估标准》（附件1）、《国家级重点高级技工学校评估标准》（附件2）和《国家级重点技师学院评估标准》（附件3），有计划、分步骤组织开展国家级重点技工院校评估工作，具体评估细则另行印发。

二、评估工作要坚持自愿原则，实行自主申报。申报院校对照国家级重点技工院校评估标准先进行自评，按要求将申请报告和相关申报材料报送省级人力资源社会保障部门；省级人力资源社会保障部门组成由国家级或省级技工院校督导员参加的专家评估小组，严格对照评估标准，对申报院校的申报材料进行初评，提出专家评估意见；省级人力资源社会保障部门对学校申报材料和专家组评估报告要严格审核，于每年10月31日前将通过初评的院校的申报材料报送我部；我部将委托中国就业培训技术指导中心组织专家组进行复评，提出复评意见；对拟确定的国家级重点技工院校经公示无异议后，由我部公布为国家级重点技工院校。

三、技工院校设立审批工作按照《关于做好技工院校审批管理工作的通知》（人社部发［2012］63号）执行，各地应及时将新设立的技工学校、高级技工学校和技师学院名单报送我部。此通知下发前确定的国家级重点技工学校，不需再重新申报。

附件：

1. 国家级重点技工学校评估标准
2. 国家级重点高级技工学校评估标准
3. 国家级重点技师学院评估标准

二〇一三年一月二十八日

附件 1

国家级重点技工学校评估标准

第一章　办 学 方 向

第一条　全面贯彻党的教育方针，坚持科学发展观，坚持教育培训与生产实际相结合，坚持服务经济建设和社会发展、促进劳动者就业的办学方向。

第二条　坚持以市场需求为导向，坚持校企合作基本办学制度，培养生产、经营和服务一线的技能人才。

第三条　实行学制教育与职业培训并举、学校教育与企业培养相结合的办学模式。以培养中级技工为主，同时面向社会开展各类职业技能培训，并承担职业技能鉴定和就业服务等任务。

第二章　办 学 条 件

第四条　领导班子结构合理、分工明确，领导班子成员勤政廉洁，具有团结协作精神、开拓创新能力和科学民主、求真务实的作风，具有先进的办学理念、丰富的技能人才培养经验。领导班子对学校长远发展有战略规划。

第五条　培养规模应达到 3 000 人以上。其中学制教育在校生规模不低于 1 500 人，年职业培训规模 1 500 人次以上。

第六条　校园占地面积不少于 5.3 万平方米（约 80 亩），建筑面积不少于 4 万平方米，其中实习、实验场所建筑面积不少于 1.2 万平方米。各种建筑、场地和设施符合国家建设和安全标准，满足学校办学需要。

第七条　常设专业不少于 4 个，各常设专业有专业建设规划。重视特色专业和示范专业建设。

第八条　拥有满足教学需要的实习、实验设备设施，保证每生有实习工位，设备总值不低于 1 500 万元。示范专业实习场所与企业工作环境接轨，主要设备设施具有先进性。

第九条　具备满足体育教学和学生体育锻炼需要的设备设施和运动场所，运动场地面积不少于 6 000 平方米。具备满足师生需求的图书馆、阅览室，图书馆藏书 5 万册以上，其中专业图书 50％以上，报刊杂志不少于 80 种。

第十条　拥有一支与办学规模、专业设置相适应的专兼职教师队伍。学制教育师生比不低于 1：20。兼职教师不超过教师总数的三分之一。技术理论课教师和实习指导教师应不低于教师总数的 70％，其中具有企业实践经验的教师占 20％以上。理论实习教学一体化教师达到技术理论课教师和实习指导教师总数的 40％以上。

第十一条　教师学历符合国家规定要求，专任教师应具备相应的教师资格。文化、技术理论课教师具备高级专业技术职称的占 25％以上。技术理论课教师具备相关职业初级技能职业资格，其中具有中级技能以上职业资格的应不低于 40％。实习指导教师应具备相关职业高级技能及以上职业资格，其中具有高级实习指导教师职称或技师、高级技师职业资格的占 40％以上。

第十二条　具备稳定可靠的与培养规模相适应的办学经费保障。办学经费（含生均经费等）不低于当地同类同层次学校标准。

第十三条　具备与办学规模相适应的后勤服务设施。生活设备设施能够满足学生住宿和就餐等需要。

第十四条 建有功能齐全的校园网和学校管理信息系统，并建有数字化教学资源库、教学平台。主要教学场所配有必要的多媒体设备。使用全国技工院校电子注册统计信息管理系统。

第十五条 原则上具备 3 年以上技工学校办学资历。

第三章 学校管理

第十六条 遵守国家法律法规和方针政策。建立了规范的教学管理、学生管理、人事和劳资管理、财务和资产管理、饮食和卫生管理、安全和风险管理等制度，并有效运行。

第十七条 教学管理规范。有较完备的技能人才培养方案和教学计划、教学大纲，教材使用规范，不使用盗版教材。建立了可持续改进的教学质量管理体系。

第十八条 设有教学研究机构，重视技能人才培养规律和方法的研究。积极开展教学改革，不断创新教学内容，改进教学方法和教学手段，提高教学效果和教学质量。

第十九条 重视专业带头人和骨干教师队伍建设。制订并实施教师专业能力发展和职业素养提高计划。建立了教师业务进修制度，保证专业课教师每人每两年不少于两个月的企业生产实践。

第二十条 重视德育工作和校园文化建设，积极开展社会主义核心价值观、公民行为规范和法制等方面的教育。突出职业道德、职业精神和职业素养的培养，重视学生职业指导、心理咨询和健康教育。

第二十一条 建立了科学的学生评价体系，实施过程性与终结性考核相结合的评价方式，全面评价学生的学业成绩、职业能力和职业素养。建立了教学评价反馈体系，重视生产实习学生管理和对毕业生的跟踪调查，持续改进学校的教育教学和管理。

第二十二条 安全管理体系完善，实行安全责任制度，安全教育和管理贯穿于学生日常生活、学习和实习全过程。有应对各种突发事件的预案，处置突发事件及时有效，无重大人身安全或设备设施责任事故。

第二十三条 行政管理科学，后勤保障有力。财务和固定资产管理制度规范，资金使用合理。卫生保健和心理咨询设施和场所齐全、配有专业人员，工作开展效果好。校舍和设备设施完好，校园环境宜人。

第四章 培养模式

第二十四条 实行校企合作培养技能人才模式，不断完善校企合作办学制度，探索多种有效的校企合作方式，与企业建立了互利双赢合作机制。参与或牵头开展集团化办学，促进区域技工教育发展。

第二十五条 建立了由有关部门、行业、企业、学校等方面专家组成的校企合作指导委员会，在学校的发展方向、培养模式等方面发挥重要的指导作用。

各专业建立了行业、企业专家和学校骨干教师组成的专业建设指导委员会，沟通行业、企业发展与技能人才培养需求等信息，对专业设置、教学计划、教材、教学方法等予以有效指导。

第二十六条 聘请企业高技能人才或工程技术人员担任兼职教师。充分利用教学资源，主动为企业技术革新和技能人才培养提供服务。

第二十七条 每个专业与 3 家以上企业建立了稳定的合作关系。与企业共同研究专业建设，建立了专业调研和动态调整机制，根据市场需求变化及时调整专业设置，优化专业结构。建有稳定的校内外实习基地，校企双方共同完善学生生产实习制度，共同促进学生就业。

第二十八条 积极创新技能人才培养模式，逐步开展以工作任务为导向、以国家职业标准为依据、以学生综合职业能力培养为核心，理论教学与技能训练融合贯通的一体化课程教学改革工作。

第二十九条 建立了行业、企业、学校和其他社会组织等方面共同参与的办学质量多元评价制度，形成对培养模式、培养过程、培养效果的全面评价机制。

第五章　办 学 质 量

第三十条　学制教育实行学业证书和职业资格证书“双证书”制度，毕业生取得中级技能职业资格证书的达到95%以上。

第三十一条　注重学生职业能力和职业素质全面发展，效果显著。定期开展体育、文艺活动，在各级各类文体竞赛中获奖。学生操行考核合格率在95%以上。学生身体素质适应岗位要求，体质健康达标率在95%以上。

第三十二条　毕业生就业率达95%以上。用人单位对毕业生反映良好，满意率达到85%以上。

第三十三条　面向社会开展各类职业培训，学员培训合格率达到90%以上。为企业提供在职职工培训和为促进劳动者就业开展职业技能培训，取得良好效果，获得企业和当地政府的好评。

第三十四条　重视技能竞赛活动，为社会提供技能竞赛服务，承担过本地区技能竞赛工作。建立了技能竞赛表彰激励机制，师生积极参加各级各类技能大赛，并取得突出成绩。

第三十五条　教师为人师表，从严治教，教学改革意识和质量意识强，学生满意率高。教学改革与科学研究取得明显成效，经验和成果受到上级主管部门的认可与推广。教师撰写的论文、著作和编写的教材在省级以上刊物发表或公开出版。教师开发的课件或软件在教学中推广应用。

第三十六条　注重社会效益和师生的全面发展，多项工作在区域同类学校中起引领和示范作用。近三年获得省级以上主管部门表彰。

附件2

国家级重点高级技工学校评估标准

第一章　办 学 方 向

第一条　全面贯彻党的教育方针，坚持科学发展观，坚持教育培训与生产实际相结合，坚持服务经济建设和社会发展、促进劳动者就业的办学方向。

第二条　坚持以市场需求为导向，坚持校企合作基本办学制度，培养生产、经营和服务一线的中、高级技能人才。

第三条　实行学制教育与职业培训并举、学校教育与企业培养相结合的办学模式。以培养高级技工为主，同时面向社会开展各类职业技能培训，并承担职业技能鉴定和就业服务等任务。

第二章　办 学 条 件

第四条　领导班子结构合理、分工明确，领导班子成员勤政廉洁，具有团结协作精神、开拓创新能力和科学民主、求真务实的作风，具有先进的办学理念、丰富的高技能人才培养经验。领导班子对学校长远发展有战略规划。

第五条　培养规模应达到5 000人以上。其中学制教育在校生规模不低于2 500人，年职业培训规模2 500人次以上。高级技工学制教育在校生规模不低于50%，高级技工以上年培训量不低于 1 000 人次。

第六条 校园占地面积不少于 8 万平方米（约 120 亩），建筑面积不少于 6.5 万平方米，其中一体化教学与实习、实验场所建筑面积不少于 2 万平方米。各种建筑、场地和设施符合国家建设和安全标准，满足学校办学需要。

第七条 科学规划专业建设，专业设置与本区域技能人才需求相适应，高级技工常设专业不少于 4 个。重视特色专业和示范专业建设。

第八条 按照专业设置和教学需求配有数量充足、功能齐全的多媒体教室、一体化教室、生产实习场所及产学研结合工作场所。

实习、实验设备设施与办学层次、规模相适应，常设专业主要实习、实验设备设施在国内同行业中具有先进性，各类实习、实验设备设施形成合理梯次，利用率高。保证每生有实习工位，实习、实验设备总值达 2 000 万元以上。

第九条 具备满足体育教学和学生体育锻炼需要的设施设备和运动场所，运动场地面积不少于 1 万平方米。具备满足师生需求的图书馆、阅览室，图书馆藏书不少于 6 万册，其中专业图书达 60％以上，报刊杂志不少于 120 种。

第十条 师资队伍结构合理，教师素质优良，学制教育师生比 1∶18 以上，兼职教师不超过教师总数的三分之一。技术理论课教师和实习指导教师应不低于教师总数的 70％，其中具有企业实践经验的教师占 25％以上。理论实习教学一体化教师达到技术理论课教师和实习指导教师总数的 60％以上。

第十一条 教师学历符合国家规定要求，专任教师应具备相应的教师资格。文化、技术理论课教师具有高级专业技术职称的占 30％以上。技术理论课教师中具有相关职业中级技能及以上职业资格的达 60％以上。实习指导教师具有相关职业高级技能及以上职业资格，其中具有高级实习指导教师职称或技师、高级技师职业资格的占 50％以上。

第十二条 具备稳定可靠的与办学层次、培养规模相适应的办学经费保障。办学经费（含生均经费等）不低于当地同类同层次学校标准，有专项建设资金。

第十三条 具备与办学层次、规模相适应的后勤服务设施。生活设备设施能够满足学生住宿和就餐等需要。

第十四条 建有开展产教结合或产学研工作的实习工厂（公司），并建有为企业、行业和社会提供信息、技术交流和服务的公共服务平台。

第十五条 校园网功能齐全、运行正常，数字化教育教学、管理与服务平台便捷高效。主要教学场所配有必要的多媒体设备，特色专业和示范专业数字化教学资源丰富。

第十六条 原则上具备 3 年以上高级技工学校办学资历。

第三章 学校管理

第十七条 内设机构设置合理，部门职能和教职工岗位职责明确。规章制度健全，质量管理体系有效运行，管理和服务规范。

第十八条 重视教学管理、教学研究和教学督导工作。学校课程设置科学，有完备的高技能人才培养方案和教学计划、教学大纲。教材使用规范，不使用盗版教材。建立了可持续改进的教学质量管理体系，教学设备设施管理规范，完好率和使用率高。

第十九条 建立了完善的师资培养机制，有科学合理的师资培养规划和实施方案，重视专业带头人和骨干教师队伍建设。实行教师参加生产科研实践制度，专业课教师每人每两年下企业参加生产科研实践不少于两个月。年度师资培养经费不少于学校教职工工资总额的 3％。

第二十条 设有专业教学研究机构，注重技能人才培养规律和方法的研究。各常设专业至少有 1 名在当地专业领域内具有一定影响力的专业带头人。

第二十一条 重视发挥教师的积极性和创

造性，鼓励教师开展教学改革和产学研活动，不断创新教学内容、改进教学方法和教学手段，提高教学效果和教学质量。

第二十二条 重视德育工作，积极开展社会主义核心价值观、公民行为规范和法制等方面的教育。德育工作网络齐全，加强精神文明建设，重视学生的职业指导、心理咨询和健康教育。重视校园文化建设，校风良好，无重大违法违纪事件发生。

第二十三条 建立了科学的学生评价体系，实施过程性与终结性考核相结合的评价方式，全面评价学生的学业成绩、职业能力和职业素养。建立了教学评价反馈体系，重视生产实习学生管理和对毕业生的跟踪调查，持续改进学校的教育教学和管理。

第二十四条 安全管理体系完善，实施安全管理制度，重视生产实习安全管理和文明生产教育。有应对各种突发事件的预案，突发事件处置及时有效，无重大人身安全或设备设施责任事故。

第二十五条 行政管理科学，后勤保障有力。财务和固定资产管理制度规范，资金使用合理。卫生保健和心理咨询设施和场所齐全、配有专业人员，工作开展效果好。校舍和设备设施完好，校园环境宜人。

第四章 培养模式

第二十六条 实行校企合作培养技能人才模式，不断完善校企合作办学制度，积极探索多种有效的校企合作方式。与合作企业探索建立规范的经费保障和政策激励等机制。校企合作管理制度健全，工作机制和配套措施完善，保证校企合作可持续发展。

第二十七条 建立了由有关部门、行业、企业、学校等方面专家组成的校企合作指导委员会，各专业建立了由合作行业、企业和学校等相关专家组成的专业指导委员会。

校企合作指导委员会和专业指导委员会制订有年度工作计划，并定期开展工作，研究提供行业企业发展、高技能人才需求等信息，为学校发展、专业建设和高技能人才培养方案制订等重大事项的决策提供咨询与指导。

第二十八条 每个高级技工专业与5家以上企业建立了稳定的合作关系。实行企业专家导师制度和企业专家督导教学制度。

第二十九条 坚持资源共享、互利共赢的校企合作运行机制。建立了教师下企业锻炼和学生到对口企业生产实习制度，以及企业技能人才来校进修和交流制度。开展深层次校企合作，校企共同开发专业，共同建设实习基地，共同培养高技能人才等。

第三十条 各常设专业有专业建设规划。建立专业调研和动态调整机制，根据产业结构调整和市场需求变化及时调整专业设置，优化专业结构。重视专业的现代化建设，能够根据技术、工艺、材料和装备的发展及时调整课程结构和教学内容，满足企业发展和科技进步的需求。

第三十一条 积极创新技能人才培养模式，稳步开展以工作任务为导向、以国家职业标准为依据、以学生综合职业能力培养为核心，理论教学与技能训练融合贯通的一体化课程教学改革工作。有2个以上专业实施一体化课程教学改革。

第三十二条 采取全日制、非全日制形式完成教育培训任务。因材施教，制定分层次培养目标，探索弹性学制、学分制等教学管理制度。

第三十三条 校园文化环境能够体现高技能人才培养特色，体现人文底蕴、企业文化，突出职业道德、职业精神和职业行为习惯的培养，注重学生身心健康和职业生涯指导。

第三十四条 实行行业、企业、学校和其他社会组织等方面共同参与的办学质量多元评价制度，形成对培养模式、培养过程、培养效果的全面评价机制。

第三十五条 发挥骨干辐射作用，参与或牵头开展集团化办学，联合行业、企业及其他职业学校、培训机构等组建技工教育集团，优势互补，促进区域技工教育发展。

第五章　办学质量

第三十六条　学制教育实行学业证书和职业资格证书“双证书”制度。高级技工班学生取得高级技能职业资格证书的达到95%以上。

第三十七条　注重学生职业能力和职业素养全面发展，效果显著。学生操行考核合格率在95%以上。学生身体素质适应岗位要求，体质健康达标率在95%以上。

第三十八条　近三年毕业生就业率达到95%以上。用人单位对学生反映良好，满意率达到85%以上。

第三十九条　面向社会开展各类职业培训，学员培训合格率达到90%以上，其中高级技工培训，学员取得高级技能职业资格证书的达到80%以上。社会培训、技能鉴定和技术服务等社会服务工作，受到政府、企业、劳动者和社会各界的肯定，社会满意率达到85%以上。

第四十条　重视技能竞赛活动，能够为社会提供技能竞赛服务，承担过市级以上的技能竞赛工作。建立了技能竞赛表彰激励机制，师生积极参加各级各类技能大赛，并取得优异成绩。

第四十一条　教师为人师表，从严治教，教学改革意识和质量意识强，教学水平较高，学生满意率高。近三年有20%以上教师的教科研成果、技术改造与发明、教材开发等获得部级以上奖项，或在省级以上刊物发表，或公开出版。

第四十二条　工作中努力创新创优，注重解决高技能人才培养的重点、难点问题。在同类学校中起到示范和引领作用，近三年受到地方政府和省级以上主管部门的表彰。

附件3

国家级重点技师学院评估标准

第一章　办学方向

第一条　全面贯彻党的教育方针，坚持科学发展观，坚持教育培训与生产实际相结合，坚持服务经济建设和社会发展、促进劳动者就业的办学方向。

第二条　坚持以市场需求为导向，坚持校企合作基本办学制度，培养生产、服务和经营管理一线的高技能人才。

第三条　实行学制教育与职业培训并举、学校教育与企业培养相结合的办学模式。以培养高级技工、预备技师（技师）为主，同时面向社会开展各类职业技能培训，面向职业院校开展师资培训。

学院为国家高技能人才培训基地，承担企业技师和高级技师提升培训与研修、考核鉴定等任务，同时为高技能人才技艺传承、交流、推广和开展技术创新等活动提供服务。

第二章　办学条件

第四条　领导班子结构合理、分工明确，领导班子成员勤政廉洁，具有团结协作精神、开拓创新能力和科学民主、求真务实的作风，具有先进的办学理念、丰富的高技能人才培养经验。领导班子对学院长远发展有战略规划。

第五条　培养规模达到8 000人以上。其中学制教育在校生规模不低于4 000人，年职业培训规模4 000人次以上。高级技工、预备技师（技师）学制教育在校生规模不低于60%，高级技工、技师、高级技师年培训量不低于1 200人次。

行业或大型企业集团举办的技师学院可以全部面向本行业（企业）开展职工学制教育和培训。

第六条 校园占地面积不少于13万平方米（约200亩）、建筑面积不少于12万平方米，其中一体化教学与实习、实验场所建筑面积不少于3.5万平方米。各种建筑、场地和设施符合国家建设和安全标准，满足学院办学需要。

第七条 科学规划专业建设，专业设置与本区域技能人才需求相适应，高级技工常设专业不少于8个，预备技师常设专业不少于4个。重视特色专业和示范专业建设。

第八条 实习场所符合企业工作环境要求，布局合理，建有满足一体化教学要求的教学场所和产学研相结合的技师研修工作区。

实习、实验设备设施与办学层次、规模和专业设置相适应，保证每生有实习工位，设备总值达7 000万元以上。实习、实验设备设施具有先进性，具备承担企业技术研发、技术服务的功能。

第九条 具备满足体育教学和学生体育锻炼需要的设施设备和运动场所，体育运动场地面积不少于1.5万平方米。具备满足师生需求的图书馆、阅览室。图书馆面积不少于2 000平方米，藏书不少于8万册，其中专业图书达60%以上，报刊杂志不少于150种。

第十条 师资队伍结构合理，教师素质优良，学制教育师生比1∶18以上，兼职教师不超过教师总数的三分之一。技术理论课教师和实习指导教师应不低于教师总数的70%，其中来自企业具有丰富实践经验的高技能人才和工程技术人员占25%以上。

第十一条 教师学历符合国家规定要求，专任教师应具备相应的教师资格。文化、技术理论课教师具有高级专业技术职称的35%以上。技术理论课教师中具有高级技能及以上职业资格的达60%以上。实习指导教师具有相关职业技师及以上职业资格，其中具有高级实习教师职称或高级技师职业资格的占45%以上。

理论实习教学一体化教师达到技术理论课教师和生产实习指导教师总数的70%以上，其中同时具备高级专业技术职称和技师、高级技师职业资格的占40%以上。

第十二条 具备稳定可靠的与办学层次、培养规模相适应的办学经费保障。办学经费（含生均经费等）不低于当地同类同层次学校标准，基本建设、设备更新、师资培训和项目研发等有专项经费投入保障。

第十三条 具备与办学层次、规模相适应的后勤服务设施。生活设备设施能够满足学生住宿和就餐等需要。

第十四条 建有开展产教结合或产学研工作的实习工厂（公司），并建有为企业、行业和社会提供信息、技术交流和服务的公共服务平台。

第十五条 校园网功能齐全、运行正常，数字化教育教学、管理与服务平台便捷高效。教学场所配备先进的多媒体教学设施设备，常设专业数字化教学资源丰富。

第十六条 原则上具备3年以上技师学院的办学资历。

第三章　学院管理

第十七条 内设机构设置合理，部门职能和教职工岗位职责明确。规章制度健全，质量管理体系有效运行，管理和服务规范。

第十八条 重视教学管理、教学研究和教学督导工作。高技能人才培养方案和教学计划、教学大纲科学合理，教材使用规范，不使用盗版教材。建立了可持续改进的教学质量管理体系，教学设备设施管理规范，完好率和使用率高。

第十九条 建立了完善的师资培养机制，有科学合理的师资培养规划和实施方案，重视专业带头人和骨干教师队伍建设。实行教师参加生产科研实践制度，专业课教师每人每两年下企业参加生产科研实践不少于两个月。年度师资培养经费不少于学校教职工工资总额的3%。

第二十条 设有专业教学研究机构，技能人才培养规律和方法研究成果突出。各常设专业有在当地专业领域内具有一定影响力的专业带头人。建有技能大师工作室，营造传承技艺的良好环境。

第二十一条 重视发挥教师的积极性和创造性，鼓励教师开展教学改革和产学研活动，不断创新教学内容、改进教学方法和教学手段，提高教学效果和教学质量。

第二十二条 重视德育工作，积极开展社会主义核心价值观、公民行为规范和法制等方面的教育。引导学生树立正确的思想观念、价值取向和行为方式。德育工作网络齐全，加强精神文明建设，重视学生的职业指导、心理咨询和健康教育。重视校园文化建设，校风良好，无重大违法违纪事件发生。

第二十三条 建立了科学的学生评价体系，实施过程性与终结性考核相结合的评价方式，全面评价学生的学业成绩、职业能力和职业素养。建立了教学评价反馈体系，重视生产实习学生管理和对毕业生的跟踪调查，持续改进学院的教育教学和管理。

第二十四条 安全管理体系完善，实行安全责任制度，重视生产实习安全管理和文明生产教育。有应对各种突发事件的预案，处置突发事件及时有效，无重大人身安全或设备设施责任事故。

第二十五条 行政管理科学，后勤保障有力。财务和固定资产管理制度规范，资金使用合理。卫生保健和心理咨询设施和场所齐全、配有专业人员，工作开展效果好。校舍和设备设施完好，校园环境宜人。

第四章 培养模式

第二十六条 实行校企合作培养技能人才模式，不断完善校企合作办学制度，积极探索多种有效的校企合作方式。形成以社会需求为导向，学校主动为行业企业服务、行业企业积极参与的校企合作办学的体制、机制。

第二十七条 校企合作机构健全、管理制度完善。由有关部门、行业、企业、学校等方面专家组成的校企合作指导委员会，能够充分发挥指导学院教育教学改革、及时调整学院发展方向和规划的作用。

由行业、企业和学院等专家组成的专业指导委员会，能够定期开展工作，沟通行业企业发展和高技能人才需求等信息，指导专业发展，制定专业建设规划。

第二十八条 开展深层次校企合作，与企业合作共同进行专业开发，共同制定高技能人才培养方案，共同承担技能人才培养和技师、高级技师的研修、培训任务，共同建立实训基地，共同进行师资培养，共同进行产品研发、技术革新和技术改造。

第二十九条 每个预备技师（技师）和高级技工专业与5家以上企业建立了稳定的合作关系。实行企业专家导师制度和企业专家督导教学制度。

第三十条 不断提升专业建设水平。建立了专业调研和动态调整机制，根据产业结构调整和市场需求变化及时调整专业设置，优化专业结构。重视专业的现代化建设，能够根据技术、工艺、材料和装备的发展及时调整课程结构和教学内容，适应企业发展和科技进步的需求。积极建设体现区域文化或民族文化的稀缺专业，传承和拓展传统技能技艺。

第三十一条 积极创新技能人才培养模式，稳步开展以工作任务为导向、以国家职业标准为依据、以学生综合职业能力培养为核心，理论教学与技能训练融合贯通的一体化课程教学改革工作。有4个以上专业实施一体化课程教学改革。

第三十二条 主动服务经济和社会发展，针对职业特点、需求和技能人才成长规律，积极创新高技能人才培养模式。在规范化培养的基础上，探索特色鲜明的个性化培养机制，努力提高学生的综合职业能力。

第三十三条 采取全日制、非全日制形式完成教育培训任务。因材施教，制定分层次培养目标，探索弹性学制、学分制教学管理制度。

第三十四条 校园文化环境能够体现高技能人才培养特色，体现人文底蕴、企业文化，突出职业道德、职业精神和职业行为习惯的培养，注重学生身心健康和职业生涯指导。

第三十五条 重视国际职业标准、人才选拔机制和成长规律的研究，积极开展具有国际先进水平的师资培训或人才培养项目合作、交流活动，推动技能人才的培养标准、培养途径和培养机制等与国际接轨。

第三十六条 实行行业、企业、学校和其他社会组织等方面共同参与的办学质量多元评价制度，形成对培养模式、培养过程、培养效果的全面评价机制。

第三十七条 发挥骨干辐射作用，参与或牵头开展集团化办学，联合行业、企业及其他职业学校、培训机构等组建技工教育集团，优势互补，促进区域技工教育发展。

第五章　办学质量

第三十八条 学制教育实行学业证书和职业资格证书“双证书”制度。预备技师班（技师班）毕业生取得预备技师（技师）职业资格证书的达到80％以上，高级技工班毕业生取得高级技能职业资格证书的达到95％以上。

第三十九条 注重学生职业能力和职业素养全面发展，效果显著。学生操行考核合格率在95 ％以上。学生身体素质适应岗位要求，体质健康达标率在95％以上。

第四十条 近三年毕业生就业率达98％以上。用人单位对毕业生反映良好，满意率达85％以上。

第四十一条 承担的各类职业培训合格率达90％以上。技师、高级技师培训班学员取得技师、高级技师职业资格证书的达80％以上，高级技工培训班学员取得高级技能职业资格证书的达95％以上。为企业提供的在职职工培训和面向全体劳动者开展的终身职业培训，取得显著成绩，获得企业、劳动者、当地政府的好评，社会满意率达90％以上。

第四十二条 重视技能竞赛活动，能够为社会提供技能竞赛服务，承担过省级以上的技能竞赛工作。建立了技能竞赛的表彰激励机制，师生积极参加各级各类技能大赛，并取得优异成绩。

第四十三条 教师为人师表，从严治教，教学改革意识和质量意识强，教学水平普遍较高，学生满意率高。近三年有20％以上教师的教科研成果、技术改造与发明、教材开发等获得部级以上奖项，或在省级以上刊物发表，或公开出版。在参与企业的技术研究、开发、推广、服务中有明显成果或效益。

第四十四条 工作中努力创新创优，注重解决高技能人才培养的重点、难点问题。在同类院校中起示范和引领作用，近三年受到地方政府和省级以上主管部门的表彰。

人力资源和社会保障部关于印发就业专项资金管理纪律规定的通知

人社部发［2013］14号

各省、自治区、直辖市及新疆生产建设兵团人力资源社会保障厅（局）：

为进一步规范就业专项资金管理使用工作和从业人员行为，根据有关法律法规，特制定《就业专项资金管理纪律规定》，现印发给你们，请认真贯彻执行。

本规定适用于全国人力资源社会保障系统从事或参与就业专项资金管理使用工作的人员，包括就业、职业培训、技能鉴定、劳动关系、社会保险行政人员和经办人员，信息管理系统相关人员。

各地要把贯彻落实本规定作为改进工作作风、加强惩治和预防腐败体系建设、推动就业工作科学发展的重要举措，结合本地实际，针对就业专项资金管理特点及问题易发多发的重点环节，抓紧研究制定具体贯彻措施。要健全完善科学、民主、公开的资金分配制度，资金使用监督制度，资金拨付公示制度，资金支出结果报告制度，资金监管质询、问责和跟踪反馈制度，严格按制度办事。要加强监督检查，把纪律规定执行情况作为每年度就业专项资金管理专项检查的重要内容，及时纠正处理违规违纪行为，并将规定执行情况与检查结果一并上报。

二〇一三年二月十八日

就业专项资金管理纪律规定

一、不准超越权限、违反规定、违反程序决定、干预或插手就业专项资金分配。

二、不准截留或拖延下拨就业专项资金。

三、不准隐匿、转移、侵占、挪用、拆借就业专项资金。

四、不准将就业专项资金私存私放，或与其他资金混存、混支、混用。

五、不准将就业专项资金用于设立“小金库”或委托理财，或违规用于部门及单位人员经费、公用经费、差旅费、会议费以及房屋建筑物购建、租赁、交通工具购置等与落实就业政策无关的支出。

六、不准在审批中随意扩大或缩小就业政策补助范围、增减补贴项目、变更补贴标准、在手续和资料不全的情况下批准拨付就业专项资金。

七、不准弄虚作假、欺诈、骗取、套取或协助他人骗取、套取就业补贴资金。

八、不准违规在接受补贴的单位兼职、取酬、投资入股。

九、不准默许、纵容、授意配偶、子女及其配偶、其他特定关系人收受补贴申领对象的财物，在其管辖地区和业务范围内从事与就业政策补贴直接相关的职业培训、职业中介等经营活动，或在其中担任高级职务。

十、不准违反规定、违反程序、降低标准确定定点培训机构、中介机构、见习基地。

十一、不准向违反培训合同、分包转包培训任务的职业培训机构发放补贴资金。

十二、不准伪造、篡改、擅自销毁就业专项资金补贴对象的基本信息、享受补贴政策记录及申领补贴政策的基础材料等。

十三、不准在使用就业专项资金进行政府采购过程中采取围标串标、明招暗定、以次充好、回避招标或其他非法手段谋取私利。

十四、不准在资金分配、管理、审批等各环节谋取不正当利益，索取、收受或以借为名占用行政相对人的财物，接受可能影响公正执行公务的礼品、宴请及旅游、健身、娱乐等活动安排，接受礼金和各种有价证券、支付凭证。

十五、不准以资金分配、管理、审批为由从管理和服务对象以及其他与行使职权有关系的单位列支或提取工作经费、赞助费。

人力资源和社会保障部关于在百家城市中开展技能振兴专项活动的通知

人社部发［2013］16号

各省、自治区、直辖市和新疆生产建设兵团人力资源社会保障厅（局）：

为进一步贯彻落实《国务院关于加强职业培训促进就业的意见》（国发［2010］36号）精神，大力加强职业培训和技能人才队伍建设，提升广大劳动者就业创业能力，我部决定在全国百家城市中开展技能振兴专项活动。请你们结合本地实际，指导各相关城市落实目标任务，抓好组织实施。请各地于2013年4月15日前将各相关城市的实施方案和工作安排报我部职业能力建设司。

附件：

1. 全国百家城市技能振兴专项活动实施方案

2. 开展技能振兴专项活动百家城市名单（略）

二〇一三年二月二十一日

附件1

全国百家城市技能振兴专项活动实施方案

为进一步加强职业培训和技能人才队伍建设工作，贯彻落实《国务院关于加强职业培训促进就业的意见》和《国家高技能人才振兴计划》，我部决定在全国百家城市中开展技能振兴专项活动。

一、指导思想

认真贯彻落实党的十八大精神，积极实施就业优先战略和人才强国战略，围绕健全面向全体劳动者的职业培训制度，在全国选择一批工作基础好、推动力度大的城市，开展技能振兴专项活动，进一步完善政策体系、强化工作措施、创新工作机制，通过以点带面的示范效应，全面推动职业培训工作取得新进展，以更高质量的职业培训促进更高质量的就业，以更高水平的技能人才队伍建设服务于经济发展方式转变。

二、目标任务

通过开展技能振兴专项活动，率先在重点城市健全面向全体劳动者的职业培训制度，形成职业培训促进就业和稳定就业的良性互动工作格局；率先在重点城市建立培养体系完善、考核评价科学、激励保障健全的技能人才工作机制，培养大批与经济社会发展相适应的技能人才；率先在重点城市建设全国高水平的职业培训和技能人才队伍建设的综合示范区，为推动全国职业培训和技能人才队伍建设工作提供新经验、探索新路径、创建新模式。

三、主要内容

（一）健全面向全体劳动者的职业培训制度。坚持培训与就业相结合的工作方针，加快健全以就业技能培训、岗位技能提升培训和创业培训为主要内容的职业培训制度。做好以高校毕业生为重点的青年人员、农村转移劳动力、城镇困难人员、退役军人等群体的职业培训工作，进一步扩大政府培训补贴范围，努力实现培训对象的广覆盖。创新培训形式，大规模开展各种形式的职业培训，大力推行与就业紧密结合的定向、定岗、订单式培训，提高培训的针对性和有效性，努力实现培训手段的多形式。根据劳动者职业生涯发展不同阶段对技能水平的需求，建立初级、中级、高级以及技师和高级技师的职业技能等级培训，构建终身职业培训体系，努力实现培训内容的多层次。

（二）完善职业培训和技能人才培养体系。充分依托现有各类职业教育培训机构，加大培训资源整合力度，构建以企业为主体、技工院校为基础、各类培训机构积极参与的职业培训和技能人才培养工作体系。充分发挥企业的主体作用，加强职工培训机构建设，对新录用职工、转岗职工和在岗职工开展岗前培训和技能提升培训。建立新型学徒培训制度，开展关键工艺攻关、技能研习和创新以及技能传承等活动，推动企业高技能人才培训。充分发挥技工院校的基础作用，积极构建以技师学院为龙头、高级技工学校为骨干、普通技工学校为基础的覆盖城乡劳动者的技工教育培训网络。指导技工院校按照国家技能人才培养标准要求，创新技能人才培养模式，积极推进一体化课程教学改革试点工作，建立适应经济社会发展、符合企业生产需要的现代技工教育教学体系。进一步调动各类培训机构的积极性，鼓励和引导社会力量开展职业培训和技能人才培养工作。

（三）完善技能人才多元评价体系。充分发挥职业资格证书制度在引导培训、促进就业和加强技能人才培养等方面的作用，大力加强职业技能鉴定工作，逐步健全以职业能力为导向，以工作业绩为重点，注重职业道德和职业知识水平的技能人才多元评价体系。坚持职业能力与工作业绩相结合、国家职业技能标准与岗位要求相结合、技能鉴定与考核评价相结合的评价模式。在大力推进职业技能鉴定社会化管理的同时，加快企业在职职工和职业院校毕业生技能人才评价方式的改革，进一步突破年龄、资历、身份和比例的限制，对在技能岗位工作并掌握高超技能、做出重大贡献的骨干技能人才，可破格或越级参加职业资格考评。鼓励企业畅通技能人才职业生涯发展通道，构建技能人才与专业技术人员职业发展立交桥，贯通职业技能鉴定与专业职称评定办法，拓宽技能人才职业发展通道。

（四）健全技能人才激励机制。建立健全技能人才竞赛、表彰和激励机制。进一步完善职业技能竞赛制度，广泛开展各种形式的群众性技术比武、技能竞赛活动。指导企业从生产实际出发，将技能竞赛活动与日常生产任务相结合、与提升职工队伍素质相结合、与促进技术技能革新相结合，促进企业职工学习新技术、推广新工艺、使用新方法，确保各类技能竞赛活动取得实效。对企业开展的符合职业技能竞赛组织实施要求的技能竞赛活动，可纳入政府组织的职业技能竞赛计划。注重培养和选拔优秀青年技能人才参加各类职业技能竞赛，为青年技能人才参加世界技能大赛创造条件。

对在职业技能竞赛中取得优异成绩的选手，按照规定给予表彰奖励，符合条件的晋升相应职业资格。进一步健全以政府奖励为导向，企业奖励为主体，辅以必要的社会奖励的技能人才表彰和奖励机制。健全和完善培训、考核、使用与待遇相结合的激励机制，引导企业工资分配向技能人才倾斜，鼓励企业建立高技能人才技能职务津贴和特殊岗位津贴制度。

四、保障措施

（一）加强组织保障。各相关城市要成立技能振兴专项活动工作领导小组，建立在政府统一领导下，人力资源社会保障部门统筹协调，有关部门各司其职、密切配合的工作机制，推进技能振兴专项活动。省级人力资源社会保障部门要加大对技能振兴专项活动的人力、物力、财力的投入，确保技能振兴专项活动的顺利实施。

（二）加大政策扶持。各相关城市要按照《国务院关于加强职业培训促进就业的意见》精神要求，出台本地加强职业培训促进就业和加强技能人才队伍建设的意见，进一步完善相关配套政策措施，积极构建有利于支持和促进职业培训事业发展和技能人才队伍建设的政策体系。

（三）加强资金保障。各相关城市要进一步加大就业专项资金的投入，明确公共财政支持职业培训和技能人才队伍建设工作的资金渠道。各级人力资源社会保障部门要积极协调财政、发展改革等部门，统筹高技能人才专项工作经费、教育费附加、企业职工教育统筹经费等资金用于技能振兴专项活动。有条件的城市，可按规定对技能振兴专项活动给予支持。人力资源社会保障部将在国家“高技能人才培训示范基地建设项目”、“技师培训项目”、“技能大师工作室建设项目”以及国家技能人才评选表彰、高技能人才享受国务院政府特贴等方面对各相关城市给予支持和倾斜。

（四）加强舆论宣传。各相关城市要加强技能振兴专项活动的舆论宣传，大力宣传党和国家关于加强职业培训促进就业、技能人才工作的方针政策，大力宣传职业培训促进就业的重要作用以及技能人才在经济建设和社会发展中的突出贡献，提高职业培训工作和技能人才的社会地位，努力营造有利于职业培训事业发展和高技能人才成长的良好氛围。

五、实施步骤

全国百家城市技能振兴专项活动为时两年，实施工作分三个阶段进行：第一阶段（2013 年 2—4 月）：印发《关于在全国百家城市开展技能振兴专项活动的通知》，启动专项活动相关工作；各相关城市制定具体实施方案和工作安排。第二阶段（2013 年 5 月至 2014 年 9 月）：全面推动技能振兴专项活动工作；指导各相关城市做好专项活动相关工作；各相关城市结合本地实际，落实专项活动实施方案，完成专项活动各项工作任务。第三阶段（2014 年 10—12 月）：对各相关城市的专项活动开展工作绩效评估，总结经验。

人力资源和社会保障部关于加快推进人力资源市场整合的意见

人社部发［2013］18号

各省、自治区、直辖市及新疆生产建设兵团人力资源社会保障厅（局），各副省级市人力资源社会保障局：

为健全统一规范灵活的人力资源市场，更好地服务就业优先战略和人才强国战略的实施，现就加快推进人力资源市场整合改革提出如下意见：

一、指导思想和主要目标

（一）指导思想。以邓小平理论、“三个代表”重要思想、科学发展观为指导，紧紧围绕民生为本、人才优先的工作主线，以更大程度更广范围发挥市场在人力资源配置中的基础性作用为导向，以整合资源、提高效率、深化改革、促进发展为重点，推进人力资源市场管办分离、政企分开、事企分开，进一步健全人力资源市场体系，促进人力资源合理流动和有效配置。

（二）主要目标。有效整合人才市场和劳动力市场资源，提高管理水平和服务效率，健全人力资源市场管理制度，提升公共就业和人才服务水平，促进人力资源服务产业健康发展，规范人力资源市场秩序，建立健全功能完善、机制健全、运行有序、服务规范的人力资源市场体系。

二、加强对人力资源市场的统筹管理

（一）统一人力资源市场管理制度。加快人力资源市场立法进程，抓紧制定人力资源市场条例，完善人力资源市场各项管理制度，推动各地修订出台人力资源市场管理地方法规，健全人力资源市场法规体系。完善人力资源流动配置相关政策，进一步消除人员流动障碍。

（二）统一人力资源市场监管。依法实施人力资源服务经营准入管理，规范准入条件，完善许可流程。加强《人力资源服务许可证》管理。强化后续监管、明确监管责任、制定监管措施，加强日常监管、专项整治和执法检查，规范人力资源服务行为。做好与相关法律法规的配套衔接工作，维护良好的人力资源市场秩序。健全人力资源市场监管综合协调机制，加强与工商行政管理等部门的协调，提高监管效能。开展人力资源服务机构诚信体系建设活动，推动建立和完善人力资源市场诚信体系。

（三）统一人力资源服务标准。落实《人力资源和社会保障标准化规划（2011—2015年）》（人社部发［2012］6号），加快人力资源服务标准体系建设进程，建立标准的推行、宣传、评估工作体系，发挥服务标准对人力资源服务行为的规范引领作用。对于没有国家标准或行业标准而确需通过标准予以规范的，各地可结合实际制定地方标准。

三、完善公共就业和人才服务体系

（一）整合加强公共就业和人才服务机构。

各地要按照统一领导、统一制度、统一管理、统一服务标准、统一信息系统的要求，统筹规划公共就业和人才服务体系建设。根据我部与中央编办联合下发的加强公共就业服务体系建设指导意见提出的原则，理顺公共就业和人才服务的管理职能，有条件的地方可设立公共就业和人才服务局；整合公共就业和人才服务资源，从服务对象的实际需要和便利出发，因地制宜地设立综合性或专业性的服务场所，合理布局服务网点；区、县一级一般应建立统一的公共就业和人才交流服务综合性服务机构；进一步加强街道（乡镇）和社区（行政村）劳动就业和社会保障公共服务平台建设，加强基层公共就业和人才服务工作，形成覆盖城乡、功能齐全、布局合理、方便可及的公共就业和人才服务网络。

（二）整合基本公共服务功能。各地要切实加强促进就业和人才流动配置领域的公共服务，全面梳理基本公共就业和人才服务项目，明确基本公共服务范围。具有共性的同类服务应实行统一的服务标准和服务规范。要科学规划设计各项服务内容和流程，做好相互关联业务之间的贯通衔接，互通共享经办信息记录和数据库。要从方便服务对象出发，简化经办手续，提高服务效率。

（三）加强公共就业和人才服务信息化建设。各地要充分利用金保二期建设项目，不断加强公共就业和人才服务信息网络建设，提升人力资源市场管理和公共服务的信息化水平。健全统一的信息分类标准和统计指标体系，推动公共就业和人才交流服务信息系统一体化，提高信息综合利用和分析水平，加快实现以信息和数据共享为基础的公共就业和人才服务工作全程信息化。

（四）加强公共就业和人才服务保障。各地要按照《中共中央、国务院关于分类推进事业单位改革的指导意见》（中发［2011］5号）要求，明确公共就业和人才交流服务机构公益属性，积极争取编制、财政等部门支持，合理确定人员编制。要按照《人力资源社会保障部、财政部关于进一步完善公共就业服务体系有关问题的通知》（人社部发［2012］103号）要求，健全公共就业和人才服务经费保障机制，将所需经费纳入同级财政预算，保障开展公共就业和人才服务所需的基本支出与项目支出经费。对县级及县以下基层平台开展公共服务所需经费确有困难的，要协调上级财政部门给予适当补助。要创新公共服务供给模式，积极采取政府购买服务等方式，提高公共服务供给效率。

四、加快推进公共服务与经营性服务分离改革

（一）理顺政府与市场的关系。不断深化人力资源市场体制改革，进一步理顺政府与市场的关系，实现人力资源市场领域的管办分离、政企分开、事企分开、公共服务与经营性服务分离。转变政府职能，切实做好人力资源市场的政策调节、规划建设、市场监管与公共服务等工作，为市场发展创造良好环境。

（二）推进经营性业务分离改革。各地要在明确划定公共就业和人才交流服务机构基本公共服务项目的基础上，逐步把经营性业务转由服务企业实施，做到职能分开、机构分设、人员分离、分类管理。已经实现分离改革的经营性服务机构，要按照有关法律法规的要求，推行产权制度改革，完善法人治理结构，建立现代企业制度，真正成为自主经营实体。对具有经营优势的，要注意保持服务品牌，鼓励其做大做强，发挥示范带动作用。

（三）完善改革配套政策。各地要按照有关法律法规和政策规定，切实加强对公共服务和经营性服务业务分离的管理和指导，在业务范围、人员安置、收入分配、资产配置、重大决策、干部配备等方面明确政策，稳慎推进改革进程，强化管理和监督，确保国有资产不流失。

五、加强组织领导

（一）统一思想认识。健全统一规范灵活的人力资源市场体系，意义重大，是一项复杂

的系统工程，各地要从全局和战略的高度进一步提高认识，加强调查研究，准确把握市场的发展现状和存在的问题，科学规划，因地制宜、循序渐进地推进人力资源市场的整合改革，确保各项工作取得实效。

（二）统筹改革和发展。各地要着眼长远，统筹谋划人力资源市场建设工作，在发展中求统一，在统一中谋发展，坚持规范管理和促进发展并重，坚持公共服务与经营性服务并举，认真落实《服务业发展“十二五”规划》（国发〔2012〕62号），大力促进人力资源服务业发展，提升人力资源服务供给能力，加快建立专业化、信息化、产业化、国际化的人力资源服务体系。

（三）加强基础工作。加强从业人员队伍建设，建立实施全国统一的人力资源市场从业人员职业资格制度，加大培训力度，提高从业人员队伍专业化水平。完善人力资源市场统计指标体系，进一步推进人力资源市场统计工作。加强市场建设的理论研究，提升市场建设的科学化水平。推进人力资源服务行业协会组织建设，充分发挥协会服务、自律、协调的功能。

各省（区、市）要切实做好本意见贯彻落实工作，确保各项政策措施落到实处。市场整合改革工作的实施情况请及时报告我部。

二〇一三年三月六日

人力资源和社会保障部　国家发展和改革委员会关于印发招标师职业资格制度暂行规定和招标师职业资格考试实施办法的通知

人社部发〔2013〕19号

各省、自治区、直辖市人力资源社会保障厅（局）、发展改革委，国务院各部委、各直属机构人事部门，中央管理的企业：

为贯彻落实《中华人民共和国招标投标法》和《中华人民共和国招标投标法实施条例》，在总结招标采购专业技术人员职业资格制度实施情况的基础上，人力资源社会保障部、国家发展改革委制定了《招标师职业资格制度暂行规定》和《招标师职业资格考试实施办法》，现印发给你们，请遵照执行。

自本通知施行之日起，原人事部、国家发展改革委发布的《关于印发〈招标采购专业技术人员职业水平评价暂行规定〉和〈招标师职业水平考试实施办法〉的通知》（国人部发〔2007〕63号）同时废止。

二〇一三年三月四日

招标师职业资格制度暂行规定

第一章　总　　则

第一条　为加强招标专业技术人员管理，提高招标专业技术人员职业素质，规范招标活动，根据《中华人民共和国招标投标法》、《中华人民共和国招标投标法实施条例》和国家职业资格证书制度有关规定，制定本规定。

第二条　本规定适用于依照法律、法规规定，在项目采购中从事招标活动的专业技术人员。

第三条　国家对依法从事招标工作的专业技术人员，实行准入类职业资格制度，纳入全国专业技术人员职业资格证书制度统一规划。

第四条　本规定所称招标师，是指经考试取得招标师资格证书，并依法注册后，从事招标活动的专业技术人员。

第五条　招标专业人员职业资格分为招标师和高级招标师。高级招标师的评价办法另行制定。

招标师英文译为：Tenderer。

第六条 人力资源社会保障部、国家发展改革委共同负责招标师制度的政策制定，并按照职责分工对该制度的实施进行指导、监督和检查。

各省、自治区、直辖市人力资源社会保障行政主管部门和发展改革部门，按照职责分工负责本行政区域内招标师职业资格制度的实施与监督管理。

第二章 考 试

第七条 招标师职业资格实行全国统一大纲、统一命题、统一组织的考试制度。考试原则上每年举行一次。

第八条 国家发展改革委负责拟定考试科目、考试大纲、考试试题，建立和管理考试试题库，提出考试合格标准建议。具体工作委托中国招标投标协会承担。

第九条 人力资源社会保障部组织专家审定考试科目、考试大纲和考试试题，会同国家发展改革委确定考试合格标准，并对考试工作进行指导、监督和检查。

第十条 凡中华人民共和国公民，遵守国家法律、法规，恪守职业道德，并符合下列条件之一的，可申请参加招标师资格考试：

（一）取得经济学、工学、法学或者管理学类专业大学专科学历，工作满 6 年，其中从事招标专业工作满 4 年；

（二）取得经济学、工学、法学或者管理学类专业大学本科学历，工作满 4 年，其中从事招标专业工作满 3 年；

（三）取得含经济学、工学、法学或者管理学类专业在内的双学士学位或者研究生班毕业，工作满 3 年，其中从事招标专业工作满 2 年；

（四）取得经济学、工学、法学或者管理学类专业硕士学位，工作满 2 年，其中从事招标专业工作满 1 年；

（五）取得经济学、工学、法学或者管理学类专业博士学位，从事招标专业工作满 1 年；

（六）取得其他学科门类上述学历或者学位的，其从事招标专业工作的年限相应增加 2 年。

第十一条 招标师职业资格考试合格，由人力资源社会保障部、国家发展改革委委托省、自治区、直辖市人力资源社会保障行政主管部门颁发人力资源社会保障部统一印制，人力资源社会保障部、国家发展改革委共同用印的《中华人民共和国招标师职业资格证书》（以下简称《资格证书》），该证书在全国范围内有效。

第十二条 对以不正当手段取得《资格证书》的，按照《专业技术人员资格考试违纪违规行为处理规定》（人力资源社会保障部令第 12 号）处理。

第三章 注 册

第十三条 国家对招标师资格实行注册执业管理制度。取得《资格证书》的人员，经过注册方可以招标师名义执业。

第十四条 国家发展改革委是招标师资格的注册审批部门。省、自治区、直辖市人民政府发展改革部门负责招标师资格注册的初步审查工作。

第十五条 取得招标师资格证书并申请注册的人员，应当受聘于一个具有招标项目或者代理机构资质的单位，并通过聘用单位所在地（聘用单位属企业的，通过本企业向工商注册所在地）的发展改革部门，向省、自治区、直辖市人民政府发展改革部门提交注册申请材料。

第十六条 省、自治区、直辖市发展改革部门在收到申请人的申请材料后，对申请材料不齐全或者不符合法定形式的，应当当场或者在 5 个工作日内，一次告知申请人需要补正的全部内容，逾期不告知的，自收到申请材料之日起即为受理。

对受理或者不予受理的注册申请，均应出

具加盖省、自治区、直辖市发展改革部门专用印章和注明日期的书面凭证。

第十七条 省、自治区、直辖市发展改革部门自受理注册申请之日起20个工作日内，按规定条件和程序完成申报材料的初审工作，并将申报材料和审查意见报国家发展改革委审核。

国家发展改革委自收到省级发展改革部门报送的注册申请人的申请材料和初步审查意见之日起，20个工作日内做出是否批准的决定。

在规定的期限内不能做出决定的，应将延长的期限和理由告知申请人。对做出不予批准决定的，应当书面说明理由，并告知申请人享有依法申请行政复议或者提起行政诉讼的权利。

第十八条 国家发展改革委自做出批准决定之日起10个工作日内，将批准决定颁发或送达批准注册的申请人，并核发统一制作的《中华人民共和国招标师注册证》。

第十九条 注册证的每一注册有效期为3年。注册证在有效期限内是招标师的执业凭证，由招标师本人保管、使用。

第二十条 申请初始注册者，应当自取得招标师资格证书之日起1年内提出注册申请。逾期申请初始注册时，须符合本规定继续教育要求。

初始注册、延续注册、变更注册、注销注册和不予注册等注册管理的具体办法，由国家发展改革委另行规定。

第二十一条 继续教育是招标师延续注册、重新申请注册和逾期初始注册的必备条件。在每个注册期内，招标师应按规定完成本专业的继续教育。

第二十二条 国家发展改革委建立招标师电子网络信息平台，为申请注册的人员提供注册申请、信息查询等服务，加强招标师信用管理，及时向社会公告招标师注册信息和信用信息。

第二十三条 招标师注册的初步审查部门和注册审批部门，应当严格执行《中华人民共和国行政许可法》有关规定。

第四章　执　　业

第二十四条 招标师应当在一个招标项目单位或者具有招标代理机构资质的单位，开展与该单位资质许可范围和本人注册的专业范围相适应的招标执业活动。

第二十五条 招标师的执业范围：

（一）策划招标方案，组织实施和指导管理招标全过程，处理异议，协助解决争议；

（二）招标活动的咨询和评估；

（三）协助订立和管理招标合同；

（四）国家规定的其他招标采购业务。

第二十六条 招标师的执业能力：

（一）掌握招标采购有关法律、法规、规章、政策、标准规范以及技术经济知识，分析、判断和解决相关专业问题；

（二）组织策划、实施和管理招标全过程，编写、审核有关招标文件及合同，协助指导与管理招标合同的谈判、订立和履行，运用电子信息技术组织招标活动；

（三）了解国际、国内招标行业发展状况，开展招标专业技术研究、交流、咨询等工作。

第二十七条 招标活动中形成的相关文件，应当由招标师签字，并承担相应法律责任。

第五章　权利和义务

第二十八条 招标师享有下列权利：

（一）使用招标师称谓；

（二）在规定的执业范围内从事招标执业活动；

（三）对违反相关法律、法规和技术标准的行为提出劝告，并可以向相关招标行政监督部门报告；

（四）接受继续教育；

（五）获得与执业责任相应的劳动报酬；

（六）对侵犯本人执业权利的行为进行申诉。

第二十九条 招标师履行下列义务：

（一）遵守法律、法规和有关管理规定，恪守职业道德；

（二）执行招标法律、法规、规章及有关技术标准；

（三）履行岗位职责，保证招标执业活动质量，并承担相应责任；

（四）保守知悉的国家秘密和聘用单位的商业、技术秘密；

（五）不得允许他人以本人名义执业；

（六）不断更新知识，提高招标工作能力；

（七）协助注册管理部门开展相关工作。

第六章　附　　则

第三十条　通过考试取得招标师资格证书，并符合《经济专业技术人员职务试行条例》有关规定的人员，用人单位可根据工作需要择优聘任其经济师专业职务。

通过考试取得招标师职业资格证书是申请评定本专业高级经济师职称的必备条件。

第三十一条　招标代理机构配备招标师的数量、招标师签字的文件种类、继续教育等注册执业的具体要求和管理办法，由国家发展改革委另行规定。

第三十二条　本规定施行前，依据原人事部、国家发展改革委印发的《〈招标采购专业技术人员职业水平评价暂行规定〉和〈招标师职业水平考试实施办法〉》（国人部发［2007］63号）要求，通过考试取得《中华人民共和国招标师职业水平证书》的人员，可按照本规定要求申请注册执业。注册执业的具体办法由国家发展改革委另行通知。

第三十三条　本规定自发布之日起施行。

招标师职业资格考试实施办法

第一条　人力资源社会保障部、国家发展改革委共同委托人力资源社会保障部人事考试中心和中国招标投标协会，承担招标师职业资格考试的具体考务工作。

各省、自治区、直辖市人力资源社会保障行政主管部门和发展改革部门共同负责本地区的考试工作，具体职责分工由各地协商确定。

第二条　国家发展改革委委托中国招标投标协会成立招标师资格考试专家委员会。该委员会负责招标师职业资格考试大纲的编写和命题工作，承担考试试题库的建设工作。

第三条　招标师资格考试科目为招标采购专业知识与法律法规、招标采购项目管理、招标采购专业实务和招标采购合同管理4个科目。

考试成绩实行4年为一个周期的滚动管理办法，在连续的4个考试年度内参加应试科目的考试并合格，方可取得招标师资格证书。

第四条　招标师资格考试分4个半天进行。招标采购专业知识与法律法规和招标采购项目管理2个科目的考试时间均为2.5小时；招标采购专业实务和招标采购合同管理2个科目的考试时间为3小时。

第五条　符合《招标师职业资格制度暂行规定》（以下简称《暂行规定》）有关报名条件的人员，均可报名参加招标师资格考试。

第六条　符合《暂行规定》中考试报名条件，并具备下列一项条件的，可免试招标采购项目管理和招标采购合同管理2个科目，只参加招标采购专业知识与法律法规和招标采购专业实务2个科目的考试。

（一）2012年12月31日前，取得高级经济师或者高级工程师职称；

（二）通过全国统一考试取得监理工程师、造价工程师，或者注册咨询工程师（投资）资格证书的。

第七条 为保证招标师资格考试科目名称调整的平稳过渡，在2014年度考试报名时，应按如下要求进行：

（一）在2013年，已按照原人事部、国家发展改革委《招标师职业水平考试实施办法》规定的科目要求参加考试，且部分科目合格的人员，在2014年度可继续按照原科目要求参加其他剩余科目的考试。在2014年，仍未取得招标师资格证书的人员，应在2015年按照本办法第三条规定和要求参加4个新科目的考试。

（二）在2014年度首次参加招标师资格考试的人员，应当按照本办法第三条规定的4个科目报名参加考试，其考试成绩按4年为一个滚动周期的办法管理；符合本办法第六条规定的可免试相应科目，其考试成绩按2年为一个滚动周期的办法管理。

自2015年起，招标师资格考试报名均应当按照本办法规定的科目和相关要求进行。

第八条 参加考试由本人提出申请，携带相关证明材料，到当地考试管理机构报名。考试管理机构按照规定的程序和报名条件审查合格后，核发准考证。参加考试人员凭准考证在指定的日期、时间、地点参加考试。

中央和国务院各部门及所属单位、中央管理企业的人员按属地原则报名参加考试。

第九条 考点原则上设在省会城市和直辖市的高、中等学校或者高考定点学校。如确需在其他城市设置考点，须经人力资源社会保障部和国家发展改革委批准。考试日期原则上定为每年第二季度。

第十条 坚持考试与培训分开的原则。凡参与考试工作（包括试题命制与组织管理等）的人员，不得参加考试，不得参与或举办与考试内容有关的培训工作。应考人员参加培训坚持自愿原则。

第十一条 考试管理部门和考务实施机构，应严格执行考试工作的各项规章制度，遵守考试纪律，切实做好试卷命制、印刷、发送和保管过程中的保密工作，遵守保密制度，严防泄密。

第十二条 对违反考试纪律和有关规定的人员，按照《专业技术人员资格考试违纪违规行为处理规定》（人力资源社会保障部第12号令）处理。

人力资源和社会保障部　中国银行业监督管理委员会　中国证券监督管理委员会　中国保险监督管理委员会关于扩大企业年金基金投资范围的通知

人社部发［2013］23号

各省、自治区、直辖市人力资源社会保障厅（局）、银监局、证监局、保监局，新疆生产建设兵团人力资源社会保障局，各计划单列市人力资源社会保障局、银监局、证监局、保监局，上海、深圳证券交易所，中国证券登记结算有限责任公司：

为促进企业年金市场健康发展，实现企业年金基金资产保值增值，根据《企业年金基金管理办法》（人力资源社会保障部第11号令，以下简称第11号令），现就扩大企业年金基金投资范围通知如下：

一、企业年金基金投资范围在第11号令第四十七条规定的金融产品之外，增加商业银行理财产品、信托产品、基础设施债权投资计划、特定资产管理计划、股指期货。

二、企业年金基金资产以投资组合为单位，按照公允价值计算应当符合下列规定：

（一）投资银行活期存款、中央银行票据、一年期以内（含一年）的银行定期存款、债券回购、货币市场基金、货币型养老金产品的比例，合计不得低于投资组合委托投资资产净值的5%；清算备付金、证券清算款以及一级市场证券申购资金视为流动性资产。

（二）投资一年期以上的银行定期存款、协议存款、国债、金融债、企业（公司）债、可转换债（含分离交易可转换债）、短期融资券、中期票据、万能保险产品、商业银行理财产品、信托产品、基础设施债权投资计划、特定资产管理计划、债券基金、投资连结保险产品（股票投资比例不高于30%）、固定收益型养老金产品、混合型养老金产品的比例，合计不得高于投资组合委托投资资产净值的135%。债券正回购的资金余额在每个交易日均不得高于投资组合委托投资资产净值的40%。

（三）投资股票、股票基金、混合基金、投资连结保险产品（股票投资比例高于30%）、股票型养老金产品的比例，合计不得高于投资组合委托投资资产净值的30%。

企业年金基金不得直接投资于权证，但因投资股票、分离交易可转换债等投资品种而衍生获得的权证，应当在权证上市交易之日起10个交易日内卖出。

三、单个投资组合委托投资资产，投资商业银行理财产品、信托产品、基础设施债权投资计划、特定资产管理计划的比例，合计不得高于投资组合委托投资资产净值的30%。其中，投资信托产品的比例，不得高于投资组合委托投资资产净值的10%。投资商业银行理财产品、信托产品、基础设施债权投资计划或者特定资产管理计划的专门投资组合，可以不受此30%和10%规定的限制。

专门投资组合，应当有80%以上的非现金资产投资于投资方向确定的内容。

四、单个投资组合委托投资资产，投资于单期商业银行理财产品、信托产品、基础设施债权投资计划或者特定资产管理计划，分别不得超过该期商业银行理财产品、信托产品、基础设施债权投资计划或者特定资产管理计划资产管理规模的20%。投资商业银行理财产品、信托产品、基础设施债权投资计划或者特定资产管理计划的专门投资组合，可以不受此规定的限制。

五、单个企业年金计划基金资产，投资商业银行理财产品、信托产品、基础设施债权投资计划、特定资产管理计划专门投资组合的比例，合计不得高于企业年金计划基金资产净值的30%。其中，投资信托产品专门投资组合的比例，不得高于企业年金计划基金资产净值的10%。

六、企业年金基金可投资的商业银行理财产品、信托产品、基础设施债权投资计划的发行主体，限于以下三类：

（一）具有“企业年金基金管理机构资格”的商业银行、信托公司、保险资产管理公司；

（二）金融集团公司的控股子公司具有“企业年金基金管理机构资格”，发行商业银行理财产品、信托产品、基础设施债权投资计划的该金融集团公司的其他控股子公司；

（三）发行商业银行理财产品、信托产品、基础设施债权投资计划的大型企业或者其控股子公司（已经建立企业年金计划）。该类商业银行理财产品、信托产品、基础设施债权投资计划仅限于大型企业自身或者其控股子公司的企业年金计划投资，并且投资事项应当由大型企业向人力资源社会保障部备案。

七、企业年金基金可投资的商业银行理财产品应当符合下列规定：

（一）风险等级为发行银行根据银监会评级要求，自主风险评级处于风险水平最低的一级或者二级；

（二）投资品种限于保证收益类和保本浮动收益类；

（三）投资范围限于境内市场的信贷资产、存款、货币市场工具、公开发行且评级在投资级以上的债券，基础资产由发行银行独立负责投资管理；

（四）发行商业银行理财产品的商业银行应当具有完善的公司治理、良好的市场信誉和稳定的投资业绩，上个会计年度末经审计的净资产不低于300亿元人民币或者在境内外主板上市，信用等级不低于国内信用评级机构评定的A级或者相当于A级的信用级别；境外上市并免于国内信用评级的，信用等级不低于国际信用评级机构评定的投资级或者以上的信用级别。

鼓励符合条件的商业银行根据企业年金委托人的投资偏好，为企业年金基金设计、发行商业银行理财产品。

八、企业年金基金可投资的信托产品应当符合下列规定：

（一）限于融资类集合资金信托计划和为企业年金基金设计、发行的单一资金信托计划。

（二）投资合同应当包含明确的“受益权转让”条款。

（三）信用等级不低于国内信用评级机构评定的AA+级或者相当于AA+级的信用级别。但符合下列条件之一的，可以豁免外部信用评级：

1. 偿债主体上个会计年度末经审计的净资产不低于90亿元人民币，年营业收入不低于200亿元人民币；

2. 提供无条件不可撤销连带责任保证担保的担保人，担保人上个会计年度末经审计的净资产不低于90亿元人民币，年营业收入不低于200亿元人民币。

（四）安排投资项目担保机制，但符合上述第三款1条规定且在风险可控的前提下可以豁免担保。

（五）发行信托产品的信托公司应当具有完善的公司治理、良好的市场信誉和稳定的投资业绩，上个会计年度末经审计的净资产不低于30亿元人民币。

鼓励符合条件的信托公司根据企业年金委托人的投资偏好，为企业年金基金设计、发行信托产品。

九、企业年金基金可投资的基础设施债权投资计划应当符合下列规定：

（一）履行完毕相关监管机构规定的所有合法程序；

（二）基础资产限于投向国务院、有关部委或者省级政府批准的基础设施项目债权资产；

（三）投资合同应当包含明确的“受益权转让”条款；

（四）信用等级不低于国内信用评级机构评定的A级或者相当于A级的信用级别；

（五）投资品种限于信用增级为A类、B类增级方式；

（六）发行基础设施债权投资计划的保险资产管理公司应当具有完善的公司治理、良好的市场信誉和稳定的投资业绩，上个会计年度末经审计的净资产不低于2亿元人民币。

鼓励符合条件的保险资产管理公司根据企业年金委托人的投资偏好，为企业年金基金设计、发行基础设施债权投资计划。

十、企业年金基金可投资的特定资产管理计划应当符合下列规定：

（一）限于结构化分级特定资产管理计划的优先级份额；

（二）不得投资于商品期货及金融衍生品；

（三）不得投资于未通过证券交易所转让的股权；

（四）发行特定资产管理计划的基金管理公司应当具有完善的公司治理、良好的市场信誉和稳定的投资业绩，上个会计年度末经审计的净资产不低于2亿元人民币。

十一、企业年金计划投资组合、养老金产品参与股指期货交易应当符合下列规定：

（一）根据风险管理的原则，只能以套期保值为目的，并按照中国金融期货交易所套期保值管理的有关规定执行；

（二）企业年金计划投资组合、养老金产品参与股指期货交易，任一投资组合或者养老金产品在任何交易日日终，所持有的卖出股指期货合约价值，不得超过其对冲标的股票、股票基金、混合基金、投资连结保险产品（股票投资比例高于30%）等权益类资产的账面价值；

（三）企业年金计划投资组合、养老金产品不得买入股指期货套期保值。

十二、商业银行理财产品、信托产品、基础设施债权投资计划、特定资产管理计划的估值办法，按照相关法律法规或者监管部门的规定执行。

十三、投资管理人投资的金融产品，募集资金投资方向应当符合国家宏观政策、产业政策和监管政策；产品结构简单，基础资产清晰，信用增级安排确凿，具有稳定可预期的现金流；建立信息披露机制和风险隔离机制，并实行资产托（保）管。投资管理人应当优先投资在公开平台登记发行和交易转让的金融产品。

十四、投资管理人应当对有关金融产品风险进行实质性评估，根据投资管理和风险管理能力，合理制定金融产品配置计划，履行相应的内部审核程序，健全内部信用评级制度，科学确定投资品种和规模、期限结构、信用分布和流动性安排。

投资管理人投资有关金融产品，应当充分发挥投资者监督作用，持续跟踪金融产品管理运作，定期评估投资风险，适时调整投资限额、风险限额和止损限额，维护资产安全。金融产品发生违约等重大投资风险的，投资管理人应当采取有效措施，控制相关风险，并及时向人力资源社会保障部和有关业务监管部门报告，同时抄报企业年金受托人。

投资管理人投资有关金融产品，不得与当事人发生涉及利益输送、利益转移等不当交易行为，不得通过关联交易或者其他方式侵害企业年金委托人的利益。

十五、本通知所指信用增级安排，其中保证担保的，应当为本息全额无条件不可撤销连带责任保证担保，且担保人信用等级不低于被担保人信用等级；抵押或者质押担保的，担保财产应当权属清晰，未被设定其他担保或者采取保全措施，经评估的担保财产价值不低于待偿还本息，且担保行为已经履行必要法律程序。

二〇一三年三月十九日

人力资源和社会保障部　中国银行业监督管理委员会　中国证券监督管理委员会　中国保险监督管理委员会关于企业年金养老金产品有关问题的通知

人社部发［2013］24号

各省、自治区、直辖市人力资源社会保障厅（局）、银监局、证监局、保监局，新疆生产建设兵团人力资源社会保障局，各计划单列市人力资源社会保障局、银监局、证监局、保监局，上海、深圳证券交易所，中国证券登记结算有限责任公司：

为促进企业年金市场健康发展，提高企业年金基金投资运营效率，根据《企业年金基金管理办法》（人力资源社会保障部第11号令，以下简称第11号令），现就企业年金养老金产品有关问题通知如下：

一、养老金产品定义和投资范围

（一）养老金产品是由企业年金基金投资管理人发行的、面向企业年金基金定向销售的企业年金基金标准投资组合。

（二）养老金产品限于境内投资，投资范围包括银行存款、国债、中央银行票据、债券回购、万能保险产品、投资连结保险产品、证券投资基金、股票、商业银行理财产品、信托产品、基础设施债权投资计划、特定资产管理计划、股指期货，以及信用等级在投资级以上的金融债、企业（公司）债、可转换债（含分离交易可转换债）、短期融资券和中期票据等金融产品。

养老金产品资产不得直接投资于权证，但因投资股票、分离交易可转换债等投资品种而衍生获得的权证，应当在权证上市交易之日起10个交易日内卖出。

二、养老金产品类型和投资比例

（一）养老金产品类型。

1. 股票型：投资股票、股票基金、混合基金、投资连结保险产品（股票投资比例高于30%）的比例，合计高于产品资产净值的30%。债券正回购的资金余额在每个交易日均不得高于产品资产净值的40%。

2. 混合型：投资股票、股票基金、混合基金、投资连结保险产品（股票投资比例高于30%）的比例，合计不得高于产品资产净值的30%。债券正回购的资金余额在每个交易日均不得高于产品资产净值的40%。

3. 固定收益型：投资银行定期存款、协议存款、国债、金融债、企业（公司）债、可转换债（含分离交易可转换债）、短期融资券、中期票据、万能保险产品、商业银行理财产品、信托产品、基础设施债权投资计划、特定资产管理计划、债券基金、投资连结保险产品（股票投资比例不高于30%）的比例，合计高于产品资产净值的80%。债券正回购的资金余额在每个交易日均不得高于产品资产净值的40%。可转换债（含分离交易可转换债）转股后应当于10个交易日内卖出。固定收益型养老金产品不得投资股票基金、混合基金、投资连结保险产品（股票投资比例高于30%）；可以投资股票一级市场，且应当在上市流通后10个交易日内卖出，但不得投资股票二级市场。

4. 货币型：投资银行活期存款、一年以内（含一年）的银行定期存款、剩余期限在397天以内（含397天）的债券、债券回购、期限在一年以内（含一年）的中央银行票据、货币市场基金、短期理财债券基金。债券正回购的资金余额在每个交易日均不得高于产品资产净值的40%。

5. 产品名称显示投资方向的固定收益型养老金产品，应当有80%以上的非现金资产投资于投资方向确定的内容。可以包括存款型、债券型、债券基金型、商业银行理财产品型、信托产品型、基础设施债权投资计划型、特定资产管理计划型、保险产品型等类型。

6. 商业银行理财产品型、信托产品型、基础设施债权投资计划型养老金产品，可以投资于建立企业年金计划的大型企业或者其控股子公司发行的商业银行理财产品、信托产品、基础设施债权投资计划。

7. 人力资源社会保障部将根据市场需求和运行合规情况，适当增加养老金产品的类型。

（二）养老金产品投资比例。

1. 单个企业年金计划基金资产或者单个投资组合委托投资资产，投资股票型养老金产品的比例，不得高于企业年金计划基金资产净值或者投资组合委托投资资产净值的30%。

2. 单个企业年金计划基金资产，投资商业银行理财产品型、信托产品型、基础设施债权投资计划型、特定资产管理计划型养老金产品的比例，合计不得高于企业年金计划基金资产净值的30%。其中，投资信托产品型养老金产品的比例，不得高于企业年金计划基金资产净值的10%。

3. 单个投资组合委托投资资产，投资商业银行理财产品型、信托产品型、基础设施债权投资计划型、特定资产管理计划型养老金产品的比例，合计不得高于投资组合委托投资资产净值的30%。其中，投资信托产品型养老金产品的比例，不得高于投资组合委托投资资产净值的10%。投资商业银行理财产品型、信托产品型、基础设施债权投资计划型或者特定资产管理计划型养老金产品的专门投资组合，可以不受此30%和10%规定的限制。

4. 单只养老金产品资产，投资于一家企业所发行的股票，单期发行的同一品种短期融资券、中期票据、金融债、企业（公司）债、可转换债（含分离交易可转换债），单只证券投资基金，单个万能保险产品或者投资连结保险产品，分别不得超过该企业上述证券发行量、该基金份额或者该保险产品资产管理规模的5%；按照公允价值计算，也不得超过该养老金产品资产净值的10%。

5. 单只养老金产品资产，投资商业银行理财产品、信托产品、基础设施债权投资计划、特定资产管理计划的比例，合计不得超过养老金产品资产净值的30%。其中，投资信托产品的比例，不得超过养老金产品资产净值的10%。商业银行理财产品型、信托产品型、基础设施债权投资计划型或者特定资产管理计划型养老金产品，可以不受此30%和10%规定的限制。

6. 单只养老金产品资产，投资于单期商业银行理财产品、信托产品、基础设施债权投资计划或者特定资产管理计划，分别不得超过该期商业银行理财产品、信托产品、基础设施债权投资计划或者特定资产管理计划资产管理规模的20%。其中，商业银行理财产品型、信托产品型、基础设施债权投资计划型或者特定资产管理计划型养老金产品，可以不受此规定的限制。

7. 单个投资组合委托投资资产，投资单只养老金产品的比例，可以不受第11号令第五十条有关30％规定的限制。

三、养老金产品发行

（一）投资管理人申请发行养老金产品，应当报送人力资源社会保障部备案，备案时提供下列材料，一式4份。

1.《关于养老金产品备案的函》。

2.《养老金产品投资管理合同》。

3.《养老金产品投资说明书》。

4. 投资管理人和养老金产品托管人协商一致签订的《养老金产品托管合同》。

5. 投资管理人担任注册登记人的，应当提交注册登记业务规则；投资管理人委托中国证券登记结算有限责任公司等符合条件的机构担任注册登记人的，应当提交委托代理协议书。

6. 投资管理人、托管人的“企业年金基金管理机构资格”证书复印件。

7. 其他需要提供的材料。

（二）人力资源社会保障部在收到符合规定的养老金产品备案材料之日起60日内，根据第11号令和本通知等有关规定，做出通过或者不予通过的决定。不予通过的，说明理由并通知申请人；通过的，向申请人出具养老金产品备案确认函，给予养老金产品登记号。养老金产品登记号编制方法为：99＋PF＋4位数年份＋4位数序列号。其中，序列号采用连续编排方法。

（三）养老金产品托管人应当以产品的名义在其营业机构开立资金托管账户，资金托管账户是用于清算交收所托管养老金产品资产而设立的专用存款账户。资金托管账户名称为“××银行××公司××养老金产品资产”托管账户，“××银行”为养老金产品托管人的简称，“××公司”为养老金产品投资管理人的简称，“××银行××公司××养老金产品”名称应当与养老金产品备案确认函中的名称一致。

资金托管账户预留银行签章为“××银行××公司××养老金产品资产”专用章和托管人的授权人名章。专用章名称应当与资金托管账户名称一致，预留银行签章由托管人负责保管和代为使用。

托管人开立资金托管账户，应当向开户银行提供下列材料：

1. 投资管理人委托托管人开立养老金产品资金托管账户的委托书；

2.《关于××公司××养老金产品确认函》复印件；

3. 托管人营业执照复印件；

4. 托管人基本存款账户开户许可证复印件；

5. 托管人“企业年金基金管理机构资格”证书复印件；

6. 其他要求提供的材料。

资金托管账户开立之后，投资管理人可以面向企业年金计划或者企业年金计划投资组合（养老金产品投资人）定向销售养老金产品。投资人依据《养老金产品投资管理合同》取得产品份额后，即成为养老金产品份额持有人。

（四）养老金产品发行后，投资管理人不得变更养老金产品类型。

（五）发生下列情形之一的，养老金产品变更：

1. 养老金产品名称变更；

2. 养老金产品管理费率调高；

3. 养老金产品投资政策变更；

4. 备案材料的其他主要内容变更。

投资管理人与托管人协商一致后拟变更养老金产品的，应当充分保障份额持有人的知情权，事先以公告等方式通知份额持有人，并向人力资源社会保障部重新履行备案手续；备案通过后，变更生效。投资管理人应当自变更生效之日起15日内，以书面送达或者公告等方式通知份额持有人。养老金产品变更，原产品登记号不变。

（六）投资管理人可以在《养老金产品投资管理合同》中约定，在不损害份额持有人利益且与托管人协商一致的前提下，对养老金产品下列内容进行变更：

1. 调低养老金产品管理费率；

2. 因法律法规修订而应当收取增加的费用；

3. 因法律法规修订而应当修改《养老金产品投资管理合同》。

投资管理人应当自变更生效之日起 15 日内以书面送达或者公告等方式通知份额持有人，并同时向人力资源社会保障部报告。

（七）发生下列情形之一的，养老金产品终止：

1. 投资管理人与托管人协商一致决定终止的；

2. 人力资源社会保障部按照规定决定终止的。

养老金产品自人力资源社会保障部出具的同意或者决定终止函生效之日起终止。

（八）养老金产品终止的，投资管理人应当以公告等方式通知份额持有人，并组织清算组对养老金产品资产进行清算，清算费用从养老金产品资产中扣除。

清算组由投资管理人、托管人、份额持有人代表以及投资管理人聘请的会计师事务所、律师事务所等组成。

清算组应当自清算工作完成后 3 个月内，向人力资源社会保障部提交经会计师事务所审计以及律师事务所出具法律意见书的清算报告，该报告同时向份额持有人公告。

四、养老金产品管理运行

（一）投资管理人、托管人各自以养老金产品为主体，采用份额法计量方法，独立建账、独立核算，根据《企业会计准则第 10 号——企业年金基金》、《企业会计准则第 22 号——金融工具确认和计量》及相关会计准则，参照《证券投资基金会计核算业务指引》等规定，分别在每个交易日进行会计核算和估值，托管人应当复核、审查和确认投资管理人计算的估值结果。

（二）注册登记人负责办理养老金产品的注册登记业务。注册登记业务指登记、存管、清算和结算业务，具体内容包括份额持有人账户建立和管理、份额注册登记、销售业务确认、清算及交易确认、建立并保管份额持有人名册等。注册登记人应当在份额持有人办理申购赎回业务时向其提供交易确认电子数据。投资管理人委托其他机构办理注册登记业务所支付的费用，不得从养老金产品资产中列支。

注册登记人负责定期向份额持有人报告账户的份额、净值、申购赎回明细等信息，报告方式可以是纸质对账单或者电子对账单。注册登记人应当确保报告信息的及时、准确、完整。

注册登记人应当提供网站专区供份额持有人自助查询或者下载对账单。同时，应当为份额持有人提供纸质对账单或者电子对账单订阅方式，并按照订阅要求向份额持有人发送月度、季度或者年度纸质对账单、电子对账单。

（三）根据投资管理人的投资安排，托管人应当以养老金产品名义开立交易所证券账户、银行间债券账户、上海清算所持有人账户等账户。

托管人开立养老金产品交易所证券账户、银行间债券账户、上海清算所持有人账户时，应当提供下列材料：

1. 投资管理人委托托管人开立养老金产品各类账户的委托书；

2.《关于××公司××养老金产品确认函》复印件；

3. 托管人“企业年金基金管理机构资格”证书复印件；

4.《养老金产品托管合同》复印件；

5. 其他要求提供的材料。

（四）托管人应当按照本通知及《养老金产品托管合同》规定，对养老金产品资产的投资范围、投资比例、会计核算与估值、费用计提与支付等事项进行监督。托管人发现投资管理人违反本通知或者《养老金产品托管合同》规定的，应当及时通知投资管理人予以调整；投资管理人逾期未调整的，托管人应当上报人力资源社会保障部。

（五）养老金产品投资管理费按照固定费率收取，不收取业绩报酬，不提取风险准备金。

（六）养老金产品的投资管理费、托管费和其他相关费用，包括证券交易费用、资金划拨费用以及证券账户、资金账户等的开户及变更费用等，从养老金产品资产中扣除。

养老金产品投资管理人、托管人应当综合考虑养老金性质、份额持有人利益和市场发展等因素，合理确定管理费收取标准。

五、投资养老金产品

（一）企业年金计划投资组合资产投资养老金产品。

1. 企业年金计划投资组合（以下简称“投资组合”）的投资管理人，可以将投资组合的委托投资资产投资于一个或者多个养老金产品。

2. 投资管理人将投资组合的部分或者全部委托投资资产投资于养老金产品时，该部分或者全部委托投资资产不再计提投资管理费，也不提取风险准备金。

3. 规模较小投资组合的受托人或者投资管理人，应当优先考虑将该组合的委托投资资产全部投资于养老金产品。

4. 注册登记人负责以投资组合的名义开立养老金产品份额持有人账户，开户名称应当与投资组合名称一致，开户证件使用企业年金计划备案确认函，证件号码为企业年金计划登记号，组织机构代码证、税务登记证号码等使用投资组合投资管理人的信息。

5. 投资管理人将投资组合的委托投资资产投资于养老金产品时，应当经受托人同意。

（二）企业年金计划资产投资养老金产品。

1. 法人受托机构可以将受托管理的企业年金基金资产，分配给一个或者多个养老金产品。法人受托机构应当在《企业年金计划受托管理合同》或者补充协议中说明将企业年金缴费分配给养老金产品的原则和方法。

法人受托机构应当与养老金产品投资管理人签订《企业年金计划投资管理合同》，《养老金产品投资管理合同》、《养老金产品投资说明书》作为《企业年金计划投资管理合同》的附件。

2. 规模较小企业年金计划的委托人或者法人受托机构，应当优先考虑将企业年金计划基金资产全部投资于养老金产品。

3. 注册登记人负责以企业年金计划的名义开立养老金产品份额持有人账户，开户名称应当与企业年金计划名称一致，开户证件使用企业年金计划备案确认函，证件号码为企业年金计划登记号，组织机构代码证、税务登记证号码等使用法人受托机构的信息。

4. 企业年金计划法人受托机构和企业年金计划托管人应当分别完成企业年金计划的建账、估值核算、制作会计报表、信息报告等工作，法人受托机构对托管人出具的估值核算结果、会计报表及信息报告进行复核。

六、养老金产品信息披露和监管

（一）投资管理人应当在收到养老金产品备案确认函的下一个工作日，在指定网站及其公司官网上披露养老金产品信息。

养老金产品的投资经理发生变更，投资管理人应当自变更之日起3个工作日内，在指定网站及其公司官网上披露。

（二）养老金产品存续期间，投资管理人应当每个交易日在指定网站及其公司官网上披露经养老金产品托管人复核、审查和确认的单位净值。

（三）投资管理人应当按照有关规定，向份额持有人提供养老金产品季度报告和年度报告；如发生特殊情况，还应当提供临时报告或者进行重大信息披露。

（四）投资管理人、托管人应当按照有关规定，向人力资源社会保障部报告养老金产品的管理情况，同时抄报有关业务监管部门，并对所报告内容的真实性、准确性、完整性负责。

（五）养老金产品宣传推介材料应当含有明确、醒目的风险提示和警示性文字，提醒投资人注意投资风险。投资人应当仔细阅读《养老金产品投资管理合同》、《养老金产品投资说明书》、《养老金产品托管合同》，充分认知养老金产品的投资风险，审慎做出投资决策，自行承担投资损益。

（六）企业年金计划受托人，负责企业年金计划的投资比例控制；企业年金计划托管人负责监督。

企业年金计划投资组合投资管理人，负责投资组合的投资比例控制；企业年金计划托管人负责监督。

养老金产品投资管理人，负责养老金产品的投资比例控制；养老金产品托管人负责监督。

养老金产品投资管理人应当接受份额持有人和托管人的监督。

（七）养老金产品经人力资源社会保障部备案确认，并不表明其对养老金产品的价值和收益做出实质性的判断或者保证，也不表明养老金产品没有投资风险。

（八）投资管理人、托管人违反行政法规和本办法规定的，人力资源社会保障部根据第11号令规定进行处罚；对直接负责的主管人员和其他直接责任人员，可以采取监管谈话、出具警示函、记入诚信档案等监管措施。

（九）人力资源社会保障部、有关业务监管部门依法履行监督管理职责，对养老金产品的投资运作和管理情况进行定期或者不定期检查，投资管理人、托管人和注册登记人应当予以配合。

二〇一三年三月十九日

人力资源和社会保障部关于印发《世界技能大赛参赛管理暂行办法》的通知

人社部发［2013］28号

各省、自治区、直辖市及新疆生产建设兵团人力资源社会保障厅（局），国务院有关部门（行业组织、集团公司）人事劳动保障工作机构：

为做好我国参加世界技能大赛组织管理工作，现将《世界技能大赛参赛管理暂行办法》印发给你们，请认真遵照执行。

二〇一三年四月十二日

世界技能大赛参赛管理暂行办法

第一章　总　　则

第一条　为做好参加世界技能大赛组织管理工作，制定本办法。

第二条　参加世界技能大赛旨在加强我国与国际技能领域的交流合作，展示我国高技能人才队伍建设成果，学习借鉴国际先进经验，推动国内职业培训和技能人才工作深入发展。

第三条　支持和鼓励青年技能人才参加世界技能大赛，争创优异成绩，为国争光。

第四条　人力资源社会保障部作为我国在世界技能组织的代表，负责统筹管理我国参加世界技能大赛各项工作。

第五条　各地、各部门、各行业协会、学会和企业、院校，要充分发挥各自优势，积极承担参赛相关工作。

第二章　组织机构与职责分工

第六条　人力资源社会保障部设立世界技能大赛中国组委会，对参赛工作进行领导。组委会主任由人力资源社会保障部副部长兼任，副主任由人力资源社会保障部职业能力建设司、国际合作司主要负责同志兼任。组委会成员由人力资源社会保障部办公厅、规划财务司、职业能力建设司、国际合作司、人事司、宣传中心、中国就业培训技术指导中心、国际交流服务中心、中国人力资源和社会保障出版集团负责同志担任。

第七条　组委会设秘书处、对外工作组、技术支持组、保障服务组、新闻宣传组。

秘书处设在职业能力建设司，负责综合管理和统筹协调参赛工作。其主要职责是：制订并实施参赛工作发展规划和年度工作计划；制定参赛项目和参赛选手、技术指导专家、教练、技术翻译遴选条件；制定集训基地日常管理办法；制定表彰奖励政策；提出并执行年度专项经费预算；负责制订中国代表团出国参赛方案和参赛期间综合管理；承办组委会日常工作。

对外工作组设在国际合作司，其主要职责是：统筹协调我国参与世界技能组织活动及与有关国家和地区在技能竞赛领域的交流合作；负责与世界技能组织的联络；筹备参加世界技能组织大会和其他相关国际会议；审核中国代表团出国参赛组团方案并根据参赛方案负责对外联系。

技术支持组设在中国就业培训技术指导中心，其主要职责是：研究提出参赛项目建议；承办参赛项目和参赛选手、技术指导专家、教练的遴选工作；指导开展参赛选手、技术指导专家、教练的培训；承办技术会议和技术交流活动；承担中国代表团出国参赛期间的技术指导工作；负责国际竞赛规则规程、技术标准的引进与推广。

保障服务组设在国际交流服务中心，其主要职责是：组织承办国际技术交流活动；选拔、培训参赛技术翻译，翻译审核相关资料；负责出席国际会议、出国参赛的组团事宜和后勤保障等事务性工作；处理社会赞助事宜。

新闻宣传组设在宣传中心，其主要职责是：负责涉及世界技能组织、世界技能大赛的宣传工作，牵头确定年度新闻宣传计划并组织实施；制定宣传工作方案和宣传口径；组织新闻稿件，联系国内外媒体。

第八条　组委会依托天津职业技术师范大学世界技能大赛中国研究中心开展技术理论研究和技术服务工作。

第三章　会议制度与工作规程

第九条　组委会实行会议制度。组委会会议由组委会主任或由主任委托副主任召集，各成员单位参加。

组委会会议不定期召开。

第十条　组委会会议研究确定以下事项：

（一）参加世界技能组织相关活动和世界技能大赛参赛工作政策规定；

（二）年度工作计划和预算；

（三）参赛工作实施方案；

（四）参赛选手选拔赛组织实施方案、指定设备及赞助方案；

（五）参赛项目、各类参赛人选、集训基地；

（六）参赛表彰奖励办法；

（七）其他相关事项。

第十一条　专项工作和日常事务性工作，需召开专题会议研究的，由各组根据职责分工负责承办。

第十二条　需报请人力资源社会保障部领导批准的事项，均以秘书处名义上报呈批件。其中涉及各组业务的，由各组代拟呈批件送秘书处，由秘书处上报。

外事出（来）访事项按外事管理规定办理。

第十三条　需向部外发文的，由各组按照职责分工代拟文稿，征求组委会其他相关成员意见后送秘书处，由秘书处负责以组委会名义或秘书处名义行文。以组委会名义发文的，须经组委会领导批准。

以下事项以组委会名义行文：

（一）涉及参加世界技能组织相关活动和世界技能大赛参赛工作政策规定；

（二）年度工作计划和参赛方案；

（三）参赛选手选拔赛组织方案的确定；

（四）参赛项目、各类参赛人选、集训基地确定；

（五）参赛表彰奖励办法。

其他事项以秘书处名义行文。

以组委会名义行文的，由人力资源社会保障部代章；以秘书处名义行文的，由人力资源社会保障部职业能力建设司代章。

第四章　参赛项目、集训基地与技术指导专家组

第十四条　我国参赛项目从世界技能组织

正式公布的每一届世界技能大赛设置项目中选定。

（一）参赛项目遴选标准。

1. 我国在项目所涉领域具有技术优势、队伍优势和基础条件优势；

2. 覆盖行业较广、从业人员较多，对我国产业升级有引领作用，对技工教育和职业培训有促进作用；

3. 竞赛成果可尽快转化为职业培训成果；

4. 有关单位具有承担集训任务积极性。

（二）参赛项目确定程序。

技术支持组向秘书处提出参赛项目建议，秘书处召开专家论证会进行论证，提交组委会会议研究确定。

第十五条 集训基地指承担世界技能大赛参赛选手集训任务的训练场地。

第十六条 集训基地的确定。

（一）具有以下条件的企业、院校、培训机构，可申请设立世界技能大赛参赛项目集训基地。

1. 具有满足竞赛项目要求的训练场地和生活场所；

2. 具有满足竞赛项目要求的设施、设备和辅助工具；

3. 所在地省级人民政府或所在行业主管部门积极支持，并提供人力、物力、财力支持。

（二）集训基地确定程序。

1. 以秘书处名义发文布置申报工作，省（区、市）人力资源社会保障部门、行业主管部门组织申报并进行初审；

2. 省（区、市）人力资源社会保障部门或行业主管部门向组委会报送申请及相关材料；

3. 秘书处组织专家研究论证，提出集训基地建议名单，经组委会会议讨论确定；

4. 以组委会名义发文公布集训基地名单并授牌。

第十七条 各参赛项目成立技术指导专家组，负责制订并实施集训方案。技术指导专家组一般设3名专家、1名技术翻译和1个教练组，其中1名技术指导专家任组长。

技术指导专家组下设的教练组，负责按集训方案对选手进行集训。教练组由若干名教练组成，教练一般在集训基地所在地选拔产生，组长须由技术指导专家组组长或专家兼任。

技术指导专家组接受组委会领导，日常管理由集训基地负责。

第五章 人员选拔

第十八条 选手选拔。

（一）基本条件。

热爱祖国，遵纪守法，有较高职业素养。心理素质稳定，身体健康，符合世界技能大赛年龄要求。具有参赛项目相关专业技能培训经历，技能水平突出，有一定外语基础。一般应具有参加国际或国内竞赛活动经验。

（二）选拔程序。

1. 参赛集训选手一般采取举办全国性选拔赛的方式选拔。特殊情况下，也可采用其他方式进行选拔。

2. 全国性选拔赛的承办由省（区、市）人力资源社会保障部门或行业主管部门、行业协会、学会向组委会提出申请，经组委会会议研究确定。全国性选拔赛一般应与国内职业技能竞赛合并进行。

3. 全国性选拔赛的技术要求参照世界技能大赛标准。在注重先进性的前提下，可采用国内普遍使用的设备和工具。

4. 技术支持组会同承办单位提出选拔赛实施方案，提交组委会会议确定后组织实施。

5. 选拔赛原则上应根据参赛项目要求选拔出不少于参赛选手数量3倍的集训选手。

6. 经选拔产生的集训选手建议名单应与竞赛计分表原始件一起由选拔赛裁判组成员集体签字确认后报技术支持组。技术支持组复核后，报秘书处对建议名单进行初审，提交组委会会议研究确定，以组委会秘书处名义发文公布。

7. 采取严格按集训综合成绩分阶段淘汰的办法确定最终参赛选手建议人选，经组委会会议研究确定参赛选手。

8. 参赛选手所在地省（区、市）人力资

源社会保障部门或行业主管部门负责对其进行政治思想品德和综合素质考核。

第十九条 技术指导专家、教练选拔。

（一）基本条件。

1. 热爱祖国，遵纪守法，爱岗敬业。有较强组织协调能力和团队合作精神。具有丰富的带徒经验，具备履行职责所需的外语能力。身体健康。

2. 技术指导专家一般应从事本项目技术工作 15 年以上，有高级技师职业资格或副高级以上专业技术职务，专业技能高超，得到行业普遍认同。

3. 教练一般应从事本项目技术工作 8 年以上，有技师以上职业资格或中级以上专业技术职务，专业技能高超，得到行业普遍认同。教练一般从集训基地所在地选拔产生。

4. 担任技术指导专家组组长的技术指导专家应具有在国际或国家级竞赛中担任专家组组长或项目裁判长经历。

5. 获得中华技能大奖、全国技术能手称号的高技能人才在同等条件下优先。

（二）选拔程序。

1. 技术指导专家和教练同时选拔，技术支持组提出选拔工作方案，提交组委会会议讨论通过；

2. 以秘书处名义发文布置申报工作，省（区、市）人力资源社会保障部门、行业主管部门推荐上报候选人员材料；

3. 技术支持组组织专家对候选人员进行考核和面试，提出建议名单，经秘书处审核后，提交组委会会议讨论通过，以组委会名义发文公布并颁发聘书。

第二十条 技术翻译选拔。

（一）基本条件。

热爱祖国，遵纪守法，爱岗敬业，有较强团队合作精神。有外事工作经验，有参赛项目所需的专业背景，有 2 年以上专业技术翻译从业经验，口译能力突出。身体健康。

（二）选拔程序。

1. 保障服务组制订选拔方案提交组委会会议讨论通过；

2. 以秘书处名义发文布置申报工作，省（区、市）人力资源社会保障部门或行业主管部门推荐上报候选人员材料；

3. 保障服务组组织选拔考试，提出建议名单，经秘书处审核后，提交组委会会议讨论通过，以组委会名义发文公布并颁发聘书。

第六章 人员培训

第二十一条 选手培训。

（一）选手培训采取集训形式，时间一般为 12 个月；

（二）集训在集训基地进行，集训工作由集训基地负责，技术指导专家组制订训练计划并组织实施；

（三）集训技术标准严格遵循世界技能大赛相关技术规定，集训所用设备及其他材料采用世界技能大赛公布的相同设备和材料；

（四）集训中按综合成绩分阶段逐步淘汰初选集训选手，确定最终参赛选手；

（五）集训内容以实操技能为重点，同时进行心理、体能、环境适应性、语言和团队协作等训练；

（六）集训可采取强化训练、国内外考察和技术交流等多种方式进行。

第二十二条 技术指导专家、教练、技术翻译培训。

技术指导专家、教练、技术翻译的培训可采取集中培训、国内外考察、参加国际竞赛和技术交流活动等方式进行。

培训内容为世界技能大赛相关规则、评分标准、外语专业词汇、心理素质、职业道德、团队合作方法等。

国外考察培训内容为国际竞赛规则、技术标准和评分标准，与国外技术专家的沟通交流方法等。

第七章 组团与参赛

第二十三条 组团出国参加世界技能大赛应纳入人力资源社会保障部年度外事活动计

划，按外事规定进行管理。

第二十四条 组团参赛方案由秘书处根据参赛需要商组委会各成员单位拟定，按外事规定报批。

第二十五条 出国参赛团应按外事规定确定团长、副团长，负责在国外参赛期间的管理工作。

第二十六条 出国参赛团应根据外事规定和世界技能组织相关工作要求确定领队。担任领队工作的人员应政治素质好，有较强的组织能力，熟悉世界技能大赛竞赛规则，有参加国内、国际大赛经验，有较好的英语沟通能力，有为选手服务的强烈意识。

第二十七条 可根据参赛和培训需要，应邀参加区域、国家、地区组织的国际技能竞赛。组团工作依上述规定执行。

第二十八条 世界技能大赛期间，可以学习世界技能大赛技术规程、技术标准、组织方式和备战下一届世界技能大赛需要为目的，组织出国观摩团进行观摩。

观摩团应纳入人力资源社会保障部年度外事活动计划，按外事规定进行管理。

观摩团由保障服务组负责组团，组团方案商组委会各成员单位拟定，按外事规定报批。

观摩团组成人员一般应是世界技能大赛我国参赛项目技术指导专家、教练、研究人员，新闻媒体记者，集训基地负责人和集训基地所在地及行业有关管理人员，从事竞赛管理、技术支持的部门和单位工作人员。

第八章　表彰奖励与宣传

第二十九条 对在世界技能大赛中获得金、银、铜、优胜奖牌的选手，以及为选手获奖提供指导和帮助的技术指导专家、教练、技术翻译，按国家表彰奖励规定，给予精神奖励和物质奖励。

（一）获奖选手由人力资源社会保障部授予“全国技术能手”称号。获得金牌的选手，由相关职业资格认定机构颁发高级技师职业资格证书；获得银、铜、优胜奖牌的选手，由相关职业资格认定机构颁发技师职业资格证书。

（二）获得金、银、铜、优胜奖牌的选手，按有关规定发放不同档次的奖金。上述奖金，符合个人所得税法第四条第一款规定的，予以免税。

（三）本项目选手获得金、银、铜、优胜奖牌，按选手所获奖金额向技术指导专家组集体发放奖金，由技术指导专家、教练、技术翻译按贡献大小公平分配。上述奖金，符合个人所得税法第四条第一款规定的，予以免税。

第三十条 获奖选手参加中华技能大奖评选、享受国务院政府特殊津贴人员选拔时，在同等条件下优先。

第三十一条 集训选手由世界技能大赛中国组委会秘书处颁发荣誉证书，并在现有职业资格等级的基础上晋升一级职业资格，由相关职业资格认定机构颁发职业资格证书。

第三十二条 对为参赛工作做出突出贡献的单位和个人，采取通报表扬和其他方式予以表彰。

地方人民政府、行业主管部门和行业协会、学会可参照国家有关奖励办法，对本地、本行业参赛选手和为参赛工作做出突出贡献的单位和个人予以表彰。

第三十三条 采取多种方式，大力宣传我国参赛选手奋力拼搏、积极进取的精神风貌和精湛高超的职业技能，宣传我国技能人才队伍建设取得的丰硕成果，激发广大劳动者和青年学习技能的自豪感和积极性，进一步在全社会营造尊重劳动、崇尚技能的良好氛围。

第九章　经费与保障

第三十四条 世界技能大赛专项工作经费由秘书处根据预算要求和实际需要编制并执行年度预算，严格按现有财务规定和外事经费管理规定开支。

第三十五条 世界技能大赛年度经费根据财政部批复的预算数核定，实行总额控制，应严格按照预算批复内容和数额执行。

第三十六条 世界技能大赛专项经费按照

财政部批复的项目预算内容、范围用于以下开支：

（一）会议费、技术交流活动经费及交通费；

（二）出国观摩、培训、参赛费用，含国际旅费、食宿、参赛缴费、国外城市间交通、参赛工具国际运费、公杂费、个人零用等费用；

（三）邀请外国专家来华参加中外技术交流活动的食宿、城市间交通、礼品、宴请等费用；

（四）选手、技术指导专家、教练、技术翻译选拔竞赛费用；

（五）选手、技术指导专家、教练、技术翻译培训费用和参加培训的交通费用；

（六）集训基地的设备、工具购置费用；

（七）场地租赁、维修维护和设施设备耗材费；

（八）科研课题研究和资料翻译费用；

（九）新闻宣传费用；

（十）获奖选手和技术指导专家组奖金；

（十一）选手、技术指导专家、教练、技术翻译生活补助；

（十二）领队、选手、技术指导专家、教练、技术翻译参赛服装费。

第三十七条 举办会议或技术交流活动，经费预算由承办单位提出，经秘书处审核后并报人力资源社会保障部领导审批。

第三十八条 选手、技术指导专家、教练、技术翻译生活补助标准由集训基地报秘书处审核后发放。

第三十九条 集训场地、设施设备租赁、耗材等费用按实际发生金额直接支付集训基地。

第四十条 集训基地和其他相关单位不得收取参训选手、技术指导专家、教练、技术翻译或其所在单位任何费用。

第四十一条 鼓励社会各界对世界技能大赛参赛工作进行赞助。

社会赞助管理办法，根据相关法规另行制定。

第四十二条 参赛选手、技术指导专家、教练、技术翻译，有正式工作单位的，集训及参赛期间其工资福利待遇由所在单位承担，原待遇不变。没有工作单位或尚未参加工作的，由基地给予生活补贴。

第四十三条 所在地区、行业部门、院校应积极为参赛和参加集训的在校学生选手优先推荐工作。

附件：

1. 第××届世界技能大赛技术指导专家、教练、技术翻译审批表（略）

2. 第××届世界技能大赛参赛选手审批表（略）

人力资源和社会保障部关于印发《工伤康复服务项目（试行)》和《工伤康复服务规范（试行)》（修订版）的通知

人社部发［2013］30号

各省、自治区、直辖市及新疆生产建设兵团人力资源社会保障厅（局）：

为进一步规范和加强工伤康复管理工作，我部在总结2008年制定的《工伤康复服务项目（试行)》和《工伤康复诊疗规范（试行)》执行情况基础上，结合国家发改委、卫生部、国家中医药管理局颁布的《全国医疗服务价格项目规范（2012年版)》（以下简称《价格项目规范》），组织修订了《工伤康复服务项目（试行)》（以下简称《服务项目》）和《工伤康复服务规范（试行)》（以下简称《服务规范》），现印发你们，并就有关问题通知如下：

一、《服务项目》和《服务规范》既是工伤康复试点机构开展工伤康复服务的业务指南和工作规程，也是工伤保险行政管理部门、社会保险经办机构和劳动能力鉴定机构进行工伤康复监督管理的重要依据。工伤保险行政管理部门和经办机构要密切配合，积极协调有关方面，特别是结合贯彻《国家发展改革委、卫生部、国家中医药管理局关于规范医疗服务价格管理及有关问题的通知》（发改价格［2012］1170号），认真做好《服务项目》和《服务规范》的实施工作。

二、《服务项目》和《服务规范》的使用范围仅限于在各地确定的工伤康复协议机构进行康复的工伤人员。工伤职工康复期间必须使用的中医治疗、康复类项目按本地《工伤保险诊疗项目目录》的规定执行。

三、各地在贯彻实施《服务项目》和《服务规范》中，应坚持实事求是的原则，根据当地康复技术发展水平对《服务项目》进行适当调整，调整幅度控制在《服务项目》总数10%范围内，并加强对康复服务项目使用合理性的管理，明确康复服务项目使用适应证、服务项目合理次数等要求。同时结合本地实际对《服务规范》进一步细化。各地对《服务项目》和《服务规范》的调整情况报我部备案。

四、《服务项目》中列入《价格项目规范》的康复项目，各地要严格执行发改价格［2012］1170号文件相关规定；未列入《价格项目规范》的康复项目，各地要按照有关规定，积极与当地价格主管部门协商，争取支持。未经批准或同意的医疗康复服务项目暂不开展。

五、各地要加强管理，制定切实可行的康复管理办法和评估办法，细化与康复机构签订的协议内容，探索工伤康复费用结算方式，确保基金支付合法、合理、安全。

六、各地在《服务项目》和《服务规范》试行过程中，对其中尚未涉及的伤残病种，要不断加强探索，继续开展深入研究，总结经验，摸索规律。我部将根据各地工伤康复工作实践情况适时予以补充完善。如有重大问题，请及时报告我部。

附件：

1.《工伤康复服务项目（试行）》（2013年修订）（略）

2.《工伤康复服务规范（试行）》（2013年修订）（略）

二〇一三年四月二十二日

人力资源和社会保障部关于印发《人力资源社会保障部工作规则》的通知

人社部发〔2013〕31号

部属各单位，外专局、公务员局：

《人力资源社会保障部工作规则》已经2013年4月11日召开的第3次部党组会议审议通过，现予印发，请认真贯彻执行。

二〇一三年四月二十三日

人力资源社会保障部工作规则

第一章　总　　则

一、根据《中华人民共和国宪法》、《中国共产党章程》、《中华人民共和国国务院组织法》和《国务院工作规则》，结合实际，制定本规则。

二、人力资源社会保障部工作的指导思想是，高举中国特色社会主义伟大旗帜，以邓小平理论、“三个代表”重要思想、科学发展观为指导，认真执行党的路线方针政策，严格遵守宪法和法律法规，坚持解放思想、实事求是、与时俱进，坚持民生为本、人才优先工作主线，全面正确履行职能职责，努力实现人力资源社会保障事业科学发展。

三、人力资源社会保障部工作的准则是，以人为本、执政为民，围绕中心、服务大局，民主公开、依法行政，把握规律、求真务实，改革创新、开拓进取。

第二章　领导职责

四、部领导要模范遵守宪法和法律，认真履行职责，为民务实，严守纪律，勤勉廉洁。

五、实行部长负责制，部长领导人力资源社会保障部的工作。副部长、党组成员协助部长工作。

六、部长、党组书记召集和主持党组会、部务会、部长碰头会。工作中的重大事项，必须经党组会或部务会讨论决定。

七、副部长、党组成员按分工负责处理分管工作；受部长委托，负责其他方面的工作或专项任务，并可代表人力资源社会保障部对外参加活动。工作中的重要情况和重大问题，应及时向部长、党组书记报告。

八、部长出国、出差、脱产学习等期间，

由部长委托的副部长主持日常工作。

九、部属各单位主要负责同志领导本单位的工作，班子其他成员协助主要负责同志开展工作。

部属各单位要各司其职，各尽其责，顾全大局，协调配合，切实维护团结统一、政令畅通，坚决贯彻落实部党组的各项工作部署。

第三章　全面正确履行行政职能

十、全面正确履行以促进就业、构建和谐劳动关系、完善社会保障体系为核心的社会管理、公共服务职能和以机关事业单位公职人员管理为核心的公共人事管理职能，履行好宏观调控的重要参与者、市场监督和社会管理的重要执行者、公共服务的重要提供者、社会公平正义的重要维护者的职责。

十一、贯彻劳动者自主就业、市场调节就业、政府促进就业和鼓励创业方针，实施就业优先战略和更加积极的就业政策；坚持全覆盖、保基本、多层次、可持续方针，统筹推进城乡社会保障体系建设；深化收入分配制度改革，形成合理有序的收入分配格局；健全劳动标准体系和劳动关系协调机制，加强劳动保障监察和争议调解仲裁，增强基层公共服务能力。

十二、以高层次高技能人才为重点，统筹推进人才队伍建设；完善公务员制度，推进事业单位人事制度改革，建立健全中国特色军官转业安置制度。

第四章　坚持依法行政

十三、带头维护宪法和法律权威。按照合法行政、合理行政、程序正当、高效便民、诚实守信、权责统一的要求，行使权力，履行职责，承担责任。

十四、坚持科学民主立法。起草法律和行政法规草案，制定部门规章，要坚持从实际出发，适应经济社会发展要求，符合人民群众根本利益，使确立的制度能够切实解决实际问题，备而不繁，简明易行。

完善立法工作机制，扩大公众参与，除依法需要保密的外，所有部门规章的草案都要公开征求意见。加强立法协调，对经协调仍达不成一致意见的问题，要列明理据，报送国务院法制机构。

行政法规和部门规章实施后要进行评估，发现问题，及时完善。

十五、制定规章和规范性文件，要符合宪法、法律、行政法规和国务院的有关决定、命令的规定，严格遵守法定权限和程序。

涉及其他部门职权范围的事项，要充分听取有关部门的意见，报请国务院制定行政法规、发布决定或命令，或与有关部门联合制定规章或规范性文件。其中，涉及公众权益、社会关注度高的事项及重要涉外、涉港澳台侨的事项，应当事先请示国务院；与其他部门联合制定的重要规章及规范性文件发布前须经国务院批准。

严格合法性审查，规范性文件不得设定行政许可、行政处罚、行政强制等事项，不得违法增加公民、法人和其他组织的义务。

出台的部门规章应当依法及时报国务院备案。

十六、严格执法，健全规则，规范程序，落实责任，强化监督，做到有法必依、执法必严、违法必究，公正文明执法，维护公共利益、人民权益和社会秩序。

第五章　实行科学民主决策

十七、完善行政决策程序规则，把公众参与、专家论证、风险评估、合法性审查和集体讨论决定作为重大决策的必经程序，增强公共政策制定透明度和公众参与度。

十八、人力资源和社会保障事业发展规划、政策法规、改革方案、人事任免和财务预决算等重大事项，由党组会或部务会讨论和决定。

十九、提交党组会、部务会审议的重大事项，都必须经过深入调查研究，并进行合法性、必要性、科学性、可行性和可控性评估论证；涉及相关部门或部内相关单位的，应当充分协商；涉及地方的，应当事先征求意见；涉及重大公共利益和公众权益、容易引发社会稳定问题的，要进行社会稳定风险评估，并采取听证会等多种形式听取各方面意见。

在重大决策执行过程中，要跟踪决策的实施情况，了解利益相关方和社会公众对决策实施的意见和建议，全面评估决策执行结果，及时调整完善。

二十、在做出重大决策前，根据需要通过多种方式，直接听取专家学者、人力资源社会保障系统、机关企事业单位、社会公众等方面的意见和建议。

二十一、重要文件提交党组会或部务会审议前，分管部领导应当召集相关司级单位负责同志，进行讨论、修改，并报请部长、党组书记审签同意提交党组会或部务会审议。

二十二、部机关各单位重大事项必须经司长（主任、局长）办公会或司（厅、局）务会集体研究，并向分管部领导请示、报告。部属各企事业单位实行主任（院长、所长、社长）负责制。涉及人财物和重要业务等重大事项，必须经党委会或党政联席会集体研究，并向分管部领导请示、报告；必要时，征求机关有关司级单位的意见。

二十三、部属各单位必须坚决贯彻落实部党组的决定，及时跟踪和反馈执行情况。有关职能部门要加强监督检查，确保政令畅通。

第六章　推进政务公开

二十四、把公开透明作为人力资源和社会保障工作的基本制度。深化政务公开，完善办事公开制度，健全政府信息发布制度，推进行政权力行使依据、过程、结果公开。

二十五、人力资源社会保障部制定的政策、部党组会和部务会研究讨论决定的事项，除依法需要保密的外，应当及时公布。

二十六、凡涉及公共利益、公众权益、需要广泛知晓的事项以及法律和国务院规定需要公开的事项，均应通过政府网站、报刊、广播、电视等方式，依法、及时、全面、准确、具体地向社会公开。

二十七、建立新闻发布制度，设立新闻发言人。部内重要新闻报道稿件由新闻宣传机构审核并报分管部领导审定。重要新闻发布应报经部长同意。部属各单位发布新闻、代表人力资源社会保障部接受采访，需经新闻宣传机构审批或报部领导批准，未经批准，不得自行其是。

第七章　健全监督制度

二十八、自觉接受全国人大及其常务委员会的监督，认真负责地报告工作，接受询问和质询；自觉接受全国政协的民主监督，虚心听取意见和建议。认真及时办理全国人大议案、代表建议和全国政协委员提案。

二十九、依照有关法律的规定，接受人民法院依法实施的监督，做好行政应诉工作，尊重并自觉履行人民法院的生效判决、裁定，同时自觉接受监察、审计等部门的监督。对监督中发现的问题，要认真整改并向国务院报告。

三十、严格执行行政复议法，加强行政复议指导监督，纠正违法或不当的行政行为，依法及时化解行政争议。

三十一、接受社会公众和新闻舆论的监督，认真调查核实有关情况，及时依法处理和改进工作。重大问题要向社会公布处理结果。

三十二、重视信访工作，完善信访制度，畅通和规范群众诉求表达、利益协调、权益保障渠道。部领导及部属各单位主要负责同志要亲自阅批重要的群众来信，坚持领导接访制度，督促解决重大信访问题。

三十三、推行绩效管理制度和行政问责制度，加强对重大决策部署落实、各单位职责履行、重点工作推进以及自身建设等方面的考核评估，健全纠错制度，严格责任追究，提高公信力和执行力。

第八章　会 议 制 度

三十四、实行党组会、部务会、部长碰头

会、务虚会和专题会等会议制度。根据工作需要，召开司局级干部会议、处级以上干部会议、全体党员干部大会和全体干部职工大会。具体办法另行规定。

三十五、党组会由党组书记、党组副书记、党组成员组成，由党组书记或党组书记委托的副书记、党组成员召集。根据工作需要，会议召集人确定有关人员列席会议。必要时可召开党组扩大会。党组会实行民主集中制原则，主要任务是：传达学习党中央、国务院的决定、指示，研究确定人力资源和社会保障工作的重大方针政策，审议向党中央、国务院的请示、报告，研究党建、廉政工作和人事任免事项，按照规定召开民主生活会、中心组学习会。

党组会一般每周召开一次，原则上周一召开。议题由党组成员提出，党组书记确定。会议议程、记录和纪要起草由党组秘书或指定专人负责。会议纪要由党组书记签发。会务工作由办公厅负责。办公厅要及时将会议精神向未出席会议的部领导报告。

三十六、部务会由部长、副部长、驻部纪检组长组成，办公厅主任、政策研究司司长和驻部监察局局长列席。需要时，与会议议题有关的单位主要负责同志也可列席。会议由部长或部长委托的副部长召集，主要任务是：研究贯彻落实党中央、国务院的决定、指示，讨论审议人力资源社会保障部规章和关系人力资源和社会保障工作全局的政策文件，审定部工作计划、经费安排和其他重要事项等。

部务会一般每周召开一次，原则上周一召开。议题由部长或副部长、驻部纪检组长提出，部长确定。会务工作由办公厅负责。会议纪要由部长签发。办公厅要及时将会议精神向未出席会议的部领导报告。

三十七、部领导因故不能参加党组会、部务会，向部长请假。其他列席人员请假，由办公厅汇总后向部长报告。

三十八、部长碰头会由部长召集和主持，部长、副部长和驻部纪检组长参加。会议的主要任务是：传达党中央、国务院有关决定、指示；通报工作情况；安排近期主要工作；研究有关事项等。

部长碰头会一般一周召开一次，原则上周一召开。

三十九、务虚会每年召开两次，由部长主持，部领导和部属各单位的主要负责同志、驻部监察局局长参加。会议主要结合党组中心组理论学习，总结工作，分析形势，研讨任务。会务工作由办公厅负责。

四十、专题会（包括部内和部际协调会）根据工作需要由部长或副部长、驻部纪检组长召集，有关单位的负责同志参加。会议主要研究处理专项业务工作。会务工作由有关单位负责，办公厅协助。

四十一、党组会、部务会审议的议题，有关单位要在会前认真做好准备。涉及多个单位的业务，提交会议讨论前要充分交换意见，尽量协商一致。会议文件由党组书记、部长批印。参加会议人员在会前要对审议的问题进行认真研究。会议决定的事项由有关单位贯彻落实，办公厅负责督察，并及时向部领导报告。

四十二、精简会议，减少数量，控制规模，严格审批。以部名义召开的全国性工作会议每年不超过 1 次，部属各单位以部名义召开的专项工作会议原则上每年不超过 1 次。部领导出席部属各单位召开的专项工作会议原则上每年 1 次。制定并严格执行年度全国性会议计划。

四十三、全国性会议应当尽量采用电视电话会议形式召开。各类会议都要充分准备，提高效率和质量，重在解决问题。

第九章　公文审批

四十四、部属各单位以部、厅名义起草公文，应当符合《党政机关公文处理工作条例》及《人力资源社会保障部公文处理办法》的规定。除国务院交办事项和必须直接报送的绝密事项（如任免件）外，一般不得直接向国务院领导同志个人报送公文。报送国务院的请示性公文，凡涉及其他部门职权的，必须与相关部门充分协商，由部长与相关部门负责人会签或联合报国务院审批。如与其他部门有分歧意见，必要时由部领导协调；协商后仍不能取得一致意见的，应当列明各方理据，提出办理建议并与相关部门负责人会签后报国务院决定。

四十五、部属各单位向部领导请示、报告事项，应由主要负责同志或主持工作的负责同志签报。呈报事项涉及其他单位的，应当联合签报或注明协商一致。各单位的请示、报告，直接报分管部领导，但需正式印发的公文，由办公厅先行审核。

部属各单位向部党组或部领导请示或报告有关事项，必须使用办公厅统一印制的“请示”、“报告”样式。

四十六、以人力资源社会保障部党组或人力资源社会保障部名义上报党中央、国务院的文件，由党组书记、部长签发；党组书记、部长外出时，由主持工作的党组副书记或党组成员、副部长请示党组书记、部长后签发。人力资源社会保障部规章经部务会议审议通过后，由部长签署命令予以公布。以人力资源社会保障部名义下发的文件（含电报），属于重大事项的，由分管部领导审核后，报部长签发。一般文件（含电报）由分管部领导签发。涉及其他部领导分管工作的，须经有关部领导审核。以办公厅名义行文，报部领导审批后印发；具体事务性文件，可由办公厅主任签发。

与其他部门的会签文件，由人力资源社会保障部主办的，一般由部长签发；由其他部门主办的，一般由分管部领导会签，重要事项应经过部务会讨论或向部长报告，如有必要应送部长签发。

四十七、部领导审批签发文件应当表示明确的意见，并签署姓名和时间。

四十八、部属各单位要严格办文程序，保证公文质量，报送部里审批签发的文件必须经单位主要负责同志审核签字并实行双人校对制度。除以办公厅名义外，部机关各单位不得以司（局）的名义对外正式行文。因工作需要，经分管部领导批准，可以发函。

凡法律、行政法规、规章已做出明确规定的，一律不再印发文件。没有实质内容、可发可不发的文件简报，一律不发。

第十章　请示报告制度

四十九、对党中央、国务院重要会议、重大决策及有关人力资源和社会保障工作重要指示的贯彻落实情况、涉及人力资源和社会保障工作的重要情况和重大问题，要及时向党中央、国务院请示、报告。

五十、部领导参加党中央、国务院的重要会议，需要其他部领导知晓的，要在会议结束后及时将会议精神通报其他部领导，有关文件由办公厅负责送部领导传阅。

部属各单位负责同志参加有关部门的会议，要及时将会议情况报分管部领导，重要事项要告办公厅。

五十一、部领导出访，按照有关规定报国务院审批。

五十二、严格执行请销假制度。部长出差，应向国务院办公厅报告。副部长、驻部纪检组长出差，事先报告部长，由办公厅以值班简报方式通报其他部领导。

部属各单位主要负责同志出差、出国、休假，应事先请示或报告，经分管部领导同意后，报部长批准，同时将出差往返时间、地点、联络方式告办公厅。部属各单位其他负责同志出差、出国、休假，经本单位主要负责同志同意后向分管部领导报告。

第十一章　工 作 纪 律

五十三、坚决贯彻执行党和国家的路线方针政策和工作部署，严格遵守纪律，有令必行，有禁必止。

五十四、坚决执行部党组的决定，如有不同意见可在部内提出，在没有重新做出决定前，不得有任何与部党组决定相违背的言论和行为；代表人力资源社会保障部发表讲话或文章，个人发表涉及未经部党组研究决定的重大问题及事项的讲话或文章，事先必须经部党组同意。

五十五、部里发布涉及国务院重要工作部署、经济社会发展重要问题的重大情况，要及时向国务院报告。部属各单位发布涉及人力资源社会保障部工作部署、与群众利益密切相关事项的信息，要经过严格审定，重大情况要及时向部领导报告。

五十六、严格遵守保密纪律和外事纪律，严禁泄露国家秘密、工作秘密或因履行职责掌握的商业秘密等，坚决维护国家的安全、荣誉和利益。

第十二章　廉政和作风建设

五十七、严格执行改进工作作风、密切联系群众和廉洁从政的各项规定，切实中强廉政建设和作风建设。

五十八、坚持从严治部，对职权范围内的事项要按程序和时限积极负责地办理，对不符合规定的事项要坚持原则不得办理；对因推诿、拖延等官僚作风及失职、渎职造成影响和损失的，要追究责任；对越权办事、以权谋私等违规、违纪、违法行为，要严肃查处。

五十九、实行年终部属各单位主要负责同志向驻部纪检组长汇报党风廉政建设情况制度和新任职党员领导干部廉政谈话制度。

六十、严格执行财经纪律，艰苦奋斗、勤俭节约，坚决制止奢侈浪费，严格执行住房、办公用房、车辆配备等方面的规定，严格控制差旅、会议经费等一般性支出，切实降低行政成本，建设节约型机关。

严格控制因公出国（境）团组数量和规模，部年度外事计划报部务会审定。不得违反规定用公款送礼和宴请，不得接受地方的送礼和宴请。严格控制和规范国际会议、论坛、庆典、节会等活动。各类会议活动经费要全部纳入预算管理。

六十一、领导干部要廉洁从政，严格执行关于领导干部报告个人有关事项的规定，不得利用职权和职务影响为本人或特定关系人谋取不正当利益；不得违反规定干预和插手市场经济活动；加强对亲属和身边工作人员的教育和约束，决不允许搞特权。

六十二、领导干部要做学习的表率，部属各单位要建设学习型机关。加强部党组领导班子思想政治建设，坚持中心组学习制度和民主生活会制度。通过举办双月报告会等方式，组织干部职工学习当代经济、科技、法律和现代管理等方面知识。

六十三、深入基层，调查研究，指导工作，注重研究和解决实际问题。部党组每年进行两次集中调研。

到基层考察调研，要轻车简从，减少陪同，简化接待，减轻地方负担；地方厅局负责人不到机场、车站、码头及辖区分界处迎送。除工作需要外，不去名胜古迹、风景区参观。

六十四、除统一安排外，部领导不发贺信、贺电，不题词、题字。

部领导出席会议活动、到基层考察调研的新闻报道和外事活动安排，按照有关规定办理。

六十五、部机关要进一步转变职能，精简行政审批，该取消的取消，充分发挥市场和社会力量的作用；该下放的下放，充分发挥地方人力资源社会保障部门的积极性；该整合的整合，解决职能交叉问题，提高行政效能；该加强的加强，把主要精力放到政策制定、宏观管理、监督检查上来。

六十六、国家外国专家局、国家公务员局的工作规则依据本规则制定。

人力资源和社会保障部关于进一步做好工伤预防试点工作的通知

人社部发［2013］32号

各省、自治区、直辖市及新疆生产建设兵团人力资源社会保障厅（局）：

为贯彻《工伤保险条例》，完善工伤保险制度，2009年我部在河南、广东、海南3省的12个地市开展了工伤预防试点，取得初步成效。一些试点城市工伤事故发生率呈现下降趋势，职工的安全意识和维权意识、企业守法意识有所增强。为进一步推动工伤预防工作的开展，我部决定在2009年初步试点的基础上，再选择一部分具备条件的城市扩大试点。现将有关事项通知如下：

一、充分认识做好工伤预防试点工作的重要意义

工伤预防是“三位一体”工伤保险制度的重要组成部分。做好扩大工伤预防试点工作，有利于从源头上减少工伤事故的发生，从根本上保障职工生命安全和身体健康，体现以人为本的执政理念；有利于增强用人单位和职工的守法维权意识，促进各项工伤保险政策及安全生产措施的落实；有利于进一步完善细化工伤预防项目的操作流程和管理规范，维护工伤保险基金安全，提高基金使用效率。

二、扩大试点目标和工作原则

（一）试点目标。探索建立科学、规范的工伤预防工作模式，为在全国范围内开展工伤预防工作积累经验，完善我国工伤预防制度体系。

（二）工作原则。

1. 审慎稳妥，逐步推开。工伤预防工作政策性强，管理复杂，要按照审慎稳妥的原则先选择一些具备条件的城市（设区的市，以下简称试点城市）试点，待取得经验、条件成熟后再逐步推开。

2. 政府主导，专业运作。在确定项目、编制方案、选择项目实施的组织等工作中，社会保险行政部门要发挥政府主导作用；项目的具体实施要由相应的社会、经济组织负责，实现项目的专业化运作，提高项目实施的质量和水平。

3. 规范管理，确保安全。试点城市要严格按照《工伤保险条例》的规定和本通知要求，明确流程，规范管理，加强监督，确保基金使用安全。

三、试点城市的确定

（一）试点城市范围。每个省（区、市）确定不超过2个地（市、区）作为工伤预防试点城市，条件不具备的可暂不确定试点城市；前期纳入我部工伤预防试点的省份（河南、广东、海南），不再确定新的试点城市，原试点城市可继续试点；已经实现省级统筹的省（区、市）可以省（区、市）为统筹地区试点，

也可以确定2个地（市、区）进行试点。

（二）试点城市应具备的条件。一是工伤保险基金已实现市级统筹。二是保证待遇支付和储备金留存的前提下有一定结余。三是经办机构有专门的工伤保险科室和人员。四是工伤保险工作基础好，管理规范，具备本地区工伤保险完整数据、统计分析手段和能力。五是从事相关宣传、培训业务的社会、经济组织相对成熟。

（三）试点城市的确定。试点城市由各省（区、市）社会保险行政部门根据统筹地区（地市级）社会保险行政部门的申请确定。

四、扩大试点内容

（一）预防费使用比例。试点城市在保证工伤保险待遇支付和储备金留存的前提下，用于工伤预防的费用控制在本统筹地区上年度工伤保险基金征缴收入的2%左右。

（二）预防费使用项目。工伤预防费主要用于开展工伤预防的宣传、培训以及法律、法规规定的其他工伤预防项目。

（三）项目实施流程。

1. 项目确定。试点城市社会保险行政部门会同社会保险经办机构，根据工伤发生情况和工伤保险工作需要，确定下一年度工伤预防的具体实施项目，编制项目实施方案。

2. 项目的组织实施。试点城市社会保险行政部门应参照政府采购法规定的程序，从具备相应资质的社会、经济组织中选择提供具体服务的组织；社会保险经办机构受社会保险行政部门委托与选定的组织签订合同，明确双方的权利和义务。

3. 实施项目的社会、经济组织应具备的基本条件。一是依法登记注册，从事相关宣传、培训业务3年以上并具有良好市场信誉。二是有足够数量的可承担实施工伤预防宣传、培训项目任务的专业人员。三是有相应的硬件设施和技术手段。四是具备相应的资质。五是依法应具备的其他条件。

4. 项目验收。项目完成，由社会保险行政部门组织验收。

（四）费用支付。

1. 实行预算管理。试点城市在编制工伤保险基金预算时，按照确定的工伤预防具体实施项目和上年度预算执行情况，将工伤预防费列入下一年度工伤保险基金预算。

2. 支付程序。合同签订后先支付一定比例或数额的预付款；项目完成，经验收合格后，再支付余款。

（五）加强监督。试点城市社会保险经办机构应按照合同规定，加强对提供服务的组织开展的宣传、培训等活动的监督，确保合同的规定落到实处；定期向社会公布工伤预防项目的实施情况和工伤预防费的使用情况，接受参保单位和社会各界的监督。

（六）探索建立绩效评估机制。试点城市应积极探索工伤预防费使用的绩效评估办法，提高预防费的使用效率。

五、工作要求

（一）实行项目管理。试点城市可通过电视、广播、报纸、网络、手机等媒体，通过印发宣传画、手册、标语等方式开展工伤预防宣传；通过举办培训班、专题讲座等方式开展工伤预防培训。宣传、培训工作的开展要实行项目预算管理，严禁直接提取预防费用。

（二）突出工作重点。试点城市应将工伤事故及职业病发生率高的重点行业、重点企业、重点岗位、重点人员优先作为宣传、培训对象，注重宣传、培训实效。

（三）规范工作程序。试点城市社会保险行政部门应按规定，组织落实项目的确定、方案编制、政府采购、实施、验收、评估等工作，进一步细化各环节工作流程，确保试点工作规范、有序开展。

（四）严格费用支付。对确定实施的工伤预防宣传、培训项目，由统筹地区社会保险经办机构根据合同规定，先支付30%的费用。项目完成，经社会保险行政部门组织验收合格后，再由社会保险经办机构支付余款。具体程序按社会保险基金财务制度和工伤保险经办业务管理规定支出。

六、加强组织领导

1. 省（区、市）社会保险行政部门要切实加强对工伤预防试点工作的领导，研究制定相关办法，统筹规划，协调指导试点工作，及时总结经验。

2. 试点城市社会保险行政部门要组织建立试点工作领导机构，负责试点工作的组织实施；要从实际出发，研究制定切实可行的试点工作方案和相关政策，因地制宜地开展工作；要切实发挥主管部门的作用，加强与财政、卫生行政、安全生产监督管理等部门的沟通协调，发挥各部门的特点和优势，共同推进工伤预防工作开展。

3. 建立部、省（区、市）、市社会保险行政部门联系报告制度。试点城市每年 2 月底前应将本年度工伤预防项目实施方案，以及上一年度工伤预防项目实施情况总结（包括项目确定、具体执行及基金支出等）分别报送省社会保险行政部门和部工伤保险司、社保中心。试点工作中遇到的重大问题，应及时报告部工伤保险司。

4. 省（区、市）社会保险行政部门应将确定的试点城市名单在 2013 年 8 月底前报部工伤保险司。部里将适时对各地试点情况进行检查。

二〇一三年四月二十二日

人力资源和社会保障部关于执行《工伤保险条例》若干问题的意见

人社部发［2013］34号

各省、自治区、直辖市及新疆生产建设兵团人力资源社会保障厅（局）：

《国务院关于修改〈工伤保险条例〉的决定》（国务院令第586号）已经于2011年1月1日实施。为贯彻执行新修订的《工伤保险条例》，妥善解决实际工作中的问题，更好地保障职工和用人单位的合法权益，现提出如下意见。

一、《工伤保险条例》（以下简称《条例》）第十四条第（五）项规定的“因工外出期间”的认定，应当考虑职工外出是否属于用人单位指派的因工作外出，遭受的事故伤害是否因工作原因所致。

二、《条例》第十四条第（六）项规定的“非本人主要责任”的认定，应当以有关机关出具的法律文书或者人民法院的生效裁决为依据。

三、《条例》第十六条第（一）项“故意犯罪”的认定，应当以司法机关的生效法律文书或者结论性意见为依据。

四、《条例》第十六条第（二）项“醉酒或者吸毒”的认定，应当以有关机关出具的法律文书或者人民法院的生效裁决为依据。无法获得上述证据的，可以结合相关证据认定。

五、社会保险行政部门受理工伤认定申请后，发现劳动关系存在争议且无法确认的，应告知当事人可以向劳动人事争议仲裁委员会申请仲裁。在此期间，做出工伤认定决定的时限中止，并书面通知申请工伤认定的当事人。劳动关系依法确认后，当事人应将有关法律文书送交受理工伤认定申请的社会保险行政部门，该部门自收到生效法律文书之日起恢复工伤认定程序。

六、符合《条例》第十五条第（一）项情形的，职工所在用人单位原则上应自职工死亡之日起5个工作日内向用人单位所在统筹地区社会保险行政部门报告。

七、具备用工主体资格的承包单位违反法律、法规规定，将承包业务转包、分包给不具备用工主体资格的组织或者自然人，该组织或者自然人招用的劳动者从事承包业务时因工伤亡的，由该具备用工主体资格的承包单位承担用人单位依法应承担的工伤保险责任。

八、曾经从事接触职业病危害作业、当时没有发现罹患职业病、离开工作岗位后被诊断或鉴定为职业病的符合下列条件的人员，可以自诊断、鉴定为职业病之日起一年内申请工伤认定，社会保险行政部门应当受理：

（一）办理退休手续后，未再从事接触职业病危害作业的退休人员；

（二）劳动或聘用合同期满后或者本人提出而解除劳动或聘用合同后，未再从事接触职业病危害作业的人员。

经工伤认定和劳动能力鉴定，前款第（一）项人员符合领取一次性伤残补助金条件的，按就高原则以本人退休前 12 个月平均月缴费工资或者确诊职业病前 12 个月的月平均养老金为基数计发。前款第（二）项人员被鉴定为一级至十级伤残、按《条例》规定应以本人工资作为基数享受相关待遇的，按本人终止或者解除劳动、聘用合同前 12 个月平均月缴费工资计发。

九、按照本意见第八条规定被认定为工伤的职业病人员，职业病诊断证明书（或职业病诊断鉴定书）中明确的用人单位，在该职工从业期间依法为其缴纳工伤保险费的，按《条例》的规定，分别由工伤保险基金和用人单位支付工伤保险待遇；未依法为该职工缴纳工伤保险费的，由用人单位按照《条例》规定的相关项目和标准支付待遇。

十、职工在同一用人单位连续工作期间多次发生工伤的，符合《条例》第三十六、第三十七条规定领取相关待遇时，按照其在同一用人单位发生工伤的最高伤残级别，计发一次性伤残就业补助金和一次性工伤医疗补助金。

十一、依据《条例》第四十二条的规定停止支付工伤保险待遇的，在停止支付待遇的情形消失后，自下月起恢复工伤保险待遇，停止支付的工伤保险待遇不予补发。

十二、《条例》第六十二条第三款规定的“新发生的费用”，是指用人单位职工参加工伤保险前发生工伤的，在参加工伤保险后新发生的费用。

十三、由工伤保险基金支付的各项待遇应按《条例》相关规定支付，不得采取将长期待遇改为一次性支付的办法。

十四、核定工伤职工工伤保险待遇时，若上一年度相关数据尚未公布，可暂按前一年度的全国城镇居民人均可支配收入、统筹地区职工月平均工资核定和计发，待相关数据公布后再重新核定，社会保险经办机构或者用人单位予以补发差额部分。

本意见自发文之日起执行，此前有关规定与本意见不一致的，按本意见执行。执行中有重大问题，请及时报告我部。

二〇一三年四月二十五日

人力资源和社会保障部关于印发人事考试工作人员纪律规定的通知

人社部发［2013］36号

各省、自治区、直辖市及新疆生产建设兵团人力资源社会保障厅（局）：

近年来，各级人力资源社会保障部门大力推进考试规范化建设，不断加强制度建设和队伍建设，较好地维护了考试工作的公平公正和广大考生的合法权益。随着人事考试事业的发展和考试环境的日趋复杂，人事考试工作的风险点也在不断增加，违纪违规行为时有发生，出现了个别人员滥用职权、徇私枉法的行为。这些人员虽然是少数，但影响极其恶劣。为进一步加强党风政风建设，规范和制约人事考试工作人员行为，我们制定了《人事考试工作人员纪律规定》（以下简称《纪律规定》）。现印发你们，并就贯彻执行的有关问题通知如下：

一、切实加强组织领导

《纪律规定》适用于全国人力资源社会保障系统从事公务员录用考试、专业技术人员资格考试的工作人员。各级人力资源社会保障部门要把贯彻执行《纪律规定》作为落实党风廉政建设责任制、加强惩治和预防腐败体系建设的一项重要任务，认真组织落实。要结合本地和不同考试的实际情况，进行充实细化，提出进一步要求。各单位主要负责同志要以身作则，率先垂范，带头执行并贯彻落实好《纪律规定》，同时要重点抓好关键岗位、关键环节等工作，使《纪律规定》落实到具体工作中。

二、广泛开展宣传教育

各级人力资源社会保障部门要广泛开展《纪律规定》的宣传教育工作。《纪律规定》要全部内容上网（单位门户网站）、重点场所上墙。要安排专门培训，组织专门学习，在每年的工作会议上都要提出这方面的工作要求。通过各种形式的宣传教育使每一位从事人事考试工作的人员入脑入心，做到《纪律规定》宣传教育工作不留死角，不存盲区。

三、严格执行纪律要求

要加强对《纪律规定》落实情况的监督检查，对工作中发现或群众举报的违反《纪律规定》的问题，相关部门要认真组织查处并及时上报有关情况，一经查实的，要依照《行政机关公务员处分条例》、《事业单位工作人员处分暂行规定》、《公务员录用考试违纪违规行为处理办法》、《专业技术人员资格考试违纪违规行为处理规定》等有关规定严肃处理。涉嫌违法犯罪的，移交司法机关处理。对于发现问题后不及时上报，隐情不报以及调查处理过程中对违纪人员袒护、包庇、纵容的部门和人员，要按有关规定追究领导及相关人员责任。要将《纪律规定》执行情况列入领导干部考核的重要内容，考核结果作为评优、晋级的重要依据。

人力资源社会保障系统中参与公务员公开遴选考试、计划分配军队转业干部接收安置考试、事业单位公开招聘考试的工作人员亦应严格遵守《纪律规定》，各地人力资源社会保障部门应抓紧制定相关配套政策，确保各项纪律要求落到实处。

二〇一三年五月二十日

人事考试工作人员纪律规定

人事考试工作人员要严格遵守国家法律、法规、规章和有关政策，认真执行各项制度，严守工作纪律和工作秘密，要公平公正、规范操作、秉公尽责，在考试工作中严禁利用职务职权和工作便利，为自己或者他人谋取私利。

一、严格考试报名管理

（一）不准违规设定报考资格（资质）条件，严禁因人设岗和因人设置条件；

（二）不准拒绝符合法定条件、标准的报考申请或违规对不符合法定条件、标准的报考申请予以认可，严禁对明知是伪造、变造的报考材料（信息）予以认可；

（三）不准擅自更改报考人员信息，严禁泄露报考人员个人信息；

（四）不准组织或参与组织考前培训，严禁指定教材或者其他助考材料。

二、严格试题命制管理

（五）不准探听、偷看、擅自复制或留存试题及与命题相关的保密资料，严禁泄露考试试题等保密材料和信息；

（六）不准使用非涉密电脑或电子介质命制、存储试题和保密资料，严禁将涉密电脑或电子介质接入互联网；

（七）不准泄露考试命题专家或者相关工作人员的身份信息，严禁在公共场所或有无关人员在场时谈论涉密事宜；

（八）不准违规进行试卷印制、押运、交接、保管、启用、回收、销毁等工作，严禁缓报、瞒报试卷管理的重大异常情况。

三、严格考试组织实施

（九）不准违规分派主考、监考、巡考人员和面试考官，严禁纵容、协助或者参与考试作弊；

（十）不准瞒报考试违纪违规行为，严禁擅自撤销或更改违纪记录；

（十一）不准编造、仿造和捏造违纪违规的处理依据，严禁擅自更改违纪处理决定；

（十二）不准擅自更改评分标准，严禁在评分时打人情分、关系分；

（十三）不准擅自拆开密封答卷册或违规涂改报考人员答题信息，严禁参与更改、伪造考试成绩等信息。

四、严格执行考试政策

（十四）不准接受可能影响考试公平的请托，严禁收受相关礼品、礼金和有价证券等；

（十五）不准隐瞒应当回避的情形，严禁做出可能影响考试公平公正的行为；

（十六）不准违规指定体检医疗机构，严禁干预体检医疗机构做出体检结论；

（十七）不准审批录用（聘用）不符合条件和程序的拟录用（聘用）人员，严禁公务员招考不考而录的行为。

五、严格资格证书管理

（十八）不准擅自扣发他人合法取得的资格（合格）证书，严禁利用发放、补办证书非法收取费用；

（十九）不准虚报、瞒报资格（合格）证书遗失信息，严禁擅自留存空白证书；

（二十）不准为考试不合格或未参考人员颁发资格（合格）证书，严禁伪造、变造资格（合格）证书。

中共中央组织部　人力资源和社会保障部　教育部　财政部　农业部　国家卫生和计划生育委员会　国务院扶贫开发领导小组办公室　共青团中央关于做好2013年高校毕业生“三支一扶”计划实施工作的通知

人社部发［2013］37号

各省、自治区、直辖市及新疆生产建设兵团党委组织部、人力资源社会保障厅（局）、教育厅（教委）、财政厅（财政局、财务局）、农业（农牧）厅（委、局）、卫生厅（局）、扶贫开发办公室、团委：

为深入贯彻党的十八大精神，全面落实就业优先战略和人才强国战略，根据《国务院关于进一步做好普通高等学校毕业生就业工作的通知》（国发［2011］16号）要求，现就做好2013年高校毕业生“三支一扶”计划实施工作通知如下：

一、科学制定方案，高质量完成选拔招募工作

（一）进一步丰富服务岗位。各地要按照中央要求，结合本地中心工作需要，在支教、支农、支医和扶贫的原有项目外，拓展到农村文化建设、贫困村整村推进、就业和社会保障基层服务等领域中去，促进基层事业科学发展。

（二）扎实做好选拔招募工作。各地要统筹考虑各服务基层项目的需求，结合中央下达的招募计划，制定本省（区、市）“三支一扶”计划具体实施方案，启动选拔招募工作，并于6月30日前完成。岗位征集过程中，要优先征集有空编或者将来2～3年有空编基层服务单位岗位，促进服务期满就业。选拔招募工作中，要坚持公开、平等、竞争、择优的原则，严格招募标准，规范招募程序，把那些农村基层急需、紧缺的优秀高校毕业生选拔到“三支一扶”项目中来。

（三）按时上报人员信息。各地要进一步加强信息系统建设，按时保质保量上报“三支一扶”大学生数据信息。7月31日前，要将新招募人员基本信息上传至数据库；8月31日前，根据上岗实际情况，校正有关数据；9月30日前，上报服务期满人员情况；12月31日前，完善在岗人员和服务期满人员的各类数据，确保真实有效。

二、坚持以人为本，全面加强日常管理和服务工作

（一）注重明确岗位职责。各地要积极与基层服务单位沟通，明确“三支一扶”大学生

工作职责和具体要求，引导和帮助他们切实履行好社会主义现代化合格建设者、落实国家大政方针有力践行者和新时期解决“三农”问题积极探索者的职责。继续做好选拔“三支一扶”大学生兼任乡镇团委副书记、委员工作。

（二）认真开展考核培训。各地要进一步完善考核评价制度，加强对“三支一扶”大学生日常工作表现的评价，切实做好年度考核和服务期满考核，对服务期满考核合格的，及时颁发《高校毕业生“三支一扶”服务证书》。各地要做好岗前培训工作，实现招募人员全部经过岗前培训；积极开展在岗培训，不断提升“三支一扶”大学生服务基层的能力；鼓励参加就业培训，对符合条件的按规定享受职业培训补贴，切实提高服务期满后“三支一扶”大学生的就业能力。

（三）强化日常服务工作。各地要认真做好“三支一扶”大学生的服务工作，健全相关制度，加强教育关爱，提高服务水平。要协调解决“三支一扶”大学生的食宿以及安全、健康、卫生等后勤保障工作。基层服务单位要实行结对帮扶，并定期开展谈心谈话活动，注重政治教育和心理辅导，促进“三支一扶”大学生健康成长。

三、落实保障政策，切实加大经费支持力度

（一）适当提高工作生活补贴标准。各地要严格参照当地乡镇事业单位从高校毕业生中新聘用工作人员试用期满后工资收入水平，确定“三支一扶”大学生工作生活补贴标准。从2012年起，中央财政补助西部地区“三支一扶”大学生的标准提高到人均每年2万元，中部地区人均每年1.5万元，东部地区人均每年0.8万元。各地各级财政要加大保障力度，切实提高“三支一扶”大学生的待遇。探索建立“三支一扶”大学生绩效考核奖励制度，进一步完善工作生活补贴长效保障机制。

（二）全面落实社会保险政策。从2013年起，“三支一扶”大学生在服务期间，要全部参加相应社会保险。其中在建立补充医疗保险制度的地方，应在参加社会医疗保险的基础上，为其办理补充医疗保险。各省（区、市）“三支一扶”办要统筹协调，加强督促和监督，确保工作落实。社会保险的单位缴费部分由中央和地方各级财政共同负担，个人缴费部分在“三支一扶”大学生工作生活补贴中代扣代缴。

（三）继续做好资金申请和使用工作。各省（区、市）人力资源社会保障部门要积极会同财政部门做好中央补助专项经费的申请、社会保险的缴纳工作，安排好开展“三支一扶”工作所需经费。中央补助专项经费申请应于8月31日前联合报送财政部和人力资源社会保障部。要严格按照专项经费管理的有关规定，切实抓好经费拨付、使用、监督各个环节，严格资金渠道，确保专款专用。

四、广开就业渠道，大力做好期满就业服务工作

各地人力资源社会保障部门要将促进服务期满大学生就业摆在工作的重要位置，做好服务期满未就业人员和2013年服务期满人员的就业工作。要发挥好“三支一扶”工作领导小组的作用，充分挖掘各系统就业岗位，鼓励基层服务单位广泛吸纳服务期满人员，培养成长为行业骨干力量。要加强协调，加大政策落实力度，提高公共就业服务水平，认真做好服务期满“三支一扶”大学生公务员考录、事业单位公开招聘、自主创业、自主择业和学习深造等工作，进一步拓宽“三支一扶”大学生流动渠道。各地要将服务期满未就业人员作为重点服务对象进行实名登记，切实摸清底数，提供有针对性的就业服务，帮助其尽快实现就业。

五、加强组织领导，认真做好2013年“三支一扶”实施工作

“三支一扶”计划是促进高校毕业生成长成才的重要平台。各地要充分认识新形势下做好“三支一扶”工作的重要意义，加强组织领导，完善工作机制，加大财政保障，确保工作取得实效。各有关部门要通力协作，各司其职，充分发挥职能优势，共同推进“三支一扶”工作。各地要结合培育和弘扬以勇于担当的责任意识、全心全意的服务态度、甘于奉献的精神追求、锐意进取的创新激情为主要内容的“三支一扶”精神，采取多种形式，积极开展征文、表彰等活动，广泛宣传大学生服务基层的感人事迹和突出业绩，进一步扩大“三支一扶”工作的社会影响力。

附件：2013 年“三支一扶”计划名额分配方案（略）

二〇一三年五月十六日

人力资源和社会保障部关于实施离校未就业高校毕业生就业促进计划的通知

人社部发［2013］41号

各省、自治区、直辖市及新疆生产建设兵团人力资源社会保障厅（局）：

按照《国务院办公厅关于做好2013年全国普通高等学校毕业生就业工作的通知》（国办发［2013］35号）要求，为进一步做好离校未就业高校毕业生就业工作，从2013年起实施离校未就业高校毕业生就业促进计划。现就有关工作通知如下：

一、目标任务

将有就业意愿的离校未就业高校毕业生全部纳入公共就业人才服务范围，综合运用各项政策措施和服务手段，力争使每一名有就业意愿的离校未就业高校毕业生在毕业半年内实现就业或参加到就业准备活动中。其中，对有就业意愿的，及时提供职业指导和用人信息；对有创业意愿的，组织其参加创业培训，提供创业服务，落实创业扶持政策；对暂时不能实现就业的，组织参加就业见习和职业培训；对就业困难高校毕业生，提供有针对性的就业援助。

二、工作措施

（一）开展实名登记。

地方各级人社部门所属公共就业人才服务机构和基层公共就业服务平台要面向所有离校未就业高校毕业生（包括户籍不在本地的高校毕业生）开放，办理求职登记或失业登记手续，发放《就业失业登记证》，摸清就业服务需求。其中，直辖市为非本地户籍高校毕业生办理失业登记办法按现行规定执行。各地对高校或教育部门提供的有就业意愿的未就业高校毕业生实名制信息，按户籍地进行层层分解，由基层平台主动联系，对回到当地求职的，掌握就业服务需求；对未回当地的，掌握就业状况并宣讲政策。

（二）提供职业指导。

对实名登记的所有未就业高校毕业生，各地都要提供更具针对性的职业指导。通过向高校毕业生宣讲就业政策和就业形势，帮助高校毕业生了解当地人力资源市场供求情况，树立正确的求职就业观念；通过开展职业素质测评，帮助高校毕业生了解自身特点、职业能力，合理确定求职方向；通过组织团体指导、应聘模拟训练等活动，帮助高校毕业生提高求职应聘能力。根据高校毕业生的特点和需求，不断改进方式方法，提高职业指导效果。

（三）提供就业信息。

对有求职意愿的高校毕业生，各地要及时提供就业信息。广泛收集发布岗位信息，有针对性地开展分行业、分专业专场招聘活动和网络招聘活动。要以地级城市或省（区、市）为单位，建立招聘信息互联共享机制，实现辖区内招聘信息联网共享，使高校毕业生在各级公共就业人才服务机构和基层公共就业服务平台都能看到及时有效的招聘信息。提倡通过短信、微博等方式，为登记求职的离校未就业高校毕业生定制定向发布就业信息。对吸纳离校未就业高校毕业生的企业，及时按规定落实相关扶持政策。

（四）提供创业服务。

对有创业意愿的高校毕业生，各地要纳入当地创业服务体系，提供政策咨询、项目开发、创业培训、融资服务、跟踪扶持等“一条龙”创业服务。会同有关部门落实好小额担保贷款及贴息、税费减免、落户等各项创业扶持政策。对实名登记的非本地户籍的自主创业高校毕业生，各地都要给予与本地户籍自主创业高校毕业生同等的政策扶持。积极推进大学生创业孵化园建设，大力支持离校未就业高校毕业生从事网络创业。

（五）开展重点就业帮扶。

各地要将零就业家庭、经济困难家庭、残疾等就业困难的未就业高校毕业生列为重点帮扶对象，提供“一对一”个性化就业服务。对残疾高校毕业生，要配合残联向用人单位重点推荐，落实企业按比例吸纳残疾人就业的政策。对接受各项就业创业服务后仍难以实现就业的，可开发临时性就业岗位，保障其基本生活有着落。按规定落实好城乡低保家庭毕业年度内高校毕业生求职补贴政策。

（六）组织就业见习。

对有就业见习意愿的高校毕业生，各地要及时纳入就业见习工作对象范围，及时提供见习机会。结合当地产业发展和市场需求，以企业为主体建立并拓展一批见习基地，大力开发就业见习岗位。通过多种途径发布就业见习岗位信息，组织开展见习供需见面活动。规范见习管理，加强见习期间的跟踪指导、考核监督、安全管理，提高见习质量。落实见习期间基本生活费补助政策，积极协调财政部门根据实际情况适当提高补助标准。

（七）组织职业培训。

对有培训意愿的离校未就业高校毕业生，各地要结合其专业特点，组织参加职业培训和技能鉴定，按规定落实相关补贴政策。结合当地产业发展和市场需求开发适合高校毕业生的培训项目，及时向社会发布本地区政府补贴培训职业（工种）目录。在全国范围内组织开展“离校未就业高校毕业生技能就业专项活动”，动员 1 000 所国家级重点以上技工院校和职业培训机构开展有针对性的技能培训。

（八）提供人事劳动保障代理服务。

地方各级公共就业人才服务机构要为离校未就业高校毕业生免费提供档案托管、人事代理、社会保险办理和接续等一系列服务，简化服务流程，提高服务效率；有条件的地方可对到小微企业就业的离校未就业高校毕业生，提供免费的人事劳动保障代理服务。

（九）加强劳动权益保护。

各地要加大人力资源市场监管力度，严厉打击招聘过程中的欺诈行为，及时纠正性别歧视和其他各类就业歧视。加大劳动用工、缴纳社会保险费等方面的劳动保障监察力度，切实维护高校毕业生就业后的合法权益。

三、工作要求

（一）加强组织领导。各地要高度重视，将实施就业促进计划作为一项重要措施组织落实。要提前搞好摸底调查，结合本地实际制定实施方案，明确工作目标、工作措施和工作进度，落实工作责任，抓好组织实施。要加强工作督促和检查，密切关注工作进展情况，研究解决工作推动中出现的新情况、新问题，重大问题要及时上报。

（二）广泛宣传动员。各地要制定宣传方案，明确宣传重点、宣传措施，通过持续开展主题突出、内容丰富、形式多样的宣传报道，力争让每一名离校未就业高校毕业生知晓计划并积极参与。大力宣传就业促进计划的目标和主要内容，扩大社会影响。结合本地实际，制作宣传画、宣传册、公益广告等各类宣传材料，在公共就业人才服务机构、高校、街道社区、各类招聘现场张贴和发放。积极应用微博、移动互联平台等青年人喜爱的形式广泛宣传。

（三）提高服务水平。各级公共就业人才服务机构以及街道社区要设立专门服务窗口，确定专人负责，实行首问负责制。同一城市的公共就业人才服务机构之间要实现业务互通，数据共享，统一服务标准，让高校毕业生享受同等服务。各技工院校和职业培训机构要精心组织开展离校未就业高校毕业生技能培训，切实提高培训质量，突出培训成效。

（四）开展实名登记高校毕业生就业监测。各地要对实名登记的离校未就业高校毕业生开展跟踪回访，及时了解其就业状况、接受就业服务情况、享受就业政策扶持情况，做好记录，并纳入就业监测基础数据库，定期上传。有关操作性、技术性要求另行部署。

二〇一三年五月二十九日

人力资源和社会保障部　教育部　财政部
关于做好高校毕业生求职补贴发放工作的通知

人社部发〔2013〕43号

各省、自治区、直辖市人力资源社会保障厅（局）、教育厅（教委）、财政厅（局）：

为落实《国务院办公厅关于做好2013年全国普通高等学校毕业生就业工作的通知》（国办发〔2013〕35号）要求，从2013年起，对享受城乡居民最低生活保障家庭的毕业年度内高校毕业生给予一次性求职补贴。现就有关问题通知如下：

一、发放对象。在毕业年度内有就业意愿并积极求职的享受城乡居民最低生活保障家庭的高校毕业生。

二、发放原则。坚持自愿申请、公开公正、属地管理、专款专用的原则。

三、申领发放程序。各高校应组织符合条件的高校毕业生在离校前集中申请一次性求职补贴。申请材料应附：高校毕业生所在家庭享受城乡居民最低生活保障的证明、本人身份证件复印件、个人银行账户等。各高校要对申请材料进行初审，并将初审通过的申请补贴人员名单在校园内公示。各高校将公示无异议的申请补贴人员名单及申请材料汇总报送高校所在地人力资源社会保障部门。人力资源社会保障部门应及时对申请材料进行审核，审核通过后将补贴发放人员名单报送高校所在地同级财政部门。财政部门将补贴资金支付到高校毕业生在银行开立的个人账户。

四、补贴标准及列支渠道。补贴标准由省级财政、人力资源社会保障部门会同有关部门根据当地实际制定。2013年，各地发放的一次性求职补贴列入政府收支分类科目第2080799项“其他就业补助支出”科目。2014年起按政府收支分类科目规定的科目列支。

五、工作要求。各有关部门、各高校要高度重视，明确任务分工，加强协调配合，扎实做好补贴发放工作。高校所在地人力资源社会保障部门和高校要设立并公布监督举报电话。对相关举报投诉，人力资源社会保障部门要会同有关部门、高校认真核查，对经查实虚报冒领求职补贴的高校毕业生，责令退回补贴资金，并由高校将不良记录记入本人学籍档案。高校毕业生家庭所在地民政部门、有关高校出具虚假证明，骗取、套取补贴资金的，对有关责任人要依法依纪严肃处理。

二〇一三年六月五日

人力资源和社会保障部　财政部　国务院港澳事务办公室　国务院台湾事务办公室关于在内地高校学习的台港澳毕业生享受职业培训补贴政策的通知

人社部发〔2013〕45号

各省、自治区、直辖市人力资源社会保障厅（局）、财政厅（局）、外事（港澳事务）办公室、台湾事务办公室：

为进一步促进台湾、香港、澳门居民在内地就业，对在大陆（内地）高校学习的台湾、香港、澳门毕业生在毕业学年内参加创业培训的，比照本地高校毕业生相关规定，给予职业培训补贴。

此项政策从2014年1月1日起实施。

二〇一三年六月二十四日

人力资源和社会保障部　国务院台湾事务办公室关于继续向台湾居民开放部分专业技术人员资格考试有关问题的通知

人社部发［2013］47号

各省、自治区、直辖市人力资源社会保障厅（局）、台办，国务院各有关部委、有关直属机构人事部门：

为深化海峡两岸专业技术人员的交流与合作，促进两岸关系的和平发展，经与国务院各有关部门研究，人力资源社会保障部、国务院台办决定，2013年继续向台湾居民开放10类（项）专业技术人员资格考试。现将开放部分专业技术人员资格考试有关问题通知如下：

一、继续开放的10类（项）专业技术人员资格考试的名称分别为：通信、出版、投资建设项目管理师、管理咨询师、假肢与矫形器制作师、地震安全性评价工程师、监理工程师、注册验船师、注册设备监理师和注册计量师。

二、自本通知发布之日起，凡符合上述10类（项）专业技术人员资格考试报名条件的台湾居民，均可按照就近和自愿原则，在大陆的任何省、自治区、直辖市相应专业考试考务管理机构指定的地点参加考试。

三、需要参加相应专业考试的台湾居民，应按照人力资源社会保障部办公厅印发的《2013年度专业技术人员资格考试工作计划》（人社厅函［2012］448号）安排，并根据所在地的省（区、市）相应专业考试考务管理机构规定的报名日期、报名地点和相关要求，到当地考试报名机构办理报名手续。

四、在报名时，台湾居民应向考试报名机构提交《台湾居民来往大陆通行证》。凡相应专业考试的报名条件中有专业学历和从事相关专业工作年限规定的，还应提交国务院教育行政部门认可的相应专业学历（学位）证书和本人工作单位出具的从事相应专业工作年限（或实践要求）的证明。

经考试考务管理机构对报名人员的资格条件审查核准后，向考试申请人核发准考证、安排考场。申请人凭准考证指定的日期、地点和时间参加相应专业的考试。

五、由于部分专业考试科目的成绩实行滚动管理的办法，台湾居民报名和参加同一专业各科目考试的地区应相对固定。确有特殊情况，需在异地报名参加剩余科目考试的，在报名时应按规定向当地考试考务管理机构提交本人上次参加本专业其他科目考试所用的档案号，以便各科目考试成绩的合成和证书颁发。

六、各省、自治区、直辖市人力资源社会保障厅（局）、台办和相应专业考试考务管理机构应抓紧做好台湾居民报名参加新开放的10类（项）专业技术人员资格考试的相关准备工作，并继续做好已开放的27类（29项）

考试的相关的工作。

在接受台湾居民参加专业技术人员资格考试的工作中，要严格执行国家的有关规定，提供热情周到的服务，确保台湾居民顺利有序地参加相应专业的考试。

在继续开放的10类（项）专业技术人员资格考试相应的制度规定中，有与本通知精神不符的，均以本通知为准。

二〇一三年六月二十八日

人力资源和社会保障部　民政部关于鼓励社会团体、基金会和民办非企业单位建立企业年金有关问题的通知

人社部发［2013］51号

各省、自治区、直辖市及新疆生产建设兵团人力资源社会保障厅（局）、民政厅（局）：

近年来我国社会团体、基金会和民办非企业单位（以下简称社会组织）发展迅速，为提升社会管理和公共服务，促进文化繁荣发展发挥了积极的作用。为进一步推动社会组织健康发展，更好地保障社会组织工作人员退休后的生活，根据《企业年金试行办法》（劳动和社会保障部令第20号）、《企业年金基金管理办法》（人力资源和社会保障部令第11号）、《关于企业年金方案和基金管理合同备案有关问题的通知》（劳社部发［2005］35号）、《关于企业年金集合计划试点有关问题的通知》（人社部发［2011］58号）有关规定，现就社会组织建立企业年金有关问题通知如下：

一、已经依法参加企业职工基本养老保险并履行缴费义务的社会组织，可以建立企业年金。其中工作人员较少的社会组织可以参加企业年金集合计划。

二、社会组织建立企业年金，应当由社会组织与本单位工会或职工代表通过集体协商确定，并制定企业年金方案。企业年金方案草案应当提交职工大会或职工代表大会讨论通过，并由集体协商双方首席代表签字后，形成拟报备的企业年金方案。

三、社会组织建立企业年金所需费用由社会组织和工作人员共同缴纳。社会组织缴费每年不超过本单位上年度工作人员工资总额的1/12，列支渠道按国家有关规定执行。社会组织缴费和工作人员个人缴费合计一般不超过本单位上年度工作人员工资总额的1/6，工作人员个人缴费可以由社会组织从工作人员个人工资中代扣。

四、社会组织的企业年金方案应规定社会组织缴费计入工作人员企业年金个人账户的比例，可以综合考虑工作人员个人贡献、年龄等因素确定不同的计入比例，但差距不宜过大。

五、社会组织的企业年金方案应当报送所在地区县级以上地方人力资源社会保障行政部门备案。全国性社会组织的企业年金方案，报送人力资源社会保障部备案。社会组织参加企业年金集合计划可以由集合计划受托人报人力资源社会保障行政部门备案。

六、社会组织的企业年金基金，应当按照《企业年金基金管理办法》的规定，签订受托管理合同和委托管理合同，委托具有企业年金基金管理资格的机构，实行市场化投资运营。受托管理合同和委托管理合同，应当按有关规定报人力资源社会保障行政部门备案。

七、为规范管理，本通知发布前已经建立补充养老保险的社会组织，可按照本通知要求，对原有计划进行调整，逐步将原补充养老保险存量资金纳入企业年金管理。

八、各级人力资源社会保障行政部门要做好社会组织企业年金方案及管理合同备案工作，并负责对社会组织加入企业年金计划后的实施情况进行监督检查。各级民政部门可将企业年金实施情况作为社会组织评估工作的考量指标之一。

境外非政府组织驻华代表机构建立企业年金参照本通知执行。

二〇一三年七月十五日

人力资源社会保障部　财政部
总参谋部　总政治部　总后勤部
关于退役军人失业保险有关问题的通知

人社部发［2013］53号

各省、自治区、直辖市人力资源社会保障、财政厅（局），新疆生产建设兵团人力资源社会保障、财务局，各军区、各军兵种、总装备部、军事科学院、国防大学、国防科学技术大学、武警部队：

为贯彻落实《中华人民共和国社会保险法》和《中华人民共和国军人保险法》，维护退役军人失业保险权益，现就军人退出现役后失业保险有关问题通知如下：

一、计划分配的军队转业干部和复员的军队干部，以及安排工作和自主就业的退役士兵（以下简称退役军人）参加失业保险的，其服现役年限视同失业保险缴费年限。军人服现役年限按实际服役时间计算到月。

二、退役军人离开部队时，由所在团级以上单位后勤（联勤、保障）机关财务部门，根据其实际服役时间开具《军人服现役年限视同失业保险缴费年限证明》（以下简称《缴费年限证明》）并交给本人。

三、退役军人在城镇企业事业等用人单位就业的，由所在单位或者本人持《缴费年限证明》及军官（文职干部）转业（复员）证，或者士官（义务兵）退出现役证，到当地失业保险经办机构办理失业保险参保缴费手续。失业保险经办机构将视同缴费年限记入失业保险个人缴费记录，与入伍前和退出现役后参加失业保险的缴费年限合并计算。

四、军人入伍前已参加失业保险的，其失业保险关系不转移到军队，由原参保地失业保险经办机构保存其全部缴费记录。军人退出现役后继续参加失业保险的，按规定办理失业保险关系转移接续手续。

五、根据《关于自主择业的军队转业干部安置管理若干问题的意见》（［2001］国转联8号），自主择业的军队转业干部在城镇企业事业等用人单位就业后，应当依法参加失业保险并缴纳失业保险费，其服现役年限不再视同失业保险缴费年限，失业保险缴费年限从其在当地实际缴纳失业保险费之日起累计计算。

六、退役军人参保缴费满一年后失业的，按规定享受失业保险待遇。

七、本通知自2013年8月1日起执行。本通知执行前已退出现役的军人，其失业保险按原有规定执行。

八、本通知由人力资源社会保障部、总后勤部负责解释。

附件：军人服现役年限视同失业保险缴费年限证明（略）

二〇一三年七月三十日

人力资源和社会保障部关于启用和推广“中国家庭服务”标识的通知

人社部发〔2013〕54号

各省、自治区、直辖市、新疆生产建设兵团及副省级市发展家庭服务业促进就业工作协调机构，发展家庭服务业促进就业部际联席会议各成员单位，中国家庭服务业协会：

为进一步加强家庭服务行业文化建设，展示行业精神风貌，不断提升从业人员的认同感和荣誉感，加快推动家庭服务业跨越式发展，发展家庭服务业促进就业部际联席会议办公室组织开展了“中国家庭服务”标识征集活动，经专家评审论证，联席会议领导同志审定了“中国家庭服务”标识（以下简称家服标识），决定即日起启用。现就有关事项通知如下：

一、充分认识启用家服标识对促进行业发展的重要意义

家庭服务业是以家庭为服务对象，向家庭提供各类劳务，满足家庭生活需求的服务行业。大力发展家庭服务业，对于增加就业、改善民生、扩大内需、调整产业结构具有一举数得的重要作用。目前，我国家庭服务业尚处于发展初期，产业化、规范化、职业化程度不高，家庭服务供给数量和质量还不能满足家庭日益增长的服务需求。加强家庭服务行业文化建设，推广使用家服标识，有利于树立行业意识、凝聚行业力量，有利于规范行业行为、塑造行业形象，有利于增强行业荣誉感、振奋行业精神，从而推动家庭服务行业健康有序地大发展。各级发展家庭服务业促进就业工作协调机构、联席会议各成员单位和家庭服务业协会要充分认识推广使用家服标识对促进行业发展的重要意义，切实做好家服标识的启用和宣传推广工作，让家庭服务从业人员和全社会了解家庭服务行业的新承诺，看到家庭服务行业的新面貌，树立家庭服务行业的新形象。

二、全面理解家服标识的含义

家服标识的核心理念是：把爱心送到家，把服务做到家。家服标识的外形是以劳动者的指纹演化而成，环形线条构成“房子”的外形代表家庭，表示广大家庭服务劳动者用双手为家庭提供爱心和服务；三圈环形线条从外向内，分别代表政府、企业、从业人员三个涉及家庭服务业的主体；标识正中为心形图案，体现“把爱心送到家，把服务做到家”的服务理念。标识的线条颜色为橘红色，象征家庭服务业是朝阳产业。家服标识分为主标识和副标识，标识式样及制作标准见附件。

三、明确家服标识的使用范围和使用方式

家服标识可用于各级发展家庭服务业促进就业工作协调机构、有关政府部门的办公场所和公务活动，各级家庭服务业协会及家庭服务相关社会组织的办公场所和公益活动，依法登记、合法经营的家庭服务企业（单位）的经营

场所和经营活动。

家服标识的使用方式包括制作铭牌、标牌，印制宣传画、图册，在其他物品上加印等。

四、积极推广和规范使用家服标识

（一）大力宣传推广家服标识。各级发展家庭服务业促进就业工作协调机构、联席会议各成员单位、家庭服务业协会和“千户百强”家庭服务企业（单位）要带头使用家服标识。各级发展家庭服务业促进就业工作协调机构要指导家庭服务业协会向依法登记、合法经营的家庭服务企业（单位）推广使用家服标识，不得以准许使用家服标识等名义，向家庭服务企业（单位）收取任何费用。要采取各种有效方式大力宣传“把爱心送到家，把服务做到家”的服务理念，使之成为激励从业人员爱岗敬业、热诚工作的行业口号，打造具有鲜明特征的中国家庭服务行业文化，向全社会展示家庭服务行业的精神风貌，营造尊重家庭服务劳动的良好社会氛围。

（二）规范使用家服标识。在使用“中国家庭服务”标识时，要严格按照标识标准制图数据制作标识，将标识悬挂在办公场所或活动场所的显著位置，妥善维护标识，确保标识图形的完整性。不得违反法律法规规定和公序良俗，不得更改标识图形、文字及颜色，不得悬挂和张贴破损、污损或者不符合规定标准的标识，不得随意丢弃标识。

（三）加强对使用家服标识的监督管理。各级发展家庭服务业促进就业工作协调机构、联席会议各成员单位要加强家服标识制作、使用情况的监督管理工作，对盗用、滥用、不规范使用家服标识的行为，要及时予以制止和纠正。要指导家庭服务业协会通过行业自律协助做好家服标识的监督管理工作。

附件：家服标识式样及制作标准（略）

二〇一三年七月三十一日

人力资源和社会保障部　国家卫生和计划生育委员会　国家公务员局关于印发《公务员录用体检操作手册（试行）》有关修订内容的通知

人社部发［2013］58号

按照原卫生部关于发布《临床生物化学检验常规项目分析质量指标》等8项推荐性卫生行业标准的通告（卫通［2012］23号）要求，人力资源社会保障部和卫生计生委结合公务员录用体检工作实际，组织医学专家对《公务员录用体检操作手册（试行）》有关内容进行了修订，现印发给你们。本通知自2013年9月1日起实施。在具体工作中，遇有问题，请及时反馈中央公务员主管部门和卫生（卫生计生）行政部门。

二〇一三年八月十九日

《公务员录用体检操作手册（试行）》有关修订内容

一、将“第2篇体检项目及操作规程6.1血常规”修订为：

6.1　血常规

可为血液病的诊断提供线索。其中红细胞、白细胞及血小板计数采用仪器法或显微镜计数法，血红蛋白采用仪器法或光电比色法。必查项目包括以下5项：

6.1.1　红细胞总数（RBC）

【参考值】 男性：(4.3～5.8)×10^{12}/L。女性：(3.8～5.1)×10^{12}/L。

红细胞减少多见于各种贫血，如急性或慢性再生障碍性贫血、缺铁性贫血等。红细胞增多常见于身体缺氧、血液浓缩、真性红细胞增多症、继发性红细胞增多症等。

6.1.2　血红蛋白（HGB）

【参考值】 男性：130～175 g/L。女性：115～150 g/L。

血红蛋白减少或增多的临床意义基本同红细胞总数。

6.1.3　白细胞总数（WBC）

【参考值】 (3.5～9.5)×10^{9}/L。

生理性白细胞增多常见于剧烈运动、进食

后、妊娠期等。另外，采血部位不同，也可使白细胞数有差异，如耳垂血平均白细胞数比指血要高一些。

病理性白细胞增多常见于急性化脓性感染、尿毒症、白血病、组织损伤、急性出血等。

病理性白细胞减少常见于再生障碍性贫血、某些传染病、肝硬化、脾功能亢进、放疗、化疗、服用某些药物后等。

6.1.4　白细胞分类计数（DC）

【参考值】

中性粒细胞：(1.8～6.3)×10^9/L（40%～75%）。

嗜酸粒细胞：(0.02～0.52)×10^9/L（0.4%～8%）。

嗜碱粒细胞：（0.00～0.06）×10^9/L（0～1%）。

淋巴细胞：（1.1～3.2）×10^9/L（20%～50%）。

单核细胞：（0.1～0.6）×10^9/L（3%～10%）。

中性粒细胞增多常见于急性化脓性感染、大出血、严重组织损伤、慢性粒细胞性白血病、安眠药中毒等；减少常见于某些病毒感染、再生障碍性贫血、粒细胞缺乏症等。

嗜酸粒细胞增多常见于银屑病、天疱疮、湿疹、支气管哮喘、过敏、一些血液病及肿瘤，如慢性粒细胞性白血病、鼻咽癌、肺癌及宫颈癌等；减少常见于伤寒、副伤寒早期、长期使用肾上腺皮质激素后。

嗜碱粒细胞增多常见于慢性粒细胞白血病伴有骨髓纤维化、慢性溶血及脾切除后；减少一般没有临床意义。

淋巴细胞增多常见于传染性单核细胞增多症、结核病、疟疾、慢性淋巴细胞性白血病、百日咳、某些病毒感染等；减少常见于某些白血病或破坏过多，如长期化疗、X线照射后及免疫缺陷等。

单核细胞增多常见于单核细胞性白血病、结核病活动期、伤寒、疟疾等；减少临床意义不大。

6.1.5　血小板计数（PLT）

【参考值】（125～350）×10^9/L。

血小板计数增高多见于血小板增多症、脾脏切除术后、急性感染、溶血、骨折等；减少多见于再生障碍性贫血、急性白血病、急性放射病、原发性或继发性血小板减少性紫癜、脾功能亢进、尿毒症、服用某些药物后等。

二、将“第2篇体检项目及操作规程6.3血生化”修订为：

6.3　血生化

6.3.1　血糖（GLU）　糖尿病诊断指标。采用葡萄糖氧化酶法，用全自动或半自动生化分析仪，采血后应尽快检测。

【参考值】3.9～6.1 mmol/L。

空腹超过8小时采血血糖浓度≥7.0 mmol/L，或一天当中任意时候采血血糖浓度≥11.1 mmol/L，经复查仍达到或超过此值，诊断糖尿病；空腹血糖浓度介于5.6～6.9 mmol/L之间，应进行口服葡萄糖耐量试验（OGTT）进一步确诊，OGTT2小时的血糖浓度≥11.1 mmol/L者，诊断糖尿病。

6.3.2　丙氨酸氨基转移酶（ALT）　肝脏生化检查指标，采用酶法，用全自动或半自动生化仪检测，可对病毒性肝炎等肝胆系统疾病进行早期诊断，并有助于判断疾病的程度、预后。

【参考值】男：9～50 U/L。女：7～40 U/L。

6.3.3　天冬氨酸氨基转移酶（AST）　肝脏生化检查指标，检测方法和意义同ALT。

【参考值】男：15～40 U/L。女：13～35 U/L。

ALT和AST是反映肝细胞损害的敏感指标，在肝炎潜伏期、发病初期均可升高，故有助于早期发现肝炎。ALT主要存在于肝细胞质内，而AST除了存在于肝细胞质之外，还有约一半以上分布在肝细胞的线粒体中。各种肝脏病变（如病毒性肝炎、药物性肝损害、脂肪肝、肝硬化等）和一些肝外疾病造成肝细胞损害时，ALT 和 AST 水平均可升高。

当肝损害较轻时，仅有胞质内的 ALT 和 AST 释放入血，故 ALT 的升高大于 AST，一般认为血清 ALT 超过参考值上限 2 倍以上，说明肝细胞有炎症、坏死和肝脏损害；严重肝损伤时，线粒体被破坏，其中的 AST 大量释放入血，致使血清 AST 水平高于 ALT。AST/ALT 比值＞1 可以提示肝炎进展，有显著肝细胞坏死，因此，测定 AST/ALT 比值有助于判断肝损伤的严重程度。单项 AST 升高还要考虑心肌和骨骼的病变，特别是心肌梗死时，AST/ALT 比值常＞3，并伴有相应临床表现，不难诊断。

除肝脏外，其他组织如心脏、脑、肾、肌肉等也都含有 ALT 和 AST，这些脏器的病变同样可引起血清 ALT 和 AST 升高；某些生理条件的变化也可引起 ALT 和 AST 升高，如剧烈体育活动可有 ALT 的一过性轻度升高。由于血清 ALT 和 AST 升高的原因多种多样，必须根据具体情况，结合必要的其他检查手段，仔细分析才能明确诊断。

6.3.4　血尿素氮（BUN）　血尿素氮是机体蛋白质代谢的产物，测定血尿素氮的目的在于判断肾脏对蛋白质代谢产物的排泄能力，故血尿素氮的数值，可以作为判断肾小球滤过功能的一项指标。但血尿素氮易受饮食、尿量等因素影响，故虽可作为判断肾小球功能的一项指标，但不如血肌酐准确。血尿素氮检测采用脲酶法。

【参考值】　2.8～7.2 mmol/L。

6.3.5　血肌酐（CR）　肌酐是人体肌肉代谢的产物，不易受饮食和尿量因素影响，能更灵敏地反映肾功能，是诊断肾功能衰竭的重要指标，其水平与肾功能的损伤程度成正比。血肌酐检测采用苦味酸法或酶法。

【参考值】　苦味酸法：男性 44～133 μmol/L，女性 70～106 μmol/L。酶法：男性 53～97 μmol/L，女性 44～80 μmol/L。

当血尿素氮和血肌酐都用“mmol/L”为单位时，尿素氮/肌酐比值的参考值为 25～40。当比值＜25 时，考虑蛋白质的摄入不足及肾小管急性坏死；当比值＞40 时，考虑肾前性原因所致。

由于血尿素氮、肌酐的测定值容易受溶血、胆红素以及药物等因素影响，所以同时升高有诊断意义，肾脏实质性病变时血尿素氮升高的程度较血肌酐更明显。

三、将“第 3 篇《公务员录用体检通用标准（试行）》实施细则 3 关于血液病”修订为：

第三条　血液系统疾病，不合格。单纯性缺铁性贫血，血红蛋白男性高于 90 g/L、女性高于 80 g/L，合格。

3.1　条文解释

血液系统由血液与造血器官组成，造血器官包括骨髓、脾脏、淋巴结及分散在全身各处的淋巴组织和单核—吞噬细胞系统。血液系统疾病系指原发于和主要累及血液与造血器官的疾病（前者如白血病，后者如缺铁性贫血），俗称血液病。患其他系统性疾病而有血液方面改变者，只能称为系统性疾病的血液学表现，而非真正的血液病。

血液系统疾病一般可分为红细胞疾病、白细胞疾病、出血性疾病、造血干细胞疾病等，临床上可以表现为贫血、出血、发热或恶性细胞浸润所致的淋巴结、肝、脾肿大等，不同疾病又各有其特点。现仅就较常见的一些疾病做简要说明。

3.1.1　贫血：系指单位容积血液中血红蛋白含量低于参考值的下限，同时常伴有不同程度的红细胞数量和红细胞压积减少。一般认为，在平原地区，血红蛋白含量成人男性＜130 g/L，女性＜115 g/L，即可诊断为贫血。贫血可原发于造血器官疾病，也可继发于某些系统性疾病（如慢性肾病、慢性肝病、各种病原所致慢性感染、恶性肿瘤等）。贫血的病因学判断非常重要，病因不同预后各异，除某些原因造成的缺铁性贫血外，往往难以彻底治愈，属体检不合格。常见的贫血有以下几种：

1）缺铁性贫血：是最常见的一种贫血，

系体内缺乏合成血红蛋白所必需的铁所致，其特点为小细胞低色素性贫血。常见病因包括慢性失血（如月经多、痔出血、溃疡病、钩虫病等）和铁吸收不良（如胃大部分切除术后、长期腹泻、胃酸缺乏、嗜好浓茶等）。预后取决于病因能否消除，若能消除病因，贫血多能很快纠正。所谓单纯性缺铁性贫血，也是从病因角度而言，主要指不良饮食习惯或月经过多、痔出血等原因引起的贫血，此类贫血在血红蛋白含量男性不低于 90 g/L、女性不低于 80 g/L 时症状并不明显，病因易消除，对机体影响较小，病因消除后血红蛋白含量易恢复正常，预后较好，故可按合格处理。

2）再生障碍性贫血：简称再障，是多种病因引起骨髓衰竭所导致的以全血细胞减少为主要特征的一种综合病征。常见病因有药物、化学毒物、电离辐射、病毒感染等。再障分为急性型和慢性型两种。急性型起病急、进展迅速，临床主要表现为出血（如消化道出血、血尿、眼底出血和颅内出血等），容易并发感染，病死率高；慢性型起病缓慢，多以贫血为主要表现，病程较长，缓解、发作可反复交替，迁延多年不愈。本病一经诊断，即做不合格结论。

3）巨幼细胞性贫血：是由于叶酸和/或维生素 B_{12} 缺乏致 DNA 合成障碍所引起的贫血。其特点为造血细胞体积增大，涉及红细胞、粒细胞、巨核细胞系列，临床上常表现为全血细胞减少及伴胃肠道症状。常见原因为长期素食、偏食、蔬菜烹调不当、不适当的节食、胃肠道疾病引起吸收不良、服用干扰叶酸和/或维生素 B_{12} 吸收的药物等。本病一经诊断，即做不合格结论。

4）肿瘤性贫血：是由于血液肿瘤（如白血病、淋巴瘤、骨髓瘤）或实体瘤浸润骨髓或骨髓增生异常（如骨髓异常增生综合征）所致的贫血。本病一经诊断，即做不合格结论。

5）溶血性贫血：系因红细胞破坏加速、超过骨髓造血功能的代偿能力而发生的贫血，其主要特点为贫血、黄疸、脾大、网织红细胞增多及骨髓幼红细胞增生。溶血原因可由红细胞膜的结构与功能缺陷、酶缺陷等红细胞遗传缺陷所致，也可由感染、药物、理化、免疫、代谢等后天因素而引起。根据红细胞破坏的主要场所可分为血管内溶血和血管外溶血。两者均做不合格结论。

3.1.2　红细胞增多症：是指单位容积血液中红细胞数、血红蛋白含量和红细胞压积明显高于参考值，通常血红蛋白≥180 g/L、红细胞数≥6.0×10^{12}/L 或红细胞压积≥0.55 即可诊断为红细胞增多症。其病因有多种，可以是血浆容量减少造成的相对性红细胞增多，也可以是组织缺氧导致的继发性红细胞增多，也有原因不明的真性红细胞增多症（也称原发性红细胞增多症）。继发性红细胞增多症者是否合格，需视病因情况而定。对一时性脱水所致血红蛋白含量及红细胞计数略超过参考值、经正常饮水可纠正者，可做出合格的结论；对其他病因所致者，均应根据原发病性质，做出不合格结论。

1）继发性红细胞增多症：各种原因引起的组织缺氧都可导致代偿性的红系细胞增生，即继发性红细胞增多症。常见原因为吸烟过多、高原性红细胞增多症、青紫型先天性心脏病、慢性阻塞性肺部疾病、肿瘤、肾脏疾病、肥胖—肺通气不良综合征等。

2）真性红细胞增多症：是一种以红系细胞异常增殖为主的慢性骨髓增殖性疾病，起病缓慢，其特点为皮肤黏膜暗红、脾大、红细胞数及血容量增加伴全血细胞增多，常有神经系统及血液循环功能障碍、血栓形成、心力衰竭等。本病一经诊断，做不合格结论。

3.1.3　白细胞疾病：包括各类白细胞减少和增多性疾病。

1）白细胞减少症和粒细胞缺乏症：白细胞减少症是指外周血白细胞计数＜3.5×10^{9}/L，其中以中性粒细胞减少占绝大多数，当中性粒细胞总数＜0.5×10^{9}/L 时称为粒细胞缺乏症。两者的病因大致相同。最常见的病因有药物（抗肿瘤药物、免疫抑制药、抗生素、抗甲状腺药物、抗心律失常药、抗组织胺药及镇静药等）反应、放射性和化学物质损伤、免疫介导的骨髓损伤、骨髓被异常细胞浸润（如肿瘤细胞）、某些细菌和病毒感染、粒细胞成熟障碍（如叶酸、维生素 B_{12} 缺乏所致者）等。此外，在血池中分布异常、需求增加、消耗破坏加速也可引起此症。

由于大多数病因是后天因素，在病因未消除、白细胞总数或中性粒细胞数未恢复到正常并持续稳定前，做不合格结论。

2）中性粒细胞增多症：是指外周血中性粒细胞数＞7.0×10^9/L。其病因主要有急性感染、组织坏死、严重烧伤、中毒、药物反应、骨髓增殖性疾病（慢性粒细胞白血病、真性红细胞增多症、原发性血小板增多症、骨髓纤维化）、某些恶性肿瘤等；也可因生理性原因如妊娠、情绪激动、剧烈运动等发生。本病是否合格需视病因情况而定，对于可能为轻度炎症、运动或情绪因素所致，白细胞轻度升高且复查能恢复正常者，可做合格结论。

3.1.4　恶性淋巴瘤：是指原发于免疫系统（淋巴结或结外淋巴组织）的恶性肿瘤，其特点是淋巴细胞或/和组织细胞大量增生。临床上常表现为无痛性、进行性淋巴结肿大，发热，肝脾肿大，晚期可见恶液质和贫血等。本病一经诊断，做不合格结论。

3.1.5　多发性骨髓瘤：为恶性浆细胞疾病中最常见的一种，其特点是单克隆浆细胞呈肿瘤性增生，从而破坏骨组织。临床上主要表现为骨痛、病理性骨折、贫血、高血钙、肾功能损害及易发生感染等。本病一经诊断，做不合格结论。

3.1.6　脾功能亢进：是一种综合征，可由多种原发或继发病因所引起，如感染、瘀血（心力衰竭、肝硬化、门静脉或脾静脉阻塞等）、异常免疫反应、骨髓增殖性疾病等。临床特点是脾脏肿大伴有血红细胞、白细胞、血小板单独或同时减少。本病一经诊断，做不合格结论。

3.1.7　出血性疾病：正常的止血机制由血管、血小板及凝血机制三方面协同作用共同完成，任何一个方面发生障碍都可导致异常出血，即出血不止或过多，称为出血性疾病。

1）血小板减少症：是指外周血中血小板计数低于 100×10^9/L。当血小板计数低于 50×10^9/L 时可能会有出血，低于 20×10^9/L 时出血症状会加重，表现为皮肤黏膜出血点（直径＜2 mm）、紫癜（直径 3～5 mm）或瘀斑（直径＞5 mm）、牙龈出血、鼻出血，重者可有内脏出血，如便血和尿血等。引起血小板减少的病因很多且复杂，绝大多数情况下这些病因是难以纠正的，作为体检，也不必进行病因学诊断，血小板减少症一经诊断，一般做不合格结论。若确能证实为病毒感染、药物因素等所致血小板一时性轻度减少，无出血倾向，消除上述因素后复查血小板计数能恢复正常水平者，可按合格处理。

2）血小板减少性紫癜：属血小板减少症的一种类型，包括特发性、继发性及血栓性血小板减少性紫癜，其共同特点是有出血症状并伴血小板减少。本病根据临床表现及实验室检查不难诊断，作为体检，无须再做分类诊断。一经诊断，做不合格结论。

3）过敏性紫癜：是一种较常见的变态反应性出血性疾病，主要是由于机体对某些物质发生变态反应而引起毛细血管壁通透性和脆性增高，导致渗出性出血。主要病因有感染、药物、食物等因素。根据临床表现分为单纯型、腹型、关节型、肾型及混合型。本病一经诊断，做不合格结论。

4）血友病：是一组因遗传性凝血活酶生成障碍引起的出血性疾病，以阳性家族史、幼年发病、自发或轻度外伤后出血不止、血肿形成及关节出血为特征。本病是一种终身性疾病，尚无根治方法，一经诊断，做不合格结论。

3.1.8　白血病：系造血系统的恶性肿瘤，约占癌症总发病率的 5%左右。其特征是某一类型的白血病细胞在骨髓或其他造血组织中呈肿瘤性增生，并浸润体内其他器官和组织，正常造血受抑制，而产生相应的症状和体征。临床上常有贫血、发热、感染、出血和肝、脾、淋巴结不同程度的肿大等表现。本病一经诊断，做不合格结论。

3.2 诊断要点

3.2.1 缺铁性贫血

1）病史询问要点：有无慢性失血史（如月经过多、溃疡病出血、痔出血等）及导致铁吸收障碍的原发疾病（如胃大部切除史、萎缩性胃炎、长期腹泻史等），注意寻找贫血的病因学证据；有无贫血的症状，如头晕、乏力、活动后心慌气短等。

2）查体要点：皮肤黏膜苍白是贫血的主要体征，一般以观察甲床、手掌皮肤皱褶、口腔黏膜、睑结膜较为可靠。注意有无其他体征，如口角炎、舌炎、心率增快等。

3）辅助检查要点：

血常规：是诊断贫血的主要依据，可采用全自动血细胞仪进行分析，缺铁性贫血特征为小细胞低色素性贫血。一般通过血常规检查并结合病史、体征，多可明确诊断。

网织红细胞计数：在贫血者中应作为常规补充检查。缺铁性贫血者网织红细胞计数大多正常。

不能确定贫血性质时，可根据当地条件选择进一步检测项目，如测定血清铁蛋白、血清铁、总铁结合力等，以确定是否为缺铁性贫血，并进一步寻找缺铁病因，以便做出是否合格的结论。

3.2.2 再生障碍性贫血

1）病史询问要点：注意询问可能存在的病因（病毒感染，服用药物，接触放射线、毒素或化学品工作环境等）、起病时间、贫血症状（乏力、头昏、心悸、气短等）、有无易感染（经常发热）及出血史（鼻出血、牙龈出血、结膜出血、呕血、咯血、便血等）。

2）查体要点：注意皮肤黏膜有无苍白、出血点、瘀斑、血肿等，有无发热、感染等。

3）辅助检查要点：

血常规：主要表现为全血细胞（红细胞、白细胞及血小板）减少，如果仅红系细胞减少，则为纯红细胞再生障碍性贫血。再生障碍性贫血的特点是呈正色素正细胞性贫血。

网织红细胞计数：显著减少。

对公务员体检而言，只要发现为全血细胞减少，即做不合格结论，一般无须再进行全血细胞减少的病因学诊断。

3.2.3 巨幼细胞性贫血

1）病史询问要点：有无叶酸及维生素 B_{12} 缺乏的常见病因（如烹调加热时间过长、偏食、完全性素食、慢性胃肠道疾病、服用干扰叶酸及维生素 B_{12} 吸收的药物等），有无贫血症状（乏力、头昏、心悸、气短等），有无伴随的消化道症状（如食欲不振、恶心、腹泻等）。

2）查体要点：注意有无皮肤黏膜苍白（同缺铁性贫血）、舌乳头萎缩或消失，有无肌力异常、步行障碍等神经系统体征。

3）辅助检查要点：

血常规：呈大细胞性贫血特征，白细胞和血小板也常减少。

若不能确定贫血性质，可根据当地条件选择进一步检测项目，如血清维生素 B_{12}、叶酸和红细胞叶酸测定等，以确立诊断及结论。

3.2.4 骨髓病性贫血

1）病史询问要点：有无引起骨髓病性贫血的原发疾病史（急慢性白血病、淋巴瘤、多发性骨髓瘤、恶性组织细胞增生症及转移癌等），有无骨痛、骨折史。

2）查体要点：注意贫血、肝脾肿大及原发疾病的相关体征。

3）辅助检查要点：血常规检查呈正常细胞性贫血。

对贫血、骨痛伴无确切原因可解释的肝脾肿大等可疑病例，必要时可组织会诊或做进一步检查，如骨X线片有无骨质破坏，骨髓片有无瘤细胞，以及有无幼粒幼红细胞血象等，以明确诊断。

3.2.5 溶血性贫血

1）病史询问要点：血管内溶血为急性，

多较严重，在体检中少见；体检中若发现本病，多为慢性血管外溶血所致，应询问苍白、乏力的起病时间，先天性者常为自幼起病，后天性者应询问有无输血、服用特殊药物或食物及相关原发疾病史。

2）查体要点：注意有无皮肤黏膜苍白、心率加快、巩膜黄染、肝脾肿大等体征。

3）辅助检查要点：

血常规：呈正常细胞性贫血。

网织红细胞计数：多升高。

一般根据贫血特点以及兼有黄疸、脾大、网织红细胞升高即可诊断。可疑病例可做进一步检查，如血胆红素（本病的特征是以血清间接胆红素增高为主）、游离血红蛋白、血红蛋白尿、含铁血黄素尿等，以进一步确诊。

3.2.6　红细胞增多症

1）病史询问要点：有无慢性缺氧性疾病（如肺源性心脏病、先天性心脏病、严重睡眠呼吸暂停综合征等）史及高原居住史、生理性脱水病史等。

2）查体要点：注意有无颜面红紫等多血质外貌，有无脾肿大、高血压等体征。

3）辅助检查要点：血常规检查血红蛋白≥180 g/L，红细胞数≥6.0×10^{12}/L，白细胞和血小板数也多增高。

3.2.7　白细胞减少症和粒细胞缺乏症

1）病史询问要点：有无导致本病的病因（如药物、中毒、感染、某些营养素缺乏等）及继发感染史。

2）查体要点：本病一般没有阳性体征，主要通过病史提示及血液检验来诊断。

3）辅助检查要点：血常规检查白细胞计数低于参考值下限，红细胞及血小板一般正常。根据白细胞减少程度诊断为白细胞减少症或粒细胞缺乏症。

3.2.8　中性粒细胞增多症

1）病史询问要点：有无引起中性粒细胞增多的病因，如急性感染、组织坏死、严重烧伤、中毒、药物反应、骨髓增殖性疾病（慢性粒细胞白血病、真性红细胞增多症、原发性血小板增多症、骨髓纤维化）、某些恶性肿瘤等。

2）查体要点：重点检查有无原发疾病的相关体征。

3）辅助检查要点：血常规检查中性粒细胞绝对值＞7.0×10^{9}/L，即可做出诊断。

3.2.9　恶性淋巴瘤

1）病史询问要点：以往有无淋巴瘤病史，对有浅表淋巴结肿大体征者应重点询问淋巴结肿大的进展情况以及有无疼痛、发热等症状。

2）查体要点：有无全身浅表淋巴结肿大，若有注意其硬度、活动度、是否融合；有无肝脾肿大。

3）辅助检查要点：

血常规：可有贫血、淋巴细胞数量增多。

胸部X线片：可见纵隔阴影增宽、肺门淋巴结肿大。

腹部B超：除肝脾肿大外，可见腹膜后淋巴结肿大。

以淋巴结肿大为主要表现者，必要时可取淋巴结活检，以进一步明确诊断。

3.2.10　多发性骨髓瘤

1）病史询问要点：多发性骨髓瘤的临床表现多种多样，早期主要表现为骨痛、易骨折，病史询问时应注意。

2）查体要点：本病体征一般不明显，有时可见贫血，诊断主要是依靠病史提示和有针对性的辅助检查。

3）辅助检查要点：对有骨痛或病理性骨折、贫血、反复发热等可疑病例，必要时可组织会诊或做进一步检查，根据骨骼X线片有无溶骨及骨质破坏、骨髓片有无异常浆细胞增多、尿本周蛋白是否阳性、血浆蛋白电泳有无M成分等做出诊断。

3.2.11　脾功能亢进

1）病史询问要点：既往有无慢性肝炎、血吸虫病等疾病史，注意寻找原发疾病的线索。

2）查体要点：查体可见脾脏肿大及原发疾病的相关体征。

3）辅助检查要点：

血常规：全血细胞减少或白细胞、血小板减少。

腹部B超：显示脾脏肿大。

一般根据血液检查特点、B超检查提示脾脏肿大，结合原发疾病综合判断，即可诊断。

3.2.12　血小板减少症

1）病史询问要点：有无反复的皮肤黏膜出血（如鼻出血或牙龈出血）史。

2）查体要点：注意出血的性状和部位，有无紫癜、牙龈出血点、口腔黏膜血疱等，有无肝、脾、淋巴结肿大。

3）辅助检查要点：血常规检查血小板计数低于参考值下限，即可诊断。

3.2.13　血小板减少性紫癜

1）病史询问要点：有无反复的皮肤黏膜出血史，如鼻出血或牙龈出血，有无家族出血史。

2）查体要点：注意有无紫癜、牙龈出血点、口腔黏膜血疱等，有无肝、脾、淋巴结肿大。

3）辅助检查要点：血常规检查血小板计数低于参考值下限。

有出血症状并伴血小板减少即可诊断。

3.2.14　过敏性紫癜

1）病史询问要点：有无自发性的皮肤紫癜，尤其是两下肢皮肤反复出现紫癜，紫癜治疗情况，是否可自发消退；有无其他类型紫癜的相关症状如腹痛、关节痛、血尿等。

2）查体要点：单纯型过敏性紫癜病变仅表现在皮肤，紫癜的特点是分布于四肢、臀部，多在伸侧，多为对称性，皮疹分批出现，可高出皮面伴痒感；其他各型紫癜可在皮肤紫癜发生前或发生后出现相应体征，如腹型紫癜可有腹部脐周压痛，关节型紫癜可见关节红肿、压痛及功能障碍，肾型紫癜可有水肿、血压增高等，结合紫癜特点一般容易诊断。

3）辅助检查要点：

血常规：血小板计数正常。

尿常规：肾型紫癜可有镜下血尿、尿蛋白阳性。

3.2.15　血友病

1）病史询问要点：有无家族史，有无皮肤黏膜自发出血或轻伤后出血不止史，或月经过多史，创伤或手术时有无异常出血史等。

2）查体要点：发作期可有关节肿胀和压痛等体征。

3）辅助检查要点：本病主要通过病史进行诊断，必要时可进一步做凝血时间、部分凝血活酶时间等血液学检查确诊。

3.2.16　白血病

1）病史询问要点：有无发热、出血、贫血等相关症状。

2）查体要点：检查有无皮肤黏膜出血点、瘀斑，有无贫血貌，有无肝、脾、淋巴结肿大及胸骨压痛等体征。

3）辅助检查要点：血常规检查白细胞总数可升高，分类可见各期白细胞；多呈正常细胞性贫血。

可疑病例应及时请血液科会诊，必要时做骨髓检查以明确诊断。

3.3　注意事项

3.3.1　血液病种类繁多，临床表现多种多样，体检中应尽量详细询问并记录病史（本人应如实反映），以寻找原发疾病线索；查体应认真全面，避免遗漏重要体征；除了血常规检查，必要时可增加实验室辅助检查项目。要综合分析病史询问、查体和辅助检查结果，尽可能地避免漏诊。

3.3.2　血液病多属于全身性、难治性疾病，对健康的影响大多较为严重，故原则上均按不合格处理。但有些血液病，其病因明确（如病毒感染、药物反应、炎症等）且易于纠正，对健康影响较小（如只引起血小板或白细胞一过性轻度减少或增高、轻度缺铁性贫血等），消除病因后复查能够很快恢复正常，可按合格处理。

3.3.3　血液病的病因复杂，有些病因体检中一时难以明确，且体检的目的主要不是针对病因寻找治疗方法，故应注意把握疾病的诊断，能够做出是否合格的结论即可。除贫血外，对其他一些血液病的病因学诊断、病名诊断不必过分深究，例如可做出血小板减少症、紫癜等初步诊断并在此基础上做出不合格结论，而没有必要做出是何种血小板减少症、何种紫癜的诊断。

《公务员录用体检操作手册（试行）》修订对照表

序号	原表述	修订后
一	第2篇体检项目及操作规程 6.1 血常规（第16～17页）	
1	6.1.1　红细胞总数（RBC） 【参考值】 男性：$(4.0\sim5.5)\times10^{12}/L$。女性：$(3.5\sim5.0)\times10^{12}/L$。	6.1.1　红细胞计数（RBC） 【参考值】 男性：$(4.3\sim5.8)\times10^{12}/L$。女性：$(3.8\sim5.1)\times10^{12}/L$。
2	6.1.2　血红蛋白（HGB） 【参考值】 男性：120～160 g/L。女性：110～150 g/L。	6.1.2　血红蛋白（HGB） 【参考值】 男性：130～175 g/L。女性：115～150 g/L。
3	6.1.3　白细胞总数（WBC） 【参考值】 $(4.0\sim10.0)\times10^{9}/L$。	6.1.3　白细胞计数（WBC） 【参考值】 $(3.5\sim9.5)\times10^{9}/L$。
4	6.1.4　白细胞分类计数（DC） 【参考值】 中性粒细胞：杆状核为0.01～0.05（1%～5%），分叶核为0.50～0.70（50%～70%）。 嗜酸粒细胞：0.005～0.05（0.5%～5%）。 嗜碱粒细胞：0.00～0.01（0～1%）。 淋巴细胞：0.20～0.40（20%～40%）。 单核细胞：0.03～0.08（3%～8%）。 …… 嗜酸粒细胞增多常见于银屑病、天疱疮、湿疹、支气管哮喘、食物过敏、一些血液病及肿瘤，如慢性粒细胞性白血病、鼻咽癌、肺癌及宫颈癌等；减少常见于伤寒、副伤寒早期、长期使用肾上腺皮质激素后。 嗜碱粒细胞增多常见于慢性粒细胞白血病伴有嗜碱粒细胞增高、骨髓纤维化、慢性溶血及脾切除后；减少一般没有临床意义。 淋巴细胞增多常见于传染性单核细胞增多症、结核病、疟疾、慢性淋巴细胞性白血病、百日咳、某些病毒感染等；减少常见于破坏过多，如长期化疗、X线照射后及免疫缺陷等。 单核细胞增多常见于单核细胞性白血病、结核病活动期、伤寒、疟疾等；减少临床意义不大。	6.1.4　白细胞分类计数（DC） 【参考值】 中性粒细胞：$(1.8\sim6.3)\times10^{9}/L$（40%～75%）。 嗜酸粒细胞：$(0.02\sim0.52)\times10^{9}/L$（0.4%～8%）。 嗜碱粒细胞：$(0.00\sim0.06)\times10^{9}/L$（0～1%）。 淋巴细胞：$(1.1\sim3.2)\times10^{9}/L$（20%～50%）。 单核细胞：$(0.1\sim0.6)\times10^{9}/L$（3%～10%）。 …… 嗜酸粒细胞增多常见于银屑病、天疱疮、湿疹、支气管哮喘、过敏、一些血液病及肿瘤，如慢性粒细胞性白血病、鼻咽癌、肺癌及宫颈癌等；减少常见于伤寒、副伤寒早期、长期使用肾上腺皮质激素后。 嗜碱粒细胞增多常见于慢性粒细胞白血病伴有骨髓纤维化、慢性溶血及脾切除后；减少一般没有临床意义。 淋巴细胞增多常见于传染性单核细胞增多症、结核病、疟疾、慢性淋巴细胞性白血病、百日咳、某些病毒感染等；减少常见于某些白血病或破坏过多，如长期化疗、X线照射后及免疫缺陷等。 单核细胞增多常见于单核细胞性白血病、结核病活动期、伤寒、疟疾等；减少临床意义不大。
5	6.1.5　血小板计数（PLT） 【参考值】 $(100\sim300)\times10^{9}/L$。	6.1.5　血小板计数（PLT） 【参考值】 $(125\sim350)\times10^{9}/L$。

续表

序号	原表述	修订后
二	第 2 篇体检项目及操作规程 6.3 血生化（第 18 页）	
6	6.3.2　丙氨酸氨基转移酶（ALT）　肝脏生化检查指标，采用酶法，用全自动或半自动生化仪检测，可对病毒性肝炎等肝胆系统疾病进行早期诊断，并有助于判断疾病的程度、预后。 【参考值】＜40 U/L。	6.3.2　丙氨酸氨基转移酶（ALT）　肝脏生化检查指标，采用酶法，用全自动或半自动生化仪检测，可对病毒性肝炎等肝胆系统疾病进行早期诊断，并有助于判断疾病的程度、预后。 【参考值】男：9～50 U/L。女：7～40 U/L。
7	6.3.3　天冬氨酸氨基转移酶（AST）　肝脏生化检查指标，检测方法和意义同 ALT。 【参考值】＜40 U/L。	6.3.3　天冬氨酸氨基转移酶（AST）　肝脏生化检查指标，检测方法和意义同 ALT。 【参考值】男：15～40 U/L。女：13～35 U/L。
三	第 3 篇《公务员录用体检通用标准（试行）》实施细则 3 关于血液病（第 27～29 页）	
8	3　关于血液病	3　关于血液系统疾病
9	第三条　血液病，不合格。单纯性缺铁性贫血，血红蛋白男性高于 90 g/L、女性高于80 g/L，合格。	第三条　血液系统疾病，不合格。单纯性缺铁性贫血，血红蛋白男性高于 90 g/L、女性高于 80 g/L，合格。
10	3.1　条文解释 …… 血液病一般可分为红细胞疾病（主要为各种贫血）、白细胞疾病、出血性疾病、造血干细胞疾病等，临床上主要表现为贫血、出血、发热及恶性细胞浸润所致的淋巴结、肝、脾肿大等，不同疾病又各有其特点。现仅就较常见的一些疾病做简要说明。	3.1　条文解释 …… 血液系统疾病一般可分为红细胞疾病、白细胞疾病、出血性疾病、造血干细胞疾病等，临床上可以表现为贫血、出血、发热或恶性细胞浸润所致的淋巴结、肝、脾肿大等，不同疾病又各有其特点。现仅就较常见的一些疾病做简要说明。
11	3.1.1　贫血：系指单位容积血液中血红蛋白含量低于参考值的下限，同时常伴有不同程度的红细胞数量和红细胞压积减少。一般认为，在平原地区，血红蛋白含量成人男性＜120 g/L，女性＜110 g/L，即可诊断为贫血…… 2）再生障碍性贫血：简称再障，是多种病因引起骨髓造血功能衰竭及造血微环境损伤所导致的以全血细胞减少为主要特征的一种综合病征。常见病因有药物、化学毒物、电离辐射、病毒感染、骨髓增生异常等…… 4）骨髓病性贫血：是由于骨髓被肿瘤细胞或异常组织浸润而引起的继发性贫血，其特点为骨痛、骨质破坏，贫血伴幼粒幼红细胞血象。常见病因有急慢性白血病、淋巴瘤、多发性骨髓瘤、恶性组织细胞增生症及转移癌等。本病一经诊断，即做不合格结论。 5）溶血性贫血：系因红细胞破坏加速、超过骨髓造血功能的代偿能力而发生的贫血，其主要特点为贫血、黄疸、脾大、网织红细胞增多及骨髓幼红细胞增生。溶血原因可由红细胞膜的结构与功能缺陷、酶缺陷等红细胞遗传缺陷所致，也可由感染、理化、免疫、代谢等后天因素而引起。根据红细胞破坏的主要场所可分为血管内溶血和血管外溶血。两者均做不合格结论。	3.1.1　贫血：系指单位容积血液中血红蛋白含量低于参考值的下限，同时常伴有不同程度的红细胞数量和红细胞压积减少。一般认为，在平原地区，血红蛋白含量成人男性＜130 g/L，女性＜115 g/L，即可诊断为贫血…… 2）再生障碍性贫血：简称再障，是多种病因引起骨髓衰竭所导致的以全血细胞减少为主要特征的一种综合病征。常见病因有药物、化学毒物、电离辐射、病毒感染等…… 4）肿瘤性贫血：是由于血液肿瘤（如白血病、淋巴瘤、骨髓瘤）或实体瘤浸润骨髓或骨髓增生异常（如骨髓异常增生综合征）所致的贫血。本病一经诊断，即做不合格结论。 5）溶血性贫血：系因红细胞破坏加速、超过骨髓造血功能的代偿能力而发生的贫血，其主要特点为贫血、黄疸、脾大、网织红细胞增多及骨髓幼红细胞增生。溶血原因可由红细胞膜的结构与功能缺陷、酶缺陷等红细胞遗传缺陷所致，也可由感染、药物、理化、免疫、代谢等后天因素而引起。根据红细胞破坏的主要场所可分为血管内溶血和血管外溶血。两者均做不合格结论。

续表

序号	原表述	修订后
12	3.1.3 白细胞疾病：包括各类白细胞减少和增多性疾病。 1）白细胞减少症和粒细胞缺乏症：白细胞减少症是指外周血白细胞计数＜$4.0\times10^9/L$，其中以中性粒细胞减少占绝大多数，当中性粒细胞总数＜$0.5\times10^9/L$时称为粒细胞缺乏症。两者的病因大致相同…… 2）中性粒细胞增多症：是指外周血中性粒细胞数＞$7.0\times10^9/L$［白细胞参考值（4.0～10.0）$\times10^9/L$，中性粒细胞占50%～70%，故其绝对值应≤$7.0\times10^9/L$］……	3.1.3 白细胞疾病：包括各类白细胞减少和增多性疾病。 1）白细胞减少症和粒细胞缺乏症：白细胞减少症是指外周血白细胞计数＜$3.5\times10^9/L$，其中以中性粒细胞减少占绝大多数，当中性粒细胞总数＜$0.5\times10^9/L$时称为粒细胞缺乏症。两者的病因大致相同…… 2）中性粒细胞增多症：是指外周血中性粒细胞数＞$7.0\times10^9/L$……
13	3.1.5 多发性骨髓瘤：为恶性浆细胞增生疾病中最常见的一种，其特点是单克隆浆细胞在骨髓中呈肿瘤性增生，从而破坏骨组织……	3.1.5 多发性骨髓瘤：为恶性浆细胞疾病中最常见的一种，其特点是单克隆浆细胞呈肿瘤性增生……
14	3.1.7 出血性疾病：正常的止血机制由血管、血小板及凝血机制三方面协同作用共同完成，任何一个方面发生障碍都可导致异常出血，即出血不止或过多，称为出血性疾病。 1）血小板减少症：是指外周血中血小板计数低于参考值下限（$100\times10^9/L$）。当血小板计数低于$50\times10^9/L$时可能会有出血，低于$20\times10^9/L$时出血症状会加重，表现为皮肤黏膜出血点（直径＜2 mm）、紫癜（直径3～5 mm）或瘀斑（直径＞5 mm）、牙龈出血、鼻出血，重者可有内脏出血，如便血和尿血等。 ……	3.1.7 出血性疾病：正常的止血机制由血管、血小板及凝血机制三方面协同作用共同完成，任何一个方面发生障碍都可导致异常出血，即出血不止或过多，称为出血性疾病。 1）血小板减少症：是指外周血中血小板计数低于$100\times10^9/L$。当血小板计数低于$50\times10^9/L$时可能会有出血，低于$20\times10^9/L$时出血症状会加重，表现为皮肤黏膜出血点（直径＜2 mm）、紫癜（直径3～5 mm）或瘀斑（直径＞5 mm）、牙龈出血、鼻出血，重者可有内脏出血，如便血和尿血等。 ……
15	3.2 诊断要点 3.2.1 缺铁性贫血 3）辅助检查要点： …… 不能确定贫血性质时，可根据当地条件选择进一步检测项目，如测定血清铁蛋白、血清铁、总铁结合力或红细胞游离原卟啉等，以确定是否为缺铁性贫血，并进一步寻找缺铁病因，以便做出是否合格的结论。	3.2 诊断要点 3.2.1 缺铁性贫血 3）辅助检查要点： …… 不能确定贫血性质时，可根据当地条件选择进一步检测项目，如测定血清铁蛋白、血清铁、总铁结合力等，以确定是否为缺铁性贫血，并进一步寻找缺铁病因，以便做出是否合格的结论。

人力资源和社会保障部　国家公务员局
关于开展向兰辉同志学习活动的通知

人社部发［2013］74号

各省、自治区、直辖市及新疆生产建设兵团人力资源社会保障厅（局）、公务员局，国务院各部委、各直属机构人事部门：

兰辉同志是四川省北川羌族自治县副县长。2013年5月23日，他在下乡检查工作途中不幸坠崖，因公殉职，年仅48岁。兰辉同志始终把党和人民的事业放在心中最高位置，是用生命践行党的群众路线的好干部，是新时期共产党人的楷模，是全国人民满意公务员的杰出代表。

最近，习近平总书记做出重要批示，号召广大党员干部向兰辉同志学习。近日，中央组织部、人力资源社会保障部、国家公务员局决定，追授兰辉同志全国“人民满意的公务员”荣誉称号。为进一步学习先进典型，弘扬新风正气，深入贯彻落实党的十八大精神，深入开展争做人民满意公务员活动，人力资源社会保障部、国家公务员局决定，在广大公务员特别是人社系统干部职工中广泛开展向兰辉同志学习的活动。

学习他信念坚定、对党忠诚的政治品质。兰辉同志始终以党和人民的事业为重，用生命诠释了一个公务员对党和人民的无限忠诚，践行了全心全意为人民服务的宗旨，在关键时刻靠得住、信得过。汶川特大地震后，兰辉同志强忍失去亲人的悲痛，克服一切困难，始终战斗在抢险救灾、灾后恢复重建一线，殚精竭虑，把毕生的精力都献给了党，献给了北川人民。向兰辉同志学习，就要像他那样，坚定理想信念，对党忠诚，永葆共产党员的先进性和纯洁性，努力做一名政治上靠得住的公务员。

学习他心系群众、为民尽责的公仆情怀。兰辉同志时刻把群众的事放在心上，想方设法为人民群众排忧解难。对困难群体他满怀真情地关心关爱，每到一个乡镇总要到敬老院看一看，到低保户走一走，问一问还有什么困难。兰辉同志的电话就是当地的“雷锋热线”，许多残疾人和困难户在他的帮助下解决了就业就学等困难。向兰辉同志学习，就要像他那样，真正做到权为民所用、情为民所系、利为民所谋，自觉做人民的公仆，以人民忧乐为忧乐，以人民甘苦为甘苦，努力做一名人民满意的公务员。

学习他忘我工作、务实进取的敬业精神。兰辉同志勤奋敬业，工作起来就像一台不知疲倦的机器。他分管安全生产工作，哪里有困难，他就冲到哪里。山里下雨道路塌方，他带着队伍穿着雨衣雨靴进山抢险；高山道路冰冻积雪，他亲自上阵撒盐、推车、铺棕垫。5月23日，兰辉同志就是忍着术后的病痛、冒着高温酷暑、沿着颠簸的山路前往乡镇督促落实暴雨应急预案途中意外坠崖的。向兰辉同志学习，就要像他那样，忘我工作，勤勉敬业，埋头苦干，求真务实，努力做一名无私奉献、扎实进取的公务员。

学习他克己奉公、敢于担当的崇高品格。兰辉同志始终坚持党的事业第一、人民利益第一，以强烈的使命感和责任心投入工作，勇于承担重任，敢于较真碰硬。有人劝他不要对工程过于苛刻，他说："今天我不得罪人，今后大家可能会成罪人。"每次下乡检查工作或下工地，他都在乡镇的食堂和当地干部们一起吃工作餐，或自己随便在街边小店对付一顿。时至今日，他家的住房贷款仍未还完，妻子还在打临工。向兰辉同志学习，就要像他那样，坚持原则，认真负责，严于律己，大公无私，面对大是大非敢于亮剑，努力做一名清正廉洁、勇于担当的公务员。

各地各部门要把开展向兰辉同志学习活动作为当前的一项重要任务，紧密联系党的群众路线教育实践活动，通过专题学习会、组织生活会、座谈交流等方式，迅速在广大公务员队伍特别是人社系统中掀起学习兰辉同志的热潮。要把这项工作作为深入开展争做人民满意公务员活动的一项重要内容，用兰辉同志的感人事迹、光辉形象和崇高精神引领广大公务员自觉践行全心全意为人民服务的宗旨，努力做信念坚定、为民服务、勤政务实、敢于担当、清正廉洁的人民满意公务员，为建设一支高素质的公务员队伍，实现党的十八大确定的目标任务，实现中华民族伟大复兴的中国梦而努力奋斗！

二〇一三年十月八日

人力资源和社会保障部关于切实做好社会保险费申报缴纳管理规定贯彻实施工作的通知

人社部发［2013］82号

各省、自治区、直辖市及新疆生产建设兵团人力资源社会保障厅（局）：

《社会保险费申报缴纳管理规定》（人力资源和社会保障部令第20号，以下简称《申报缴纳管理规定》）已于9月26日颁布，于11月1日起施行。贯彻落实好《申报缴纳管理规定》，是实施社会保险法的重要举措，有利于依法征收社会保险费，扩大社会保险的覆盖面；有利于规范社会保险费的申报和缴纳工作程序，提高经办管理效率和服务水平；有利于维护各类参保单位和广大参保群众的合法权益，促进社会保险制度可持续发展。为切实做好《申报缴纳管理规定》的贯彻实施工作，现将有关问题通知如下：

一、理顺管理体制，积极推进统一经办管理

（一）由社保经办机构征收社会保险费的地区，应积极整合经办管理资源，逐步实现各险种统一登记、统一核定、统一征收、统一稽核、统一处罚，以方便用人单位和个人参保缴费，提高工作效率。

（二）由其他机构征收社会保险费的地区，人力资源社会保障部门也要积极协调相关机构，落实《申报缴纳管理规定》的相关规定；社保经办机构要严格核定应缴纳社会保险费数额，加强与征收机构的协作，科学制订征收计划，做好参保人员社会保险权益记录；这些地区的社会保险欠费清理工作由社保经办机构负责的，应按照《申报缴纳管理规定》第四章规定执行。

二、认真履行职责，做好社会保险费核定工作

（三）各地区要切实执行社会保险法第五十八条关于“由社会保险经办机构核定”用人单位应当缴纳的社会保险费的规定，落实社保经办机构核定社会保险费的职能；地方现行相关规定与社会保险法不符的，人力资源社会保障部门要积极协调修改；社保经办机构不得将社会保险费核定职能委托其他部门行使。

（四）社保经办机构在核定用人单位申报的社会保险费时，要规范缴费基数的核定程序，明确按月办理缴费申报的期限，指导用人单位完整、如实填报社会保险费申报表和其他申报材料。在一个缴费年度内的初始月份，社保经办机构应对用人单位及其职工的适用险种、费率、职工名册、缴费基数、缴费数额、缴费起止时间、用人单位信息等申报事项进行全面审核。在缴费年度内的其余月份，以上规定事项未发生变动的，社保经办机构可根据实际情况不再要求用人单位办理申报手续，并按初始月份申报事项内容核定其应缴社会保险费；以上规定事项发生变动的用人单位可只申报变动情况，由社保经办机构予以审核。

（五）社保经办机构在核定应缴纳的社会保险费时，应要求用人单位提供本单位纳税申报表和经职工本人签字确认的为职工代扣代缴明细情况。要严格按照以国家统计局有关文件规定口径计算的工资收入核定缴费基数，包括计时工资、计件工资、奖金、加班加点工资、津贴、补贴以及特殊情况下支付的工资等项目。

三、规范征收程序，确保社会保险费应收尽收

（六）各地要不断完善征缴方式，大力发展委托银行或其他金融机构划缴社会保险费等方式，简化征收流程，方便用人单位缴费。社保经办机构要认真落实“至少每年一次向社会公布社会保险费征收情况”，明确公布的具体时间和方式，接受社会监督。

（七）对未按时足额缴纳社会保险费的用人单位，社保经办机构应责令限期缴纳或补足，并自欠缴之日起、至足额补缴欠费之日止加收 0.5‰的滞纳金，滞纳金并入社会保险基金；逾期仍不缴纳的，由人力资源社会保障行政部门处欠缴数额 1 倍以上 3 倍以下的罚款。各级人力资源社会保障行政部门和社保经办机构要做好对用人单位责令期满前后的衔接工作，确保法规实施的严肃性、准确性。

（八）对未按时足额缴纳社会保险费并逾期未改的用人单位，社保经办机构应及时查询其在银行和其他金融机构的存款账户情况。存款账户余额不小于欠费数额的，社保经办机构应提取、整理准确、完整的材料和信息，向人力资源社会保障行政部门提出划拨申请，并对划拨工作予以协助和配合；人力资源社会保障行政部门接到划拨申请后应及时审核并发出缴纳社会保险费催告书，催告缴纳期限一般不超过 3 天，逾期仍未缴纳的，应及时做出划拨决定，实施划拨，避免欠费用人单位转移资金。划拨决定和执行情况要及时向社保经办机构反馈。各地区人力资源社会保障部门要充分发挥社保经办机构和劳动保障监察机构在划拨工作中的作用，明确职责分工，形成工作合力，规范工作流程。

（九）社保经办机构经查询，用人单位在银行和其他金融机构的账户余额少于应当缴纳的社会保险费数额的，或者划拨后用人单位仍未足额清偿社会保险费的，可以与其签订延期缴纳社会保险费协议，但用人单位必须提供抵押、质押担保；社保经办机构不得与用人单位签订无担保或其他担保形式的延期缴费协议，也不得在未经查询账户和未完成划拨欠费之前与用人单位签订延期缴费协议。按照协议延期缴费期间，职工个人应缴纳的社会保险费部分若已按时足额缴纳，不应算作缴费中断，可按规定享受相应的社会保险待遇。

（十）对用人单位经责令仍未补缴且符合《申报缴纳管理规定》第二十五条规定情形的，社保经办机构可以依法申请人民法院强制执行；但在未责令用人单位限期缴纳或补足、或责令限期未逾之前，社保经办机构不应申请强制划拨欠费。

四、加强组织领导，确保《申报缴纳管理规定》落到实处

（十一）各级人力资源社会保障部门要充分认识实施《申报缴纳管理规定》的重要意义，切实加强领导，组织相关单位和机构认真学习《申报缴纳管理规定》，结合贯彻社会保险法、《劳动保障监察条例》等法律法规，进行针对性培训，加强专业队伍建设。

（十二）社会保险费申报缴纳管理工作政策性强、涉及面广、程序复杂，各级人力资源社会保障部门要明确责任分工，及时调整完善相关执法监察和经办管理规则和程序。行政部门要加强对社会保险费申报缴纳的监督管理，对于不依法申报、不依法缴纳社会保险费等违反社会保险法律法规的行为，要认真调查取证，及时予以处罚和纠正。社保经办机构要认真总结社会保险费核定和征收工作的经验，创新工作方式，加强与人民法院、银行和其他金融机构的沟通协调，保证账户查询和强制执行等工作程序依法、实施高效。

（十三）无论是人力资源社会保障行政部门还是社保经办机构，凡违反《申报缴纳管理规定》，导致职工社会保险权益受到损害的，都要依法追究直接责任人员和直接负责主管人员的责任。

（十四）要加强《申报缴纳管理规定》的宣传，社保经办机构应在服务场所张贴有关政策要点和流程，使各类用人单位和参保职工普遍知晓，并支持、配合做好社会保险费申报缴纳工作。

五、统一文书制式，精细做好信息档案管理

（十五）各地区应按照全国统一格式制作相关法律和工作文书，并纳入统一的信息管理系统，保管好相关文书档案，提高社会保险费申报缴纳工作的规范性。

附件：

1. 社会保险费申报表（样式）（略）
2. 社会保险费限期补缴通知（略）
3. 商请查询用人单位存款账户的函（略）
4. 划拨欠缴社会保险费申请书（略）
5. 缴纳社会保险费催告书（略）
6. 划拨欠缴社会保险费决定书（略）
7. 协助划拨欠缴社会保险费通知书（略）
8. 延期缴纳社会保险费协议（略）

二〇一三年十月三十一日

人力资源和社会保障部关于开展2014年公共就业和人才服务专项活动的通知

人社部发［2013］90号

各省、自治区、直辖市及新疆生产建设兵团人力资源社会保障厅（局）：

为贯彻落实党的十八大和十八届三中全会精神，促进以高校毕业生为重点的青年就业和农村转移劳动力、城镇困难人员就业，推动实现更高质量的就业，我部决定2014年继续组织开展全国范围的公共就业和人才服务专项活动。现将有关事项通知如下：

一、专项活动总体安排

（一）2014年公共就业和人才服务专项活动继续以高校毕业生、农村转移就业劳动力、城镇就业困难人员为重点服务对象，按照各类群体求职就业和用人单位招聘用人的特点和规律，在相对集中时间内组织开展专项服务活动，提供更具针对性的公共就业和人才服务，帮助他们解决就业问题。

（二）2014年我部将联合有关部门、团体、组织，组织开展2014年“就业援助月”、“春风行动”、“民营企业招聘周”、“高校毕业生就业服务月”和“高校毕业生招聘周”等5个全国性专项活动，各地在统一时间内，按要求集中为劳动者和用人单位提供有针对性的就业服务。

（三）各地在组织参加全国性专项活动的同时，可结合本地就业形势和工作需要，增设本地区的公共就业和人才服务专项活动，满足当地各类就业群体的就业需求。

二、全国性专项活动安排

（一）就业援助月。在2014年元旦、春节期间开展，以城镇就业困难人员为重点对象，突出“走访到户、登记到人、帮扶到位”特点，切实帮助未就业困难人员实现就业，为尚未享受政策困难人员落实政策。

（二）春风行动。在2014年春节后至3月底开展，以进城务工的农村劳动力和招聘用人的企业为重点对象，突出“搭建供需平台，实施就业服务，促进就业创业”特点，解决企业“招工难”问题和进城务工人员求职难问题。

（三）民营企业招聘周。在2014年5月中下旬开展，以民营企业和求职的高校毕业生及各类劳动者为重点对象，通过现场招聘和网络招聘等多种形式，为民营企业招聘用人和劳动者求职就业搭建对接平台。

（四）高校毕业生就业服务月。在2014年9月开展，以2014届离校未就业高校毕业生为重点对象，突出“政策宣传到位，实名登记到位，岗位开发到位，专项服务到位”特点，帮助离校未就业高校毕业生尽早实现就业。

（五）高校毕业生招聘周。在2014年11月下旬开展，以正在求职的2015届高校毕业生为重点对象，组织公共就业和人才交流服务机构以及各类人力资源服务企业，集中提供招聘、就业指导等服务。

上述各个全国性专项活动使用“全国招聘信息公共服务网”（www.cjob.gov.cn）作为全国统一的信息网络服务平台，由各地相关部门组织上报招聘岗位信息、招聘会信息、相关政策信息和其他服务活动信息。

各项活动的具体时间和详细安排另行通知。

三、工作要求

（一）各地要高度重视公共就业和人才服务专项活动，将其作为贯彻落实党的十八大和十八届三中全会精神的具体措施，切实加强组织领导，结合本地实际，制订2014年本地区公共就业和人才服务专项活动工作计划，协调有关部门和群团组织，组织社会各方面力量，统一组织，抓好落实。

（二）各级公共就业和人才交流服务机构要将专项活动作为本单位履行政府公共服务职责的重要任务，按照每个专项活动的部署要求，研究制定详细工作方案，做到任务明确、内容丰富、目标具体，并全力组织实施，为各类求职者和用人单位提供全方位的服务。

（三）各级人力资源社会保障部门要加强对专项活动的监督指导和工作调度，及时解决工作中出现的新情况、新问题，防止活动流于形式、走过场。要简化或取消单纯仪式类的内容，集中力量做好求职招聘方面的服务工作。

（四）各地要提前准备好专项活动所需的人力、物力，按照有关资金管理规定，将专项活动所需资金纳入财政预算，落实专项活动涉及的工作资金和政策补贴资金，保障专项活动顺利开展。

（五）各地要做好专项活动的宣传工作，积极宣传就业法规和政策，广泛发布专项活动内容和集中招聘安排计划等。要充分发挥媒体优势，大力宣扬活动中涌现的典型事例，为开展专项活动营造良好的舆论氛围。

二〇一三年十一月二十八日

人力资源和社会保障部关于深化政务公开的意见

人社部发［2013］92号

各省、自治区、直辖市及新疆生产建设兵团人力资源社会保障厅（局）：

为贯彻党的十八大和十八届三中全会关于完善政务公开制度的精神，落实《国务院办公厅关于进一步加强政府信息公开回应社会关切提升政府公信力的意见》（国办发［2013］100号）的要求，现就深化人力资源社会保障部门政务公开提出如下意见。

一、深入推进行政权力公开透明运行

（一）推进行政决策公开。坚持依法科学民主决策，扩大人力资源社会保障行政决策公开的领域和范围，推进决策过程和结果公开。完善重大行政决策程序规则，把公众参与、专家论证、风险评估、合法性审查和集体讨论决定作为必经程序。涉及群众切身利益的重要改革方案、重大政策措施、重点工程项目，在决策前要广泛征求群众意见，并以适当方式反馈或者公布意见采纳情况。

（二）推进行政职权公开。推行权力清单制度，依法梳理人力资源社会保障部门的行政职权，编制行政职权目录，对其中不涉及国家秘密、商业秘密和个人隐私的行政职权，要绘制“权力运行流程图”，明确行使权力的主体、依据、程序和监督措施等，并向社会公布。严格规范自由裁量权行使，公开人力资源社会保障部门在行政执法活动中履行职责情况，积极推动不涉密的执法投诉和执法结果公开。

（三）推进职能转变和行政审批公开。切实转变职能，正确处理政府与市场、政府与社会的关系，深化行政审批制度改革，减少微观事务管理。全面清理行政审批事项，该取消的取消，该下放的下放，该整合的整合，对确需审批、核准、备案的项目，要优化流程、简化程序、限时办结。加大行政审批公开力度，向社会公布行政审批目录并建立动态更新机制，公开办理程序，强化过程监控。推进行政审批集中公开办理，积极推行网上审批和电子监察。

（四）推进办事公开。各类人力资源和社会保障公共服务机构要全面推行办事公开，方便群众办事，便于群众监督。所有公共服务事项都要公开岗位职责、服务承诺、收费项目、工作规范、办事纪律、监督渠道等。深入开展创建优质服务窗口活动，建立健全首问负责、限时办结、责任追究、效能评估等各项规章制度，规范服务行为，提高服务效率，确保服务质量。

二、扎实做好政府信息公开工作

（一）编制并动态更新政府信息公开目录。科学编制政府信息公开目录，及时、全面、准确地发布人力资源社会保障部门的权威政府信息，特别是重要会议、重要活动、重要决策部署、重大突发事件及其应对处置情况等方面的信息。按照由近及远的原则，以目前仍然有效的规范性文件为重点，全面清理并分时段、有步骤地公开人力资源社会保障领域应公开的政府信息，凡属于应当公开的必须按规定纳入公开目录。加强政府信息公开保密审查，防止公开不宜公开的信息，杜绝公开涉密信息。

（二）着力推进就业信息公开。及时公开促进就业方面的规划、政策、措施及其实施情况，重点公开各项就业创业优惠政策的实施范围、各项补贴政策的申领条件和程序、各项补贴的管理和审批情况；定期发布人力资源市场供求状况分析信息、职业供求信息和职业培训信息，推动就业信息全国联网，引导人力资源合理流动和有效配置；适时发布就业需求信息；及时向社会通报就业专项资金使用管理中发生的典型案件，自觉接受群众监督和舆论监督。

（三）扎实推进社会保险信息公开。建立健全社会保险信息披露制度，主动公开现行有效的社会保险法规、制度、政策、标准、经办流程，定期向社会披露各项社会保险参保人数、待遇支付情况和水平，社会保险基金的收支、结余和收益情况。及时发布基本医疗保险、工伤保险和生育保险药品目录，基本医疗保险、工伤保险诊疗项目范围、辅助器具目录，定点医院、定点药店名录和社保关系转续经办机构联系方式等信息。适时按规定公布查处的社会保险基金重大违法违规案件。

（四）积极推进人事人才信息公开。坚持面向社会公开发布公务员考录、公务员公开遴选、事业单位公开招聘、军转干部安置等方面的信息，促进公开、公平、公正招录安置。及时发布专业技术人员资格考试、职称评审、职业技能鉴定考试信息和各类人才选拔、评比、表彰工作情况和结果。深入宣传人才发展政策措施和工作情况。对纠正公务员考录和事业单位招聘中的不正之风工作进展和成效以及典型违纪违规案件，要及时向社会通报。

（五）大力推进劳动关系和企业工资分配信息公开。主动公开劳动关系、劳动人事争议调解仲裁、劳动保障监察政策措施和办事机构联系方式，及时发布劳动合同、集体合同制度实施以及劳动条件标准、最低工资标准、工资指导线和指导价位、人工成本变动情况等信息。积极探索适合农民工特点的信息服务，为农民工在城镇生产生活提供便利。及时向社会公布非法用工、拖欠工资等重大劳动保障违法案件及查处情况。

（六）进一步规范依申请公开工作。积极稳妥开展依申请公开工作，把保密审查、合法性审查、舆情研判作为必经程序，不断健全和完善相关制度，妥善处理依申请公开工作中的复杂疑难问题，认真做好涉及信息公开的举报投诉、行政复议、行政诉讼等工作。

三、进一步加强政务公开平台建设

（一）进一步加强公共服务平台建设。按照统筹规划、因地制宜、整合资源、适度集中的原则，大力推进人力资源和社会保障公共服务设施建设，积极创造条件，逐步实现政务服务事项的适度集中公开办理。要按照同级政府的政务服务中心建设要求，在政务服务中心设立公开办事窗口。要依托县、乡两级劳动就业和社会保障综合服务中心以及社区、行政村劳动就业和社会保障服务站，打造集中提供人力资源社会保障政务服务的一站式公共服务平台。

（二）进一步加强新闻发言人制度建设。要以主动做好重要政策解读、妥善回应公众质疑、及时澄清不实传言、权威发布重大突发事件信息为重点，切实加强新闻发言人制度建设，提升新闻发言人的履职能力，完善新闻发言人工作各项流程，建立重要政府信息及热点问题定期有序发布机制。人力资源社会保障部门主要负责同志和相关负责同志要积极参加新闻发布会，同时要进一步增加新闻发布的频次。要建立健全舆情收集、研判和处置机制，密切关注人力资源社会保障领域的舆情，及时敏锐捕捉外界对人力资源和社会保障工作的质疑、误解甚至谣言，加强分析研判，及时通过适当方式予以回应，解疑释惑，澄清事实，正面引导舆论。

（三）进一步加强政府网站建设和管理。要充分发挥政府网站的政务公开第一平台作用，凡是不涉密的可公开文件要及时通过部门门户网站公开发布。拓展政府网站互动功能，围绕人力资源社会保障部门重点工作和公众关注热点，通过公开征求意见、公众问答、网上调查等方式，接受公众建言献策和情况反映，部门负责同志应主动到政府网站接受在线访谈。完善政府网站服务功能，逐步实现网上办理审批、缴费、咨询、办证、监督以及联网核查等事项，力争人力资源社会保障部门大多数面向企业和群众的办事项目在网站上提供在线办理通道。加强各类业务信息数据库建设和数据共享，为群众提供多种渠道的便民查询服务。要以部门门户网站为基础，逐步整合本部门主办的其他政府网站，形成统一平台、统一入口。

（四）加强12333公益服务电话建设和管理。清理整合有关电话资源，统一使用12333对外提供服务。使用统一的人力资源和社会保障电话咨询服务标识，逐步统一服务流程和服务规范。加强电话咨询服务队伍建设和信息系统建设，提高电话接通率；拓展服务内容，实现人力资源和社会保障业务的全覆盖；丰富服务方式，提供人工接听、自助语音、手机短信、电子邮件、传真等多种服务形式；建立和完善内部联动工作机制，确保公众反映的问题得到及时回复和解决。建立全国统一的电话咨询服务信息资源库和电话接转平台，逐步实现“一地呼入，全国咨询”的服务模式。

（五）建设基于新媒体的政务信息发布、与公众互动交流和便民服务新渠道。积极探索利用政务微博、微信等新媒体，及时发布各类权威信息，尤其是涉及公众重大关切的公共事件和政策法规方面的信息，并充分利用新媒体的互动功能，以及时、便捷的方式与公众进行互动交流。开通政务微博、微信要进行审核登记，制定完善管理办法，规范信息发布程序及公众提问处理答复程序，确保政务微博、微信安全可靠。积极拓展移动客户端、自助服务终端等便民服务新渠道，不断提高政务服务的便捷度。

四、加强组织领导

（一）提高认识，明确责任。各级人力资源社会保障部门要进一步提高对政务公开重要性的认识，把政务公开作为密切联系群众、改进工作作风、防治腐败和各种不正之风、提升政府公信力的一项重要工作，切实摆上重要工作日程。要建立健全明确一个部门牵头，相关部门各负其责、密切配合的政务公开领导体制和工作机制，与业务工作同研究、同部署、同落实、同检查。主要负责人要亲自过问，分管负责人要直接负责，逐级落实责任，确保各项工作措施落实到位。要加强对工作的规划和指导，保障必要的经费、人员、场地和设备。要大力支持政务公开工作人员开展工作，积极为他们参加重要会议、掌握相关信息提供便利条件。

（二）畅通渠道，形成合力。要加强与同级政府新闻宣传部门、互联网信息内容主管部门以及有关新闻媒体的沟通联系，建立政务信息发布和舆情处置联动机制，妥善做好重大政务信息公开发布、舆论引导和舆情应对工作。要充分发挥专家咨询委员会成员的作用，重要政策法规出台后，及时组织专家通过多种方式做好科学解读，让公众更全面准确地知晓、理解人力资源社会保障部门的政策和改革举措，提高政策解读的针对性、科学性、权威性和有效性，让群众“听得懂”、“信得过”。

（三）加强业务培训。要建立政务公开培训常态化机制，经常组织开展面向信息公开工作人员、新闻发言人、政府网站工作人员、政务微博微信相关人员等的专业培训，不断提高相关人员的政策把握能力、舆情研判能力、解疑释惑能力和回应引导能力。要把政府信息公开工作列为公务员培训的重要内容，不断提高公务员的信息公开意识和能力。

（四）强化监督考核。加强政务公开工作

考核、监督、责任追究和社会评议等配套制度建设，强化对政务公开工作的监督。要把政务公开工作纳入党风廉政建设责任制考核和民主评议范围，细化考核评估标准。建立电子监察系统，逐步实现对行政权力运行的全过程监察。重视社会监督，认真解决新闻媒体和群众投诉反映的问题。建立健全激励和问责机制，对因工作不力损害群众合法权益，或对人力资源社会保障部门形象造成严重损害的，要严格追究责任，确保政务公开各项工作落到实处。

二〇一三年十二月六日

人力资源和社会保障部　中国银行业监督管理委员会关于印发银行业专业人员职业资格制度暂行规定和银行业专业人员初级职业资格考试实施办法的通知

人社部发〔2013〕101号

各省、自治区、直辖市人力资源社会保障厅（局）、银监局，国务院各部委、各直属机构人事部门，各金融机构，中央管理的企业：

为加强银行业专业人员队伍建设，提高银行业专业人员的职业素质，规范银行业专业人员职业行为，人力资源社会保障部、中国银行业监督管理委员会决定，对银行业专业人员实行职业资格制度。现将《银行业专业人员职业资格制度暂行规定》和《银行业专业人员初级职业资格考试实施办法》印发给你们，请遵照执行。

二〇一三年十二月二十三日

银行业专业人员职业资格制度暂行规定

第一章　总　　则

第一条　为加强我国银行业专业人员队伍建设，提高银行业专业人员素质，根据国家职业资格证书制度的有关规定，制定本规定。

第二条　银行业专业人员是指在银行业金融机构从事前、中、后台业务及管理工作的专业技术人员。

第三条　国家设立银行业专业人员水平评价类职业资格制度，纳入全国专业技术人员职业资格证书制度统一规划。

第四条　银行业专业人员的职业水平评价分为初级、中级和高级3个资格级别。银行业专业人员初级职业资格采用考试的评价方式；中级和高级职业资格的评价办法另行规定。

银行业专业人员职业资格英文译为：Qualification Certificate of Banking Professional。

第五条　通过银行业专业人员职业资格考试，取得相应级别和类别职业资格证书的人员，表明其已具备从事银行业金融机构相应级别专业技术岗位工作的职业水平和能力。

第六条 人力资源社会保障部、中国银行业监督管理委员会共同负责银行业专业人员职业资格制度的政策制定，并按职责分工对银行业专业人员职业资格制度的实施进行指导、监督和检查。中国银行业协会具体承担银行业专业人员职业资格考试工作。

第二章 考 试

第七条 银行业专业人员初级职业资格的评价实行全国统一大纲、统一命题、统一组织的考试制度。原则上每年举行两次考试。

第八条 中国银行业协会负责银行业专业人员初级职业资格考试（以下简称银行业初级资格考试）的组织实施工作。成立考试专家委员会，研究拟定银行业初级资格考试的科目、考试大纲、考试试题和考试合格标准。

第九条 人力资源社会保障部、中国银行业监督管理委员会（以下简称银监会）对中国银行业协会实施的考试工作进行监督和检查，指导中国银行业协会确定银行业初级资格考试科目、考试大纲、考试试题和考试合格标准。

第十条 中华人民共和国公民同时具备下列条件，可报名参加银行业初级资格考试：

（一）遵守国家法律、法规和行业规章；

（二）具有完全民事行为能力；

（三）取得国务院教育行政部门认可的大学专科以上学历或者学位。

第十一条 银行业初级资格考试合格，由中国银行业协会颁发人力资源社会保障部、银监会监制，中国银行业协会用印的初级相应类别《中华人民共和国银行业专业人员职业资格证书》（以下简称银行业职业资格证书）。该证书在全国范围有效。

第十二条 对以不正当手段取得银行业职业资格证书的，按照《专业技术人员资格考试违纪违规行为处理规定》（人力资源社会保障部第12号令）处理。

第三章 职业能力

第十三条 取得银行业职业资格证书的人员，应当遵守国家法律和相关法规，维护国家和社会公共利益，恪守职业道德。

第十四条 取得银行业职业资格证书的人员，应当具备的职业素质：

（一）了解银行业及相关的法律法规和行业规定；

（二）能够运用本专业岗位的业务知识，处理一般性银行业务；

（三）有与本专业岗位相适应的分析判断能力和良好的职业操守；

（四）具备处理与本专业岗位相关的，银行其他业务的基本能力。

第十五条 取得银行业职业资格证书的人员，应当自觉接受继续教育，更新专业知识，不断提高职业素质和本专业工作能力。

第四章 登 记

第十六条 银行业职业资格证书实行登记服务制度。登记服务的具体工作由中国银行业协会负责。

第十七条 中国银行业协会定期向社会公布银行业职业资格证书的登记情况，建立持证人员的诚信档案，并为用人单位提供取得银行业职业资格证书人员信息查询的服务。

第十八条 取得银行业职业资格证书的人员，在工作中违反相关法律、法规、规章或者职业道德，造成不良影响的，由中国银行业协会取消登记，并收回其职业资格证书。

第十九条 各地银行业考试管理机构和登记服务机构，在实施银行业初级资格考试和登记服务工作中，应当严格遵守本行业的各项管理规定和协会章程。

第五章 附 则

第二十条 通过考试取得银行业初级职业资格证书，且符合《经济专业人员职务试行条例》中经济员或者助理经济师任职条件的人员，用人单位可根据工作需要择优聘任相应级别经济专业职务。

第二十一条 在本规定施行之日前，按照中国银行业协会《中国银行业从业人员资格认证制度暂行规定》的要求，通过考试取得中国银行业协会颁发的《中国银行业从业人员资格认证证书》，可在原文件规定的范围内继续使用。

第二十二条 本规定自 2014 年 3 月 1 日起施行。自本规定施行之日起，原中国银行业协会颁发的《中国银行业从业人员资格认证制度暂行规定》和《中国银行业从业人员资格认证考试实施办法》同时废止。

银行业专业人员初级职业资格考试实施办法

第一条 人力资源社会保障部、中国银行业监督管理委员会共同指导、监督和检查银行业专业人员初级职业资格考试（以下简称银行业初级资格考试）的实施工作。

第二条 中国银行业协会负责银行业初级资格考试考务的实施工作。

第三条 银行业初级资格考试设《银行业法律法规与综合能力》和《银行业专业实务》2 个科目。在《银行业专业实务》科目中又分设"个人理财"、"风险管理"、"公司信贷"和"个人贷款"4 个专业类别，考生在报名时应根据实际工作需要选择相应的专业类别。

第四条 银行业初级资格考试，采用计算机闭卷答题的方式进行。考试日期原则上为每年的第二季度和第四季度。

第五条 《银行业法律法规与综合能力》科目和《银行业专业实务》科目 4 个专业类别的考试时间均为 2 个小时。

第六条 考试成绩实行 2 次为一个周期的滚动管理办法，在连续的 2 次考试中，参加《银行业法律法规与综合能力》科目和《银行业专业实务》科目 1 个专业类别的考试并合格，即可取得银行业专业人员该专业类别的初级职业资格证书。对参加《银行业专业实务》科目其他专业类别考试并合格，其专业类别可在职业资格证书中签注。

第七条 符合《银行业专业人员职业资格制度暂行规定》有关银行业初级资格考试报名条件的人员，并具备下列一项条件的，可免试《银行业法律法规与综合能力》科目，只参加《银行业专业实务》科目中 1 个专业类别的考试并合格，即可取得银行业专业人员该专业类别的初级资格证书。

（一）2013 年 12 月 31 日前，已评聘助理经济师（金融专业）职务的；

（二）通过全国统一考试取得经济专业技术资格考试初级资格（金融专业）证书的；

（三）考试合格并取得中国银行业协会颁发的《中国银行业从业人员资格认证证书》的。

第八条 参加考试由本人提出申请，按规定向银行业初级职业资格考试管理机构提交相关证明材料，由中国银行业协会对报名资格进行审查，并核发准考证。参加考试人员凭准考证和有效证件在指定的日期、时间和地点参加考试。

中央和国务院各部门及所属单位、中央管理企业的人员按属地原则报名参加考试。

第九条 考点原则上设在地级以上城市的大、中专院校或者高考定点学校。如确需在其他城市设置考点，须中国银行业协会批准。

第十条 坚持考试与培训分开的原则。凡参与考试工作（包括命题、审题与组织管理等）的人员，不得参加考试，也不得参加或者举办与考试内容相关的培训工作。应考人员参加培训坚持自愿原则。

第十一条 考试实施机构应当严格执行考试工作的各项规章制度，遵守考试工作纪律，切实做好从考试试题的命制到使用等各环节的安全保密工作，严防泄密。

第十二条 对违反考试工作纪律和有关规定的人员，按照《专业技术人员资格考试违纪违规行为处理规定》（人力资源社会保障部令第 12 号）处理。

人力资源和社会保障部关于做好 2013 年全国高校毕业生就业工作的通知

人社部函〔2013〕1 号

各省、自治区、直辖市及新疆生产建设兵团人力资源社会保障厅（局）、福建省公务员局：

做好高校毕业生就业工作，是就业工作的重中之重。2013 年，全国高校毕业生就业总量压力继续加大，就业结构性矛盾依然突出，工作任务更加繁重。各地要深入学习贯彻党的十八大精神，创新思路和措施，着力拓宽就业渠道、落实就业政策、完善就业服务、强化宣传培训，千方百计做好 2013 年高校毕业生就业工作。现就有关事项通知如下：

一、拓宽就业领域，完善就业政策，促进高校毕业生多形式多渠道就业

（一）在转变经济发展方式中拓展高校毕业生就业新领域。各地要积极主动参与当地经济结构调整的进程，在推动战略性新兴产业健康发展、加快传统产业转移升级、推动服务业特别是现代服务业发展壮大中，开发更多适合高校毕业生的就业岗位；在建设国家技术创新体系、发展现代信息技术产业体系、推进信息网络技术广泛应用中，为高校毕业生创造更多就业机会。要加强当地经济社会发展对人才需求的前瞻性研究，逐步建立区域人才需求预测发布制度。探索建立就业状况对高等教育的反馈机制，促进人才培养更好地与社会需求和就业市场相匹配。

（二）鼓励高校毕业生到中小企业就业。全面落实中小企业吸纳高校毕业生就业的税收、金融、社保补贴等扶持政策，尽快出台对小型微型企业新招用高校毕业生给予培训补贴和社会保险补贴的操作办法，积极会同有关部门研究进一步减轻中小企业负担的政策，改善高校毕业生到中小企业就业的环境。各地公共就业和人才服务机构要为到中小企业就业的高校毕业生做好人事代理、档案保管、社会保险办理和接续、职称评定、权益保障等服务。

（三）鼓励高校毕业生到城乡基层就业。结合推动基本公共服务均等化的进程，在推动城乡发展一体化、加强基层社会管理和服务体系建设中，开发城乡基层社会管理和公共服务岗位，吸纳高校毕业生就业。按规定落实学费补偿和助学贷款代偿、提前转正定级等政策，引导高校毕业生到中西部地区和艰苦边远地区就业。会同有关部门继续统筹实施“选聘高校毕业生到村任职”、“三支一扶”、“大学生志愿服务西部计划”、“农村义务教育阶段学校教师特设岗位计划”等基层服务项目。

（四）鼓励高校毕业生自主创业。对有创业意愿的高校毕业生，要组织其参加创业培训和创业实训，提高创业能力。会同有关部门切实落实好小额担保贷款及贴息、税费减免、落户等创业扶持政策。完善创业指导服务措施，为高校毕业生提供政策咨询、项目开发、创业培训、融资服务、开业指导、跟踪扶持等“一条龙”创业服务。推动大学生创业园建设，为高校毕业生提供创业孵化服务，提高创业成功率。结合各地实际，组织开展大学生创业竞赛、创业导师校园行、创业大学生校园宣讲等活动，营造鼓励创业的良好氛围。

（五）完善和落实高校毕业生就业政策措施。认真检查促进高校毕业生就业创业政策的落实情况。对没有落实的，要会同有关部门研究制定操作办法；对门槛高、手续复杂、影响执行效果的，要进一步降低门槛，简化程序。承担对口援藏、援青、援疆任务的省市，要逐步将到本地求职的受援地高校毕业生纳入就业政策扶持范围。要加强对高校毕业生就业形势的分析预判，积极推动高校毕业生就业政策创新。

二、深入开展公共就业和人才服务进校园活动

（一）组织开展“公共就业和人才服务校园行”宣讲活动。2013 年拟开展“公共就业和人才服务校园行”系列宣讲活动，组织百名以上人社厅（局）长和千名以上企业人力资源经理进高校。人社厅（局）长重点宣讲就业形势、就业政策和本地就业服务安排，企业人力资源经理重点宣讲职场环境、职业生涯规划建议，帮助高校毕业生了解就业形势、就业政策和企业需求。各地要制定校园行宣讲活动实施方案，精心组织。各省（区、市）人社厅（局）长进校园宣讲不少于 3 人次，企业人力资源经理进校园宣讲不少于 30 人次。

（二）广泛组织公益性招聘活动。各级公共就业和人才服务机构要广泛收集适合高校毕业生就业的岗位信息，组织开展高校毕业生专场招聘活动。招聘活动应更好地适应高校毕业生的不同就业需求，多搞一些专业性、小型化、多场次的活动，增强活动的实效性。要提前向高校和高校毕业生发布相关招聘活动安排，引导高校毕业生有序参加。可结合实际，有针对性地组织本地企业到外地目标院校开展招聘活动，以满足本地经济社会发展对人才的需求。要扩大区域合作，推动区域间的就业信息共享，积极开展区域联合招聘活动。

（三）大力开展网络招聘服务。各地要发挥网络招聘服务及时、高效、便捷的优势，进一步完善岗位信息收集、发布、查询和更新功能，提高信息质量。要全面实现公共就业和人才服务网与本地高校校园网相互链接，切实降低高校毕业生求职成本。要创新服务方式，充分利用手机、互联网等新型信息平台发布就业政策、招聘活动安排和就业岗位信息，扩大就业信息服务覆盖面。认真做好高校毕业生就业服务网络招聘月活动。配合有关部门做好全国高校毕业生就业网络联盟联合招聘周、国家级经济技术开发区高校毕业生网络招聘会等活动。

（四）大力推进职业培训进校园。职业技能培训是提高高校毕业生就业竞争力的重要渠道。各地要深入各类高校特别是文科专业较多的高校，从大一新生开始，大力宣传职业技能培训信息和优惠政策，鼓励高校毕业生在校期间掌握一门技术，取得职业资格证书。大力推行与就业紧密联系的培训模式，强化技能训练的同时，加强日常办公应用软件操作等基本技能培训，满足初次上岗工作需求，缩短就业适应期。切实落实好职业培训补贴和技能鉴定补贴政策，发挥政策引导效应。

（五）加强对高校就业指导人员的培训。高校就业指导人员在帮助学生了解运用就业政策、树立正确就业观方面具有关键作用，应通过加强培训使其深入了解就业形势、就业政策、职场规则，增强就业指导的针对性和有效性。2013 年拟组织开展“百场高校就业指导人员就业政策业务培训”，各省要组织不少于 3 场相关培训或研修活动，力争使省内每所高校至少一名就业指导人员参加培训。各地要加强与高校就业创业指导人员的联系，建立定期座谈制度，充分听取其对公共就业和人才服务的意见和建议。可结合实际，探索组织高校

就业指导人员到企业进行短期锻炼，帮助其加深对真实就业环境的体验，提升就业指导能力。

（六）加大高校毕业生就业宣传工作力度。各地要结合进校园宣讲、组织开展招聘等工作，加强对国家和本地促进高校毕业生就业政策措施的宣传，通过印发政策宣传手册、张贴政策宣传海报、制播公益性广告等方式，进一步提高高校毕业生和社会对高校毕业生就业政策措施的知晓度。要以“岗位成长”为主题，深入挖掘和宣传高校毕业生到城乡基层、中小企业和非公有制企业、中西部地区和艰苦边远地区就业的先进典型，大力弘扬爱岗敬业、脚踏实地的良好作风，引导高校毕业生立足基层、立足一线、立足岗位成长成才。

三、全面做好离校未就业高校毕业生实名制就业服务

（一）完善离校未就业高校毕业生信息登记工作。各地要主动加强与教育部门及高校的联系，共同做好毕业生离校前后的信息衔接和服务接续。要加强与高校直接对接，获取未就业高校毕业生信息，不断扩大实名制登记对象范围，力争在 2013 年 9 月底前基本掌握本地未就业高校毕业生全部信息。要及时汇总上报未就业高校毕业生实名制就业数据信息，进一步提升数据信息质量。逐步开展数据分析应用工作，为制定就业政策提供决策支持。继续做好离校未就业高校毕业生就业统计和数据上报工作。

（二）积极为离校未就业高校毕业生提供就业服务。各地要依托公共就业和人才服务机构，对实名登记的每一名未就业高校毕业生开展至少 1 次电话访问或家庭访问，摸清就业需求，对有就业创业意愿的高校毕业生提供相应的就业创业服务。县级以上公共就业和人才服务机构要加强高校毕业生服务窗口功能建设，完善报到接收手续，切实做好政策咨询、职业指导、岗位信息、培训信息、职业介绍、档案保管、人事劳动保障代理等“一站式”服务。要按照统一部署，组织实施好高校毕业生就业服务月等专项活动。

（三）继续开展高校毕业生就业见习工作。各地要以帮助高校毕业生积累工作经验、提升就业能力为目的，继续组织有见习意愿的未就业高校毕业生参加就业见习。要以企业为主体，扩大见习单位数量，优化见习单位结构。2013 年拟组织开展第二批就业见习国家级示范单位的推荐和评选工作，各地要进一步加强见习单位管理，完善各项规章制度，建立健全见习单位考核评估和激励淘汰机制。要加强见习岗位收集、发布工作，多形式搭建见习对接平台。要结合本地实际，逐步提高就业见习基本生活补助标准，落实见习补贴政策，加大对见习单位的政策扶持。

（四）切实做好困难高校毕业生就业援助工作。各地要加强离校未就业困难高校毕业生摸底排查，对就业困难、家庭经济困难和零就业家庭高校毕业生主动提供就业援助。在组织开展“就业援助月”、“高校毕业生就业服务月”、“高校毕业生就业服务周”等专项活动中，要将困难高校毕业生作为重点对象，优先提供就业帮扶。各地可结合实际，在基层社会管理和公共服务领域开发一批公益性岗位，对困难高校毕业生实行过渡性安置。民族地区要认真做好少数民族高校毕业生就业工作，加强教育培训，强化政策扶持。

（五）加强高校毕业生就业权益保障。各地要结合本地实际进一步完善高校毕业生落户办法。要制定高校毕业生从企业、社会团体到机关事业单位就业时基本养老保险缴费年限合并计算为工龄的具体实施办法，畅通高校毕业生在不同类型单位之间流动就业的渠道。加强人力资源市场监管，及时查处和纠正各类违法违规职业中介行为，严厉打击和取缔非法职业中介机构。加强劳动保障执法力度，督促企业规范用工，依法签订劳动合同，缴纳社会保险。

各地要继续将高校毕业生就业放在当前就业工作的首位，进一步加强组织领导，制订专门工作计划，明确任务分工和要求，落实资金保障。各地要分别于2013年6月底和12月底前向部里提交高校毕业生就业工作情况报告，同时对新出台的政策措施、工作中取得的重要进展，以及遇到的新情况新问题要及时向部里报告。

二〇一三年一月六日

人力资源和社会保障部关于公布13所国家重点技工学校名单的通知

人社部函［2013］4号

各省、自治区、直辖市及新疆生产建设兵团人力资源社会保障厅（局），福建省公务员局：

经专家评审并向各地人力资源社会保障部门公示，慈溪市技工学校等13所学校达到《国家重点技工学校标准》，确认为国家重点技工学校。现一并予以公布。

附件：国家重点技工学校名单（略）

二〇一三年一月十五日

人力资源和社会保障部关于颁布《全国技工院校专业目录（2013年修订）》的通知

人社部函［2013］55号

各省、自治区、直辖市及新疆生产建设兵团人力资源社会保障厅（局）：

为贯彻落实《关于大力推进技工院校改革发展的意见》（人社部发［2010］57号）精神，满足技工院校深化教学改革和规范教学管理的需要，我部在开展专业目录实施情况及技工院校专业设置情况调查的基础上，对2009年颁布的《全国技工院校专业目录》进行了修订。现将《全国技工院校专业目录（2013年修订）》（以下简称《目录》）予以颁布，自2013年秋季学期起施行。

本次修订将原专业目录的专业大类调整为机械类、电工电子类、信息类、交通类、服务类、财经商贸类、农业类、能源类、化工类、冶金类、建筑类、轻工类、医药类、文化艺术类和其他15个，专业数量达到227个。新修订的《目录》更加全面地体现了技工院校专业设置现状，反映了技工院校专业建设成果。

各地要依据《目录》对技工院校专业设置和日常教学活动进行管理和指导。各技工院校要依据《目录》规范专业设置、规范招生和教学安排，并做好电子注册和统计信息管理系统录入工作。对目前在校生，可根据原专业目录内容进行管理。

在实施过程中有何问题和建议，请及时报告我部职业能力建设司。有关专业设置的技术性问题，可向部教材办公室咨询。各地可结合本地区技工院校专业建设工作实际，每年11月集中向我部申报新专业。我部将组织专家研究论证，提出归并、收录意见，并定期调整专业目录有关内容，不断满足技工院校改革发展需要。

二〇一三年三月二十六日

人力资源和社会保障部关于建立31个大中城市就业形势分析月报制度的通知

人社部函［2013］67号

各省、自治区、直辖市人力资源社会保障厅（局）：

为及时准确掌握各地就业情况变化，做好就业形势分析研判，服务科学决策，决定建立31个大中城市就业形势分析月报制度，现就有关事项通知如下：

一、工作任务

依托现有就业数据统计监测基础，细化部分数据指标内容，调整统计周期，实现31个大中城市就业形势相关数据信息的按月统计汇总，为准确研判就业形势、科学决策提供支持。

二、工作内容

（一）报送范围。各直辖市、各省省会城市、各自治区首府城市，共31个大中城市。

（二）报送内容。31个大中城市就业形势分析月报制度数据指标共5部分11项：

1. 城镇新增就业情况：城镇新增就业人数。

2. 重点人群就业情况：失业人员实现再就业人数、就业困难人员实现就业人数、离校未就业应届高校毕业生情况（含本期新增未就业应届高校毕业生人数、本期未就业应届高校毕业生实现就业人数、本期末实有未就业应届高校毕业生人数）。

3. 登记失业情况：登记失业人员本期新增人数、登记失业人员期末实有人数（含长期失业者人数、失业青年人数）、领取失业保险金人数。

4. 人力资源市场供求情况：单位登记招聘人数（按行业细分）、登记求职人数（按人员类别细分）、求人倍率。

5. 企业用工情况：失业动态监测企业岗位数（按行业细分）。

（三）报送方式。请各市按月统计收集上述指标数据，填写31个大中城市就业形势分析月报报表报送部就业促进司。其中，领取失业保险金人数和失业动态监测企业岗位数2项数据按原有渠道上报。

第一次报送时间为2013年6月5日前，报送5月份数据，此后每月5日前报送上月数据。初期需按时报送纸质及电子报表，待SMIS 2012统计报表系统相关功能开发完成后通过软件报送。

三、工作要求

（一）高度重视，加强领导。各地要充分认识开展就业形势分析月报工作的重要意义，高度重视，明确目标，切实加强组织领导，确保全面落实各项工作要求。

（二）制定方案，明确责任。各地应结合本地工作实际，制定工作方案，确定牵头负责部门，明确各项数据指标涉及部门的职责分工，加强协调，形成合力，共同做好数据报送工作。

（三）夯实基础，确保数据质量。各地要提前做好相关准备工作，调整相关数据统计周期，细分数据内容，改进统计手段，加强对数据的检验校核，确保数据的有效性和可比性。

请各省、自治区、直辖市及各省省会城市、自治区首府城市人力资源社会保障厅（局）于2013年4月30日前，将本单位负责就业形势分析月报工作的牵头部门及报送责任人名单和联系方式按《牵头负责部门及报送责任人登记表》的要求报部就业促进司。

附件：

1. 31个大中城市名单（略）

2. 31个大中城市就业形势分析月报报表（略）

3. 牵头负责部门及报送责任人登记表（略）

二〇一三年四月八日

人力资源和社会保障部关于发布社会保险视觉识别系统行业标准的通知

人社部函［2013］88号

各省、自治区、直辖市及新疆生产建设兵团人力资源社会保障厅（局），部属各单位，公务员局：

《社会保险视觉识别系统》推荐性行业标准已经我部审核批准，标准编号是：LD/T 91—2013，现予以发布。该标准自2013年6月1日起实施。

二〇一三年五月二日

人力资源和社会保障部关于企业年金基金管理机构资格延续及整合的通告

人社部函［2013］222号

根据《企业年金基金管理机构资格认定暂行办法》（劳动和社会保障部令第24号）等规定，我部对企业年金基金管理资格有效期满、提出延续申请的机构以及申请增加或整合账户管理资格的机构，组织专家进行评审，现将评审结果公布如下。

一、延续23个企业年金基金管理机构资格

（一）企业年金基金法人受托机构6家：中国工商银行股份有限公司、中国建设银行股份有限公司、招商银行股份有限公司、中国人寿养老保险股份有限公司、长江养老保险股份有限公司、泰康养老保险股份有限公司。

（二）企业年金基金账户管理人7家：中国建设银行股份有限公司、中国银行股份有限公司、中国民生银行股份有限公司、中国人寿养老保险股份有限公司、平安养老保险股份有限公司、长江养老保险股份有限公司、泰康养老保险股份有限公司。

（三）企业年金基金托管人4家：中国农业银行股份有限公司、上海浦东发展银行股份有限公司、中信银行股份有限公司、中国民生银行股份有限公司。

（四）企业年金基金投资管理人6家：中国人寿养老保险股份有限公司、长江养老保险股份有限公司、泰康资产管理有限责任公司、中国人保资产管理股份有限公司、工银瑞信基金管理有限公司、国泰基金管理有限公司。

二、增加及整合3个账户管理机构资格

中国农业银行股份有限公司、太平养老保险股份有限公司增加账户管理机构资格，中信信托有限责任公司将账户管理机构资格转移给中信银行股份有限公司。

三、不予延续2家管理机构资格

对上海国际信托有限公司受托管理机构资格、广发基金管理有限公司投资管理机构资格不予延续。

二〇一三年十一月七日

人力资源和社会保障部关于同意建立“中国苏州人力资源服务产业园”的函

人社部函［2013］237号

江苏省人民政府：

《江苏省人民政府关于商请支持筹建中国江苏（苏州）人力资源服务产业园的函》（苏政函［2013］82号）收悉。经研究，同意在苏州建立“中国苏州人力资源服务产业园”。

中国苏州人力资源服务产业园建设工作应按照《人力资源和社会保障事业发展“十二五”规划纲要》和江苏省委、省政府关于加快人力资源服务业发展的总体部署，紧紧围绕民生为本、人才优先的工作主线，加强园区整体规划，明确发展目标和功能定位，创新体制机制，完善政策体系，加强基础设施建设，营造良好环境，充分发挥园区集聚产业、拓展服务、孵化企业、培育市场等功能，为我国人力资源服务业创新发展提供借鉴。

二〇一三年十二月二日

人力资源和社会保障部关于在全国人力资源社会保障系统开展向张杰同志学习活动的通知

人社部函［2013］256号

各省、自治区、直辖市及新疆生产建设兵团人力资源社会保障厅（局），各副省级市人力资源社会保障局，国务院各部委、各直属机构人事部门：

张杰同志是四川省雅安市石棉县回隆乡劳动保障所原劳动保障员、乡团委原副书记、回隆乡石龙村原包村负责人。2010年12月以来，他认真践行党的群众路线，积极为群众办实事、做好事、解难事，在平凡的岗位上做出了不平凡的业绩。他时刻把群众放在心上，在艰苦的工作环境中不怕困难、高度负责，积极探索规律，争创一流业绩。回隆乡地广人稀，交通不便，为了做好工作，他主动把服务送上门。集中办理新型农村养老保险中，他带着复印机入村进户，多种方式讲政策，耐心细致做工作，使这项工作参保率当年就达到95%。日常工作当中，他履职尽责，倾情服务，在增加就业岗位、办理城镇居民社保、转移农村劳动力、开展技能培训等方面取得了明显成绩，各项工作走在了全县前列。他在人民群众生命受到威胁、财产遭受损失的关键时刻，总是挺身而出，冲在前面。今年“4·20”雅安芦山强烈地震后，石棉县回隆乡受灾严重，他第一时间奔赴村里组织抗震救灾，并带头钻入危房背负老人转移。7月4日晚上，回隆乡石龙村陡降暴雨并爆发泥石流，他在组织村民撤离过程中，不幸被泥石流卷走，因公殉职，年仅30岁。第二天，他的遗体在淤泥中被找到，腰部已被石头击断。

张杰同志是用生命践行党的群众路线的好干部、全国人力资源社会保障系统基层干部的好代表和广大党员干部学习的好榜样。为表彰先进，弘扬正气，激励全国人力资源社会保障系统广大干部职工爱岗敬业、创先争优，服务群众、保障民生，人力资源社会保障部决定，追授张杰同志“全国人力资源社会保障系统先进工作者”荣誉称号，并在全国人力资源社会保障系统广泛开展向张杰同志学习的活动。

全国人力资源社会保障系统广大干部都要向张杰同志学习。学习他心系群众的公仆情怀，牢固树立宗旨意识和群众观念，时刻把人民群众的利益挂在心上，认真践行群众路线，真正做到权为民所用、情为民所系、利为民所谋；学习他爱岗敬业的优秀品质，牢固树立正确的世界观、人生观、价值观，把人生价值和事业发展紧密结合起来，求真务实、用心干事，立足本职、开拓创新，从小事做起、从实事抓起，以高度负责的态度踏踏实实完成好每一项工作任务，在平凡的岗位上做出不平凡的业绩；学习他不怕牺牲的奉献精神，立足基层，甘于清贫，不畏艰辛，在大灾大难面前不惧危险、勇于担当，在急难险重任务面前不计得失、迎难而上，平时看得出来，关键时刻站得出来，在推动人力资源和社会保障事业发展、保障和改善民生中发挥应有作用，做出更大贡献。

全国人力资源社会保障系统各级部门要高度重视开展向张杰同志学习的活动，加强领导，广泛动员，精心组织，迅速掀起向张杰同志学习的热潮。要把开展向张杰同志学习活动与党的群众路线教育实践活动结合起来，与学习习近平总书记系列讲话精神结合起来，与推动人力资源和社会保障事业科学发展结合起来，与加强干部队伍建设结合起来，引导全系统广大干部职工牢固树立宗旨意识，努力践行群众路线，扎实工作，开拓进取，不断开创人力资源和社会保障事业新局面，为实现“两个一百年”宏伟目标、实现中华民族伟大复兴中国梦努力奋斗！

各地人力资源社会保障部门开展向张杰同志学习活动的情况，请及时报送人力资源社会保障部。

二〇一三年十二月十七日

人力资源和社会保障部关于发布社会保险管理信息系统指标集与代码行业标准的通知

人社部函［2013］265号

各省、自治区、直辖市及新疆生产建设兵团人力资源社会保障厅（局），部属各单位，公务员局：

《社会保险管理信息系统指标集与代码》推荐性行业标准已经我部审核批准，标准编号是：LD/T 92—2013，现予以发布。该标准自2014年1月1日起实施。

二〇一三年十二月二十五日

人力资源和社会保障部　财政部关于同意中国农业发展银行提高基本养老保险单位缴费比例的函

人社部函［2013］266号

中国农业发展银行：

你行上报的《中国农业发展银行关于提高基本养老保险基金单位缴费比例的请示》（农发银发［2013］76号）收悉。经研究，同意你行自2013年1月1日起，将基本养老保险单位缴费比例从6%提高到13%。请你行进一步做好基本养老保险工作，加强基金管理，确保离退休人员基本养老金按时足额发放。

二〇一三年十二月二十五日

人力资源和社会保障部关于同意共建中国常州留学人员创业园、中国中山留学人员创业园的函

人社部函［2013］268号

江苏省人民政府、广东省人民政府：

《江苏省人民政府关于商请共建常州科教城留学人员创业园的函》（苏政函［2013］98号）、《广东省人民政府关于商请将中山市留学人员创业园作为省部共建留学人员创业园的函》（粤府函［2013］169号）收悉。根据《关于人事部与地方人民政府共建留学人员创业园的意见》（人发［2002］84号）精神，经我部部务会审议通过，同意分别与江苏省、广东省共建中国常州留学人员创业园、中国中山留学人员创业园。

留学人员创业园是引进海外高层次人才的重要窗口，是实现科技成果转化的重要基地，是高层次留学人才回国施展才华的重要舞台。加强留学人员创业园的建设和管理，是引进、培养和发挥留学人员作用的重要途径，对于更好实施人才强国战略，加强我国高层次人才队伍建设，加快人才工作体制机制创新，推动经济社会转型发展和建设创新型国家具有重要意义。人力资源社会保障部作为全国留学人员回国工作综合管理部门，与地方人民政府开展共建留学人员创业园工作，是贯彻留学人员回国工作方针，吸引留学人员回国创业的重要措施。我们将在政策、人才、项目、信息、服务等方面予以支持，与江苏省、广东省人民政府共同努力把创业园建设好。希望中国常州留学人员创业园、中国中山留学人员创业园紧紧围绕转变经济发展方式和调整产业结构，坚持正确的人才引进和产业发展方向，把吸引高层次留学人才、发展高新技术产业放在创业园建设的重要位置，积极吸引留学人员在创业园内从事高新技术产品的研制、开发和生产，支持留学人员进行科技成果的交流、推广和转化，努力培育一批能带动地方经济发展的高新技术龙头企业，为江苏省、广东省经济、科技发展做出积极贡献。希望江苏省政府、广东省政府有关部门切实加强对创业园的领导和管理，建立精干、高效的领导班子和高素质的管理人员队伍，完善优惠政策，创新工作机制，加大投入力度，优化公共服务体系，推动留学人员创业园健康、快速发展。

二〇一三年十二月三十日

人力资源和社会保障部办公厅　国家中医药管理局办公室关于印发中药购销员国家职业技能标准的通知

人社厅发［2013］5号

各省、自治区、直辖市人力资源社会保障厅（局）、中医药管理局：

根据《中华人民共和国劳动法》，人力资源社会保障部、国家中医药管理局共同制定了中药购销员国家职业技能标准，现印发施行。

此次颁布的中药购销员国家职业技能标准系重新修订，原国家职业标准相应废止。

附件：国家职业技能标准目录

二〇一三年一月七日

附件

国家职业技能标准目录

职业编码	职业（工种）名称	备注
4-01-03-03	中药购销员	2012年修订

人力资源和社会保障部办公厅关于贯彻实施《企业年金基金数据交换规范》的通知

人社厅发［2013］32 号

各省、自治区、直辖市及新疆生产建设兵团人力资源社会保障厅（局），各计划单列市人力资源社会保障局，各企业年金基金管理机构：

为规范企业年金基金管理，提高管理效率，根据《企业年金基金管理办法》（人力资源和社会保障部令第 11 号）及有关规定，我们组织制订了《企业年金基金数据交换规范》（以下简称《规范》），报经国家标准化管理委员会批准，于 2012 年 12 月 31 日正式颁布（中华人民共和国国家标准公告 2012 年第 42 号，标准号：GB/T 29424—2012），并于 2013 年 7 月 1 日实施。

《规范》在涵盖企业年金业务全程数据交换内容、体现企业年金基金常用的管理方式基础上，依据国家有关法规和标准，对企业年金基金运作中涉及的数据交换内容、接口格式、参数定义、相关术语等做出统一规定，规范了企业年金基金数据交换行为，有利于降低数据交换成本，控制数据交换风险，提升企业年金基金管理效率。各地人力资源社会保障部门、企业年金管理机构，要充分认识实施《规范》的重要意义，准确理解其内容和要求，积极做好贯彻实施工作。

各管理机构要准确理解《规范》对业务流程、数据集、数据项、交易类别定义等内容，对单位原有系统的业务功能、类别定义、实现逻辑等进行认真分析，在此基础上开发数据接口，将内部业务流程、数据集、数据项转化为标准的业务流程、数据集和数据项。数据接口的开发可以通过现有系统升级，也可以建立独立的数据交换系统，但在应用前，有数据交换关系的机构之间要充分沟通、确定双方需要遵循的业务流程。

《规范》未对信息传输加密问题做出规定，建立接口的双方需要根据双方对信息安全的具体要求和双方业务系统的支持能力确定对传输内容的加密机制，确保信息安全。

为了推动《规范》的贯彻实施，我们起草了《〈企业年金基金数据交换规范〉实施指引》。各管理机构要制定实施方案和工作计划。在实施工作中遇到的新情况、新问题，请及时与我部基金监督司沟通。

附件：《企业年金基金数据交换规范》实施指引（略）

二〇一三年四月七日

人力资源和社会保障部办公厅关于进一步贯彻落实国务院开展厂办大集体改革工作指导意见的通知

人社厅发［2013］35号

各省、自治区、直辖市及新疆生产建设兵团人力资源社会保障厅（局）：

《国务院办公厅关于在全国范围内开展厂办大集体改革工作的指导意见》（国办发［2011］18号，以下简称国办发18号文件）实施以来，各地高度重视，认真抓好厂办大集体改革中职工安置、劳动关系处理和各项社会保险关系接续等相关政策的落实，取得了积极进展。但也有部分地区反映，在相关政策理解和把握上还存在一些实际问题。为进一步贯彻落实国办发18号文件精神，统一把握相关政策，做好厂办大集体改革工作，现就有关问题通知如下：

一、积极开展厂办大集体职工再就业工作

各地要深入企业宣传各项就业政策，着力为下岗失业人员提供有针对性的就业服务与培训，帮助他们尽快实现再就业。对符合条件的厂办大集体下岗失业人员，要及时纳入就业扶持范围，简化工作流程，畅通政策落实渠道。对自主创业的，及时提供创业服务，落实好小额担保贷款、场地安排等优惠政策。对招用符合规定条件人员就业的企业，及时落实税收优惠、社保补贴、小额担保贷款等政策。对就业困难人员，要加大就业援助力度，多种渠道帮助他们实现再就业，及时兑现社保补贴和岗位补贴等扶持政策。

二、妥善处理厂办大集体职工的劳动关系

各地要根据劳动合同法及国办发18号文件要求，加强对厂办大集体改革中劳动关系处理工作的指导，帮助厂办大集体企业制定完善职工安置方案，明确参加厂办大集体改革人员范围、民主程序、劳动关系处理和经济补偿支付办法等内容。

要指导改制、关闭或破产的厂办大集体依法妥善处理企业与在职集体职工的劳动关系。与集体职工协商解除劳动关系的，依法支付经济补偿；劳动合同继续履行的，改制前后的工作年限合并计算为改制后企业的工作年限。经济补偿金的测算和计发标准按照劳动合同法第四十七条和劳动合同法实施条例第二十七条规定执行。

要指导厂办大集体做好档案移交等工作，跟踪掌握本地区改制后企业劳动用工情况，加强对改制后的指导和服务，切实维护厂办大集体职工合法权益。

三、切实解决厂办大集体职工的养老保险等社会保险问题

厂办大集体与职工解除劳动关系后，要按

规定接续各项社会保险关系，符合条件的，享受相应的社会保险待遇。

对于已按统一政策参加了企业职工基本养老保险的厂办大集体职工，要结合本地实际，采取补缴、核销等多种措施，妥善解决他们的养老保障问题。其中，依法实施关闭、破产的厂办大集体确实无法通过资产变现补缴的基本养老保险欠费，除企业缴费中应划入职工养老保险个人账户部分外，持依法关闭、破产手续报经社会保险经办机构同意后，经人力资源社会保障部门审核，财政部门复核，报省级人民政府批准后可以核销，或采取其他办法妥善解决。要严格掌握核销的范围、界定条件及核销程序，确保基金安全和应收尽收，并妥善解决弥补资金来源问题。对于未参加基本养老保险的厂办大集体职工和退休人员，要按照《人力资源社会保障部财政部关于解决未参保集体企业退休人员基本养老保障等遗留问题的意见》（人社部发［2010］107 号）精神，结合当地实际，及时将他们纳入基本养老保障范围。

对于厂办大集体职工的医疗保障问题，要通过促进其实现再就业，参加职工基本医疗保险；以灵活就业等形式再就业的，可以个人身份参加职工基本医疗保险，确有困难的，可以参加城镇居民基本医疗保险。

各级社会保险经办机构要认真履行职责，为厂办大集体职工参保缴费、接续关系、享受相关待遇提供便捷的服务，将厂办大集体职工参加养老保险等社会保险政策真正落实到位。

厂办大集体改革涉及面广，情况复杂，政策性强，事关厂办大集体职工的切身利益。各级人力资源社会保障部门要在当地党委、政府的领导下，加强与有关部门及企业的沟通协调。要建立应急工作预案，完善重大情况报告制度，最大限度消除矛盾隐患，确保厂办大集体改革工作顺利进行。

二〇一三年四月十六日

人力资源和社会保障部办公厅关于进一步加强劳动保障监察队伍作风建设的通知

人社厅发〔2013〕49号

各省、自治区、直辖市及新疆生产建设兵团人力资源社会保障厅（局）：

为加强劳动保障监察队伍建设，切实解决当前监察执法作风中存在的突出问题，树立劳动保障监察执法为民的良好形象，按照中央关于改进工作作风、密切联系群众的要求，结合劳动保障监察工作实际，现就进一步加强劳动保障监察队伍作风建设的有关事项通知如下：

一、充分认识加强劳动保障监察队伍作风建设的重要性和紧迫性

劳动保障监察承担人力资源社会保障部门综合执法的重要职能，是人力资源社会保障部门面向用人单位、面向职工群众的一个重要窗口。近年来，各地高度重视劳动保障监察队伍作风建设，以良好的作风保障各项执法活动的有效开展，将法律法规赋予劳动保障监察的各项职责落到实处。但是，个别地区的监察机构和监察员在执法作风方面仍存在一些不容忽视的突出问题，有的工作责任心不强，监管任务落实不到位；有的执法为民的服务意识欠缺，对待劳动者维权诉求敷衍了事、推诿塞责；有的安于现状，执法工作缺乏积极性、主动性和创造性。执法作风方面存在的突出问题不仅损害了劳动保障监察的良好社会形象，也严重影响了执法的公信力。

当前，部分用人单位拖欠劳动者工资、不签订劳动合同、不缴纳社会保险费、违法超时加班等违法行为仍时有发生，使用童工、强迫劳动等严重违法行为尚未完全杜绝。随着新的劳动保障法律法规不断出台，劳动保障监察的监管范围不断扩大、监管对象和监管事项不断增多，劳动保障监察执法任务更为艰巨，责任更为重大。贯彻落实党的十八大提出的加强劳动保障监察工作的新要求，更好地完成劳动保障监察任务，迫切需要进一步加强队伍作风建设，努力建设一支思想端正、作风过硬、勤奋学习、爱岗敬业的劳动保障监察队伍，为推动劳动保障监察事业科学发展提供有力保证。

二、加强劳动保障监察队伍作风建设的主要任务

各地要以邓小平理论、“三个代表”重要思想和科学发展观为指导，按照党的十八大提出的关于加强劳动保障监察的新要求，切实加强监察队伍的思想作风、工作作风和学风建设，不断增强执法人员的责任意识、法治意识、服务意识和廉洁意识，更好地为维护劳动者合法权益和构建和谐劳动关系服务。

一是进一步强化责任意识，切实履行法律法规赋予劳动保障监察的各项职责。贯彻劳动保障法律法规、维护劳动者合法权益和社会稳定是劳动保障监察的重要职责。各级劳动保障

监察机构要紧紧围绕人力资源和社会保障中心工作，综合运用各种执法方式，加快“两网化”管理推进步伐，全面履行对管辖范围内监管对象和监察事项的监督检查职责。特别是要加大执法力度，重点整治本地区存在的突出违法问题，及时查处劳动保障重大违法案件，妥善处理因劳动保障违法行为引发的群体性事件。要严格落实执法责任制，努力做到劳动保障领域有法必依、执法必严、违法必究，坚决防止和纠正监察执法中行政不作为的问题。

二是进一步树立公平正义的法治理念，切实维护劳动保障法律法规的尊严。劳动保障监察是维护劳动保障法律法规权威的重要保证，也是保证劳动者在工作场所享有公平权利的底线，是维护社会公平正义的重要内容。各级劳动保障监察机构和监察人员要牢固树立公平正义的法治理念，进一步提高公正执法水平。要做到秉公执法，对各类用人单位公平对待、不枉不纵；要坚持程序公正，严格按照法律规定的权限和程序开展执法活动；要坚持实体公正，查处违法行为切实做到以事实为依据、以法律为准绳。要通过公正执法，不断增强劳动保障监察的公信力，坚决防止和纠正执法中超越法定权限乱作为的问题。

三是进一步改进服务措施，努力为劳动者维权提供高效便捷的服务。各级劳动保障监察机构要牢固树立执法为民的理念，通过开辟网上举报投诉渠道、建立省市联动举报投诉平台、设立基层网格举报投诉接待服务窗口等措施，降低劳动者维权的成本，确保受侵权劳动者的权利及时得到救济。要提高劳动者举报投诉的接待质量，严格落实“首问负责制”、“一次性告知”等制度，接待人员务必做到着装整齐、热情耐心、解答规范、用语文明，坚决防止和纠正门难进、脸难看、话难听、事难办的官僚作风。

四是进一步加强业务培训，努力使执法者懂法善用。各级劳动保障监察机构要主动适应形势发展变化对监察执法工作提出的新要求，积极开展创建学习型监察机构的活动。通过加强政治理论、业务知识、专业技能等方面的培训学习，使监察机构负责人成为专家权威，监察员成为行家里手。要将理论学习与执法实践紧密结合，不断推动工作理念、执法方式、监管体制机制等方面的变革与创新。

五是进一步防范执法岗位廉政风险，切实做到廉洁执法。各级劳动保障监察机构要建立廉政风险防控机制，加强对重点岗位的监督。全体劳动保障监察员要自觉抵制腐朽思想观念和生活方式的侵蚀，严格遵守廉洁执法的各项规定，执法过程中严禁利用职权谋取私利，严禁接受被检查单位的宴请和赠送的钱物，严禁以执法的名义乱罚款、乱收费、乱摊派。要加强执法信息公开，增强执法过程的透明度，主动接受社会公众、新闻媒体的监督，坚决防止和纠正执法中权钱交易、人情执法等问题。

三、加强劳动保障监察队伍作风建设的组织领导

（一）加强组织和领导。各地人力资源社会保障部门要高度重视，切实加强对劳动保障监察队伍作风建设的组织领导。各级劳动保障监察机构要深入调查研究，广泛听取用人单位和劳动者的意见建议，认真查找本单位在作风建设方面存在的主要问题，有针对性地制定进一步加强作风建设的具体目标和措施，确保作风建设取得实效。要将监察队伍作风建设与即将开展的党的群众路线教育实践活动、全国人力资源社会保障优质服务窗口创建活动紧密结合起来，统筹考虑、合理安排、协调推进。要加强对监察队伍作风建设经验的总结和推广，将一些行之有效的措施转化为制度，形成长效工作机制。

（二）加强管理和监督。各地要将加强劳动保障监察队伍作风建设的要求贯穿到监察员的任命、考核、奖惩等各项管理制度之中，做到按制度办事，用制度管人。要建立劳动保障监察行风监督制度，向社会公布行风监督电话、邮箱，对因执法作风问题受到劳动者或用人单位投诉的执法人员，一经查实要对当事人

进行严肃批评教育并按有关规定进行处理，情节严重、造成不良社会影响的由任命机关撤销其监察员任命并收缴监察证件。

（三）加强宣传和引导。各地要广泛开展加强劳动保障监察队伍作风建设的宣传报道活动，深入挖掘作风优良的劳动保障监察机构和监察员，广泛宣传典型单位和典型个人的先进事迹，充分发挥先进典型的示范引领作用，树立劳动保障监察为民执法、公正执法、廉洁执法的良好形象。

二〇一三年五月八日

人力资源和社会保障部办公厅关于印发《国家级技能大师工作室建设项目实施管理办法（试行）》的通知

人社厅发［2013］51号

各省、自治区、直辖市及新疆生产建设兵团人力资源社会保障厅（局）：

为贯彻落实《高技能人才队伍建设中长期规划（2010—2020年）》和《国家高技能人才振兴计划实施方案》，进一步加强对国家级技能大师工作室建设项目的规范管理，推动高技能人才队伍建设，我们起草了《国家级技能大师工作室建设项目实施管理办法（试行）》，现印发给你们，请认真贯彻执行。

二〇一三年五月十三日

国家级技能大师工作室建设项目实施管理办法（试行）

第一章 总 则

第一条 为加强和规范国家级技能大师工作室（以下简称“技能大师工作室”）建设项目管理，确保技能大师工作室建设项目顺利实施，提高资金使用效益，推动高技能人才队伍建设，特制定本办法。

第二条 本办法所指技能大师是指某一行业（领域）技能拔尖、技艺精湛并具有较强创新创造能力和社会影响力的高技能人才。

本办法所指技能大师工作室建设项目是依据申报条件要求，经各省（区、市）人力资源社会保障部门、财政部门评审推荐，人力资源社会保障部、财政部复审确定的技能大师工作室建设项目。

本办法所指项目资金包括中央财政支持技能大师工作室建设项目的补助资金、地方政府安排的配套资金及行业企业支持资金、自筹资金等。

第三条 技能大师工作室建设项目要与区域经济发展密切结合，主要围绕十大振兴产业、战略性新兴产业、先进制造业和经济社会发展急需、紧缺行业（领域）组织实施。

第四条 技能大师工作室主要依托中华技能大奖获得者，部分在技能含量较高的行业和大中型企业工作的高技能人才，以及部分掌握传统技能、民间绝技的技能大师建设。可建在企业或公共职业技能实训基地。

第五条 技能大师工作室的主要功能是发挥高技能领军人才在带徒传技、技能攻关、技艺传承、技能推广等方面的重要作用，面向企业、行业职工及相关人员开展培训、研修、攻关、交流等活动，将技术技能革新成果和绝技绝活加以推广。

第二章 项目申报与评审

第六条 技能大师工作室建设项目申报单位应符合以下条件：

（一）技能大师的条件。技能大师应当是某一行业（领域）技能拔尖、技艺精湛并具有较强创新创造能力和社会影响力的高技能人才，在带徒传技方面经验丰富，身体健康，能够承担工作室日常工作。同时，应具备以下条件之一：

1. 获得中华技能大奖称号；

2. 获得全国技术能手称号或具有技师以上技能水平，积极开展技术技能革新，取得有一定影响的发明创造，并产生较大的经济效益；

3. 具有一定的绝技绝活，并在积极挖掘和传承传统工艺上做出较大贡献。

（二）依托企业建立工作室，企业应当具备的条件：

有符合条件的技能大师；技能人才比较密集；高度重视技能人才队伍建设工作，建立了较为完善的技能人才培养、评价、选拔、使用和激励政策制度；企业职工教育经费用于高技能人才培养、交流等方面的费用不低于50%，能够为技能大师工作室提供相应的资金支持以及包括场所、设备在内的必要工作条件。

（三）依托公共职业技能实训基地建立技能大师工作室，公共职业技能实训基地应当具备的条件：

有符合条件的技能大师；高度重视技能人才队伍建设，制定了一系列加快高技能人才队伍建设的政策措施；能够为技能大师工作室提供相应的资金支持以及包括场所、设备在内的必要的工作条件。

第七条 技能大师工作室建设项目评审按照以下程序进行：

（一）人力资源社会保障部和财政部下发工作通知，明确申报条件、名额及有关要求。

（二）地方评审推荐。各省（区、市）人力资源社会保障部门和财政部门按照公平公正公开原则，严格审核把关，按照名额、条件要求评审确定项目候选单位，并向人力资源社会保障部和财政部报送有关材料，包括：

1. 省（区、市）人力资源社会保障部门和财政部门关于技能大师工作室项目评审结果报告。

2. 项目候选单位提交的相关材料：

（1）技能大师工作室申报表。

（2）申报报告。申报技能大师工作室职业（工种）、技能大师工作室成立的必要性和现有优势、技能大师简介、技能大师工作室计划目标等。

（3）技能大师工作室所依托的企业或公共职业技能实训基地有关情况说明。包括加快高技能人才队伍建设的政策措施，企业职工教育经费用于高技能人才培养、交流等方面的费用不低于50%的证明材料，能够为技能大师工作室提供资金支持以及场所、设备等工作条件的情况说明。

（4）企业法人营业执照或主管部门批准成立的文件以及组织机构代码证的复印件。

（5）技能大师候选人的身份证、中华技能大奖或全国技术能手获奖证书及技师以上职业资格证书复印件。

（三）部门组织复审。人力资源社会保障部、财政部对技能大师工作室建设项目候选单位进行复审，确定技能大师工作室项目单位。

第三章 项目资金使用范围

第八条 中央财政补助资金主要用于培训用品购置、技能交流推广等费用。地方政府要安排专项资金用于对技能大师工作室技术技能创新研发等活动给予补助，所需资金从地方政府安排的就业专项资金中列支。行业、企业或公共职业技能实训基地为工作室提供办公场所、实训设备等必要的工作条件，并安排技能大师带徒津贴、研究（攻关）项目补贴以及日常工作经费等。

第九条 技能大师工作室建设项目单位要做好以下项目资金管理工作：

（一）严格实行项目管理，完善项目经费管理制度，做到资金到项目、管理到项目、核算到项目；

（二）技能大师工作室项目单位要专款专用，确保资金安全和效益。

第四章 项目产出与评估

第十条 技能大师工作室应形成以下项目产出：

（一）技能大师工作室具备固定的场所和必要的工作条件，定期开展活动；

（二）建立完善的技能大师工作室制度、办法，规范运作；

（三）通过传、帮、带，使技艺技能得到传承，年均为企业或社会培养8个以上青年技术技能骨干；

（四）将创新成果、绝技绝活、具有特色的生产操作法及时总结推广；

（五）积极开展技术革新并产生一定的经济效益。

第十一条 各省（区、市）人力资源社会保障部门、财政部门要加强对技能大师工作室建设项目单位的日常指导和管理，健全考核、检查和监督制度，定期对技能大师工作室的建设情况和任务完成情况进行考核和评估，对项目运行存在的问题要限期整改，并将有关情况及时报送人力资源社会保障部、财政部。

第十二条 人力资源社会保障部将会同财政部，定期对技能大师工作室运行情况进行检查，并按照项目产出要求，对技能大师工作室建设项目实施情况进行分阶段评估。

第五章 附 则

第十三条 各省（区、市）人力资源社会保障部门和财政部门可根据本办法，结合本地的实际情况，制定具体的项目实施管理办法及细则。

第十四条 技能大师工作室建设项目资金的拨付、使用、管理和监督等，要严格按照财政部项目资金管理办法执行。

第十五条 本办法自下发之日起执行。

第十六条 本办法由人力资源社会保障部负责解释。

人力资源和社会保障部办公厅关于印发《国家级高技能人才培训基地建设项目实施管理办法（试行）》的通知

人社厅发［2013］52号

各省、自治区、直辖市及新疆生产建设兵团人力资源社会保障厅（局）：

为贯彻落实《高技能人才队伍建设中长期规划（2010—2020年）》和《国家高技能人才振兴计划实施方案》，进一步加强对国家级高技能人才培训基地建设项目的规范管理，推动高技能人才队伍建设，我们起草了《国家级高技能人才培训基地建设项目实施管理办法（试行）》，现印发施行。

二〇一三年五月十三日

国家级高技能人才培训基地建设项目实施管理办法（试行）

第一章　总　　则

第一条　为加强和规范国家级高技能人才培训基地（以下简称培训基地）建设项目管理，确保培训基地建设项目顺利实施，提高资金使用效益，推动高技能人才队伍建设，特制定本办法。

第二条　本办法所指高技能人才是具有高超技艺和精湛技能，能够进行创造性劳动，并对社会做出贡献的技能劳动者，主要包括取得高级工、技师和高级技师职业资格的人员。

本办法所指培训基地建设项目是依据申报条件要求，经各省（区、市）人力资源社会保障部门、财政部门评审推荐，人力资源社会保障部、财政部组织专家进行复审确定的培训基地建设项目。

本办法所指项目资金包括中央财政支持培训基地建设项目的补助资金、地方政府安排的配套资金及行业企业支持资金、自筹资金等。

第三条　培训基地建设项目要与当地经济发展密切结合，根据区域经济发展、产业振兴发展规划和新兴战略性产业发展需要，主要围绕十大振兴产业、新兴战略性产业和经济社会发展急需、紧缺行业（领域）开展项目实施。

第四条　培训基地建设项目实施范围原则上是各省（区、市）内以培养中、高级技能人才为主要目标的技工院校、职业培训机构、公共实训基地以及大中型企业技能培训中心。

培训基地建设项目实施期限为期 2 年。

第五条 培训基地的主要功能是面向社会各类在职职工、在校后备技能人才及其他有技能提升愿望的劳动者开展技能研修、技能提升培训活动，使之达到高级工、技师或高级技师水平。同时，培训基地还承担高技能人才考核与评价、职业技能竞赛、高技能培训或研修课程开发、高技能成果交流展示等任务。

第二章 项目申报与评审

第六条 培训基地建设项目申报单位应符合以下条件：

（一）具有较强的管理能力和高效的组织管理体系。单位机构设置合理，部门职能和教职工岗位职责明确；已建立规范的培训管理、财务管理、资产管理、风险管理等制度；遵守国家有关法律法规，未发生违规违纪事件。

（二）培训场所和设施设备符合国家建设和安全标准。能满足年培训 1 000 名以上高技能人才的需要；具有与 3～5 个经济发展急需、紧缺高技能人才培训特色专业（职业、工种）相匹配的实训装备；面向企业、学校和社会开展职业技能培训，年培训规模不少于 3 000 人，其中高级工以上培训占 20％以上。

（三）建立了完善的师资培养机制。有科学合理的师资培养规划和实施方案，重视专业带头人和骨干教师队伍建设；有满足培训需要的稳定的专、兼职教师队伍，师生比为 1∶16～1∶20；高级实习指导教师和具有高级技师职业资格的教师占实训教师总数的 45％以上。

（四）与 5 家以上大、中型企业建立了稳定的校企合作关系。有 5 个以上专业与合作企业共同研究确定专业建设、课程设置、培养计划、师资建设、研发课题和培训实习方案，并与合作企业共建了培训实习基地，聘请企业高级技师、技师和专业技术人员担任指导教师。

第七条 各省（区、市）人力资源社会保障部门和财政部门要按照人力资源社会保障部和财政部下达的培训基地建设项目申报条件和控制数评审并推荐培训基地建设项目候选单位。

第八条 符合培训基地建设项目申报条件并拟申报项目的单位，须按要求填报《国家级高技能人才培训基地建设项目申报书》，制定《国家级高技能人才培训基地建设项目实施方案》、《×××（培训基地建设项目单位名称）国家级高技能人才培训基地建设项目实施管理办法》和《×××（培训基地建设项目单位名称）国家级高技能人才培训基地建设项目经费管理实施细则》等。

第九条 培训基地建设项目评审按照以下程序进行：

（一）地方评审推荐。各省（区、市）人力资源社会保障部门会同财政部门根据申报条件要求，按照公平、公正、公开原则，组织专家开展本地区培训基地建设项目单位评审、遴选工作，确定本地区培训基地建设项目候选单位。在评审和遴选工作中，要严格把握标准、规范操作程序，确保申报项目单位符合条件。评审、遴选后，各省（区、市）人力资源社会保障部门、财政部门将确定的培训基地申报材料按相关要求分别报送人力资源社会保障部和财政部。

（二）部门组织复审。人力资源社会保障部会同财政部组成专家组，对各地推荐的培训基地建设项目候选单位申报材料进行复审，并对培训基地建设项目单位的综合情况和各项指标进行打分，确定培训基地建设项目单位。

对申报材料弄虚作假或存有不实情况的，一经核实，将取消其申报资格。

第三章 项目资金使用范围

第十条 中央财政补助资金主要用于支持 3～5 个急需、紧缺高技能人才培训特色专业（职业、工种）建设所需技能研修实训设备的购置改造与维护、原材料消耗、指导教师聘用、师资培训、培训基础设施完善、课程设置和教材开发、与教学活动有关的科研活动及其他培训成本等方面的支出，不得用于差旅费、劳务费等与培训基地建设项目资金使用范围无关的其他支出。

第十一条 培训基地建设项目单位要做好以下项目资金管理工作：

（一）严格实行项目管理，落实本单位进行项目申报时制定的国家级高技能人才培训基地建设项目经费管理实施细则，做到资金到项目、管理到项目、核算到项目。

（二）培训基地建设项目单位要单独建账，实行专款专用，确保资金安全和效益。

第四章 项目产出与评估

第十二条 培训基地应形成以下项目产出：

（一）构建完备的培训体系。培训基地建设项目实施一年后，围绕3～5个专业（职业、工种），从培训模式、课程设置、教材开发、师资建设、培训装备和能力评价等方面，构建成较为完备、系统的高技能人才培训体系。

（二）形成规模化培训示范效应。通过实施培训基地建设项目，增强规模化、系统化、个性化培训高技能人才的能力。培训基地建设项目实施两年后，高技能人才年培训能力不少于1 500人。

（三）总结技能人才培养规律。通过实施培训基地建设项目，总结高技能人才培训的基本规律和科学方法，提炼高技能人才培训基地建设的经验和做法，为基地建设和规范化、系统化培养高技能人才提供科学依据。

第十三条 各级人力资源社会保障部门、财政部门要加强对培训基地建设项目单位的日常指导和管理，健全考核、检查和监督制度，定期对培训基地的建设情况和任务完成情况进行考核和评估，对项目运行存在的问题要限期整改。

第十四条 人力资源社会保障部将会同财政部，定期对培训基地运行情况进行检查，并按照项目产出要求，对培训基地建设项目实施情况进行分阶段评估。

第五章 附 则

第十五条 各省（区、市）人力资源社会保障部门和财政部门可根据本办法，结合本地的实际情况，制定具体的项目实施管理办法及细则。

第十六条 培训基地建设项目资金的拨付、使用、管理和监督等，要严格按照财政部项目资金管理办法执行。

第十七条 本办法自下发之日起执行。

第十八条 本办法由人力资源社会保障部负责解释。

人力资源和社会保障部办公厅关于印发《国家级专业技术人员继续教育基地管理办法》的通知

人社厅发［2013］53号

各省、自治区、直辖市及新疆生产建设兵团人力资源社会保障厅（局），国务院有关部委、直属机构人事部门，有关中央企业：

为加强国家级专业技术人员继续教育基地运行管理，保障专业技术人才知识更新工程实施，根据《国家中长期人才发展规划纲要（2010—2020年）》和《专业技术人才知识更新工程实施方案》，我部制定了《国家级专业技术人员继续教育基地管理办法》。现印发给你们，请结合实际认真贯彻落实。

二〇一三年五月二十二日

国家级专业技术人员继续教育基地管理办法

第一章　总　　则

第一条　根据《国家中长期人才发展规划纲要（2010—2020年）》，为保障专业技术人才知识更新工程实施，规范和加强国家级专业技术人员继续教育基地运行管理，推动继续教育公共服务体系建设，制定本办法。

第二条　国家级专业技术人员继续教育基地（以下简称“国家级继续教育基地”）是经人力资源社会保障部认定，以对专业技术人员进行补充、更新知识，拓展知识结构，提高综合素质和创新能力为基本内容开展教育培训的机构，是国家培养培训高层次、急需紧缺和骨干专业技术人才的服务平台。

第三条　国家级继续教育基地根据地域和领域发展需要，按照“优化布局、突出特色、资源共享、注重实效”的原则，实行分期分批建设和分级分类管理。

第二章　职　　责

第四条　人力资源社会保障部是国家级继续教育基地的综合管理部门，负责国家级继续教育基地的设立、调整和撤销，制定有关政策、规章和规划，组织国家级继续教育基地交流，监督指导基地的运行管理。

第五条　有关地方、部门和中央企事业单位人事部门是所推荐国家级继续教育基地的管理单位，负责国家级继续教育基地的使用和管理，制定实施具有本地区、本部门和本行业特点的基地管理政策措施。

第六条 获准设立国家级继续教育基地的高等院校、科研院所和其他施教机构是基地的建设单位，负责建立健全基地管理机构，配备专门人员，制定本基地的运行管理办法，承担本基地运行管理的具体工作。

第七条 国家级继续教育基地是依托高等院校、科研院所和其他施教机构建设的培训实体，不改变原有隶属关系，在继续教育业务上接受管理单位的指导，实行人财物相对独立的管理机制。

第三章 基地设立

第八条 设立国家级继续教育基地的单位应具有丰富的培养培训专业技术人员经验，在本地区、本行业具有一定影响，并具备以下基本条件：

（一）具有满足培训需要、相对稳定、密切联系科研生产一线的高素质专（兼）职师资队伍。专（兼）职师资应当具有较高理论水平、实践经验，在本专业领域具有较高影响力和公认度。

（二）有健全的继续教育管理机构及从事继续教育管理的专（兼）职人员。有健全的教学组织管理、学员考核管理、教学科研管理、培训登记管理、培训经费管理、后勤保障管理以及规范的培训效果评估、跟踪反馈等基地管理制度。

（三）能为基地基本建设和日常工作提供配套经费保障。具备与所承担的中高级专业技术人才培训任务相适应的固定教室、教学设备、专业图书资料及相应的硬件设施；专业性强的领域或继续教育科目，还要有能供专业技术人员进行实训的场所或实训合作单位。

（四）具备现代化远程教育条件，具有满足大规模网络培训所需的教学设备和基础设施，建立网络化的培训和管理信息平台，实现网上培训和网络互动交流。

（五）围绕着经济社会发展重点领域和现代服务业领域，每年培训不少于2 000名专业技术人才。

第九条 国家级继续教育基地分期分批进行申报及评定。

（一）国家级继续教育基地申报遵循自愿原则。

（二）国家级继续教育基地主要从在专业技术人员继续教育方面具有实践基础的高等院校、科研院所，地方、部门或行业教育培训机构，专业协会（学会）及大中型企业培训机构中遴选。优先从地区或部门、行业设立的区域性、行业性专业技术人员继续教育基地中遴选。

（三）具备条件的施教机构填写《国家级专业技术人员继续教育基地申报表》，由副省部级以上（含）地方人力资源社会保障部门或行业主管部门人事部门审核同意并签署推荐意见后，报人力资源社会保障部。

（四）人力资源社会保障部组织继续教育和相关领域专家组成专家评审委员会，对申报材料进行审核、论证、考察和评审，并对通过评审的施教机构予以认定。

第十条 经认定的国家级继续教育基地由人力资源社会保障部统一公布，并颁发国家级专业技术人员继续教育基地匾牌。

第四章 基地运行

第十一条 国家级继续教育基地要严格遵守继续教育法规和政策，紧密围绕经济社会发展需求，紧跟世界科技发展前沿开展专业技术人员继续教育及相关管理工作。

第十二条 根据地区、部门和行业发展需要，国家级继续教育基地主要承担相应区域、领域和行业国家级高层次、急需紧缺和骨干专业技术人才的培养培训工作，承担地方、部门和行业继续教育师资培训任务。

第十三条 国家级继续教育基地须聘请继续教育和相关行业领域的专家、学者组成评估小组，结合地区和行业发展要求，提出基地的培训规划、课程设置等，报管理单位同意后实施。

第十四条 国家级继续教育基地要为专业技术人员提供优质高效的继续教育服务，特别是突出新理论、新知识、新技术、新方法的培训，不断提高专业技术人员的职业道德水平，不断增强专业技术人员的学习能力、实践能力、创新能力和科研能力。

第十五条 国家级继续教育基地提供继续教育服务的主要形式包括：承办国家级专业技术人员继续教育重大专项工程项目；举办政府部门、行业协会、企事业单位委托的培训班、研修班或进修班；协助开展专业技术人员公需科目或专业科目的培训、考核和管理工作；开展继续教育理论研究，开发有针对性和实效性的培训项目与培训课程；举办继续教育交流服务活动等。

第十六条 国家级继续教育基地有承担政府部门委托的继续教育公共服务项目的义务，实施公益性继续教育时要向各个地区、各类经济组织和广大专业技术人员平等开放，并对革命老区、民族地区、边远地区和贫困地区给予倾斜。

第十七条 鼓励国家级继续教育基地充分利用自身资源优势，在保障政府人才培训任务的基础上，主动为社会上各类单位和专业技术人员提供业务培训、岗位进修、能力提升、职业资格继续教育等服务。

第十八条 国家级继续教育基地应加强师资队伍建设，不断创新培训内容，不断改进培训方式方法，加强培训过程管理和质量监控，不断提高培训水平，逐步提高培训的针对性和实效性。

第十九条 国家级继续教育基地应积极探索产学研相结合的人才培养培训机制，与重点领域权威研究机构和领头企事业单位建立长期合作关系，及时引入最新科研成果、先进技术经验和业务骨干，逐步形成专业品牌和培训特色。

第二十条 国家级继续教育基地要积极推广网络培训、远程教育、电化教育等新的教学方式方法，积极开发在线学习平台，建设具有专业特色的网络学习中心，不断提高在线培训和开展现代化远程教育的能力。

第二十一条 国家级继续教育基地可采用走出去和请进来的方式，积极参与国际继续教育交流，利用境外的优质资源，不断提高继续教育的质量和效益。

第五章 管理监督

第二十二条 国家级继续教育基地实行年度计划审核备案制度。国家级继续教育基地应根据培训需求制定年度任务计划，并于每年12月10日前，将年度计划执行情况总结和下一年度计划报推荐设立该基地的管理单位审核；审核同意后，于当年12月31日前将年度计划执行情况总结和下一年度计划一并报人力资源社会保障部备案。

第二十三条 国家级继续教育基地应按照管理单位审核同意的年度计划内容开展培训活动，培训结束后要认真做好培训情况的建档登记和效果评估工作。

第二十四条 未经国家级继续教育基地的管理单位同意，国家级继续教育基地及其建设单位不得以国家级继续教育基地的名义开展教育培训活动。

第二十五条 国家级继续教育基地实行检查考核制度。检查考核的主要内容包括：基地师资队伍建设情况、基地经费使用情况、设施配套情况、制度执行情况、继续教育任务完成情况、培训效果及后续跟踪情况等。

第二十六条 国家级继续教育基地的管理单位负责国家级继续教育基地的检查考核，并制定具体办法。

第二十七条 人力资源社会保障部会同基地的管理单位，在检查考核基础上对国家级继续教育基地进行定期检查评估和不定期抽查，并将有关结果向社会公布。检查评估或抽查结果作为调整、撤销国家级继续教育基地及下一阶段任务分配的重要依据。

对成绩突出、评估优秀的国家级继续教育基地，将及时宣传推广经验做法，在培训资源配置、任务分配等方面给予一定倾斜。对不按本办法开展继续教育工作、不能完成继续教育任务或达不到教学管理要求的国家级继续教育基地，责令限期整改。在规定时间内仍然达不到要求的，取消国家级继续教育基地资格。

第二十八条 对违反年度计划备案审核制度及有关规定，出现乱办班、乱收费、乱发证现象的国家级继续教育基地，依法追究其单位领导和当事人的责任。

第二十九条 对在申请过程中弄虚作假或被取消国家级继续教育基地资格的施教机构，不再受理其认定申请。

第六章 保障措施

第三十条 人力资源社会保障部为国家级继续教育基地建设提供政策和项目支持，支持国家级继续教育基地承办继续教育项目和活动。

第三十一条 人力资源社会保障部会同地方、部门、行业组织开发教材、课件、网站等优质培训资源，无偿或以优惠价格提供给国家级继续教育基地内部使用。

第三十二条 人力资源社会保障部支持各领域从事科研、生产、教学等方面工作的专家参与继续教育基地的人才培养培训工作。对表现突出、成效明显的专家，在其本人参加继续教育、评聘专业技术职务、享受政府特殊津贴和国家百千万人才工程国家级人选选拔、参与专家休假等方面给予倾斜。

第三十三条 中央财政按规定为国家级继续教育基地提供一定的专项经费资助。专项经费主要用于开展专家授课、师资培训、教材课件开发、数据库开发、课题研究等工作。基地建设单位按照国家有关规定，制定专项经费的使用办法和使用方案，基地的管理单位负责审核专项经费使用办法和使用方案，确保专款专用并取得最大效益。

第三十四条 国家级继续教育基地的建设单位和管理单位应为基地的基础建设和日常工作提供配套经费。

第三十五条 国家级继续教育基地的管理单位应在政策扶持、项目支持、师资队伍建设、资源整合、培训宣传等多方面为国家级继续教育基地提供支持，帮助国家级继续教育基地形成科学有效的专业技术人才培养培训体系。

第三十六条 专业技术人员在国家级继续教育基地参加培训的情况，可记入《专业技术人员继续教育证书》或学习档案，作为对专业技术人员考核评价、岗位聘用、职称评聘和执业注册的重要依据。

第三十七条 国家级继续教育基地为社会提供继续教育服务时，可按照有关规定适当收取培训费用，但不得擅自提高收费标准。收取的相关费用优先用于保障基地的建设和发展。

第三十八条 支持国家级继续教育基地加强与企业、高校和科研院所的合作，建立产、学、研相结合的继续教育协作体系，促进继续教育成果转化，并根据需要组织开展经验交流和成果推广等活动。

第七章 附则

第三十九条 国家级继续教育基地机构名称、联系方式等重要信息发生变更，须及时报人力资源社会保障部备案并向社会公布。

第四十条 地方人力资源社会保障部门和行业主管部门可参照本办法，结合各自实际，制定相应的国家级继续教育基地管理政策措施。

第四十一条 军队系统的国家级继续教育基地管理参照本办法执行。

第四十二条 鼓励和支持地区、部门和行业结合实际，建设区域性、行业性专业技术人员继续教育基地，形成上下衔接、优势互补、资源共享的继续教育基地体系。

第四十三条 本办法由人力资源社会保障部负责解释。

第四十四条 本办法自发布之日起施行。

人力资源和社会保障部办公厅关于辽宁省最低工资标准调整方案的批复

人社厅发〔2013〕65号

辽宁省人力资源和社会保障厅：

《关于调整辽宁省最低工资标准及非全日制工作小时最低工资标准的请示》（辽人社〔2013〕166号）收悉。经研究，现批复如下：

一、同意你省月最低工资标准由现行的1 100元、900元、780元调整为1 300元、1 050元、900元。

二、同意你省非全日制用工的小时最低工资标准由现行的11元、8.5元、7.5元调整为13元、9.8元、8.6元。

三、请在新的最低工资标准发布后10日内，将发布的文件报我部备案。

四、请进一步加强对企业执行《最低工资规定》的监督检查，切实维护劳动者的合法权益。

二〇一三年六月二十日

人力资源和社会保障部办公厅关于做好劳务派遣行政许可工作的通知

人社厅发［2013］66号

各省、自治区、直辖市及新疆生产建设兵团人力资源社会保障厅（局）：

根据《全国人民代表大会常务委员会关于修改〈中华人民共和国劳动合同法〉的决定》（以下简称修改决定）关于“经营劳务派遣业务，应当向劳动行政部门依法申请行政许可”的规定，我部制定公布了《劳务派遣行政许可实施办法》（以下简称实施办法）。为贯彻落实实施办法，做好行政许可工作，现就有关事项通知如下：

一、充分认识做好劳务派遣行政许可工作的重要意义。做好经营劳务派遣业务行政许可工作是加强对劳务派遣单位监管、从源头上规范劳务派遣的一项重要举措，对于实现劳务派遣单位依法规范经营，有效保护被派遣劳动者合法权益，促进劳务派遣规范有序发展具有重要意义。各级人力资源社会保障部门要充分认识设立经营劳务派遣业务行政许可的必要性和重要性，采取切实有效的措施认真贯彻落实实施办法，依法做好劳务派遣行政许可工作。

二、大力抓好宣传引导和学习培训。各级人力资源社会保障部门要把宣传实施办法与贯彻实施新修订的劳动合同法紧密结合起来，通过在本地主流媒体（报纸、网站等）上刊登刊发实施办法等多种方式，重点宣传劳务派遣行政许可工作的重要性，全面解读经营劳务派遣业务应当具备的条件、申请劳务派遣行政许可程序以及监督检查等规定，统一全社会遵守劳务派遣行政许可法律规定、依法规范劳务派遣的认识。要加强本系统干部职工的学习培训，帮助系统干部职工特别是劳务派遣行政许可经办人员正确理解并掌握实施办法的精神实质和主要内容，熟悉受理、审查、批准经营劳务派遣业务行政许可申请的要求、流程和责任。要通过举办培训班等方式，有计划地组织本地区现有劳务派遣单位集中进行学习培训，使所有劳务派遣单位尽快熟悉实施办法的内容和要求。支持和鼓励有关行业协会组织劳务派遣会员单位开展专题学习培训，促进劳务派遣单位自觉依法规范经营。

三、严格依法做好劳务派遣行政许可工作。各级人力资源社会保障部门要按照行政许可法和实施办法的要求，完善细化劳务派遣行政许可工作流程，将行政许可的依据、程序、期限、条件以及需要提交的全部材料目录、申请书示范文本和监督电话等在本行政机关办公场所、网站上进行公布，并提供有关申请表格的免费下载服务。对申请行政许可的劳务派遣单位，要严格按照审批程序和时限要求及时依法办结。对取得行政许可或依照有关规定变更、延续、撤销、吊销、注销行政许可的劳务派遣单位要及时予以公告。

四、加强对劳务派遣单位的服务和监管。各级人力资源社会保障部门要对实施办法施行前已开展劳务派遣业务的单位，要采取主动联系、上门服务等方式，帮助其做好劳务派遣行政许可申请工作。要加强对已经依法取得行政许可并办理公司登记的劳务派遣单位的监督管理，督促劳务派遣单位在办公场所明示合法证照、监督机关和监督电话；指导劳务派遣单位依法建立职工名册，及时办理劳动用工备案手续，做好对其经营活动的日常监督和年度经营情况报告的核验工作。

五、进一步增强工作的预见性和针对性。各级人力资源社会保障部门要认真梳理分析实施劳务派遣行政许可过程中可能出现的新情况、新问题以及对劳动关系的影响，提前制定工作预案，积极研究解决办法。对实施办法施行初期可能出现的集中申请行政许可的情况，要提前做好经办人员和工作场地的配备等应对准备工作，既要确保在规定的时限内及时办结，又要保证服务质量。对申请行政许可但暂未达到条件的现有劳务派遣单位，要督促其依法继续履行已订立的劳动合同和劳务派遣协议，保持被派遣劳动者就业的稳定，并指导其尽快创造条件取得行政许可；对确实无法达到劳务派遣单位经营条件、不能取得行政许可的现有劳务派遣单位以及取得行政许可后依法未被准予延续或被撤销、吊销许可的劳务派遣单位，要指导其和用工单位共同采取有针对性的措施，妥善处理被派遣劳动者的劳动关系。对少数劳务派遣单位或用工单位可能出现的规模裁减人员或退工的行为，要依法予以规范和处理，最大限度地减少对就业和社会稳定的影响。

六、切实加强组织领导。各级人力资源社会保障部门要从依法规范劳务派遣出发，根据本地区实际研究制定行政许可实施细则和劳务派遣配套规定，按照权责统一的要求落实职责任务，加强内部有关单位的协调配合，形成工作合力。省级人力资源社会保障部门要尽快确定省、市、县级人力资源社会保障部门的劳务派遣行政许可管辖分工，承担行政许可职能的人力资源社会保障部门严格依法做好行政许可工作，建立健全劳务派遣情况管理台账。上级人力资源社会保障部门要加强对下级工作的指导和监督，及时总结推广典型经验，研究解决出现的问题，推动劳务派遣行政许可工作依法有序、公开公正、优质高效开展。

请各省级人力资源社会保障部门于2014年1月31日前将本地区贯彻实施办法的情况书面报部劳动关系司，行政许可工作中遇到的重大问题及时报告。

附件：

1. 劳务派遣经营许可证（样式）（略）
2. 劳务派遣经营许可证（副本）（样式）（略）
3. 劳务派遣经营许可证样式说明（略）
4. 劳务派遣经营许可申请书（样本）（略）
5. 受理决定书（样本）（略）
6. 不予受理决定书（样本）（略）
7. 准予行政许可决定书（样本）（略）
8. 不予行政许可决定书（样本）（略）
9. 不予变更决定书（样本）（略）
10. 不予延续决定书（样本）（略）

二〇一三年六月二十日

人力资源和社会保障部办公厅关于安徽省最低工资标准调整方案的批复

人社厅发［2013］68号

安徽省人力资源和社会保障厅：

你厅《关于安徽省最低工资标准调整意见的请示》（皖人社［2013］36号）收悉。经研究，现批复如下：

一、同意你省月最低工资标准由现行的1 010元、900元、800元、750元、720元、680元调整为1 260元、1 040元、930元、860元。

二、同意你省非全日制用工的小时最低工资标准由现行的10.6元、9.4元、8.4元、7.8元、7.5元、7.1元调整为13元、11元、10元、9元。

三、请在新的最低工资标准发布后10日内，将发布的文件报我部备案。

四、请进一步加强对企业执行《最低工资规定》的监督检查，切实维护劳动者的合法权益。

二〇一三年六月二十一日

人力资源和社会保障部办公厅关于湖北省最低工资标准调整方案的批复

人社厅发［2013］78号

湖北省人力资源和社会保障厅：

你厅《关于调整湖北省最低工资标准的请示》（鄂人社文［2013］67号）收悉。经研究，现批复如下：

一、同意你省月最低工资标准由现行的1 100元、900元、750元调整为1 300元、1 020元、900元。

二、同意你省非全日制用工的小时最低工资标准由现行的10元、8.5元、7元调整为14元、11元、9.5元。

三、请在新的最低工资标准发布后10日内，将发布的文件报我部备案。

四、请进一步加强对企业执行《最低工资规定》的监督检查，切实维护劳动者的合法权益。

二〇一三年七月二十三日

人力资源和社会保障部办公厅关于福建省最低工资标准调整方案的批复

人社厅发［2013］80 号

福建省人力资源和社会保障厅：

《关于福建省 2013 年调整月最低工资标准和非全日制用工小时最低工资标准的请示》（闽人社文［2013］248 号）收悉。经研究，现批复如下：

一、同意你省月最低工资标准由现行的 1 200 元、1 050 元、930 元、830 元调整为 1 320 元、1 170 元、1 050 元、950 元。

二、同意你省非全日制用工的小时最低工资标准由现行的 12.7 元、11.1 元、9.8 元、8.8 元调整为 14 元、12.4 元、11.1 元、10.1 元。

三、请在新的最低工资标准发布后 10 日内，将发布的文件报我部备案。

四、请进一步加强对企业执行《最低工资规定》的监督检查，切实维护劳动者的合法权益。

二〇一三年七月二十九日

人力资源和社会保障部办公厅关于贯彻加强小额担保贷款财政贴息资金管理通知的意见

人社厅发［2013］105号

各省、自治区、直辖市、计划单列市人力资源社会保障厅（局）：

现就贯彻落实《财政部、人力资源社会保障部、中国人民银行关于加强小额担保贷款财政贴息资金管理的通知》（财金［2013］84号，以下简称《通知》）精神，进一步做好小额担保贷款工作提出如下意见，请遵照执行。

一、准确把握《通知》精神实质，健全小额担保贷款发放自我约束机制。小额担保贷款政策实施以来，对促进创业带动就业发挥了重要作用。但近些年一些地方也出现了随意扩大政策扶持对象、片面追求放贷规模等问题，影响小额担保贷款政策的可持续性，亟须完善制度，加强管理。为此，《通知》进一步规范了小额担保贷款借款人范围和财政贴息对象，强化了贴息贷款审核发放和贷款担保基金管理要求，完善了财政贴息政策和资金来源。这是立足当前、着眼长远、确保小额担保贷款政策长期可持续的重要措施。各地要认真学习《通知》要求，准确把握精神实质，积极协调配合财政部门、人民银行分支机构完善小额担保贷款政策操作办法，健全贷款发放自我约束机制，保持政策连续性。要切实掌握符合政策扶持条件的创业者和劳动密集型小企业底数，结合可用财政贴息资金，对当地今后一个时期的小额担保贷款工作做出科学合理规划，防止不切实际盲目下达放贷指标。

二、严格把好资格、额度、期限审核关，着力提高贴息贷款利用效率。为有效发挥小额担保贷款政策促进创业带动就业作用，各地要指导各级小额担保贷款经办担保机构严格遵循小额贷款基本准则，瞄准小额担保贷款政策扶持对象，把有限资源真正用于确需帮扶的新创业者和带动就业多的劳动密集型小企业；严把政策受益人资格审查关，既要防止因片面追求放贷量而任意扩大政策受益人范围，又要防止因单纯追求还款率而人为缩小政策受益人范围，更要防止利用其他商业贷款套取财政贴息资金；严把贷款担保额度、期限审核关，根据项目实际需要合理确定贷款担保额度与担保期限，防止不负责任过度担保，努力提高贷款担保基金和贴息贷款利用效率；健全小额担保贷款操作流程，完善贷款项目贷前调查、联合会审等工作制度，防范“人情贷款”和权力寻租等道德风险。

三、充实贷款担保基金和地方财政贴息资金，确保小额担保贷款政策落实。《通知》严格限定了贷款担保基金放大倍数，规定了地方财政贴息比例，各地应结合实际主动协调财政部门对小额担保贷款财政贴息资金和担保基金做出安排，确保政策落实，防止将贴息贷款利息负担转嫁给创业者。要主动协调人民银行分支机构建立健全小额担保贷款分项管理与统计制度，落实相关各方的工作责任，完善小额担保贷款统计数据三部门会商机制，及时准确掌握小额担保贷款发放、回收与贴息情况。要注重发挥当地妇联等组织和高校的积极作用，共同做好小额担保贷款工作。要进一步推进创业工作，将落实《通知》要求与完善本地促进创业带动就业的政策措施、加强创业服务结合起来，积极探索运用地方财政资金支持创业的新的有效途径。各地贯彻落实《通知》要求的具体措施和两项资金安排使用情况，请及时向我部就业促进司报告。

二〇一三年十月十七日

人力资源和社会保障部办公厅关于海南省最低工资标准调整方案的批复

人社厅发［2013］108号

海南省人力资源和社会保障厅：

《关于调整海南省2013年最低工资标准的请示》（琼人社［2013］50号）收悉。经研究，现批复如下：

一、同意你省月最低工资标准由现行的1 050元、950元、900元调整为1 120元、1 020元、970元。

二、同意你省非全日制用工的小时最低工资标准由现行的9.2元、8.3元、7.2元调整为9.9元、9元、8.6元。

三、你省调整后的最低工资标准实施日期与发布日期间隔应不少于一个月。请在发布后10日内，将发布的文件报我部备案。

四、请进一步加强对企业执行《最低工资规定》的监督检查，切实维护劳动者的合法权益。

二〇一三年十月十八日

人力资源和社会保障部办公厅　教育部办公厅关于进一步做好离校未就业高校毕业生就业管理和服务工作的通知

人社厅发［2013］112号

各省、自治区、直辖市人力资源社会保障厅（局）、教育厅（教委），教育部直属各高等学校：

为做好离校未就业高校毕业生的就业管理和服务工作，引导他们及时参加离校未就业高校毕业生就业促进计划（以下简称就业促进计划），尽快实现就业创业或参加到就业准备活动中，现就有关事项通知如下：

一、做好对离校未就业高校毕业生的后续跟踪管理。各地人力资源社会保障部门、教育部门和各高校要密切沟通，加强协作，做好高校毕业生离校前后跟踪管理，切实保证服务不断线。各高校要与有就业意愿的未就业高校毕业生继续保持联系，了解其就业状况，提供必要的就业帮扶，并指导和推荐其参加政府组织实施的公共就业服务活动。省（区、市）教育部门和各高校要在征得高校毕业生本人同意的前提下，及时将有就业意愿的未就业高校毕业生分高校、分专业的个人实名信息提供给人力资源社会保障部门。实名信息应含有身份证号码、有效联系方式、家庭住址等重要内容，以便相关公共人才就业服务能够及时有效地接续。同时，地方各级公共就业人才服务机构和基层就业服务平台要向高校毕业生免费开放，通过开展实名登记，摸清高校毕业生的就业意愿和服务需求。省（区、市）人力资源社会保障部门要在次年1月底前将离校未就业毕业生就业情况提供给同级教育部门。

二、为离校未就业高校毕业生提供就业服务。各地人力资源社会保障部门要全面实施就业促进计划，按要求落实好促进高校毕业生就业创业的九项具体措施。要通过多种渠道，广泛发布本地就业促进计划内容、参加渠道、公共就业人才服务机构信息等，方便未就业高校毕业生申请参加计划。教育部门和高校要继续关心离校未就业高校毕业生的就业问题，积极向未就业高校毕业生宣传就业促进计划内容，引导未就业高校毕业生参与。同时，要充分利用全国大学生就业公共服务立体化平台（www.ncss.org.cn）、各地各高校就业网等，继续收集和发布用人单位招聘信息，持续为毕业生提供就业信息服务。充分发挥院系、辅导员（班主任）、学生干部的作用，通过网络、电话、微博、微信等多种方式，通知未就业高校毕业生参加相关校园招聘活动和各级公共就业人才服务机构举办的招聘活动。充分发挥校友会的作用，搭建相互联系交流的平台，为未就业高校毕业生提供实习和就业的机会。对家庭经济困难、就业困难高校毕业生要本着“重点关注、重点推荐、跟踪服务”的原则，积极为他们提供合适的岗位信息和求职技巧的指导。

三、加强政策宣传，让高校毕业生知晓、用好政策。各地人力资源社会保障部门要充分发挥公共就业人才服务机构和基层就业服务平台的作用，向高校毕业生详细讲明国家促进就业创业的各项政策措施，帮助高校毕业生知晓政策、理解政策和运用政策。教育部门和高校要进一步创新政策宣传方式，在形式上要体现多样性，将传统的就业指导课程、电子显示屏、宣传彩页等与学生社团活动、网络论坛、微博、微信等贴近学生个体的新兴媒介相结合，适时举办就业创业知识竞赛等活动；在内容上要体现丰富性，既要广泛宣传国家促进高校毕业生就业创业的各项政策措施，又要对高校毕业生关心的宏观经济环境、就业形势和企业用人需求等问题开展正面讲解，提升高校毕业生的就业信心；在组织上要体现全员性，各地教育部门、高校、院系、班级相互联动，形成庞大的政策宣传网络，为毕业生提供不间断的政策信息。各高校可到全国公共招聘网（www.cjob.gov.cn）、全国大学生就业公共服务立体化平台（www.ncss.org.cn）下载2013版国家高校毕业生就业政策宣传片《路在脚下》及《高校毕业生就业政策百问》，并放在校园网站上供学生浏览。

二〇一三年十月三十一日

人力资源和社会保障部办公厅关于台湾香港澳门居民办理失业登记的通知

人社厅发〔2013〕117号

各省、自治区、直辖市人力资源社会保障厅（局）：

为完善台湾、香港、澳门居民在内地就业的管理制度，现就台湾、香港、澳门居民办理失业登记有关问题通知如下：

《就业服务与就业管理规定》第六十三条规定："在法定劳动年龄内，有劳动能力，有就业要求，处于无业状态的城镇常住人员，可以到公共就业服务机构进行失业登记。其中，没有就业经历的城镇户籍人员，在户籍所在地登记；农村进城务工人员和其他非本地户籍人员在常住地稳定就业满6个月的，失业后可以在常住地登记。"参照上述规定，台湾、香港、澳门居民在常住地稳定就业满6个月，并依法参加社会保险的，失业后如本人自愿，可到公共就业服务机构办理失业登记。具体程序：

一、办理台港澳人员就业证注销手续

台湾、香港、澳门居民终止就业后，应到台港澳人员就业证发证机关办理证件注销手续，发证机关为其出具失业证明文件。

二、办理失业登记手续

台湾、香港、澳门居民凭失业证明文件及与原单位终止、解除劳动关系或解聘的证明，在常住地公共就业服务机构办理失业登记。台湾、香港、澳门居民凭公共就业服务机构出具的失业登记证明文件，享受就业服务和相应的失业保险待遇。享受就业扶持政策另行规定。

各地应将已办理失业登记的台湾、香港、澳门居民人数统计在城镇登记失业人员情况中（表号：人社统EP2），列入表下栏"报告期内符合规定农村进城务工人员和其他非本地户籍人员登记失业人数"中并单独注明，作为表后补充数据，不计入表内统计数值。

二〇一三年十一月二十二日

人力资源和社会保障部办公厅关于重庆市最低工资标准调整方案的批复

人社厅发［2013］118号

重庆市人力资源和社会保障局：

《重庆市人力资源和社会保障局关于调整重庆市最低工资标准的请示》（渝人社文［2013］101号）收悉。经研究，现批复如下：

一、同意你市月最低工资标准由现行的1 050元、950元调整为1 250元、1 150元。

二、同意你市非全日制用工的小时最低工资标准由现行的10.5元、9.5元调整为12.5元、11.5元。

三、你市调整后的最低工资标准实施日期与发布日期间隔应不少于一个月。请在发布后10日内，将发布的文件报我部备案。

四、请进一步加强对企业执行《最低工资规定》的监督检查，切实维护劳动者的合法权益。

二〇一三年十一月二十七日

人力资源和社会保障部办公厅关于陕西省最低工资标准调整方案的批复

人社厅发［2013］119号

陕西省人力资源和社会保障厅：

《陕西省人力资源和社会保障厅关于调整陕西省最低工资标准的请示》（陕人社字［2013］75号）收悉。经研究，现批复如下：

一、同意你省月最低工资标准由现行的1 150元、1 050元、950元、870元调整为1 300元、1 190元、1 080元、990元。

二、同意你省非全日制用工的小时最低工资标准由现行的11.5元、10.5元、9.5元、8.7元调整为13元、11.9元、10.8元、9.9元。

三、你省调整后的最低工资标准实施日期与发布日期间隔应不少于一个月。请在发布后10日内，将发布的文件报我部备案。

四、请进一步加强对企业执行《最低工资规定》的监督检查，切实维护劳动者的合法权益。

二〇一三年十一月二十七日

人力资源和社会保障部办公厅关于广西壮族自治区最低工资标准调整方案的函

人社厅函［2013］29号

广西壮族自治区人力资源和社会保障厅：

《广西壮族自治区人力资源和社会保障厅关于调整我区2013年最低工资标准的请示》（桂人社报［2013］5号）收悉。经研究，现函复如下：

一、同意你区月最低工资标准由现行的1 000元、870元、780元、690元调整为1 200元、1 045元、936元、830元。

二、同意你区非全日制用工的小时最低工资标准由现行的8.5元、7.5元、6.5元、6元调整为10.5元、9.5元、8.5元、7.5元。

三、请在新的最低工资标准发布后10日内，将发布的文件报我部备案。

四、请进一步加强对企业执行《最低工资规定》的监督检查，切实维护劳动者的合法权益。

二〇一三年一月二十四日

人力资源和社会保障部办公厅关于山东省最低工资标准调整方案的函

人社厅函［2013］63号

山东省人力资源和社会保障厅：

《关于山东省最低工资标准调整方案的请示》（鲁人社［2013］9号）收悉。经研究，现函复如下：

一、同意你省月最低工资标准由现行的1 240元、1 100元、950元调整为1 380元、1 220元、1 080元。

二、同意你省非全日制用工的小时最低工资标准由现行的13元、11元、10元调整为14.5元、12.5元、11元。

三、请在新的最低工资标准发布后10日内，将发布的文件报我部备案。

四、请进一步加强对企业执行《最低工资规定》的监督检查，切实维护劳动者的合法权益。

二〇一三年二月十七日

人力资源和社会保障部办公厅关于上海市最低工资标准调整方案的函

人社厅函［2013］79号

上海市人力资源和社会保障局：

《关于上海2013年调整最低工资标准的请示》（沪人社综字［2013］15号）收悉。经研究，现函复如下：

一、同意你市月最低工资标准由现行的1 450元调整为1 620～1 630元。

二、同意你市非全日制用工的小时最低工资标准由现行的12.5元调整为14元。

三、请在新的最低工资标准发布后10日内，将发布的文件报我部备案。

四、请进一步加强对企业执行《最低工资规定》的监督检查，切实维护劳动者的合法权益。

二〇一三年二月二十八日

人力资源和社会保障部办公厅关于江西省最低工资标准调整方案的函

人社厅函［2013］80号

江西省人力资源社会保障厅：

《关于调整江西省最低工资标准有关问题的请示》（赣人社文［2013］6号）收悉。经研究，现函复如下：

一、同意你省月最低工资标准由现行的870元、800元、730元、670元、610元调整为1 230元、1 150元、1 070元、980元、900元。

二、同意你省非全日制用工的小时最低工资标准由现行的8.7元、8元、7.3元、6.7元、6.1元调整为12.3元、11.5元、10.7元、9.8元、9元。

三、请在新的最低工资标准发布后10日内，将发布的文件报我部备案。

四、请进一步加强对企业执行《最低工资规定》的监督检查，切实维护劳动得的合法权益。

二〇一三年二月二十八日

人力资源和社会保障部办公厅关于甘肃省最低工资标准调整方案的函

人社厅函［2013］82号

甘肃省人力资源社会保障厅：

《甘肃省人力资源和社会保障厅关于调整甘肃省在岗职工最低工资标准的请示》（甘人社发［2013］12号）收悉。经研究，现函复如下：

一、同意你省月最低工资标准由现行的980元、940元、900元、860元调整为1 200元、1 140元、1 080元、1 020元。

二、同意你省非全日制用工的小时最低工资标准由现行的10.3元、10元、9.5元、9.1元调整为12.7元、12.1元、11.4元、10.8元。

三、请在新的最低工资标准发布后10日内，将发布的文件报我部备案。

四、请进一步加强对企业执行《最低工资规定》的监督检查，切实维护劳动者的合法权益。

二〇一三年三月四日

人力资源和社会保障部办公厅关于宁夏回族自治区最低工资标准调整方案的函

人社厅函［2013］122号

宁夏回族自治区人力资源和社会保障厅：

《关于提高我区最低工资标准的请示》（宁人社发［2013］31号）收悉。经研究，现函复如下：

一、同意你区月最低工资标准由现行的1 100元、1 020元、950元调整为1 300元、1 220元、1 150元。

二、同意你区非全日制用工的小时最低工资标准由现行的11元、10元、9元调整为12.5元、11.5元、10.5元。

三、请在新的最低工资标准发布后10日内，将发布的文件报我部备案。

四、请进一步加强对企业执行《最低工资规定》的监督检查，切实维护劳动者的合法权益。

二〇一三年三月十五日

人力资源和社会保障部办公厅关于天津市最低工资标准调整方案的函

人社厅函［2013］143号

天津市人力资源和社会保障局：

《市人力社保局关于调整天津市最低工资标准的请示》（津人社局报［2013］50号）收悉。经研究，现函复如下：

一、同意你市月最低工资标准由现行的1 310元调整为1 500元。

二、同意你市非全日制用工的小时最低工资标准由现行的13.1元调整为15元。

三、请在新的最低工资标准发布后10日内，将发布的文件报我部备案。

四、请进一步加强对企业执行《最低工资规定》的监督检查，切实维护劳动者的合法权益。

二〇一三年三月二十五日

人力资源和社会保障部办公厅关于国家基本医疗保险、工伤保险和生育保险药品目录中部分药品进行调整规范的通知

人社厅函〔2013〕144号

各省、自治区、直辖市及新疆生产建设兵团人力资源社会保障厅（局）：

根据近期国家食品药品监督管理局对部分药品品种和名称进行变更的情况，现通知如下：

一、自发文之日起，删除《国家基本医疗保险、工伤保险和生育保险药品目录（2009年版）》（简称医保目录，下同）中的“丁咯地尔口服常释剂型”（西药第532号）和“丁咯地尔注射剂”〔西药第★（532）号〕。

各省、自治区、直辖市人力资源社会保障厅（局）要对本地调整发布的基本医疗保险、工伤保险和生育保险药品目录进行认真核查，涉及相关药品的品种应予以删除。各统筹地区应做好医疗保险信息系统相应调整工作。

二、医保目录凡例部分第（八）条第15项第一段改为：中成药部分第433号的“银杏叶口服制剂”包括：银杏酮酯颗粒（片、胶囊、滴丸）、银杏叶丸（颗粒、胶囊、片、滴丸、口服液）、银杏叶提取物片（滴剂）、银杏蜜环口服溶液。

西药部分第921号“重组人红细胞生成素（重组人促红素）”改为“重组人促红素（CHO细胞）”，英文名称改为“Recombinant Human Erythropoietin（CHO cell）”。

三、依托咪酯脂肪乳注射液与医保目录西药部分第236号收载的依托咪酯注射用乳剂是同一品种。

注射用醋酸亮丙瑞林缓释微球与医保目录西药部分第300号收载的注射用亮丙瑞林微球是同一品种。

双歧杆菌乳杆菌三联活菌片属于医保目录西药部分729号收载的双歧杆菌三联活菌制剂口服常释剂型。

二〇一三年三月二十五日

人力资源和社会保障部办公厅关于山西省最低工资标准调整方案的函

人社厅函［2013］151号

山西省人力资源和社会保障厅：

《山西省人力资源和社会保障厅关于调整山西省最低工资标准的请示》（晋人社厅字［2013］16号）收悉。经研究，现函复如下：

一、同意你省月最低工资标准由现行的1 125元、1 035元、945元、855元调整为1 290元、1 190元、1 090元、990元。

二、同意你省非全日制用工的小时最低工资标准由现行的12.3元、11.3元、10.4元、9.4元调整为14元、13元、12元、11元。

三、请在新的最低工资标准发布后10日内，将发布的文件报我部备案。

四、请进一步加强对企业执行《最低工资规定》的监督检查，切实维护劳动者的合法权益。

二〇一三年三月二十八日

人力资源和社会保障部办公厅关于云南省最低工资标准调整方案的函

人社厅函〔2013〕171号

云南省人力资源社会保障厅：

《云南省人力资源和社会保障厅关于确定2013年最低工资标准调整方案的请示》（云人社请〔2013〕51号）收悉。经研究，现函复如下：

一、同意你省月最低工资标准由现行的1 100元、980元、830元调整为1 265元、1 130元、955元。

二、同意你省非全日制用工的小时最低工资标准由现行的10元、9元、8元调整为11元、10元、9元。

三、请在新的最低工资标准发布后10日内，将发布的文件报我部备案。

四、请进一步加强对企业执行《最低工资规定》的监督检查，切实维护劳动者的合法权益。

二〇一三年四月十日

人力资源和社会保障部办公厅关于新疆维吾尔自治区最低工资标准调整方案的函

人社厅函［2013］214号

新疆维吾尔自治区人力资源和社会保障厅：

你厅《关于新疆维吾尔自治区2013年调整最低工资标准的请示》（新人社报［2013］26号）收悉。经研究，现函复如下：

一、同意你区适用于全日制就业劳动者的月最低工资标准由现行的1 340元、1 140元、1 060元、980元（四档）调整为1 520元、1 320元、1 240元、1 160元。

二、同意你区适用于各地确定和调整失业保险金标准、养老金最低保证数、工伤职工伤残津贴和公益性岗位补贴等与之相关待遇的月最低工资标准由现行的1 085元、895元、820元、745元（四档）调整为1 210元、1 020元、940元、865元。

三、同意你区非全日制用工的小时最低工资标准由现行的13.4元、11.4元、10.6元、9.8元调整为15.2元、13.2元、12.4元、11.6元。

四、请在新的最低工资标准发布后10日内，将发布的文件报我部备案。

五、请进一步加强对企业执行《最低工资规定》的监督检查，切实维护劳动者的合法权益。

二〇一三年五月十三日

人力资源和社会保障部办公厅关于江苏省最低工资标准调整方案的函

人社厅函［2013］221号

江苏省人力资源和社会保障厅：

《江苏省人力资源和社会保障厅关于调整全省最低工资标准的请示》（苏人社报［2013］52号）收悉。经研究，现函复如下：

一、同意你省月最低工资标准由现行的1 320元、1 100元、950元调整为1 480元、1 280元、1 100元。

二、同意你省非全日制用工的小时最低工资标准由现行的11.5元、9.6元、8.3元调整为13元、11元、9.5元。

三、请在新的最低工资标准发布后10日内，将发布的文件报我部备案。

四、请进一步加强对企业执行《最低工资规定》的监督检查，切实维护劳动者的合法权益。

二〇一三年五月二十日

人力资源和社会保障部办公厅关于四川省最低工资标准调整方案的函

人社厅函［2013］224号

四川省人力资源和社会保障厅：

《四川省人力资源和社会保障厅关于报请审核〈四川省2013年最低工资标准调整方案（送审稿）〉的请示》（川人社［2013］30号）收悉。经研究，现函复如下：

一、同意你省月最低工资标准由现行的1 050元、960元、880元、800元调整为1 200元、1 140元、1 070元、1 000元。

二、同意你省非全日制用工的小时最低工资标准由现行的11元、10元、9.3元、8.4元调整为12.6元、12.1元、11.1元、10.4元。

三、请在新的最低工资标准发布后10日内，将发布的文件报我部备案。

四、请进一步加强对企业执行《最低工资规定》的监督检查，切实维护劳动者的合法权益。

二〇一三年五月二十一日

人力资源和社会保障部办公厅关于吉林省最低工资标准调整方案的函

人社厅函〔2013〕259号

吉林省人力资源和社会保障厅：

你厅《关于调整最低工资标准的请示》（吉人社字〔2013〕35号）收悉。经研究，现函复如下：

一、同意你省月最低工资标准由现行的1 150元、1 050元、950元调整为1 320元、1 220元、1 120元。

二、同意你省非全日制用工的小时最低工资标准由现行的10元、9元、8元调整为11.5元、10.5元、9.5元。

三、请在新的最低工资标准发布后10日内，将发布的文件报我部备案。

四、请进一步加强对企业执行《最低工资规定》的监督检查，切实维护劳动者的合法权益。

二〇一三年六月七日

中共中央组织部办公厅　人力资源和社会保障部办公厅　公安部办公厅　外交部办公厅　国家外国专家局办公室关于为外籍高层次人才办理签证及居留手续有关事项的通知

人社厅函［2013］341号

各省、自治区、直辖市、新疆生产建设兵团、副省级市党委组织部、人力资源社会保障厅（局）、外事办公室、公安厅（局）、外国专家局，党中央国务院各部门人事部门、引智归口管理部门，有关中央企事业单位人事（人力资源）部门、引智归口管理部门：

为落实《中共中央组织部、人力资源社会保障部等五部门关于为外籍高层次人才来华提供签证及居留便利有关问题的通知》（人社部发［2012］57号，下称《通知》）精神，现就为外籍高层次人才办理签证及居留手续的具体事项通知如下：

一、高层次人才引进计划的审核备案

有海外人才引进计划（以下简称引才计划）的中央和国家机关部委、直属机构、中央企事业单位干部人事部门、引智归口管理部门，各省、自治区、直辖市和副省级市党委组织部、政府人力资源社会保障或外国专家部门对所开展的引才计划进行梳理，将符合《通知》要求的引才计划报人力资源社会保障部或国家外国专家局审核。其中，高层次留学人才引进计划报人力资源社会保障部专业技术人员管理司审核；高层次外国专家引进计划报国家外国专家局办公室审核。

上报材料应包括：

1. 申报函和引才计划列表；

2. 引才计划实施的文件和配套政策；

3. 引才计划实施情况。省级以下开展的规模较大、层次较高、具有较强影响力的引才计划备案，由所在地省（区、市）人力资源社会保障或外国专家主管部门汇总上报。

二、签证及居留手续办理流程

引才计划经备案同意后，由人力资源社会保障部或国家外国专家局有关部门通报外交部领事司和公安部出入境管理局。各地方、部门和单位依照《通知》中规定的程序和要求为引进的外籍高层次人才和家属办理签证、长期居留和永久居留手续。其中高层次留学人才和家属办理签证和长期居留手续，由人力资源社会保障部门核定有关材料后将名单送外交或公安部门办理有关手续；高层次外国专家和家属办理签证和长期居留手续，由外国专家部门核定有关材料后将名单送外交或公安部门办理有关手续；外籍高层次人才和家属办理永久居留，由人力资源社会保障部核定有关材料，将名单送公安部办理永久居留手续。

未列入重点引才计划的外籍高层次人才及其家属子女办理签证及居留手续，按照现行有关规定执行。

三、有关要求和说明

（一）各地方、部门和单位要高度重视高层次人才引进计划申报备案及后续签证、居留手续办理工作，切实加强“千人计划”等海外高层次人才服务窗口建设，充分发挥窗口职能作用，为海外高层次人才提供优质高效的服务。

（二）海外高层次人才引进工作小组根据工作进展情况不定期开展重点引才计划申报备案、核定和调整工作。

（三）对于重点引才计划中引进的符合相应条件，且有意愿办理来华定居专家证或外国专家证的外籍高层次人才，按照有关程序分别报人力资源社会保障部或国家外国专家局优先办理。

（四）各地方、部门和单位在引才计划备案和人才手续办理过程中要避免重复申报，人力资源社会保障和外国专家部门将建立工作协调机制，按现有职能分工共同开展好相关工作。

请于2013年8月31日前将申报函、计划列表及申报材料按引才计划性质送人力资源社会保障部专业技术人员管理司或国家外专局办公室。

四、联系方式（略）

附件：

1. 高层次留学人才名单（略）
2. 高层次留学人才登记表（略）
3. 高层次外国专家名单（略）
4. 高层次外国专家登记表（略）
5. 永久居留人才名单（略）
6. 永久居留人才登记表（略）

二〇一三年七月五日

人力资源和社会保障部办公厅关于做好H7N9禽流感患者医疗保障工作的通知

人社厅明电［2013］3号

各省、自治区、直辖市及新疆生产建设兵团人力资源社会保障厅（局）：

当前，我国部分地区出现人感染H7N9禽流感疫情。为做好H7N9禽流感参保患者的医疗保障工作，现就有关事项通知如下：

一、高度认识预防和控制人感染H7N9禽流感工作的重要性，配合有关部门做好防控工作。各级人力资源社会保障部门要主动参与疫情联防联控工作机制，根据地方政府的统一部署，做好保障政策的衔接，配合做好防治工作。

二、保证参保患者及时救治，减轻患者经济负担。各地医疗保险管理部门可根据实际情况和救治的需要，在入院标准、定点医院选择等方面适当放宽条件，保证参保患者及时救治。对于因治疗需要，经基层医疗机构转诊至高级别医院的患者，可执行基层医疗机构支付比例或按地方规定适当提高支付比例。对参保患者治疗期间确需使用的不属于基本医疗保险支付范围的药品和医疗服务项目，各地可参考国家卫生和计划生育委员会组织人感染H7N9禽流感临床专家组制定的《人感染H7N9禽流感诊疗方案》，根据急救、抢救需要，予以放宽，切实减轻参保患者治疗费用负担。各地临时放宽纳入基金支付范围的药品和诊疗项目要及时上报，由各省级人力资源社会保障部门汇总报送我部医疗保险司。

三、及时结算医疗费用。对参保患者在参保地发生的符合规定的医疗费用，各级医疗保险经办机构要实行即时结算；对于因转外就医等原因不能即时结算的，要简化结算手续、缩短结算周期，减轻参保人员垫支负担。对个人负担较重的参保患者，要做好医疗保险与医疗救助、大病医疗保险的衔接工作，具体办法由统筹地区制定。

四、各省（区、市）人力资源社会保障部门要加强信息调度，随时了解掌握本地区人感染H7N9禽流感发病和医保基金支付情况，做好预案，并按要求及时向我部报送疫情及保障工作信息。要加强与卫生等部门的信息互通，共同做好H7N9禽流感患者的医疗保障工作。各地在H7N9禽流感防治工作中遇到的重大问题和建议，要及时向我部报告。

二〇一三年四月十八日

（三）联合发文

中共中央纪委　中共中央组织部　人力资源和社会保障部关于党的机关、人大机关、政协机关、各民主党派和工商联机关公务员参照执行《行政机关公务员处分条例》的通知

中纪发〔2013〕4号

各省、自治区、直辖市纪委、党委组织部、政府人力资源社会保障厅（局）、公务员局，中央和国家机关各部委、各人民团体纪检监察机构、组织人事部门：

为了严肃公务员纪律，规范中国共产党的机关、人大机关、政协机关、各民主党派和工商联机关公务员行为，保证中国共产党的机关、人大机关、政协机关、各民主党派和工商联机关公务员依法履行职责，根据《中华人民共和国公务员法》，现通知如下。

在国家有关公务员处分的统一规定出台之前，中国共产党的机关、人大机关、政协机关、各民主党派和工商联机关公务员有违法违纪行为应当追究政纪责任的，应当按照《中华人民共和国公务员法》有关规定，结合各自机关实际，参照《行政机关公务员处分条例》执行。

在参照《行政机关公务员处分条例》执行过程中发现问题，请及时向中央纪委、中央组织部、人力资源社会保障部报告。

本通知自发布之日起执行。

二〇一三年五月二十五日

教育部 财政部 人力资源和社会保障部 国务院港澳事务办公室 国务院台湾事务办公室 关于将在内地（大陆）就读的港澳台大学生纳入城镇居民基本医疗保险范围的通知

教港澳台［2013］69号

各省、自治区、直辖市人民政府，国务院各部委、各直属机构，教育部直属各高等学校：

为了更好地保障在内地（大陆）就读的港澳台大学生权益，经国务院同意，现就将其纳入城镇居民基本医疗保险范围相关事宜通知如下：

一、根据《国务院办公厅关于将大学生纳入城镇居民基本医疗保险试点范围的指导意见》（国办发［2008］119号），决定自2013年9月起，将在内地（大陆）各类全日制普通高等学校（包括民办高校）、科研院所接受普通高等学历教育的全日制港澳台学生（含本、专科生及硕士、博士研究生，以下简称港澳台大学生）纳入城镇居民基本医疗保险范围。

二、港澳台大学生按照属地原则，自愿参加高等教育机构所在地城镇居民基本医疗保险，按照与所在高等教育机构内地（大陆）大学生同等标准缴费，并享受同等的基本医疗保险待遇。同时按照现有规定继续做好港澳台大学生日常医疗工作，方便其及时就医。

三、各级财政对港澳台大学生参加城镇居民基本医疗保险按照与所在高等教育机构内地（大陆）大学生相同的标准给予补助。港澳台大学生参加城镇居民基本医疗保险所需政府补助资金以及日常医疗所需资金，与所在高等教育机构内地（大陆）大学生所需资金一并从现有渠道安排。

四、尚未将大学生纳入城镇居民基本医疗保险范围的高等教育机构，原则上应向港澳台大学生提供与所在高等教育机构内地（大陆）大学生同样的医疗保障。

五、请各地区、各有关部门高度重视，切实加强组织领导和宣传工作。各有关高等教育机构要切实抓好港澳台大学生就医工作，为其提供优质服务。

二〇一三年十月十日

工业和信息化部　国家发展和改革委员会　财政部　人力资源和社会保障部　商务部　海关总署　国家税务总局　国家工商行政管理总局　中国银行业监督管理委员会关于促进劳动密集型中小企业健康发展的指导意见

工信部联企业〔2013〕542号

各省、自治区、直辖市及计划单列市、新疆生产建设兵团中小企业主管部门、发展改革委、财政厅（局）、人力资源社会保障厅（局）、商务厅（局）、国家税务局、地方税务局、工商行政管理局（市场监督管理局）、银监局，海关总署广东分署、各直属海关：

为贯彻落实《国务院关于进一步支持小型微型企业健康发展的意见》（国发〔2012〕14号），缓解劳动密集型中小企业面临的突出问题，促进企业健康发展，提出以下意见。

一、重要意义

我国是人口大国，大力发展劳动密集型中小企业是缓解就业压力、增加居民收入、改善生活条件的重要途径，是促进社会和谐稳定发展的重要保障。不断优化劳动密集型中小企业发展环境，提高企业创新能力和管理水平，引导劳动密集型企业重点或优先在中小城市发展，对实现城乡居民收入倍增目标和促进新型城镇化发展具有积极作用。各地要把解决当前劳动密集型中小企业遇到的用工成本上升、传统优势减弱、生存和发展压力增大、融资难等突出问题与推动企业转型升级结合起来，切实加大扶持力度，有效减轻企业负担，不断稳定和增加就业岗位，提高企业竞争能力，促进劳动密集型中小企业健康发展。

二、总体思路

（一）指导思想。以邓小平理论、“三个代表”重要思想、科学发展观为指导，深入贯彻落实党的十八大和十八届二中、三中全会精神，以及国务院关于促进中小企业特别是小型微型企业发展的一系列政策措施，充分发挥财税政策、产业政策的引导作用，加强公共服务，改善发展环境，支持劳动密集型中小企业加快结构调整，提高管理水平，增强竞争能力，走可持续的健康发展道路。

（二）主要目标。通过政府、企业、社会等多方共同努力，积极缓解当前劳动密集型中小企业遇到的用工成本上升、生存和发展压力加大等问题，着力激发创业创新活力，推动企业转型升级，促进就业岗位不断增加、市场份额不断扩大，形成有利于劳动密集型中小企业提升素质、良好成长的发展环境。

（三）工作范围。把轻工、纺织、机械、电子、批发和零售业、住宿和餐饮业、居民服务业、养老服务业以及现代服务业等行业中百万元固定资产就业人数 13 人以上（含 13 人）、人均年营业收入 45 万元以下（含 45 万元）的中小企业作为当前引导扶持的重点，努力营造良好的政策环境和社会氛围，促进劳动密集型中小企业转型升级和健康发展。

三、主要任务

（一）加快企业转型升级。鼓励劳动密集型企业积极探索和应用先进适用的企业管理、产品生产和市场营销技术，优化组织结构，提高自主创新能力。引导具有品牌、技术、特色资源和管理优势的企业以并购、产业联盟等方式，培育发展优质劳动密集型中小企业。支持企业加强信息技术应用，提升企业信息化水平，提高生产效率。鼓励劳动密集型中小企业运用电子商务、信用销售和信用保险，积极开拓国内外市场。支持企业淘汰落后工艺技术和设备，改善劳动生产环境，实现绿色环保发展。支持企业走“专精特新”和产业集聚发展道路。

（二）提高产品和服务质量。建立健全质量管理体系，严格执行生产许可、经营许可、强制认证等准入管理，不断增强诚信经营、质量保证、安全生产能力。鼓励劳动密集型中小企业提高专业化生产、服务能力和企业间协作配套水平。

（三）加强品牌建设。鼓励劳动密集型中小企业加强品牌建设，创建自主品牌。引导企业提高商标意识，在经济活动中注册和使用商标。支持企业改进竞争模式，提高其通过运用商标开拓市场和应对市场竞争的能力，加强技术创新、管理创新和商业模式创新，提高产品和服务质量，形成自身的核心竞争力。

四、政策措施

（一）引导民间投资发展劳动密集型企业。深入贯彻落实国务院关于鼓励、支持和引导个体私营等非公有制经济发展和鼓励引导民间投资健康发展的一系列政策措施，创造公平竞争、平等准入的市场环境。鼓励民间资本从事现代农业、基本生活服务业、养老服务业、广告、印刷、演艺、娱乐、文化创意、文化会展、影视制作、网络文化、动漫游戏、出版物发行、文化产品数字制作与相关服务。鼓励民间资本进入商品批发零售、现代物流领域，以及连锁经营、特许经营、电子商务等新型流通业态。

（二）切实降低企业税费负担。推动落实已出台的提高增值税、营业税起征点政策和小型微利企业所得税优惠政策，以及暂免征收部分小微企业增值税和营业税政策。进一步加强收费管理，坚决取消各种违法违规收费项目，严格落实已出台的行政事业性收费取消和减免政策，把涉及劳动密集型中小企业的乱收费行为作为治理“三乱”监督检查的重点。按照国家出口退税政策，及时办理出口退税。

（三）加大财政政策扶持力度。加大中小企业发展专项资金、中小商贸企业发展专项资金对劳动密集型中小企业的支持力度。切实落实职业培训补贴等相关政策，对劳动密集型中小企业新招用高校毕业生并组织开展岗前培训的，可适当提高培训费补贴标准。对企业招用就业困难人员、签订劳动合同并缴纳社会保险费的，按规定给予社会保险补贴。对小型微型企业新招用毕业年度高校毕业生，签订 1 年以上劳动合同并按时足额缴纳社会保险费的，给予 1 年的社会保险补贴，政策执行期截止到 2014 年底。

（四）缓解融资困难。鼓励银行业金融机构提高对劳动密集型中小企业贷款的规模，积极开发适合劳动密集型中小企业特点的金融产品和服务方式，量身定制融资方案，合理确定企业贷款利率。对金融机构与小微企业签订借款合同免征印花税。积极开展融资培训及咨询服务，推动多种形式银企对接。鼓励信用担保机构、保险机构加大对劳动密集型中小企业的服务力度，符合条件的中小企业信用担保机构可按规定享受税收优惠政策。

（五）营造良好的市场环境。进一步提高通关效率，推动落实调减法定检验检疫目录等政策，为劳动密集型中小企业产品出口提供便利条件。推动落实政府采购促进中小企业发展的政策，鼓励劳动密集型中小企业积极参与政府采购，或与大企业组成联合体共同参加政府采购，拓宽市场空间。支持企业到境外参展办展，开拓国际市场。

（六）促进企业集聚发展。加快建设小企业创业基地、科技孵化器、商贸企业集聚区等，各类园区要集中建设标准厂房和仓储设施，积极为企业提供生产经营场地。对创办三年内租用经营场地和店铺的劳动密集型中小企业，符合条件的，给予一定比例的租金补贴。改善企业集聚发展环境，支持能源供应、排污综合治理等基础设施建设，支持建立技术、电子商务、物流、信息等服务平台。鼓励有技术、有市场的劳动密集型中小企业，有序从东部地区向中西部地区转移，提高产品市场竞争力。

（七）加强公共服务。支持建立公共服务平台、发挥平台积聚服务资源的作用。引导社会各类服务机构增强对劳动密集型中小企业的服务能力，增强政策咨询、创业创新、知识产权、投资融资、管理诊断、检验检测、人才培训、市场开拓、财务指导、信息化服务等各类服务功能。实施中小企业公共服务平台网络建设工程，支持各省（区、市）统筹建设资源共享、服务协同的公共服务平台网络，支持行业特色鲜明的中小商贸流通企业公共服务平台建设。建立健全服务规范、服务评价和激励机制，调动和优化配置服务资源，把为劳动密集型中小企业提供优质服务作为业绩考核的重点内容。鼓励信息化服务商搭建平台，为劳动密集型中小企业提供信息化服务。

（八）加强指导协调。充分发挥国务院促进中小企业发展工作协调机制的组织领导和政策协调作用，各相关部门要转变观念、强化服务意识，加强沟通和配合，集聚各类资源，细化配套政策，促进劳动密集型中小企业健康发展。

二〇一三年十二月三十一日

中华人民共和国监察部
中华人民共和国人力资源和社会保障部令
中华人民共和国国家档案局

第 30 号

《档案管理违法违纪行为处分规定》已经 2013 年 1 月 24 日监察部第 1 次部长办公会议、2012 年 8 月 27 日人力资源社会保障部第 87 次部务会议、2012 年 7 月 30 日国家公务员局第 37 次局务会议、2012 年 4 月 28 日国家档案局局务会议审议通过。现予公布，自 2013 年 3 月 1 日起施行。

监察部部长 马馼
人力资源社会保障部部长 尹蔚民
国家档案局局长 杨冬权
二〇一三年二月二十二日

档案管理违法违纪行为处分规定

第一条 为了预防和惩处档案管理违法违纪行为，有效保护和利用档案，根据《中华人民共和国档案法》、《中华人民共和国行政监察法》、《中华人民共和国公务员法》、《行政机关公务员处分条例》等有关法律、行政法规，制定本规定。

第二条 有档案管理违法违纪行为的单位，其负有责任的领导人员和直接责任人员，以及有档案管理违法违纪行为的个人，应当承担纪律责任。属于下列人员的（以下统称有关责任人员），由任免机关或者监察机关按照管理权限依法给予处分：

（一）行政机关公务员；

（二）法律、法规授权的具有公共事务管理职能的组织中从事公务的人员；

（三）行政机关依法委托从事公共事务管理活动的组织中从事公务的人员；

（四）企业、社会团体中由行政机关任命

的人员。

事业单位工作人员有档案管理违法违纪行为的，按照《事业单位工作人员处分暂行规定》执行。

法律、行政法规、国务院决定及国务院监察机关、国务院人力资源社会保障部门制定的规章对档案管理违法违纪行为的处分另有规定的，从其规定。

第三条 将公务活动中形成的应当归档的文件材料、资料据为己有，拒绝交档案机构、档案工作人员归档的，对有关责任人员，给予警告处分；情节较重的，给予记过或者记大过处分；情节严重的，给予降级或者撤职处分。

第四条 拒不按照国家规定向指定的国家档案馆移交档案的，对有关责任人员，给予警告或者记过处分；情节较重的，给予记大过或者降级处分；情节严重的，给予撤职处分。

第五条 出卖或者违反国家规定转让、交换以及赠送档案的，对有关责任人员，给予撤职或者开除处分。

第六条 利用职务之便，将所保管的档案据为己有的，对有关责任人员，给予记大过处分；情节较重的，给予降级或者撤职处分；情节严重的，给予开除处分。

第七条 因工作不负责任或者不遵守档案工作制度，导致档案损毁、丢失的，对有关责任人员，给予记过处分；情节较重的，给予记大过或者降级处分；情节严重的，给予撤职或者开除处分。

第八条 擅自销毁档案的，对有关责任人员，给予记过处分；情节较重的，给予记大过或者降级处分；情节严重的，给予撤职或者开除处分。

第九条 有下列行为之一的，对有关责任人员，给予记过或者记大过处分；情节较重的，给予降级或者撤职处分；情节严重的，给予开除处分：

（一）涂改、伪造档案的；

（二）擅自从档案中抽取、撤换、添加档案材料的。

第十条 携运、邮寄禁止出境的档案或者其复制件出境的，对有关责任人员，给予警告、记过或者记大过处分；情节较重的，给予降级或者撤职处分；情节严重的，给予开除处分。

第十一条 有下列行为之一的，对有关责任人员，给予警告、记过或者记大过处分；情节较重的，给予降级或者撤职处分；情节严重的，给予开除处分：

（一）擅自提供、抄录、复制档案的；

（二）擅自公布未开放档案的。

第十二条 有下列行为之一，导致档案安全事故发生的，对有关责任人员，给予记过或者记大过处分；情节较重的，给予降级或者撤职处分；情节严重的，给予开除处分：

（一）未配备安全保管档案的必要设施、设备的；

（二）未建立档案安全管理规章制度的；

（三）明知所保存的档案面临危险而不采取措施的。

第十三条 有下列行为之一的，对有关责任人员，给予记过或者记大过处分；情节较重的，给予降级或者撤职处分；情节严重的，给予开除处分：

（一）档案安全事故发生后，不及时组织抢救的；

（二）档案安全事故发生后，隐瞒不报、虚假报告或者不及时报告的；

（三）档案安全事故发生后，干扰阻挠有关部门调查的。

第十四条 在档案利用工作中违反国家规定收取费用的，对有关责任人员，给予记过或者记大过处分；情节较重的，给予降级或者撤职处分；情节严重的，给予开除处分。

第十五条 违反国家规定扩大或者缩小档案接收范围的，对有关责任人员，给予警告或者记过处分；情节较重的，给予记大过或者降级处分；情节严重的，给予撤职处分。

第十六条 拒不按照国家规定开放档案的，对有关责任人员，给予警告、记过或者记大过处分。

第十七条 因档案管理违法违纪行为受到处分的人员对处分决定不服的，依照《中华人民共和国行政监察法》、《中华人民共和国公务员法》、《行政机关公务员处分条例》等有关规定，可以申请复核或者申诉。

第十八条 任免机关、监察机关和档案行政管理部门建立案件移送制度。

任免机关、监察机关查处档案管理违法违纪案件，认为应当由档案行政管理部门给予行政处罚的，应当及时将有关案件材料移送档案行政管理部门。档案行政管理部门应当依法及时查处，并将处理结果书面告知任免机关、监察机关。

档案行政管理部门查处档案管理违法案件，认为应当由任免机关或者监察机关给予处分的，应当及时将有关案件材料移送任免机关或者监察机关。任免机关或者监察机关应当依法及时查处，并将处理结果书面告知档案行政管理部门。

第十九条 有档案管理违法违纪行为，应当给予党纪处分的，移送党的纪律检查机关处理。涉嫌犯罪的，移送司法机关依法追究刑事责任。

第二十条 本规定所称的档案，是指属于国家所有的档案和不属于国家所有但保存在各级国家档案馆的档案。

第二十一条 本规定由监察部、人力资源社会保障部、国家档案局负责解释。

第二十二条 本规定自 2013 年 3 月 1 日起施行。

民政部　财政部　人力资源和社会保障部卫生部关于对艾滋病机会性感染病人实施医疗救助的意见

民发［2013］21号

各省、自治区、直辖市民政厅（局）、财政厅（局）、人力资源社会保障厅（局）、卫生厅（局），新疆生产建设兵团民政局、财务局、人力资源社会保障局、卫生局：

为贯彻落实《国务院关于进一步加强艾滋病防治工作的通知》（国发［2010］48号）、《中国遏制与防治艾滋病“十二五”行动计划》（国办发［2012］4号）的有关规定和要求，切实做好艾滋病机会性感染病人医疗救助工作，现就有关事项提出如下意见：

一、总体要求

（一）重要意义。对艾滋病机会性感染病人实施医疗救助是当前深化医药卫生体制改革的重要举措之一，对于减轻艾滋病机会性感染病人医疗负担，进一步完善医疗救助制度，预防和化解社会矛盾，促进社会和谐稳定具有重要意义。

（二）工作目标。在艾滋病高流行地区探索开展艾滋病机会性感染病人医疗救助工作，并在总结经验基础上，逐步推开。各地要结合本地实际，研究制定相应政策措施，采取行之有效的方法，建立健全管理体制和运行机制，规范救助流程，加强部门衔接，切实做好艾滋病机会性感染病人医疗救助工作。

二、主要任务

（一）认真做好对象认定工作。艾滋病机会性感染病人是指发生《艾滋病机会性感染病种名录》（见附件）所列病种的艾滋病病毒感染者和病人。负责诊治艾滋病机会性感染疾病的定点医疗机构，要根据当地卫生部门指定的医疗卫生机构出具的艾滋病诊断证明、艾滋病机会性感染病人身份证或户口本等身份证明材料，认真核对对象身份，及时进行诊治。

（二）科学制定救助方案。艾滋病机会性感染病人在定点医疗卫生机构就医发生的政策范围内住院或门诊医疗费用，经基本医疗保险和大病保险补偿报销后，剩余自负部分通过医疗救助给予一定补助。各地要根据当地医疗救助资金规模、艾滋病机会性感染病人数量和医疗需求等因素，科学制定救助实施方案，合理确定救助标准。各地可采取灵活多样的救助方式，既可按比例给予救助，也可实行单病种定额救助或限额救助。救助方案不设定医疗救助起付线。

（三）合理选择定点医疗机构。各地要根据当地艾滋病机会性感染病人的数量、分布和医疗机构的技术水平、服务能力等，按照方便就医、保证质量的要求，在艾滋病定点综合医院和传染病医院中，合理选择诊治艾滋病机会性感染疾病的定点医疗机构。定点医疗机构应严格按照国家有关临床路径、诊疗指南、操作规范等，对艾滋病机会性感染病人进行诊疗。要规范诊疗服务行为，优化服务环境，改善服务态度，加强质量管理，将医疗费用支出控制在合理范围内。定点医疗机构要严格艾滋病机会性感染病人有关信息的专项归档管理，并注意保护艾滋病机会性感染病人的隐私。

（四）建立规范的救助流程。对艾滋病机会性感染病人实施医疗救助应建立规范的就诊、转诊、救助程序。各地要建立民政部门与定点医疗机构费用定期结算制度。对于在本地定点医疗机构发生的艾滋病机会性感染治疗费用，民政部门应根据定点医疗机构提供的费用清单等材料，按照救助方案规定，及时结算费用。要继续大力推行基本医疗保险、大病保险、医疗救助和定点医疗机构的“一站式”即时结算，实现医疗救助与其他医疗保障制度以及医疗机构之间的无缝对接，方便病人就医和结算。要建立艾滋病机会性感染病人就医转诊制度，实行双向转诊。对于按规范程序转诊至异地定点医疗机构或因治疗需要转诊至非定点医疗机构治疗的，可参照基本医疗保障制度的相关政策规定执行。

（五）加强制度衔接。各地要全面落实艾滋病防治“四免一关怀”政策，加强医疗救助与基本医疗保险、大病保险和其他社会救助制度的有效衔接，确保各项社会保障制度之间协同互补，形成有机配合。开展提高农村重大疾病医疗保障水平试点和重特大疾病医疗救助试点的地区，要分别按照有关政策规定，将艾滋病机会性感染病人纳入保障范围。

三、保障措施

（一）加强组织领导。对艾滋病机会性感染病人实施医疗救助是加强我国艾滋病防治工作的重要内容。各地应把这项工作纳入重要议事日程，进一步加强组织领导，切实抓紧抓好。各地民政、财政、人力资源社会保障、卫生等部门要在当地政府领导下，建立日常沟通协商机制，就对艾滋病机会性感染病人实施医疗救助工作中的有关问题进行认真研究，共同制定实施方案。

（二）拓展资金渠道。艾滋病机会性感染病人医疗救助所需资金在当地城乡医疗救助基金中统筹安排。地方各级财政特别是省级财政，要充分考虑包括艾滋病机会性感染等各项大病保障的资金需求、统筹安排医疗救助资金。地方已设立的艾滋病机会性感染救治专项基金，可以单独核算，也可以划转到医疗救助基金统筹使用。要鼓励和引导社会组织、企业、个人等社会力量通过开展形式多样的慈善活动，积极参与医疗救助。要多渠道筹集救助资金，努力提高救助能力，共同解决艾滋病机会性感染病人的医疗负担问题。

（三）明确部门职责。民政部门要牵头制定救助方案，会同有关部门确定定点医疗机构、研究制定救助流程，切实减轻艾滋病机会性感染病人医疗负担。财政部门要及时安排资金，加强对资金管理和使用的监督检查。卫生部门要切实做好艾滋病初筛检测和机会性感染病人的身份核定工作，加强对艾滋病机会性感染病人定点医疗机构的监管，规范医疗服务行为，提高服务质量和诊疗水平；人力资源社会保障部门要按时规定落实艾滋病机会性感染病人城镇基本医疗保险相关待遇。

（四）加强总结宣传。要认真总结对艾滋病机会性感染病人实施医疗救助的先进经验，积极探索进一步健全完善救助工作机制的办法措施。要加大政策宣传力度，让艾滋病病毒感染者和病人及其家属了解艾滋病机会性感染医疗救助相关政策，并及时到定点医疗机构就诊。

附件：艾滋病机会性感染病种名录（略）

二〇一三年一月二十一日

财政部 人力资源和社会保障部 国家卫生和计划生育委员会 中国保险监督管理委员会关于利用基本医疗保险基金向商业保险机构购买城乡居民大病保险财务列支办法的通知

财社〔2013〕36号

各省、自治区、直辖市、计划单列市财政厅（局）、人力资源社会保障厅（局）、卫生厅（局、卫生计生委）、保监局，新疆生产建设兵团财务局、人力资源社会保障局、卫生局：

按照国家发展改革委、原卫生部、财政部、人力资源社会保障部、民政部、保监会等六部门《关于开展城乡居民大病保险工作的指导意见》（发改社会〔2012〕2605号）的要求，现对财政部、原卫生部《关于印发新型农村合作医疗基金财务制度的通知》（财社〔2008〕8号）、财政部、原劳动和社会保障部《关于印发〈社会保险基金财务制度〉的通知》（财社字〔1999〕60号）和财政部、人力资源社会保障部《关于加强城镇居民基本医疗保险基金和财政补助资金管理有关问题的通知》（财社〔2008〕116号）做如下补充通知：

一、新型农村合作医疗（以下简称新农合）和城镇居民基本医疗保险（以下简称城镇居民医保）等基本医疗保险基金的“基金支出”中增设“购买大病保险支出”项目，反映从新农合和城镇居民医保等基本医疗保险基金中划出的用于购买城乡居民大病保险的资金。在基本医疗保险经办机构设立“社会保险基金支出户”（以下简称支出户）的地区，其新农合和城镇居民医保基金支出项目中增加“向大病保险承办机构拨付大病保险资金”，反映支出户支出的用于购买城乡居民大病保险的资金；在基本医疗保险经办机构未设立支出户的地区，应在社会保障基金财政专户管理的新农合和城镇居民医保基金支出项目中增加相应的科目反映相应支出。基本医疗保险经办机构是指新农合、城镇居民医保等基本医疗保险经办机构。

二、根据城乡居民大病保险承办合同，商业保险机构因承办城乡居民大病保险出现超过合同约定盈余，需向新农合和城镇居民医保等基本医疗保险基金返还资金；或因新农合和城镇居民医保等基本医疗保险政策调整等政策性原因给商业保险机构承办城乡居民大病保险带来亏损，需由新农合和城镇居民医保等基本医疗保险基金进行补偿时，基本医疗保险经办机构相应调整上年度新农合和城镇居民医保等基本医疗保险基金统筹基金余额。

三、基本医疗保险经办机构应按照城乡居民大病保险合同约定，及时、均衡、足额向商业保险机构拨付城乡居民大病保险资金。商业保险机构应会同基本医疗保险经办机构定期向统筹地区人力资源社会保障、卫生计生、财政等部门报送城乡居民大病保险资金收支和结余情况，并向社会公告，接受社会监督。

四、人力资源社会保障、卫生计生、财政、审计等部门要加强对城乡居民大病保险承办情况的监督检查，发现问题及时纠正，并向同级政府和社会保险基金监督组织报告。

特此通知。

二〇一三年五月二十四日

财政部　教育部　人力资源和社会保障部关于印发《中等职业学校免学费补助资金管理办法》的通知

财教［2013］84号

各省、自治区、直辖市、计划单列市财政厅（局）、教育厅（局、教委）、人力资源社会保障厅（局），新疆生产建设兵团财务局、教育局、人力资源社会保障局：

按照《财政部　国家发展改革委　教育部　人力资源社会保障部关于扩大中等职业教育免学费政策范围　进一步完善国家助学金制度的意见》（财教［2012］376号）的规定，为加强中等职业学校免学费补助资金的管理，确保免学费政策顺利实施，我们制定了《中等职业学校免学费补助资金管理办法》，现印发给你们，请遵照执行。

二〇一三年六月三日

中等职业学校免学费补助资金管理办法

第一条　为了规范中等职业学校免学费补助资金管理，确保免学费政策顺利实施，根据《财政部　国家发展改革委　教育部　人力资源社会保障部关于扩大中等职业教育免学费政策范围　进一步完善国家助学金制度的意见》（财教［2012］376号）等有关规定，制定本办法。

第二条　本办法所称中等职业学校是指经政府有关部门依法批准设立，实施全日制中等学历教育的各类职业学校，包括公办和民办的普通中专、成人中专、职业高中、技工学校和高等院校附属的中专部、中等职业学校等。

第三条　中等职业学校免学费补助资金是指中等职业学校学生享受免学费政策后，为弥补学校运转出现的经费缺口，财政核拨的补助资金。

第四条　中等职业学校免学费补助资金由中央和地方财政共同承担，省级财政统筹落实，省和省以下各级财政根据各省（区、市）人民政府及其价格主管部门批准的公办中等职业学校学费标准予以补助。

第五条　中央财政统一按每生每年平均2 000元测算标准和一定比例与地方财政分担，具体分担比例为：西部地区，不分生源，分担比例为 8∶2；中部地区，生源地为西部地区的，分担比例为 8∶2，生源地为其他地区的，分担比例为 6∶4；东部地区，生源地为西部地区和中部地区的，分担比例分别为 8∶2 和 6∶4，生源地为东部地区的，分担比例分省确定。

第六条 对公办中等职业学校免学费资金的补助方式为：第一、二学年因免除学费导致学校运转出现的经费缺口，由财政按照享受免学费政策学生人数和免学费标准补助学校；第三学年原则上由学校通过校企合作和顶岗实习等方式获取的收入予以弥补，不足部分由财政按照不高于三年级享受免学费政策学生人数50%的比例和免学费标准，适当补助学校。

第七条 对民办中等职业学校学生的补助方式为：对一、二年级符合免学费条件的学生，按照当地同类型同专业公办中等职业学校免学费标准给予补助。学费标准高出公办学校免学费标准部分由学生家庭负担；低于公办学校免学费标准的，按照民办学校实际学费标准予以补助。

第八条 中央财政于每年 9 月 30 日前按照财政部提前通知转移支付指标的有关规定，根据全国中等职业学校学生管理信息系统和技工学校学生管理信息系统核定的学生数和生源结构，按照一定比例提前下达下一年度应承担的免学费补助资金预算。省级财政部门在收到提前下达的免学费中央补助资金预算后，应尽快分解下达，确保下一年度春季学期学校正常运转。

中央财政于每年 10 月重新核定当年应承担的免学费补助资金预算。地方各级财政部门应当足额安排应承担的免学费补助资金预算，按时拨付免学费补助资金，保证中等职业学校教育教学活动的正常开展。

第九条 中等职业学校应当根据本办法和各地制定的免学费实施细则，受理学生申请，组织初审，并通过全国中等职业学校学生管理信息系统和技工学校学生管理信息系统报至同级学生资助管理机构审核、汇总。学生资助管理机构将审核结果在相关学校内进行不少于 5 个工作日的公示。

第十条 中等职业学校免学费工作实行学校法人代表负责制，校长是第一责任人，对学校免学费工作负主要责任。中等职业学校应当加强财务管理，建立规范的预决算制度，按照预算管理的要求，编制综合预算，收支全部纳入学校预算管理，年终应当编制决算。

第十一条 各地职业教育行政管理部门应当加强学生学籍管理，建立健全学生信息档案，保证享受免学费政策的学生信息完整和准确。

第十二条 各级财政、教育和人力资源社会保障部门应当加强对中等职业学校免学费补助资金使用情况的监督检查。对虚报学生人数，骗取财政补助资金或挤占、挪用、截留免学费补助资金等违规行为，按照《财政违法行为处罚处分条例》有关规定追究法律责任。涉嫌犯罪的，依法移送司法机关。

第十三条 每年春季学期开学前，各地职业教育行政管理部门应当对中等职业学校办学资质进行全面清查并公示，对年检不合格的学校，取消其享受免学费补助资金的资格。各地职业教育行政管理部门应当根据《中华人民共和国民办教育促进法》的规定，加强对民办中等职业学校的监管，纳入免学费补助范围的民办学校名单由省级教育和人力资源社会保障部门负责审定。

第十四条 本办法由财政部、教育部和人力资源社会保障部负责解释。各省（区、市）可依据本办法制定实施细则，并报财政部、教育部、人力资源社会保障部备案。

第十五条 本办法自 2013 年 7 月 1 日起施行。《中等职业学校免学费补助资金管理暂行办法》（财教〔2010〕3 号）同时废止。

财政部　教育部　人力资源和社会保障部关于印发《中等职业学校国家助学金管理办法》的通知

财教〔2013〕110号

各省、自治区、直辖市、计划单列市财政厅（局）、教育厅（局、教委）、人力资源社会保障厅（局），新疆生产建设兵团财务局、教育局、人力资源社会保障局：

按照《财政部　国家发展改革委　教育部　人力资源社会保障部关于扩大中等职业教育免学费政策范围　进一步完善国家助学金制度的意见》（财教〔2012〕376号）规定，为加强中等职业学校国家助学金的管理，确保助学金政策顺利实施，我们制定了《中等职业学校国家助学金管理办法》，现印发给你们，请遵照执行。

二〇一三年六月三日

中等职业学校国家助学金管理办法

第一条　为了规范中等职业学校国家助学金管理（以下简称国家助学金），确保资助工作顺利实施，根据《财政部　国家发展改革委　教育部　人力资源社会保障部关于扩大中等职业教育免学费政策范围　进一步完善国家助学金制度的意见》（财教〔2012〕376号）等有关规定，制定本办法。

第二条　本办法所称中等职业学校是指经政府有关部门依法批准设立，实施全日制中等学历教育的各类职业学校，包括公办和民办的普通中专、成人中专、职业高中、技工学校和高等院校附属的中专部、中等职业学校等。

第三条　国家助学金资助对象是具有中等职业学校全日制学历教育正式学籍的一、二年级在校涉农专业学生和非涉农专业家庭经济困难学生。

六盘山区、秦巴山区、武陵山区、乌蒙山区、滇桂黔石漠化区、滇西边境山区、大兴安岭南麓山区、燕山—太行山区、吕梁山区、大别山区、罗霄山区等11个连片特困地区和西藏及四省藏区、新疆南疆三地州中等职业学校农村学生（不含县城）全部纳入享受国家助学金范围。

第四条　国家助学金由中央和地方政府共

同出资设立，主要资助受助学生的生活费开支，资助标准每生每年 1 500 元。以后年度，将根据经济发展水平和财力状况适时调整资助标准。

第五条 国家助学金按学期申请和评定，按月发放。学校应将《中等职业学校国家助学金申请表》（附件 1）及《中等职业学校国家助学金申请指南》（附件 2）随同入学通知书一并寄发给录取的新生。新生和二年级学生在新学年开学一周内向就读学校提出申请，并递交相关证明材料。

中等职业学校应当根据本办法和各地制定的国家助学金实施细则，受理学生申请，组织初审，并通过全国中等职业学校学生管理信息系统和技工学校学生管理信息系统报至同级学生资助管理机构审核、汇总。学生资助管理机构将审核结果在相关学校内进行不少于 5 个工作日的公示。

第六条 中央财政于每年 9 月 30 日前按照财政部提前通知转移支付指标的有关规定，根据全国中等职业学校学生管理信息系统和技工学校学生管理信息系统核定的受助学生数和生源结构，按照一定比例提前下达下一年度应承担的国家助学金预算。省级财政部门在收到提前下达的助学金预算后，应尽快分解下达，确保下一年度春季学期国家助学金按时发放到受助学生手中。

中央财政于每年 10 月重新核定当年应承担的国家助学金预算。地方各级财政部门应当足额安排应承担的国家助学金预算，按时拨付国家助学金。

第七条 国家助学金通过学生资助卡发放给受助学生。中等职业学校或学生资助管理机构为每位受助学生办理学生资助卡，学生本人持身份证原件和学生证，到发卡银行网点柜台激活资助卡后方可使用。不得向学生收取卡费或押金等费用，也不得以实物或服务等形式，抵顶或扣减国家助学金。

第八条 中等职业学校国家助学金实行学校法人代表负责制，校长是第一责任人，对学校助学工作负主要责任。学校应当制定本校国家助学金具体实施办法，设立专门机构和配备专职人员具体负责助学工作。

中等职业学校应当建立专门档案，将学生申请表、受理结果、资金发放等有关凭证和工作情况分年度建档备查。

第九条 省级教育、人力资源社会保障、财政部门要根据实际情况，对享受资助政策的民办中等职业学校，在办学条件、学费标准、招生就业、资助家庭经济困难学生措施等方面做出明确规定，督促民办中等职业学校依法办学，规范收费。

第十条 国家鼓励地方政府、行业企业和社会团体设立中等职业学校助学金、奖学金，鼓励和引导金融机构为接受中等职业教育的学生提供助学贷款。

中等职业学校应当开辟“绿色通道”，对携有可证明其家庭经济困难材料的新生，可先办理入学手续，根据核实后的家庭经济情况予以不同方式的资助，再办理学籍注册。

第十一条 各级财政、教育、人力资源社会保障部门应加强对国家助学金的管理，实行专款专用、专账核算，并接受审计、监察部门的检查和社会的监督。对弄虚作假、套取财政专项资金或挤占、挪用、滞留国家助学金的行为，将追究直接责任人和相关领导的责任。

第十二条 本办法由财政部、教育部、人力资源社会保障部负责解释，各省（区、市）可依据本办法制定实施细则，并报财政部、教育部、人力资源社会保障部备案。

第十三条 本办法自 2013 年 7 月 1 日起施行。原《财政部　教育部关于印发〈中等职业学校国家助学金管理暂行办法〉的通知》（财教〔2007〕84 号）和《财政部　劳动保障部关于做好技工学校国家助学金发放管理工作的通知》（财教〔2007〕85 号）同时废止。

附件：

1. 中等职业学校国家助学金申请表（略，详情请登录财政部网站）

2. 中等职业学校国家助学金申请指南（略，详情请登录财政部网站）

财政部　人力资源和社会保障部 中国人民银行关于加强小额担保贷款财政贴息资金管理的通知

财金［2013］84号

各省、自治区、直辖市、计划单列市财政厅（局）、人力资源社会保障厅（局），中国人民银行上海总部、各分行、营业管理部、省会（首府）城市中心支行、大连、青岛、宁波、厦门、深圳市中心支行，各有关金融机构：

为贯彻落实中央经济工作会议对创业带动就业工作提出的新要求，进一步做好下岗失业人员小额担保贷款（以下简称小额担保贷款）工作，加强财政贴息资金管理，提高财政资金使用效益，现就有关事项通知如下：

一、严格执行贴息贷款政策标准

（一）小额担保贷款的申请和财政贴息资金的审核拨付，要坚持自主自愿、诚实守信、依法合规的原则。各级财政部门要充分认识到小额担保贷款工作对于促进就业、改善民生的重要意义，切实履行职责，加强财政贴息资金审核，规范政策执行管理。

（二）财政贴息资金支持对象按照现行政策执行，具体包括符合规定条件的城镇登记失业人员、就业困难人员（一般指大龄、身有残疾、享受最低生活保障、连续失业一年以上，以及因失去土地等原因难以实现就业的人员）、复员转业退役军人、高校毕业生、刑释解教人员，以及符合规定条件的劳动密集型小企业。上述人员中，对符合规定条件的残疾人、高校毕业生、农村妇女申请小额担保贷款财政贴息资金，可以适度给予重点支持。

（三）财政贴息资金支持的小额担保贷款额度为，高校毕业生最高贷款额度10万元，妇女最高贷款额度8万元，其他符合条件的人员最高贷款额度5万元，劳动密集型小企业最高贷款额度200万元。对合伙经营和组织起来就业的，妇女最高人均贷款额度为10万元。

（四）财政贴息资金支持的个人小额担保贷款利率为，中国人民银行公布的同期限贷款基准利率的基础上上浮不超过3个百分点。财政贴息资金支持的小额担保贷款期限最长为2年，对展期和逾期的小额担保贷款，财政部门不予贴息。

二、认真做好贴息贷款发放审核工作

（五）地方各级财政部门要会同人力资源社会保障部门、中国人民银行分支机构，共同做好小额担保贷款政策的组织实施工作，建立和落实贷款回收责任制，切实防范和控制贷款风险。妇联组织、经办担保机构、经办金融机构，要按照各自职责，认真做好小额担保贷款工作，确保贷款“贷得出、用得好、收得回”。

（六）小额担保贷款经办担保机构要对贴

息贷款申请人的还款能力和创业项目的可行性进行充分评估。对不具备财务可行性的项目，以及借款人可自行获得商业银行贷款的，不予提供担保。

（七）小额担保贷款经办金融机构应对借款人的家庭贷款记录和项目风险情况进行审核，加强对贷款资金投向的监督管理。除助学贷款、扶贫贷款、首套住房贷款以外，小额担保贷款申请人及其家庭成员（以户为单位）应没有商业银行其他贷款记录。

三、加强贷款担保基金管理

（八）小额担保贷款担保基金由地方财政部门筹集，所需资金从一般预算中安排。其他专项资金或者财政专户资金不得作为担保基金的资金来源。

（九）小额担保贷款担保基金用于为符合政策规定条件的各类人员创业申请小额担保贷款提供全额担保，为符合政策规定条件的劳动密集型小企业申请小额担保贷款提供担保。

（十）小额担保贷款担保基金实行专户管理、封闭运行，专项用于开展小额担保贷款担保业务。担保基金运营与经办担保机构的其他业务必须分离管理，单独核算。

（十一）受托运营小额担保贷款担保基金的担保机构，要加强对担保基金的规范管理，小额担保贷款责任余额不得超过担保基金银行存款余额的5倍。

（十二）小额担保贷款责任余额达到担保基金银行存款余额的5倍时，地方各级财政部门应停止受理新发放小额担保贷款的贴息资金申请，并协调有关部门停止受理新的小额担保贷款申请。单个经办担保机构的担保基金放大倍数达到5倍时，该担保机构应立即停止开展小额担保贷款担保业务。

四、完善财政贴息支持政策

（十三）对管理尽职尽责、审核操作规范、担保基金管理合规的贴息贷款，各级财政部门要及时、足额地拨付财政贴息资金。

（十四）符合政策规定条件的个人微利项目小额担保贷款由财政部门给予全额贴息。其中，除东部九省市以外，中央财政承担贴息资金的75%，地方财政承担贴息资金的25%。

（十五）符合政策规定条件的劳动密集型小企业小额担保贷款，按照中国人民银行公布的同期限贷款基准利率的50%给予贴息，除东部九省市以外，中央财政和地方财政各承担一半。

（十六）现行政策支持对象以外的人群申请小额担保贷款政策支持，由地方财政部门自行决定贴息，具体标准和条件由各省（自治区、直辖市）自行确定。

（十七）对地方财政部门自行安排贴息的小额担保贷款，要与中央财政贴息支持的小额担保贷款分离管理，分账核算。

五、全力做好组织落实工作

（十八）地方各级财政部门要强化责任意识，加强沟通协调，完善工作机制，进一步加强政策执行的规范管理，实现小额担保贷款工作的平稳有序开展。

（十九）请各地财政部门联合当地人力资源社会保障部门、中国人民银行分支机构将本通知速转发至行政区域内妇联组织、经办担保机构、经办金融机构等有关单位，认真组织做好政策落实工作。

（二十）本通知印发前发布的有关小额担保贷款财政贴息的相关规定继续执行，与本通知规定不一致的，以本通知为准。

（二十一）本通知自2013年10月1日起至2016年10月1日止执行。政策到期后，结合政策执行情况和国家就业形势，进行修订完善，确保政策切实有效。

二〇一三年九月十八日

财政部　人力资源和社会保障部 国家税务总局关于企业年金 职业年金个人所得税有关问题的通知

财税［2013］103号

各省、自治区、直辖市、计划单列市财政厅（局）、人力资源社会保障厅（局）、地方税务局，新疆生产建设兵团财务局、人力资源社会保障局：

为促进我国多层次养老保险体系的发展，根据个人所得税法相关规定，现就企业年金和职业年金个人所得税有关问题通知如下：

一、企业年金和职业年金缴费的个人所得税处理

1. 企业和事业单位（以下统称单位）根据国家有关政策规定的办法和标准，为在本单位任职或者受雇的全体职工缴付的企业年金或职业年金（以下统称年金）单位缴费部分，在计入个人账户时，个人暂不缴纳个人所得税。

2. 个人根据国家有关政策规定缴付的年金个人缴费部分，在不超过本人缴费工资计税基数的4%标准内的部分，暂从个人当期的应纳税所得额中扣除。

3. 超过本通知第一条第1项和第2项规定的标准缴付的年金单位缴费和个人缴费部分，应并入个人当期的工资、薪金所得，依法计征个人所得税。税款由建立年金的单位代扣代缴，并向主管税务机关申报解缴。

4. 企业年金个人缴费工资计税基数为本人上一年度月平均工资。月平均工资按国家统计局规定列入工资总额统计的项目计算。月平均工资超过职工工作地所在设区城市上一年度职工月平均工资300%以上的部分，不计入个人缴费工资计税基数。

职业年金个人缴费工资计税基数为职工岗位工资和薪级工资之和。职工岗位工资和薪级工资之和超过职工工作地所在设区城市上一年度职工月平均工资300%以上的部分，不计入个人缴费工资计税基数。

二、年金基金投资运营收益的个人所得税处理

年金基金投资运营收益分配计入个人账户时，个人暂不缴纳个人所得税。

三、领取年金的个人所得税处理

1. 个人达到国家规定的退休年龄，在本通知实施之后按月领取的年金，全额按照“工资、薪金所得”项目适用的税率，计征个人所得税；在本通知实施之后按年或按季领取的年金，平均分摊计入各月，每月领取额全额按照“工资、薪金所得”项目适用的税率，计征个人所得税。

2. 对单位和个人在本通知实施之前开始缴付年金缴费，个人在本通知实施之后领取年金的，允许其从领取的年金中减除在本通知实施之前缴付的年金单位缴费和个人缴费且已经

缴纳个人所得税的部分，就其余额按照本通知第三条第1项的规定征税。在个人分期领取年金的情况下，可按本通知实施之前缴付的年金缴费金额占全部缴费金额的百分比减计当期的应纳税所得额，减计后的余额，按照本通知第三条第1项的规定，计算缴纳个人所得税。

3. 对个人因出境定居而一次性领取的年金个人账户资金，或个人死亡后，其指定的受益人或法定继承人一次性领取的年金个人账户余额，允许领取人将一次性领取的年金个人账户资金或余额按12个月分摊到各月，就其每月分摊额，按照本通知第三条第1项和第2项的规定计算缴纳个人所得税。对个人除上述特殊原因外一次性领取年金个人账户资金或余额的，则不允许采取分摊的方法，而是就其一次性领取的总额，单独作为一个月的工资薪金所得，按照本通知第三条第1项和第2项的规定，计算缴纳个人所得税。

4. 个人领取年金时，其应纳税款由受托人代表委托人委托托管人代扣代缴。年金账户管理人应及时向托管人提供个人年金缴费及对应的个人所得税纳税明细。托管人根据受托人指令及账户管理人提供的资料，按照规定计算扣缴个人当期领取年金待遇的应纳税款，并向托管人所在地主管税务机关申报解缴。

5. 建立年金计划的单位、年金托管人，应按照个人所得税法和税收征收管理法的有关规定，实行全员全额扣缴明细申报。受托人有责任协调相关管理人依法向税务机关办理扣缴申报、提供相关资料。

四、建立年金计划的单位应于建立年金计划的次月15日内，向其所在地主管税务机关报送年金方案、人力资源社会保障部门出具的方案备案函、计划确认函以及主管税务机关要求报送的其他相关资料。年金方案、受托人、托管人发生变化的，应于发生变化的次月15日内重新向其主管税务机关报送上述资料。

五、财政、税务、人力资源社会保障等相关部门以及年金机构之间要加强协调，通力合作，共同做好政策实施各项工作。

六、本通知所称企业年金，是指根据《企业年金试行办法》（原劳动和社会保障部令第20号）的规定，企业及其职工在依法参加基本养老保险的基础上，自愿建立的补充养老保险制度。所称职业年金是指根据《事业单位职业年金试行办法》（国办发［2011］37号）的规定，事业单位及其工作人员在依法参加基本养老保险的基础上，建立的补充养老保险制度。

七、本通知自2014年1月1日起执行。《国家税务总局关于企业年金个人所得税征收管理有关问题的通知》（国税函［2009］694号）、《国家税务总局关于企业年金个人所得税有关问题补充规定的公告》（国家税务总局公告2011年第9号）同时废止。

二〇一三年十二月六日

交通运输部　人力资源和社会保障部　中华全国总工会关于深化开展出租汽车行业和谐劳动关系创建活动的通知

交运发［2013］546号

各省、自治区、直辖市、新疆生产建设兵团交通运输厅（局、委）、人力资源社会保障厅（局）、总工会：

2012年1月，交通运输部、人力资源社会保障部、全国总工会联合印发了《关于在出租汽车行业开展和谐劳动关系创建活动的通知》（交运发［2012］13号），对创建活动进行了部署。一年多来，各地交通运输、人力资源社会保障部门和工会加强沟通协调配合，细化工作方案，精心组织实施，创建活动取得了阶段性成果。为推动创建活动持续深入开展，现将有关事项通知如下：

一、进一步认识创建活动的重要性

劳动关系是生产关系的重要组成部分。构建和谐劳动关系是建设社会主义和谐社会的重要基础。在全国出租汽车行业开展和谐劳动关系创建活动，是加强和创新行业管理的重要抓手，是实现行业和谐的重要保障，是促进行业健康发展的重要举措。创建活动开展以来，各地按照交通运输部、人力资源社会保障部、全国总工会的统一部署和要求，稳步推进创建活动各项工作，取得了较大成绩。但一些地方、单位还存在思想认识不到位、创建思路不清晰、活动开展不均衡、企业参与不主动等突出问题，影响和制约着创建活动深入开展。今年是创建活动的关键时期和攻坚阶段，各地区、各部门要按照统一部署和要求，从保障改善民生、增进人民福祉、构建和谐社会的高度，深刻认识创建活动的重要性。各地要进一步提高思想认识，克服畏难情绪，消除等待思想，增强创建活动开展的责任感、使命感和紧迫感。要进一步突出创建活动工作重点，把措施落实到行动中，把责任落实到岗位上，全面贯彻落实创建活动的各项内容和要求。要在地方人民政府的统一领导下，将和谐劳动关系创建活动作为今后一段时期出租汽车管理工作的重点，与质量信誉考核、行业监管和推动行业转型发展结合起来，进一步创新工作方法，加大工作力度，采取有力措施，推动和谐劳动关系创建活动不断深入，促进出租汽车行业健康发展。

二、持续深入开展创建活动

各地要按照创建活动的总体要求，把创建活动作为加强和改进出租汽车管理的有力抓手，紧密结合各地实际，突出工作重点，细化工作措施，持续深入地推进创建活动。

（一）积极推动出租汽车企业实行员工制管理。

各地人力资源社会保障、交通运输、工会

等部门要指导和督促出租汽车企业实行员工制管理，切实履行各项劳动保障法律法规，与驾驶员依法签订劳动合同，参加社会保险。推动出租汽车企业加快组建工会，发挥工会作用，以工资、劳动定额、承包费用、休息休假、劳动条件等为重点，积极开展集体协商签订集体合同，建立健全驾驶员收入正常增长机制，实现驾驶员收入正常增长。对尚未实行员工制经营的出租汽车企业，鼓励通过深化改革经营模式，逐步推进员工制管理，为依法建立劳动关系奠定良好基础。

（二）推进尚未实行员工制经营企业保障驾驶员权益。

各地人力资源社会保障、交通运输、工会等部门要为尚未实行员工制经营企业的驾驶员参加社会保险创造条件。推动尚未实行员工制经营企业的驾驶员以灵活就业人员身份参加基本养老保险和基本医疗保险，由个人按照规定缴纳社会保险费，解决驾驶员的后顾之忧，使驾驶员安心工作。各地可根据实际，通过行业协会等组织，探索制定尚未实行员工制经营企业的承包管理费最高限额标准。

（三）鼓励发展公车公营企业。

加快建立促进公车公营企业发展的长效机制，今后新投放的出租汽车运力，可在出租汽车经营权服务质量招投标中，优先投放给公车公营企业。出租汽车企业把公车承包经营转为公车公营的，交通运输主管部门可根据实际情况给予一定的运力奖励指标。各地对公车公营企业，可在服务质量信誉考核中加分，在先进单位评比中优先考虑。

（四）规范出租汽车企业经营管理。

贯彻落实《国务院办公厅关于进一步加强管理促进出租汽车行业健康发展的通知》（国办发［2008］125号）要求，严禁企业向驾驶员收取高额风险抵押金和高额保证金。积极推动出租汽车企业与主班、副班驾驶员分别签订劳动合同或经营合同，防止驾驶员将经营权擅自转包。积极推动出租汽车企业按照权责对等、风险共担的原则，根据出租汽车经营成本、市场状况、车辆使用年限、运价结构、驾驶员休息休假情况等因素，合理确定承包经营费用和劳动定额标准。依托职工代表大会，建立健全厂务公开制度和企业成本核算机制，定期公示管理和服务费用。

（五）保障驾驶员休息权利。

加快建设高素质职业化的驾驶员队伍。积极探索通过多种方式落实驾驶员每周至少休息一天的要求，保护驾驶员的身心健康。积极推动出租汽车企业建立替班驾驶员队伍，配备必要的替班驾驶员。鼓励通过减免驾驶员休息日经营承包费用，从制度上让驾驶员放心休息。加大与价格主管部门的沟通协调，通过调整出租汽车运价，使驾驶员在合理的工作时间有稳定收入，从机制上让驾驶员安心休息。企业应督促和监督驾驶员根据工作特点自行合理安排作息时间，落实休息制度，避免超时、超强度劳动。各地还可在交通高峰时段，探索实行差别化运价，增加驾驶员收入，提高驾驶员运营的积极性，缓解“打车难”问题。

（六）建立健全关爱驾驶员制度。

出租汽车企业要建立健全驾驶员奖励、关爱制度，定期对无事故、无违章、无投诉的驾驶员进行奖励，开展送温暖、帮困扶难、思想交流及各种文化活动，增强驾驶员对企业的归属感和职业自豪感，促进企业与驾驶员形成利益共同体、事业共同体和命运共同体。

（七）改善出租汽车经营条件。

积极争取地方人民政府支持，增设出租汽车停靠站点，加快建设出租汽车服务区和出租汽车待客免费专用停车泊位等运营配套设施，方便驾驶员休息，为驾驶员运营创造良好环境。建立完善和严格落实出租汽车运价与成品油价格的联动机制，明确基准点、启动点和启动程序，及时疏导油价上涨增加的运营成本。进一步创新出租汽车服务模式，探索发展不巡游揽客的预约出租汽车，加快建设出租汽车服务管理信息系统，大力推广电话约车、手机终端软件约车服务，挖掘出租汽车运力潜能，提高出租汽车运行效率，降低驾驶员劳动强度。

三、切实加强创建活动的组织领导

各地要切实加强创建活动的组织领导，建立分工明确、运转协调、组织有力的工作机制，扎实推进创建活动各项工作。

一是完善工作机制。各地交通运输、人力资源社会保障部门和工会要在地方人民政府的统一领导下，按照创建活动领导小组的统一部署，不断完善工作机制，明确职责分工和各自工作任务，加强协调配合，形成工作合力，深入开展创建活动，及时解决创建活动中的热点、难点问题。

二是加强监督检查。省级交通运输、人力资源社会保障部门和工会要进一步加强对各地创建活动的指导力度，加强对创建活动的督促检查。对创建活动工作不力、进度滞后的，要深入查找原因，分析存在问题，加强工作指导，必要时予以通报批评，并督促整改，确保创建活动深入开展。

三是注重典型引领。进一步培育和树立创建活动涌现出的先进集体和个人。各地要认真学习创建活动先进集体和个人的做法和经验，通过召开经验交流会、座谈会等方式，发挥典型引领和示范带动作用，引导创建活动全面深入推进。各地要及时总结经验，加强信息报送，广泛宣传报道，大力弘扬典型，营造良好的社会舆论氛围。

二○一三年九月十日

农业部　人力资源和社会保障部　教育部　科学技术部关于实施农业技术推广服务特设岗位计划的意见

农科教发［2013］11号

各省、自治区、直辖市农业、人力资源社会保障、教育、科技厅（局、委）：

为贯彻落实《中共中央、国务院关于加快推进农业科技创新持续增强农产品供给保障能力的若干意见》（中发［2012］1号）和《国务院办公厅关于做好2013年全国普通高等学校毕业生就业工作的通知》（国办发［2013］35号）精神，引导鼓励高校毕业生到基层从事农业技术推广服务工作，强化现代农业发展的科技与人才支撑，经会签财政部，现就实施农业技术推广服务特设岗位计划（以下简称“农技特岗计划”）提出如下意见。

一、实施农技特岗计划的重要性和必要性

近年来，各地按照党中央、国务院的决策部署，采取有效措施，积极推进基层农业技术推广体系改革与建设，在健全机构、明确职能、完善机制、强化保障等方面取得了显著成效。但从总体上看，基层农业技术推广队伍仍然存在新生力量不足、专业结构不合理、服务能力亟待加强等突出问题，迫切需要引入一批专业素质高、作风踏实的高校涉农专业毕业生，改善农业技术推广队伍结构，增强推广服务能力。启动实施农技特岗计划，是贯彻落实中央决策部署、引导高校毕业生到基层就业和服务的重要举措，是促进农业科技成果转化与推广应用、加快现代农业发展的迫切要求。

二、指导思想和实施原则

（一）指导思想。

以邓小平理论、“三个代表”重要思想、科学发展观为指导，以乡镇或区域性农业技术推广机构为载体，选拔一批素质优良、作风踏实的高校涉农专业毕业生到乡镇担任特岗农技人员，开展农业技术推广、动植物疫病防控、农产品质量安全服务等工作。通过机制创新和政策扶持，为乡镇或区域性农业技术推广机构补充新生力量，为现代农业发展提供强有力的科技和人才支撑。

（二）实施原则。

1. 统筹规划，分级实施。农业部、人力资源社会保障部、财政部、教育部、科技部牵头制定总体规划和政策，做好综合协调和工作督导。各省（自治区、直辖市）有关部门负责研究制定本地实施农技特岗计划的具体政策和落实办法，并组织实施。县（市、区）有关部门负责特岗农技人员的日常管理和服务。

2. 先行试点，平稳推进。2013年，各省（自治区、直辖市）根据本地实际情况，选择机构改革到位、人员紧缺、工作基础好、积极

性高的县（市、区）进行农技特岗计划试点。2014年到2015年，各省（自治区、直辖市）在总结试点工作经验的基础上，逐步扩大农技特岗计划的实施范围。

3. 因地制宜，合理布局。各省（自治区、直辖市）根据当前农业技术推广服务工作需求，结合乡镇或区域性农业技术推广机构编制和人员变动情况，科学测算农技特岗计划实施规模，优先选择现有或今后3年内将出现空缺编制的县（市、区）落实，逐步吸纳符合条件的特岗农技人员进入常设岗位，建立基层农技推广队伍人员更新长效机制。

三、特岗农技人员招募与管理

（一）岗位设立。

农技特设岗位在乡镇或区域性农业技术推广机构设立，主要承担农业技术推广、动植物疫病防控、农产品质量安全服务等工作。试点县农业部门会同人力资源社会保障、财政等部门，根据业务工作需要以及乡镇或区域性农业技术推广机构编制和未来3年内人员变动情况，研究提出年度特岗农技人员需求，分乡镇明确数量和专业。省级有关部门负责汇总并做好数量统筹和综合平衡，编制本省当年农技特岗计划实施方案，并报中央有关部门备案。

（二）组织招募。

省级或设区的市级农业、人力资源社会保障等部门依据农技特岗计划年度实施方案，按照竞争、择优的原则，组织特岗农技人员招聘工作。招聘采取考试与考察相结合的办法，考试内容包括岗位所需的专业知识、技能，考察内容包括思想政治表现、道德品质以及农业公共服务工作相关的专业素养、业务能力等。

具有全日制普通高校大专以上涉农专业学历，并符合乡镇或区域性农业技术推广机构岗位条件的人员均可报名。有基层农业技术推广服务工作经验的人员同等条件下优先聘用。

（三）人员管理。

农技特岗计划属于引导和鼓励高校毕业生到基层服务项目。服务期限一般为2～3年。服务期间，特岗农技人员户口应统一由省级工作协调小组指定的有关单位管理，也可根据本人意愿将户口转回入学前户籍所在地。人事档案原则上统一转至服务单位所在地的县级政府人事部门。党团组织关系转至服务单位。服务单位负责为特岗农技人员安排工作岗位，提供必要的生活条件，承担其日常管理和服务工作，并将其年度考核、学习培训情况报县级农业和人力资源社会保障部门备案。服务期满、考核合格的，由省级工作协调小组颁发服务证书，作为服务期满后享受相关优惠政策的依据。

四、农技特岗计划资金安排

农技特岗计划所需资金可结合基层农技推广体系改革与建设补助等项目统筹安排，适当给予补助。

五、特岗农技人员激励与扶持政策

特岗农技人员根据《中共中央关于推进农村改革发展若干重大问题的决定》（中发［2008］16号）、《国务院关于进一步做好普通高等学校毕业生就业工作的通知》（国发［2011］16号）、人力资源社会保障部等部门《关于统筹实施引导高校毕业生到农村基层服务项目工作的通知》（人社部发［2009］42号）和人力资源社会保障部《关于开展从大学生村官等服务基层项目人员中考试录用公务员工作的通知》（人社部发［2010］52号）的规定，享受引导高校毕业生到基层服务项目的相关优惠政策，各省（自治区、直辖市）负责制定具体落实办法和措施。

（一）特岗农技人员在服务期间，按照其所从事的岗位，参照本地乡镇事业单位从高校毕业生中新聘用工作人员试用期满后工资收入水平确定工作、生活补贴标准，按月发放；按当地规定参加相应社会保险；在艰苦边远地区工作的，按规定享受艰苦边远地区津贴。

（二）特岗农技人员在服务期间，在评聘专业技术职称、申报有关科技成果、评奖评优等方面，与当地在编农技人员享有同等权利。各地有关部门要积极创造条件予以鼓励与支持，在同等条件下给予优先评定。

（三）特岗农技人员服务期满后，享受国家助学贷款代偿和学费补偿、研究生招录和事业单位公开招聘优先、公务员定向考录等各项优惠政策。鼓励特岗农技人员继续学习深造，对符合相关条件需要继续攻读农业推广硕士专业学位的优秀特岗农技人员，相关部门和农业高等院校及其他相关招生单位要制定优惠政策，在同等条件下优先录取。

（四）今后县级以上农业技术推广机构相应岗位空缺时，可优先从特岗农技人员中择优聘用。农技特岗计划实施期间，乡镇或区域性农业技术推广机构相应岗位空缺时，应优先从符合条件的特岗农技人员中聘用，除招聘其他基层项目服务期满符合条件的人员外，各地乡镇或区域性农业技术推广机构以其他方式补充新进农技人员的，需经省（自治区、直辖市）人力资源社会保障、农业部门核准。

（五）各省（自治区、直辖市）要认真贯彻落实现行就业、创业的政策措施，鼓励特岗农技人员在服务期满后继续在农村就业、创业。要支持符合条件的特岗农技人员实施有关农业项目，领办、创办和协办农业试验示范基地、农民合作社、农业专业服务组织和涉农企业等，提高特岗农技人员的为农服务本领，满足农民发展现代农业的服务需求。

六、农技特岗计划保障措施

（一）加强组织领导。农业部、人力资源社会保障部、财政部、教育部、科技部成立农技特岗计划工作协调小组。地方各有关部门要在当地党委和政府的统一领导下，成立相应的工作机构，切实履行职责，加强沟通协调，齐抓共管，形成合力。要研究制定工作计划，细化工作措施，明确任务分工，扎实稳步推进。要加强调查研究，分析农技特岗计划实施过程中出现的新情况新问题，研究提出解决问题的新思路新办法。

（二）加强工作管理。各省（自治区、直辖市）相关部门要建立跟踪联系制度，明确专门机构和人员负责特岗农技人员跟踪联系工作，协调解决出现的困难和问题；建立专家对接制度，由科研、教学、推广单位相关专家挂钩指导，引导特岗农技人员尽快适应基层工作，帮助解决技术难题；建立培训学习制度，制定专门培训计划，开展特岗农技人员岗前和在岗培训，提高他们的工作实践能力；建立工作评价制度，科学评价特岗农技人员的工作业绩，评价结果作为续聘、择优转岗的重要依据。

（三）加强宣传引导。要深入总结各地实施农技特岗计划的好经验、好做法，培育和挖掘一批特岗农技人员的优秀典型。充分利用广播、电视、报刊、网络等媒体，大力宣传在农业技术推广服务中做出突出贡献的特岗农技人员，在全社会努力营造支持特岗农技人员服务基层、创业富民的良好氛围。各涉农高等学校要把实施农技特岗计划作为促进毕业生到基层就业和服务的重要手段，强化宣传引导，组织毕业生积极参与农技特岗计划实施。

二〇一三年八月十五日

文化部 中央组织部 中央宣传部 中央编办 发展改革委 财政部 人力资源社会保障部 税务总局 工商总局关于支持转企改制国有文艺院团改革发展的指导意见

文政法发［2013］28号

各省、自治区、直辖市文化厅（局）、党委组织部、党委宣传部、编办、发展改革委、财政厅（局）、人力资源社会保障厅（局）、国家税务局、地方税务局、工商局，新疆生产建设兵团文化广播电视局、党委组织部、党委宣传部、编办、发展改革委、财政局、人力资源社会保障局，各计划单列市文化局、党委组织部、党委宣传部、编办、发展改革委、财政局、人力资源社会保障局、国家税务局、地方税务局、工商局：

国有文艺院团是繁荣社会主义文艺的中坚力量。演艺业是极具再开发能力和产品衍生潜力的核心文化产业，演艺企业和演艺市场的发展对推动文化产业成为国民经济支柱性产业具有重要作用。近年来，在党中央、国务院的正确领导下，国有文艺院团顺利完成体制改革阶段性任务。随着大部分国有文艺院团转化为市场主体，以企业为主体、事业为补充，面向市场、面向群众的新型演艺体制格局已经形成，为我国演艺业实现跨越式发展奠定了坚实的基础。但是，当前我国演艺市场发育程度还比较低，大部分转企改制国有文艺院团（以下简称转制院团）底子薄、包袱重、经费自给率低、盈利能力弱，转制后面临巨大的生存发展压力。为深入贯彻落实党的十八大精神和十七届六中全会的有关部署，支持转制院团改革发展，提升我国演艺业发展水平，促进社会主义文化大发展大繁荣，现提出以下意见。

一、落实和强化对转制院团的政策扶持

（一）落实转制院团土地使用政策。转制院团使用的原划拨土地用途符合《划拨用地目录》的，经所在地县级以上人民政府批准，可仍以划拨方式使用；不符合《划拨用地目录》的，应依法办理土地有偿使用手续，经评估确定后，以作价出资（入股）等方式处置，转增国家资本。相关职能部门要采取切实可行的措施，帮助转制院团依法办理土地使用手续。

（二）加大财税扶持力度。国有文艺院团转制后原有的正常事业费继续拨付，主要用于解决转制前已经离退休人员的社会保障问题。将转制院团纳入文化产业发展专项资金支持范围，中央和地方设立的其他有关专项资金和基金，要向符合条件的转制院团倾斜，主要用于支持转制院团的发展和创新项目。财政部门安排一定的资金，通过政府购买服务、项目补

贴、定向资助、以奖代补等方式，鼓励和引导转制院团参与公共文化服务。建立健全财政投入激励约束机制，把实现良好社会效益和经济效益作为财政扶持的重要标准，提高财政资金使用效益。落实税收优惠政策，转制院团可按现行税收政策规定享受有关税收优惠政策。

（三）改善转制院团排练、演出条件。鼓励通过置换、改造现有闲置建筑等方式，为各转制院团解决排练场所问题。采取灵活的产权形式，或以政府购买演出场所的演出时段、提供场租补贴等形式，为各转制院团解决演出场所问题。为转制院团配置的剧场应主要用于演艺项目经营，不得挪作他用，确保所配置的剧场年演出场次达到一定数量。

（四）加大演艺基础设施建设力度。多渠道筹措资金支持演艺基础设施建设，文化事业基建投资、城市建设项目征收的城市建设综合配套费，可支持带有公共文化服务职能的演艺基础设施建设。鼓励社会资本、社会团体、民办非企业单位投资中小剧场等演艺基础设施建设。鼓励发展多层次、多业态的演出场所。

（五）支持文艺演出院线建设。支持一批重点文艺演出院线企业发展，整合剧场和剧目资源，降低演出流通成本。推动主要城市演出场所连锁经营。鼓励具备条件的地区开展演艺产业集聚区建设，加快形成规模效应。鼓励转制院团特别是骨干演艺企业通过投资、联合等方式参与文艺演出院线建设。

二、促进转制院团自我发展能力建设

（六）规范国有文艺院团转企改制。国有文艺院团转企改制要规范完成清产核资、企业工商注册登记、核销事业编制、注销事业单位法人、同职工签订劳动合同、按照企业办法参加社会保险等各项任务。转制院团要不断完善企业运营机制，加快公司制股份制改造，建立现代企业制度，完善法人治理结构，鼓励一步到位实行股份制。鼓励艺术名家和其他演职人员以个人持股的方式参与转制院团的股份制改造。

（七）增强转制院团发展内生动力。转制院团要努力提升创新能力、演艺产品营销能力、资本运作能力和知识产权经营能力。强化企业内部运行机制和经营管理创新，实行市场化、企业化的经营者选用机制，努力形成符合现代企业制度要求、体现文化企业特点的资产组织形式和经营管理模式。

（八）着力培育骨干演艺企业。把转企改制与兼并重组结合起来，推动演艺资源向优质企业集中。推动转制院团跨地区、跨行业、跨所有制发展。鼓励转制院团通过股权投资、资源互补等，开展多种形式的联合。确定部分改革到位、成长性好的大型转制院团作为国有演艺企业深化改革加快发展试点单位，加强指导，重点培育，打造一批具有较强竞争力的骨干演艺企业。推动符合条件的演艺企业上市融资。

（九）扶持中小转制院团健康发展。支持中小转制院团走专、精、特发展道路，尽快形成一批特色演艺企业。各级政府出资设立的中小企业融资担保平台，要积极为包括转制院团在内的中小演艺企业融资提供担保。鼓励金融机构在风险可控的情况下，依照市场化原则通过发放小企业贷款、权利质押贷款等方式，支持中小转制院团发展。

三、加强转制院团改革发展支撑体系建设

（十）完善工商登记注册服务。工商行政管理部门要为转制院团开展工商注册、资本投资、股权转让等提供咨询指导，方便企业顺利开展经营活动，积极参与市场竞争。允许转制院团使用原事业单位名称（去掉原主管部门）或者符合企业名称登记规定的其他名称进行登记注册。

（十一）鼓励各类资本投资演艺业。鼓励各类资本依法以投资、控股、参股、并购、重组、项目合作等多种方式，参与国有文艺院团转企改制、股份制改造和演艺经营。鼓励成立演艺业发展基金，支持演艺业发展与创新。鼓励风险投资基金、私募股权基金、各类文化产业投资基金等对转制院团及其战略性、先导性

演艺项目进行投资，推动演艺投资多元化。积极培育和发展演艺业保险市场。

（十二）积极发展中介组织。发展和完善经纪、代理、评估、推介、咨询等中介机构，支持演艺产业要素交易平台建设。鼓励建立演艺企业集团、行业联盟等组织。提高演艺中介机构规范化、专业化、社会化服务的水平，促进资本、著作权、人力资源等要素的规范流动与合理配置。推动建立演艺企业测评体系，推进演艺市场主体评价。鼓励演艺企业、社会团体、社会资本等设立演艺从业人员保障公益基金，对伤残、生活困难演艺人员进行救助。

（十三）为转制院团发展提供人才支撑。对转制院团经营管理人员进行轮训，从2013年起在5年内完成对全国转制院团主要经营管理人员的分批次培训。推荐优秀演艺人才进入国家各类人才计划。宣传文化系统相关人才队伍建设工程要适当向转制院团倾斜。完善演艺人才待遇政策，健全人才培养开发、选拔使用、流动配置、激励保障机制。转制院团引进高层次人才，可享受当地高层次人才引进的相关优惠政策。通过文化名家工程、国家文化荣誉制度等，造就一批艺术名家、演艺企业管理名家。

（十四）加强转制院团党组织建设。转制院团要根据转制后企业的实际情况和工作需要，按照党章规定，经上级党组织批准，同步组建、改建或更名党的基层组织，选配好党组织负责人。转制后企业内部的党组织设置，也要随着企业组织结构和党员分布状况的变化，及时进行充实调整，充分发挥转制后企业党组织和党员的作用。按照有利于加强党的领导和开展党的工作、有利于促进企业改革发展稳定的原则，及时理顺转制后企业党组织的隶属关系，健全完善企业党组织工作制度。

各地文化行政部门要在同级党委、政府的统一领导下，会同本意见各相关实施部门，尽快制定贯彻落实本意见的实施方案，确保各项政策措施落到实处。中央有关部门将适时对本意见的贯彻落实情况进行督察。

二〇一三年六月五日

国家卫生和计划生育委员会　国家发展和改革委员会　财政部　人力资源和社会保障部　国家中医药管理局关于在县级公立医院综合改革试点工作中充分发挥中医药特色优势的通知

卫计生发［2013］21号

各省、自治区、直辖市卫生厅（局、卫生计生委）、中医药管理局、发展改革委、财政厅（局）、人力资源社会保障厅（局），新疆生产建设兵团及各计划单列市卫生局（卫生计生委）、中医药管理局、发展改革委、财务局、人力资源社会保障局：

按照党的十八大报告关于“扶持中医药和民族医药事业发展”的方针要求，为在县级公立医院综合改革试点工作中充分发挥中医药（含民族医药，下同）特色优势，根据《国务院办公厅印发关于县级公立医院综合改革试点意见的通知》（国办发［2012］33号，以下简称《试点意见》），现就有关事项通知如下。

一、改革中医药补偿机制

（一）鼓励使用中药饮片。颁布国家药品标准的中药饮片为国家基本药物。对中药饮片的管理，要根据原卫生部会同有关部门印发的《国家基本药物目录管理办法（暂行）》（卫药政发［2009］79号）和人力资源社会保障部印发的《国家基本医疗保险、工伤保险和生育保险药品目录》（人社部发［2009］159号）等要求，暂按国务院有关部门关于中药饮片定价、采购、配送、使用和基本医疗保险给付等政策规定执行。各地在改革县级医院药品加成政策时，要区别对待中药饮片，充分考虑中药饮片价格形成机制和管理成本，研究制定科学合理的政策措施，形成鼓励使用中药饮片的有效机制。

（二）调整中医医疗服务项目和价格。各地要结合医疗服务价格项目规范和按病种收费试点工作的实施，鼓励技术成熟稳定的中医医疗服务的临床使用，切实做好县级中医医疗服务价格项目管理工作。按照国家发展改革委、原卫生部、国家中医药管理局《关于规范医疗服务价格管理及有关问题的通知》（发改价格［2012］1170号）要求，全面规范县级中医医疗服务价格项目。对于确需保留的本地区已审批但未列入《全国医疗服务价格项目规范（2012年版）》的中医医疗服务价格项目，要按规定及时上报审核。在推进按病种收费试点工作中，应确保一定数量的中医优势病种纳入试点范围。

各地要结合取消药品加成、财政补偿和医

保支付水平的具体情况，按照“总量控制、结构调整”的原则，合理提高中医医疗服务价格，充分体现中医和中医药人员技术劳务价值，进一步理顺医疗服务价格。调整医疗服务价格时，要切实做好医疗服务成本分摊测算工作，并与改革医保支付方式、提高医保支付水平相衔接，确保不增加群众看病就医负担。

（三）在医保中鼓励使用中医药。继续贯彻落实在全民医保中鼓励使用中医药服务的政策，充分发挥中医药对保障参保人员基本医疗需求的作用。将符合条件的各类中医诊疗项目和中药（含中药饮片、中成药、中药制剂）纳入基本医疗保险基金支付范围。适当提高新农合中医药报销比例。

在支付方式改革中，要充分考虑中医药和县级中医医院（含中西医结合、民族医医院，下同）特点和实际情况，合理确定县级中医医院医疗服务支付标准。人力资源社会保障部门通过区分县级中医医院类型、级别、服务特色以及承担的基本医疗服务量等，合理确定医保付费总额控制指标，引导医疗机构运用成本相对较低、疗效相对较好的诊疗项目，发挥中医药“简、便、验、廉”的特色和优势。

（四）落实和完善政府对中医医院投入倾斜政策。全面落实公立医院政府投入政策，并按照《中共中央、国务院关于深化医药卫生体制改革的意见》（中发［2009］6号）对中医医院“在投入政策上予以倾斜”的要求，探索多种形式的中医医院投入倾斜政策，切实加大对中医医院投入力度。

二、提升县级医院中医药服务能力

（一）优化中医医疗资源配置。县级政府对政府办中医医院履行出资责任，要坚持中西医并重，落实好《试点意见》关于“政府在每个县（市）重点办好1～2所县级医院（含中医医院）”要求，优化县域内卫生资源配置，按照“填平补齐”原则，改善中医医院基础设施条件，完善辅助设施。要加强县级中医医院临床科室、医技科室和中药房的设备配置，发展和丰富中医药服务。把县级中医医院纳入院前急救体系，积极发挥其作用。加强县级综合医院中医科室和中药房建设。

（二）加强中医重点（特色）专科建设。支持开展县级医院中医重点（特色）专科建设，提高中医医疗技术水平。每个县级中医医院要选择中医药特色突出的临床专业科室进行重点建设，并加强预防、养生、保健、康复服务功能，探索将治疗和预防、养生、保健、康复服务相结合，努力形成中医药综合服务模式。制定实施适应基本医疗需求、符合县级医院实际的中医优势病种中医诊疗方案和临床路径，推广应用针、灸、推拿、正骨、微创、刮痧、罐、敷熨熏洗等中医医疗技术。加强中医药文化建设与宣传，营造大医精诚的文化氛围。

（三）加强中医医院信息化建设。按照统一标准，以电子病历和医院管理为重点，加强县级中医医院信息系统建设，功能涵盖电子病历、临床路径、诊疗规范、绩效考核及综合业务管理等，与医疗保障、基层医疗卫生机构信息系统衔接，逐步实现互联互通。

（四）加强中医药人才队伍建设。做好县级中医医院人员配备和岗位设置工作，中医类别执业医师占执业医师总人数比例不低于60%。县级中医医院应当进行中医住院医师规范化培训；对临床类别医师进行中成药合理应用和包括针灸、推拿在内的中医适宜技术等中医药知识与技能培训，鼓励参加西医师学习中医专项培训。遵循中医药人才成长的特殊规律，鼓励老中医药专家师带徒，加强经方培训和使用，建立健全中医药继续教育制度。积极培养或引进中医药学科带头人。推广国家基本药物中成药临床应用指南，加强药师队伍建设，提高中药学专业技术服务能力和水平。增强护理人员力量，开展护理人员规范化培训，加大中医辨证施护力度，县级中医医院医护比至少达到1∶2。按照《综合医院中医临床科室基本标准》为县级综合医院配置中医药人员。

三、加强医院与基层医疗卫生机构上下联动

县级中医医院要发挥县域中医医疗中心和农村三级中医药服务网络龙头作用，设置基层指导科，加强对基层医疗卫生机构中医药技术帮扶指导和人员培训。支持县级中医医院对乡镇卫生院和村卫生室医务人员进行中医药专项培训和定期轮训。县级中医医院要与城市三级中医医院开展危重病例远程医疗技术支持、重大疑难病例转诊等工作。尚未设置中医医院的县域，要充分发挥综合医院中医科对基层中医药业务的指导作用。

探索实施城市三级中医医院向县级中医医院轮换派驻医师和管理人员制度。继续实施“万名医师支援农村卫生工程”，县级中医医院在受援医院中比例应不低于10%。逐步建立中医类别医师县、乡、村纵向流动机制以及县级中医医院向乡镇卫生院轮换派驻院长和骨干医师制度，通过开展纵向技术合作、人才流动、管理支持等多种形式，逐步建立县级中医医院从人才、技术等多方面帮扶乡镇卫生院建设中医科的机制，提高农村中医药服务网络整体效率。在探索建立县级医院与基层医疗卫生机构长期稳定的分工协作机制中，与县级中医医院确定分工协作关系的基层医疗卫生机构应占有一定的比例。

四、强化组织保障

（一）加强组织领导。省级卫生行政部门、医改办等部门在制定县级公立医院改革相关政策和推动试点地区制定实施方案时，要充分考虑和体现中医药的特点，会同省级中医药管理部门共同做好研究、规划、部署、实施和督导工作。

（二）加大投入力度。县级政府要合理分配和使用好中央及地方各级政府对试点县（市）的综合改革补助经费，完善政府投入方式，加强资金管理，提高资金使用效益。

（三）做好宣传引导。要深入细致地做好对县级医院中医药人员的宣传动员和政策培训，增强参与改革工作的积极性和主动性。

二〇一三年四月十九日

国家卫生计生委　国家发展改革委　民政部　财政部　人力资源社会保障部　国务院扶贫办关于进一步推进艾滋病防治工作的通知

国卫疾控发［2013］33号

各省、自治区、直辖市卫生厅（局、卫生计生委）、发展改革委、民政厅（局）、财政厅（局）、人力资源社会保障厅（局）、扶贫办（局），新疆生产建设兵团卫生局、发展改革委、民政局、财务局、人力资源社会保障局、扶贫办：

近年来，各地认真贯彻《国务院关于进一步加强艾滋病防治工作的通知》（国发［2010］48号）和《中国遏制与防治艾滋病“十二五”行动计划》（国办发［2012］4号），切实落实各项艾滋病防治工作措施，防治工作取得明显成效。当前，经性传播成为艾滋病主要传播途径，预防控制工作难度加大，随着艾滋病病毒感染者和病人增加，医疗救治、关怀救助任务日益加重。为有效控制艾滋病疫情，现就有关工作通知如下：

一、坚持预防为主，进一步加强艾滋病预防控制工作

各地要将预防为主、减少艾滋病新发感染作为当前的首要工作任务，切实落实各项预防控制措施。将经常性艾滋病防治宣传教育与重点时段宣传教育相结合，大力宣传艾滋病的危害、传播途径和预防措施等知识，提高群众防治艾滋病意识和能力。根据本地艾滋病疫情及行为危险因素监测情况，对重点人群加强宣传教育，并根据其人口学特点、行为方式、接受能力等，开展形式多样的宣传教育活动，倡导建立健康文明的生活方式。

要根据当地艾滋病防治工作需要，优化自愿咨询检测点的设置，提高有条件的医院、乡镇卫生院、社区卫生服务中心和计划生育服务站筛查、检测能力，形成布局合理、功能完善的艾滋病检测网络，确保检测服务方便可及。加强对高危行为人群的艾滋病危害警示教育和综合干预，创新干预方法，提高干预质量，促进其主动检测、减少高危行为。加强对孕产妇的筛查，对感染艾滋病的孕产妇及其所生儿童要切实落实综合干预措施。大力推动无偿献血，强化血液安全管理，推进血站核酸检测工作。全面开展使用抗病毒治疗药物预防配偶间传播工作，积极探索在男性同性性行为人群中使用抗病毒治疗药物预防传播的有效模式。加强艾滋病病毒感染者和病人的法制宣传和道德教育，增强其法制观念和社会责任感。对于故意传播艾滋病和利用感染者身份进行违法犯罪活动的，应依法打击。

二、改进医疗服务，进一步维护艾滋病患者就医权益

要认真贯彻国家关于加强艾滋病患者医疗服务工作的有关要求，科学布局，指定具备条件的医院承担艾滋病患者的综合医疗服务工作（以下简称定点医院），并及时向社会公布。要强化医疗机构首诊（问）负责制，对诊疗服务中发现的艾滋病患者，做好接诊和相关处置工作，不得以任何理由推诿或者拒绝诊治。在不具备相关诊疗条件时，首诊医疗机构要及时转诊至定点医院，不适宜转诊的，由卫生计生行政部门组织定点医院医务人员到首诊医疗机构开展诊断、治疗及相关医疗服务工作。各地卫生计生行政部门要加强监督检查，对推诿或者拒绝为艾滋病患者诊治的医疗机构和医务人员，要依法依规严肃处理。

建立医疗机构、疾病预防控制机构、妇幼保健机构协调工作机制，优化艾滋病检测、咨询、诊断、治疗、预防母婴传播等工作流程，提高工作效率，切实缩短从检测到治疗时间，保证感染者和病人及时接受抗病毒治疗和预防母婴传播干预措施。加强抗病毒治疗工作，及时对符合治疗条件的患者开展规范性治疗、用药指导和病情监测，及时处理药物不良反应。充分发挥中医药在防治艾滋病工作中的作用，探索中西医结合的综合治疗方案，提高治疗依从性和治疗质量，进一步降低病死率。有条件的地区，要组织医疗卫生机构，联合为艾滋病患者共同提供检测、咨询、诊断和治疗的“一站式”服务。

三、做好制度衔接，进一步提高感染者关怀救助水平

各地要将艾滋病机会性感染纳入新农合大病保障范围，尚未纳入的省份要在2014年6月底前完成纳入。完善落实职工医保大额医疗费用补助等补充保险政策，推进城乡居民大病保险试点，对艾滋病机会性感染病人符合规定的医疗费用，医疗保险基金按规定支付。积极推进对符合条件的艾滋病机会性感染病人的医疗救助工作，加强医疗救助与基本医疗保险、大病保险和其他社会救助制度的有效衔接，切实减轻患者医疗负担。积极推行基本医疗保险、大病保险、医疗救助的“一站式”即时结算，方便患者结算。

进一步加强对艾滋病患者的关怀救助工作，逐步形成“政府救助与社会关爱相结合，艾滋病防治与扶贫开发相结合”的工作体系。对符合条件的艾滋病患者，应当按照规定纳入城乡低保、农村五保供养、基本养老保险范围。按照国家相关生活补助政策要求，结合本地实际，合理确定艾滋病致孤儿童和艾滋病病毒感染儿童的基本生活费标准和发放程序，在保证及时、足额发放的同时，切实保护好个人隐私。结合各地扶贫开发工作，对符合扶贫条件、有劳动能力的艾滋病患者，通过贴息贷款、小额信贷等方式，采取以工代赈、就业促进等形式，支持开展力所能及的生产活动，增加家庭收入。积极动员社会力量，弘扬中华民族扶危济困的传统美德，为艾滋病患者献爱心、送温暖。

四、创新社会管理，进一步动员社会力量参与防治工作

各地要按照改革社会组织管理制度的总体要求，积极引导社会组织有序参与艾滋病防治工作。对符合条件的社会组织，要予以登记。鼓励各地探索建立防治艾滋病社会组织培育基地，为达不到登记条件的社会组织提供办公场地、信息、资金和技术等支持，逐步提高防治艾滋病社会组织工作能力，促进其尽快达到登记条件。

要按照《国务院办公厅关于政府向社会力量购买服务的指导意见》（国办发［2013］96号）要求，通过择优竞争的方式，依据“公平、公开、公正”的原则，将宣传教育、动员检测、干预服务、心理支持和关怀救助等适合市场化方式提供的防治艾滋病服务，交由具备条件、信誉良好的社会力量承担。制订明确的防治服务内容和规范要求，确保服务质量。加强医疗卫生机构与社会组织协作，建立信息沟通制度，实现防治工作有效衔接。研究建立严格的监督评价机制、优胜劣汰的竞争机制和退出机制，加强对购买服务的监督评估，确保目标人群获得优质服务。

五、落实防护措施，进一步保障相关人员职业健康

各地要科学制订职业暴露感染艾滋病应急预案，根据本地实际情况，按照“布局合理、储备充足、安全有效、使用方便”的原则，调整设置职业暴露预防药品储备库，并及时通知有职业暴露风险的机构。有职业暴露风险的机构要完善预防控制职业暴露的工作制度，全面开展职业防护知识教育和技能培训，为相关人员配备必要的防护用品，并按照应急预案的要求及时处置有关人员发生的职业暴露。

职业病诊断与鉴定机构要认真学习贯彻新修订的《职业病分类和目录》，切实提高职业暴露感染艾滋病的诊断能力和水平，及时对疑似职业暴露感染艾滋病的人员进行诊断。诊断明确并认定为工伤的，人力资源社会保障部门和用人单位要按照工伤保险政策，落实有关待遇。职业暴露感染艾滋病人员所在单位要加强对他们的关怀照顾，妥善解决其工作、生活中的实际困难。

六、加强体系建设，进一步提高艾滋病防治工作能力

各地要结合深化医药卫生体制改革工作的推进，优化配置医疗卫生和计划生育服务资源，充分发挥医院、基层医疗卫生机构、疾病预防控制机构、妇幼保健机构、血站、计划生育技术服务机构和计划生育协会在防治艾滋病工作中的优势，形成合力。进一步加强医疗卫生机构艾滋病防治能力建设，逐步提升医疗卫生机构防治水平。根据艾滋病治疗需要和医保基金、财政等各方面承受能力，在基本药物目录中适当增加抗艾滋病病毒治疗和机会性感染治疗药品的种类，完善艾滋病治疗药品供应保障体系。针对防治工作中的突出问题，结合“艾滋病和病毒性肝炎重大传染病防治”专项和“重大新药创制”专项的实施，组织科研攻关，落实科技示范区工作任务，加大成果转化，为防治工作提供技术支撑。

为了适应当前艾滋病防治需要，探索适合我国不同流行水平、不同传播类型地区的工作模式，国家将在认真总结前两轮艾滋病综合防治示范区经验的基础上，开展第三轮艾滋病综合防治示范区工作，鼓励地方因地制宜地完善工作机制，健全防治体系，提升防治能力，创新工作方法，优化防治服务，提高防治效果。各省（区、市）要加强对艾滋病防治工作的组织领导，落实防治责任，加大投入力度，并结合本地实际情况，建立省级艾滋病综合防治示范区。通过国家级、省级示范区的建设，带动艾滋病防治工作的全面深入开展，促进“十二五”防治目标的实现。

二〇一三年十一月三十日

国家卫生和计划生育委员会　民政部　财政部　人力资源和社会保障部　住房和城乡建设部关于进一步做好计划生育特殊困难家庭扶助工作的通知

国卫家庭发〔2013〕41号

各省、自治区、直辖市卫生计生委（人口计生委）、民政厅（局）、财政厅（局）、人力资源社会保障厅（局）、住房城乡建设厅（建委、房地局、住房保障和房屋管理局），新疆生产建设兵团人口计生委、卫生局、民政局、财政局、人力资源社会保障局、建设局：

我国全面推行计划生育以来，广大群众积极响应国家号召，自觉实行计划生育，为控制人口过快增长、促进经济社会发展做出了贡献。目前，一些家庭由于独生子女伤残（指被依法鉴定为三级以上伤残）死亡，在生活保障、养老照料、大病医疗、精神慰藉等方面遇到一些特殊困难。党中央、国务院高度重视，积极采取措施，加大对计划生育特殊困难家庭（指独生子女发生伤残或死亡、未再生育或收养子女的家庭）的扶助力度，取得了积极成效。为进一步做好计划生育特殊困难家庭扶助工作，现通知如下：

一、加大经济扶助力度

（一）根据经济社会发展水平，逐步提高经济扶助标准。自2014年起，将女方年满49周岁的独生子女伤残、死亡家庭夫妻的特别扶助金标准分别提高到：城镇每人每月270元、340元，农村每人每月150元、170元，并建立动态增长机制。中央财政按照不同比例对东、中、西部地区予以补助。

二、做好养老保障工作

（二）对符合条件的计划生育特殊困难家庭成员参加新型农村社会养老保险、城镇居民社会养老保险的，应当按照规定给予参保缴费补贴。

（三）对60周岁及以上的计划生育特殊困难家庭成员，特别是其中失能或部分失能的，要优先安排入住政府投资兴办的养老机构。

（四）有条件的地方可对计划生育特殊困难家庭成员中的生活长期不能自理、经济困难的老年人发放护理补贴。

三、提高医疗保障水平

（五）要将符合条件的低收入计划生育特殊困难家庭成员纳入城乡医疗救助范围，给予相应的医疗救助，并帮助其参加城镇居民基本医疗保险或新型农村合作医疗。

（六）对有再生育意愿的独生子女伤残死

亡家庭，参加生育保险或城镇职工基本医疗保险、城镇居民基本医疗保险的，要将其接受取环、输卵（精）管复通等计划生育手术及再生育服务的医疗费用按照规定纳入支付范围；免费向农村居民提供取环、输卵（精）管复通等计划生育手术服务，并给予住院分娩补助；对确需实施辅助生殖技术的，要做好咨询指导工作，并给予必要的帮助。

（七）鼓励和支持各级医疗机构开通“绿色通道”，建立社区医疗服务巡诊制度，为计划生育特殊困难家庭提供便利的就医条件。

四、开展社会关怀活动

（八）充分发挥各类社会组织、企事业单位、群众自治组织，特别是志愿服务组织、社会工作专业服务机构、基层计划生育协会和人口福利基金会等的积极作用，以精神慰藉和心理疏导为重点，深入开展各种形式的社会关怀活动，营造良好的社会氛围。探索发挥保险机制的作用。

（九）对生活贫困、住房困难的城镇计划生育特殊困难家庭申请廉租房、公租房等保障性住房的，要优先给予安排；对农村计划生育特殊困难家庭，要按照有关规定优先纳入农村危房改造范围。

（十）对符合条件、有收养意愿的计划生育特殊困难家庭，在同等条件下，优先安排其收养子女。

（十一）要加大对残疾独生子女的帮扶力度，逐步实行高中阶段免费教育，鼓励参加职业技能培训，对符合条件的人员按照规定给予相关政策扶持，优先安排医疗康复项目，优先适配基本型辅助器具。

（十二）计划生育特殊困难家庭成员死亡的，可提供必要的丧葬服务补贴。

（十三）要建立计划生育特殊困难家庭联系人制度，将失去民事行为能力的计划生育特殊困难家庭成员纳入国家成年监护制度安排中，及时沟通情况，了解需求，提供必要的帮助。

五、切实加强组织领导

（十四）计划生育特殊困难家庭扶助是一项政治性、政策性很强的工作，妥善解决计划生育特殊困难家庭的问题，事关群众切身利益，事关社会和谐稳定。各地要按照《中华人民共和国人口与计划生育法》的要求，切实承担责任，加强组织领导，结合实际制定具体政策措施，进一步明确各有关部门职责，确保投入到位、工作到位、监督落实到位。

（十五）各地要落实好计划生育特殊困难家庭扶助所需资金，有条件的地方可探索建立计划生育公益金或生育关怀基金，重点用于帮扶计划生育特殊困难家庭。

（十六）各地要加强舆论引导，积极营造全社会关心、帮助计划生育特殊困难家庭的社会环境。

二〇一三年十二月十八日

国家卫生计生委　人力资源社会保障部　安全监管总局　全国总工会关于印发《职业病分类和目录》的通知

国卫疾控发［2013］48号

各省、自治区、直辖市卫生计生委（卫生厅局）、安全生产监督管理局、人力资源社会保障厅（局）、总工会，新疆生产建设兵团卫生局、安全生产监督管理局、人力资源社会保障局、工会，中国疾病预防控制中心：

根据《中华人民共和国职业病防治法》有关规定，国家卫生计生委、安全监管总局、人力资源社会保障部和全国总工会联合组织对职业病的分类和目录进行了调整。现将《职业病分类和目录》印发给你们，从即日起施行。2002年4月18日原卫生部和原劳动保障部联合印发的《职业病目录》同时废止。

二〇一三年十二月二十三日

职业病分类和目录

一、职业性尘肺病及其他呼吸系统疾病

（一）尘肺病。

1. 矽肺
2. 煤工尘肺
3. 石墨尘肺
4. 碳黑尘肺
5. 石棉肺
6. 滑石尘肺
7. 水泥尘肺
8. 云母尘肺
9. 陶工尘肺
10. 铝尘肺
11. 电焊工尘肺
12. 铸工尘肺
13. 根据《尘肺病诊断标准》和《尘肺病理诊断标准》可以诊断的其他尘肺病

（二）其他呼吸系统疾病。

1. 过敏性肺炎
2. 棉尘病
3. 哮喘
4. 金属及其化合物粉尘肺沉着病（锡、铁、锑、钡及其化合物等）
5. 刺激性化学物所致慢性阻塞性肺疾病

6. 硬金属肺病

二、职业性皮肤病

1. 接触性皮炎
2. 光接触性皮炎
3. 电光性皮炎
4. 黑变病
5. 痤疮
6. 溃疡
7. 化学性皮肤灼伤
8. 白斑
9. 根据《职业性皮肤病的诊断总则》可以诊断的其他职业性皮肤病

三、职业性眼病

1. 化学性眼部灼伤
2. 电光性眼炎
3. 白内障（含放射性白内障、三硝基甲苯白内障）

四、职业性耳鼻喉口腔疾病

1. 噪声聋
2. 铬鼻病
3. 牙酸蚀病
4. 爆震聋

五、职业性化学中毒

1. 铅及其化合物中毒（不包括四乙基铅）
2. 汞及其化合物中毒
3. 锰及其化合物中毒
4. 镉及其化合物中毒
5. 铍病
6. 铊及其化合物中毒
7. 钡及其化合物中毒
8. 钒及其化合物中毒
9. 磷及其化合物中毒
10. 砷及其化合物中毒
11. 铀及其化合物中毒
12. 砷化氢中毒
13. 氯气中毒
14. 二氧化硫中毒
15. 光气中毒
16. 氨中毒
17. 偏二甲基肼中毒
18. 氮氧化合物中毒
19. 一氧化碳中毒
20. 二硫化碳中毒
21. 硫化氢中毒
22. 磷化氢、磷化锌、磷化铝中毒
23. 氟及其无机化合物中毒
24. 氰及腈类化合物中毒
25. 四乙基铅中毒
26. 有机锡中毒
27. 羰基镍中毒
28. 苯中毒
29. 甲苯中毒
30. 二甲苯中毒
31. 正己烷中毒
32. 汽油中毒
33. 一甲胺中毒
34. 有机氟聚合物单体及其热裂解物中毒
35. 二氯乙烷中毒
36. 四氯化碳中毒
37. 氯乙烯中毒
38. 三氯乙烯中毒
39. 氯丙烯中毒
40. 氯丁二烯中毒
41. 苯的氨基及硝基化合物（不包括三硝基甲苯）中毒
42. 三硝基甲苯中毒
43. 甲醇中毒
44. 酚中毒
45. 五氯酚（钠）中毒
46. 甲醛中毒
47. 硫酸二甲酯中毒
48. 丙烯酰胺中毒
49. 二甲基甲酰胺中毒
50. 有机磷中毒
51. 氨基甲酸酯类中毒
52. 杀虫脒中毒

53. 溴甲烷中毒
54. 拟除虫菊酯类中毒
55. 铟及其化合物中毒
56. 溴丙烷中毒
57. 碘甲烷中毒
58. 氯乙酸中毒
59. 环氧乙烷中毒
60. 上述条目未提及的与职业有害因素接触之间存在直接因果联系的其他化学中毒

六、物理因素所致职业病

1. 中暑
2. 减压病
3. 高原病
4. 航空病
5. 手臂振动病
6. 激光所致眼（角膜、晶状体、视网膜）损伤
7. 冻伤

七、职业性放射性疾病

1. 外照射急性放射病
2. 外照射亚急性放射病
3. 外照射慢性放射病
4. 内照射放射病
5. 放射性皮肤疾病
6. 放射性肿瘤（含矿工高氡暴露所致肺癌）
7. 放射性骨损伤
8. 放射性甲状腺疾病
9. 放射性性腺疾病
10. 放射复合伤
11. 根据《职业性放射性疾病诊断标准（总则）》可以诊断的其他放射性损伤

八、职业性传染病

1. 炭疽
2. 森林脑炎
3. 布鲁氏菌病
4. 艾滋病（限于医疗卫生人员及人民警察）
5. 莱姆病

九、职业性肿瘤

1. 石棉所致肺癌、间皮瘤
2. 联苯胺所致膀胱癌
3. 苯所致白血病
4. 氯甲醚、双氯甲醚所致肺癌
5. 砷及其化合物所致肺癌、皮肤癌
6. 氯乙烯所致肝血管肉瘤
7. 焦炉逸散物所致肺癌
8. 六价铬化合物所致肺癌
9. 毛沸石所致肺癌、胸膜间皮瘤
10. 煤焦油、煤焦油沥青、石油沥青所致皮肤癌
11. β-萘胺所致膀胱癌

十、其他职业病

1. 金属烟热
2. 滑囊炎（限于井下工人）
3. 股静脉血栓综合征、股动脉闭塞症或淋巴管闭塞症（限于刮研作业人员）

国家卫生计生委　中央编办　国家发展改革委　教育部　财政部　人力资源社会保障部　国家中医药管理局关于建立住院医师规范化培训制度的指导意见

国卫科教发［2013］56号

各省、自治区、直辖市卫生计生委（卫生厅局）、编办、发展改革委、教育厅（教委）、财政厅（局）、人力资源社会保障厅（局）、中医药管理局，新疆生产建设兵团卫生局、编办、发展改革委、教育局、财务局、人力资源社会保障局：

住院医师规范化培训是培养合格临床医师的必经途径，是加强卫生人才队伍建设、提高医疗卫生工作质量和水平的治本之策，是深化医药卫生体制改革和医学教育改革的重大举措。为贯彻《中共中央、国务院关于深化医药卫生体制改革的意见》（中发［2009］6号）和《国家中长期人才发展规划纲要（2010—2020年）》精神，培养和建设一支适应人民群众健康保障需要的临床医师队伍，现就建立住院医师规范化培训制度提出如下意见，请结合本地实际认真执行。

一、指导思想、基本原则和工作进程

（一）指导思想。深入贯彻落实科学发展观，实施“科教兴国、人才强国”战略，紧密结合我国经济社会发展要求，按照深化医药卫生体制改革的总体部署，立足基本国情，借鉴国际经验，遵循医学教育和医学人才成长规律，从制度建设入手，完善政策，健全体系，严格管理，建立健全住院医师规范化培训制度，全面提高我国医师队伍的综合素质和专业水平。

（二）基本原则。坚持政府主导、部门协同、行业牵头、多方参与，建立健全住院医师规范化培训工作机制。坚持统筹规划、需求导向、稳妥推进、逐步完善，积极开展住院医师规范化培训工作。坚持统一标准、突出实践、规范管理、注重实效，切实提高医师队伍执业素质和实际诊疗能力。

（三）工作进程。到2015年，各省（区、市）全面启动住院医师规范化培训工作；到2020年，基本建立住院医师规范化培训制度，所有新进医疗岗位的本科及以上学历临床医师均接受住院医师规范化培训。

二、逐步建立健全住院医师规范化培训制度

（四）制度内涵。住院医师规范化培训是指医学专业毕业生在完成医学院校教育之后，以住院医师的身份在认定的培训基地接受以提

高临床能力为主的系统性、规范化培训。住院医师规范化培训制度是对招收对象、培训模式、培训招收、培训基地、培训内容和考核认证等方面的政策性安排。

（五）招收对象。拟从事临床医疗工作的高等院校医学类专业（指临床医学类、口腔医学类、中医学类和中西医结合类，下同）本科及以上学历毕业生，或已从事临床医疗工作并取得执业医师资格证书，需要接受培训的人员。

（六）培训模式。“5＋3”是住院医师规范化培训的主要模式，即完成5年医学类专业本科教育的毕业生，在培训基地接受3年住院医师规范化培训。

（七）培训招收。卫生计生行政部门会同有关部门制订中长期规划和年度培训计划。培训基地依据核定规模，按照公开公平、双向选择、择优录取的原则，主要通过招收考试形式，招收符合条件的医疗卫生单位委派人员和社会人员参加培训。根据医疗保健工作需求，适当加大全科以及儿科、精神科等紧缺专业的招收规模。

（八）培训基地。培训基地是承担住院医师规范化培训的医疗卫生机构，依据培训需求和基地标准进行认定，实行动态管理，原则上设在三级甲等医院，并结合当地医疗资源实际情况，将符合条件的其他三级医院和二级甲等医院作为补充，合理规划布局。区域内培训基地可协同协作，共同承担有关培训工作。全科医生规范化培养基地除临床基地外还应当包括基层医疗卫生机构和专业公共卫生机构。

（九）培训内容。包括医德医风、政策法规、临床实践技能、专业理论知识、人际沟通交流等，重点提高临床诊疗能力。

（十）考核认证。包括过程考核和结业考核。合格者颁发统一制式的《住院医师规范化培训合格证书》。

三、完善保障措施

（十一）编制保障。机构编制部门在制订医疗卫生机构编制标准时，将有关机构承担的住院医师规范化培训任务作为核定编制时统筹考虑的因素。

（十二）人员管理与待遇。

培训对象是培训基地住院医师队伍的一部分，应遵守培训基地的有关管理规定，并依照规定享受相关待遇。

单位委派的培训对象，培训期间原人事（劳动）、工资关系不变，委派单位、培训基地和培训对象三方签订委托培训协议，委派单位发放的工资低于培训基地同等条件住院医师工资水平的部分由培训基地负责发放。面向社会招收的培训对象与培训基地签订培训协议，其培训期间的生活补助由培训基地负责发放，标准参照培训基地同等条件住院医师工资水平确定。具有研究生身份的培训对象执行国家研究生教育有关规定，培训基地可根据培训考核情况向其发放适当生活补贴。

临床医学专科学历毕业生参加2年毕业后培训（3＋2），培训期间的有关人员管理和待遇参照上述原则并结合当地实际执行，培训内容及标准等另行制订。

（十三）经费保障。建立政府投入、基地自筹、社会支持的多元投入机制。政府对按规划建设设置的培训基地基础设施建设、设备购置、教学实践活动以及面向社会招收和单位委派培训对象给予必要补助，中央财政通过专项转移支付予以适当支持。各地要充分利用已支持建设的全科医生规范化培养基地的条件，在住院医师规范化培训中发挥应有的作用。

四、密切相关政策衔接

（十四）学位衔接。探索住院医师规范化培训与医学硕士专业学位（指临床、口腔、中医，下同）研究生教育有机衔接的办法，逐步统一住院医师规范化培训和医学硕士专业学位研究生培养的内容和方式。取得《住院医师规范化培训合格证书》并符合国家学位要求的临床医师，可授予医学硕士专业学位；符合住院医师规范化培训管理要求，按照住院医师规范化培训标准内容进行培训并考核合格的医学硕士专业学位研究生，可取得《住院医师规范化培训合格证书》。

（十五）执业注册。规范化培训前已取得《执业医师资格证书》的培训对象，应当将培训基地注册为执业地点，可不限执业范围。培训期间尚未取得《执业医师资格证书》的，可在具有执业资格的带教师资指导下进行临床诊疗工作。培训期间，可依照《执业医师法》相关规定参加国家医师资格考试，取得执业医师资格后，医师执业证书应当注明类别，可不限执业范围，但应当按照有关规定填写相应规范化培训信息。培训结束后，根据实际情况确定执业范围和地点，依法办理相应执业注册变更手续。

（十六）政策引导。在全面启动住院医师规范化培训的省（区、市），将取得《住院医师规范化培训合格证书》作为临床医学专业中级技术岗位聘用的条件之一。住院医师规范化培训合格者到基层医疗卫生机构工作，可提前1年参加全国卫生专业技术中级资格考试，同等条件下优先聘用。培训对象到基层实践锻炼的培训时间，可计入本人晋升中高级职称前到基层卫生单位累计服务年限。申请个体行医，在符合规定条件的前提下，卫生计生行政部门应当予以优先，并逐步将参加住院医师规范化培训合格作为必备条件。

（十七）建立培训供需匹配机制。加强部门协同，逐步建立临床医学专业毕业生数量、住院医师规范化培训基地培训容量与临床医师岗位需求量相匹配的机制。

五、强化组织领导

（十八）抓好组织落实。各省（区、市）要按照本指导意见，制订适合本地区情况的具体实施方案。卫生计生、编制、发展改革、教育、财政、人力资源社会保障、中医药等部门要健全工作协调机制，制订政策，发布相关实施细则，并及时研究解决贯彻实施中的有关问题，不断探索完善相关政策措施，推动本地区住院医师规范化培训工作扎实稳妥有效推进。

（十九）促进各地均衡发展。发达地区要积极支持欠发达地区开展住院医师规范化培训工作，在师资队伍建设、基地建设、培训名额等方面给予帮扶。年度招收计划要有一定比例的培训名额用于支持欠发达地区。

（二十）发挥有关行业组织作用。加强行业协会、专业学会及相关机构能力建设，在制订培训标准、开展考核认证等方面充分发挥行业组织的优势与作用。

（二十一）做好舆论宣传。通过多种形式加强宣传，增强全社会对住院医师规范化培训必要性及重要性的认识，为全面建立住院医师规范化培训制度营造良好氛围。

二〇一三年十二月三十一日

国家禁毒委员会办公室　中央社会管理综合治理委员会办公室　公安部　卫生部民政部　司法部　人力资源和社会保障部中华全国总工会　共青团中央中华全国妇女联合会关于加强社区戒毒社区康复工作的意见

禁毒办通［2013］5号

各省、自治区、直辖市禁毒委员会办公室，党委社会管理综合治理委员会办公室，公安厅（局）、卫生厅（局）、民政厅（局）、司法厅（局）、人力资源和社会保障厅（局），工会、团委、妇联，新疆生产建设兵团禁毒委员会办公室，党委社会管理综合治理委员会办公室，公安局、卫生局、民政局、司法局、人力资源和社会保障局，工会、团委、妇联：

为认真贯彻实施《中华人民共和国禁毒法》（以下简称《禁毒法》）和《戒毒条例》，进一步提高对吸毒人员的管理和服务工作水平，切实落实戒毒治疗、康复指导、就业安置、救助服务措施，最大限度地减少毒品社会危害，现就加强社区戒毒社区康复工作提出如下意见：

一、充分认识加强社区戒毒社区康复工作的重要性和紧迫性

开展社区戒毒社区康复工作，是《禁毒法》在总结我国多年戒毒工作实践经验基础上推出的新的戒毒措施，是整个戒毒体系的重要组成部分。依靠基层组织，依托社区资源，建立戒毒治疗、康复指导、救助服务兼备的工作体系，充分发挥社区、家庭的作用帮助吸毒成瘾人员戒除毒瘾，是推进社会管理创新的重要举措，充分体现了戒毒工作以人为本的原则。大力加强社区戒毒社区康复工作，事关禁毒工作全局，事关社会和谐稳定，事关人民安居乐业，对于深入推进禁毒人民战争、实现禁毒斗争形势持续好转具有重要意义。

近年来，各地区、各有关部门按照国家禁毒委员会的部署要求，积极开展社区戒毒社区康复工作，初步建立了工作网络，形成了工作机制，积累了工作经验，取得了一定成效。但受种种因素影响，当前社区戒毒社区康复工作仍存在一些突出问题，成为整个戒毒工作中的一个薄弱环节。一些地方政府对社区戒毒社区康复工作不够重视，组织领导不到位，经费保障不落实，致使这项工作发展滞后。有些乡（镇）、街道等基层组织没有认真履行社区戒毒社区康复工作职责，缺乏相应的工作机构和工作人员，有的甚至长期没有正常开展工作，致使社区戒毒社区康复工作措施执行不力，社区戒毒社区康复人员超期未报到、严重违反协议和脱管失控问题突出，严重影响了法律的严肃性和戒毒的实效性。各地区、各有关部门要充分认识做好社区戒毒社区康复工作的重要性和紧迫性，切实抓好各项戒毒康复措施的落实，积极促进戒毒康复人员就业，最大限度地教育、感化和挽救吸毒人员，为全面建成小康社会、加快推进社会主义现代化创造良好社会环境。

二、进一步明确社区戒毒社区康复工作的指导思想和基本目标

（一）指导思想。以邓小平理论、“三个代表”重要思想、科学发展观为指导，深入贯彻实施《禁毒法》和《戒毒条例》，坚持以人为本、科学戒毒、综合矫治、关怀救助的戒毒工作原则，紧密结合社会管理创新，统筹利用社会资源，充分依靠人民群众，因地制宜、创造性地开展工作，着力建立政府统一领导、禁毒委员会组织实施、有关部门各负其责、社会力量广泛参与的工作体制，着力构建集生理脱毒、身心康复、就业安置、融入社会于一体的社区戒毒社区康复模式，着力加强社区戒毒社区康复工作机构、戒毒康复场所、戒毒康复人员就业安置基地建设，积极帮助社区戒毒社区康复人员戒除毒瘾、融入社会，最大限度地减少毒品社会危害，促进我国禁毒斗争形势持续好转。

（二）基本目标。力争通过2～3年不懈努力，实现以下目标：社区戒毒社区康复工作体系基本形成，领导机构普遍建立，专职工作人员配备基本到位，工作机制逐步完善，经费保障投入不断加大，社区戒毒社区康复基层基础工作水平明显提升；社区戒毒社区康复工作持续健康深入发展，各项工作措施得到有效落实，戒毒康复效果明显提升，社区戒毒社区康复执行率、戒毒康复人员管控率和戒断巩固率逐年增长，复吸率逐年下降；社区戒毒社区康复人员就业安置规模逐步扩大，救助服务和社会保障普遍得到落实，生活就业状况明显改善。在此基础上，再经过几年努力，使社区戒毒社区康复工作措施全面落实，工作机制、保障机制更加完善，戒毒康复效果更加巩固，实现社区戒毒社区康复工作制度化、规范化、常态化。

三、建立健全社区戒毒社区康复工作体系

（三）健全管理机构。乡（镇）人民政府、城市街道办事处应当根据工作实际需要，成立社区戒毒社区康复工作领导小组，由乡（镇）人民政府、城市街道办事处分管领导任组长，综治、公安、卫生行政、民政、司法行政、人力资源社会保障等部门负责人为成员，具体负责组织本辖区的社区戒毒社区康复工作。同时，设立社区戒毒社区康复工作办公室，落实办公用房、活动场地等基础设施，为社区戒毒社区康复人员提供心理辅导、职业技能培训、职业指导、社会支持网络重建、社会功能修复、社会融入服务以及就学、就业、就医援助。社区戒毒社区康复专兼职工作人员、社区民警、社区医务人员、社区戒毒社区康复人员的家庭成员以及禁毒志愿者共同组成社区戒毒社区康复工作小组，依照有关法律和程序规定，具体实施社区戒毒社区康复工作。负责女性社区戒毒社区康复人员的工作小组应当有女性工作人员参加。

（四）配备工作人员。乡（镇）人民政府、城市街道办事处应当至少配备1名专职或兼职干部，具体负责社区戒毒社区康复工作。根据工作实际需要，按照辖区每30名实有吸毒人员原则上至少配备1名专职工作人员的比例，配齐社区戒毒社区康复专职工作人员，专门从事社区戒毒社区康复人员管理和服务工作。辖区实有吸毒人员不足30名的，也应当至少配备1名专职工作人员。县级以上人民政府可以通过政府购买服务、提供公益性岗位、落实事业编制等方式，统一招聘社区戒毒社区康复专

职人员和专业社会工作者，落实工资报酬、福利待遇和社会保险，加强业务培训，提升专业社会工作服务能力，确保专职人员队伍的稳定性和工作的连续性。工会、共青团、妇联等群众团体应当组织职工、青年禁毒志愿者、巾帼禁毒志愿者积极参与社区戒毒社区康复工作，会同专职工作人员做好禁毒宣传、社会帮教、救助服务等工作，积极向戒毒康复人员献爱心，帮助他们远离毒品、融入社会。

（五）落实保障政策。县级以上人民政府应当依照有关法律规定，将社区戒毒社区康复工作经费纳入本级财政预算，满足人员招聘、日常办公、吸毒检测等工作实际需要。按照完善和创新特殊人群管理服务的要求，结合本地实际，制定戒毒康复、职业技能培训、就业安置、社会保障等方面优惠政策，对参加戒毒药物维持治疗生活困难人员、自主创业戒毒康复人员以及参与戒毒康复工作的企业给予相关政策和经费支持，为深入开展社区戒毒社区康复工作提供有力保障。

四、切实落实社区戒毒社区康复工作措施

（六）依法做出决定。县级以上公安机关应当依照《禁毒法》、《戒毒条例》和《吸毒成瘾认定办法》的相关规定，依法责令吸毒成瘾人员接受社区戒毒，防止出现以罚代戒、降格处理等现象。强制隔离戒毒决定机关可以参照强制隔离戒毒诊断评估结果做出责令社区康复的决定；对被责令强制隔离戒毒 2 次以上的解除强制隔离戒毒人员，原则上应当责令其接受社区康复。

（七）落实衔接措施。公安机关做出社区戒毒（社区康复）决定后，应当在 7 个工作日内通知负责执行社区戒毒（社区康复）的乡（镇）人民政府、城市街道办事处，移交档案等有关材料，并将决定书送达本人及其家属。在接到公安机关通知后，乡（镇）人民政府、城市街道办事处应当做好准备工作，切实落实必送必接措施，实现有效衔接，防止脱管失控。社区戒毒社区康复人员应当在户籍所在地接受社区戒毒社区康复，在户籍所在地以外的现居住地有固定住所的，可以在现居住地接受社区戒毒社区康复。社区戒毒社区康复期间，被责令人户籍所在地、现居住地发生变动、需要变更社区戒毒社区康复执行地的，应当按照《戒毒条例》有关规定及时变更执行地，并做好管理移交和材料转送。社区戒毒社区康复人员自愿申请，并与戒毒康复场所签订协议，可以到戒毒康复场所执行，原执行地乡（镇）人民政府、城市街道办事处应当与戒毒康复场所共同做好入所出所衔接和日常管理工作。

（八）及时签订协议。社区戒毒社区康复人员报到后，社区戒毒社区康复工作小组应当及时与社区戒毒社区康复人员签订《社区戒毒（社区康复）协议》（以下简称协议）。协议由省级禁毒委员会办公室根据本地实际统一制定，内容应包括本地社区戒毒社区康复工作的主要措施，执行单位职责和义务，社区戒毒社区康复人员权利和义务，双方不履行协议应当承担的法律责任等。被责令人员在社区戒毒社区康复期间应当严格遵守协议，对拒绝接受社区戒毒社区康复、严重违反协议的，应当严格依据法律有关规定进行处理。

（九）加强监督管理。社区戒毒社区康复工作小组应当根据社区戒毒社区康复人员的染毒程度、经历、个人特点、生活和家庭环境等情况，探索建立分类管理机制，有的放矢地采取管理措施。建立帮教制度，定期与社区戒毒社区康复人员及其家属进行谈心，掌握现实表现，督促履行协议。公安机关应当按照定期不定时的原则，认真做好社区戒毒社区康复人员的吸毒检测工作，社区戒毒社区康复工作人员应当给予协助。对社区戒毒人员的检测为 3 年内至少 22 次，第一年为每月 1 次，第二年为每 2 个月 1 次，第三年为每 3 个月 1 次；对社区康复人员的检测为 3 年内至少 12 次，第一年为每 2 个月 1 次，第二年为每 3 个月 1 次，第三年为每 6 个月 1 次。对拒绝接受社区戒毒社区康复或执行期间脱失人员，社区戒毒社区康复工作小组应当组织查找；禁毒委员会办公

室应当适时组织清理排查；公安机关应当利用信息化手段进行网上布控，及时查找下落，依照法律规定进行处理。

（十）规范戒毒治疗。自愿戒毒医疗机构、社区卫生服务机构、戒毒药物维持治疗门诊等医疗卫生机构应当按照有关规定，为社区戒毒社区康复人员提供戒毒治疗和康复指导。符合戒毒药物维持治疗条件的社区戒毒社区康复人员，经乡（镇）、街道社区戒毒社区康复工作办公室批准，可以向医疗卫生机构申请参加戒毒药物维持治疗，社区戒毒社区康复工作办公室应当与戒毒药物维持治疗机构建立工作衔接和定期通报制度，加强信息交流和沟通。医疗卫生机构应当将登记参加戒毒药物维持治疗人员的信息及时报公安机关备案。社区戒毒社区康复人员在参加戒毒药物维持治疗期间，应当严格遵守戒毒药物维持治疗的有关规定，对发现吸食、注射毒品以及脱失、自动终止治疗的，医疗卫生机构应当及时向公安机关和社区戒毒社区康复工作办公室报告。

（十一）促进就业安置。乡（镇）人民政府、城市街道办事处应当把帮助社区戒毒社区康复人员就业安置作为社区戒毒社区康复工作的重要任务，立足社区，依托企业，充分运用集中就业安置、分散就业安置、提供公益岗位、鼓励自主创业等多种方式，积极为社区戒毒社区康复人员提供就业机会。公安机关、司法行政部门应当充分利用戒毒康复场所资源，积极引导社区戒毒社区康复人员到戒毒康复场所生活就业。人力资源社会保障部门应当积极为社区戒毒社区康复人员提供就业指导、职业技能培训，对符合就业困难人员条件的进行就业援助。公共就业服务机构应当认真做好社区戒毒社区康复人员的就业服务工作，为有就业愿望的社区戒毒社区康复人员进行失业登记，提供免费的职业指导和职业介绍服务。卫生行政部门应当根据社区集中安置的规模和需要，建立戒毒药物维持治疗门诊或延伸服药点，并依托基层医疗卫生机构，为就业安置人员提供常规医疗服务。民政部门应当将符合条件的社区戒毒社区康复人员及时纳入城乡最低生活保障或临时救助。

（十二）加强信息维护。社区戒毒社区康复工作小组应当对社区戒毒社区康复人员建立戒毒康复管理档案，实时登记报到、帮教、检测、变更、解除等执行情况以及培训、就业等现实表现，有条件的应当实行信息化管理，实现信息网上录入、档案网上管理、程序网上流转、工作网上监督。社区戒毒社区康复工作人员应当及时将戒毒康复、吸毒检测、就业安置等信息提供公安机关或禁毒办事机构，共同做好吸毒人员动态管控信息的登记维护工作，确保网上信息全面、准确、鲜活。公安机关或禁毒办事机构应当按照“谁采集、谁负责，谁录入、谁维护”的原则，建立社区戒毒社区康复信息实时采集、动态维护、质量倒查机制，强化督促检查、信息核查，严禁弄虚作假，防止系统“空转”。

五、切实加强对社区戒毒社区康复工作的组织领导

（十三）加强协调指导。县级以上人民政府要把社区戒毒社区康复工作列入经济社会发展的总体规划，纳入平安建设的重要内容，统筹研究部署，落实工作责任，制定政策措施，完善经费保障。各级社会管理综合治理办公室要将社区戒毒社区康复工作纳入工作范围，协调、指导基层综治部门统筹做好戒毒人员管理和服务工作。各级禁毒委员会办公室要做好社区戒毒社区康复工作的组织、协调和指导工作，制定工作规划，健全管理制度，规范操作流程，统筹安排部署，为各部门开展戒毒康复工作提供指导和服务。

（十四）加强协作配合。各有关部门既要各司其职，发挥各自优势，又要通力协作，形成整体合力，使各个环节有序衔接、各项措施有效落实。公安机关要加强对吸毒人员的检测、登记和管控，依法做出社区戒毒社区康复决定，对戒毒期满人员出具解除社区戒毒（社区康复）通知书，参与社区戒毒社区康复人员

的日常管理，配合卫生行政部门开展戒毒药物维持治疗工作。卫生行政部门要积极做好社区戒毒社区康复工作人员的戒毒治疗、康复指导和常规医疗服务，拓展戒毒药物维持治疗覆盖面，提升戒毒药物维持治疗工作质量。司法行政部门要加强对社区戒毒社区康复人员的法制教育、跟踪帮教等工作，做好戒毒出所人员的衔接管理。人力资源和社会保障部门要把社区戒毒社区康复人员纳入劳动职业技能培训总体规划，做好职业技能培训、就业指导和就业援助，对技能鉴定合格的颁发职业资格证书，落实就业失业登记、失业保险金及技能培训、职业技能鉴定等相关政策和经费补助。民政部门要指导基层组织将社区戒毒社区康复工作纳入社区建设和社区管理范围，指导民办社会工作服务机构和专业社会工作者参与社区戒毒社区康复工作，依照有关规定落实好符合条件的社区戒毒社区康复人员的最低生活保障或临时救助。工会组织要结合开展“职工拒绝毒品‘零计划’行动”，加强对吸毒职工的法制教育和帮扶救助，使其增强戒毒的信心和决心。共青团组织要深入开展“社区青少年远离毒品”行动，结合预防青少年违法犯罪工作，加强对青少年的禁毒宣传教育，积极向吸毒青少年提供爱心教育和关怀救助，防止他们再次沾染毒品。妇联组织要依托社区妇女之家、妇女维权站，结合“平安家庭”、“无毒家庭”创建工作，继续深化“不让毒品进我家”活动，积极做好工作对象的毒品预防宣传教育工作，加强对有吸毒人员家庭的关怀教育，帮助他们改善家庭关系、摆脱毒品侵害。

（十五）加强典型扶持。各地区、各有关部门要充分利用新闻媒体，采取多种形式，广泛宣传开展戒毒康复工作的重要意义，为深入开展社区戒毒社区康复工作创造良好舆论氛围。各级禁毒委员会办公室要深入总结推广社区戒毒社区康复工作经验，培育宣传社区戒毒社区康复工作先进典型，对在戒毒康复、就业安置工作中做出突出贡献的先进集体和先进个人给予表彰奖励，推动社区戒毒社区康复工作深入持久开展。广泛组织开展创建社区戒毒社区康复工作示范单位活动，精心制定工作方案，科学制定考评标准，重点扶持先进典型，对领导重视、机构健全、措施落实、效果明显的授予社区戒毒社区康复工作示范单位称号，并适当给予经费补助和奖励，以此带动社区戒毒社区康复工作全面发展。

（十六）加强督导考核。各级禁毒委员会要把社区戒毒社区康复工作纳入禁毒工作总体考核范围，作为“无毒社区”、“无毒村”创建活动的重要内容，严格落实责任，加强监督检查，推动乡（镇）人民政府、城市街道办事处和有关部门落实社区戒毒社区康复措施。各级禁毒委员会办公室要组织有关部门深入开展调查研究，掌握工作进度，研究解决问题，做好日常检查、年度考评、表彰奖励等工作。各级社会管理综合治理办公室要把社区戒毒社区康复工作纳入社会管理综合治理考评范围，对于重视不够、措施不力、执行不严、吸毒问题严重的地区依法实行社会管理综合治理“一票否决”权制。各级民政部门要把社区戒毒社区康复工作纳入和谐社区建设示范单位测评指标体系，推动基层组织重视和加强社区戒毒社区康复工作。

二〇一三年一月十八日

全国老龄办　最高人民法院　中央宣传部　国家发展改革委　科技部　公安部　民政部　司法部　财政部　人力资源社会保障部　住房城乡建设部　交通运输部　农业部　商务部　文化部　国家卫生计生委　新闻出版广电总局　体育总局　国家林业局　国家旅游局　国家铁路局　中国民航局　国家文物局　全国总工会关于进一步加强老年人优待工作的意见

全国老龄办发〔2013〕97号

各省、自治区、直辖市及新疆生产建设兵团老龄工作委员会办公室、高级人民法院、党委宣传部、发展改革委、科技厅（委、局）、公安厅（局）、民政厅（局）、司法厅（局）、财政厅（局）、人力资源社会保障厅（局）、住房城乡建设厅（委、局）、交通厅（委、局）、农业厅（局、委）、商务主管部门、文化厅（局）、卫生计生委（卫生厅、局、人口计生委）、新闻出版局、广电局、体育局（委）、林业厅（局）、旅游局（委）、铁路局、民航管理局、文物局、总工会：

老年人优待是政府和社会在做好公民社会保障和基本公共服务的基础上，在医、食、住、用、行、娱等方面，积极为老年人提供的各种形式的经济补贴、优先优惠和便利服务。做好老年人优待工作，是增进老年人福祉的重要举措，也是社会文明进步的重要标志。根据新修订的《中华人民共和国老年人权益保障法》和《中共中央、国务院关于加强老龄工作的决定》的有关规定，现就进一步加强老年人优待工作，提出以下意见：

一、总体要求

（一）指导思想。

以邓小平理论、“三个代表”重要思想、科学发展观为指导，立足我国基本国情和经济社会发展现状，针对老年人的特殊需求，积极完善优待政策法规体系，逐步拓展优待项目和范围、创新优待工作方式、提升优待水平，让老年人更好地共享经济社会发展成果，不断提升老年人生活质量。

（二）基本原则。

——政府主导，社会参与。发挥政府在政策制定、督查检查、示范引领方面的主导作用，在社会保障、基本公共服务等方面积极为老年人提供优待，采取措施鼓励、引导社会力量参与优待工作。

——因地制宜，积极推进。根据经济社会发展实际，合理确定优待范围、优待对象和优待标准。积极推进优待工作，坚持积极稳妥、循序渐进，稳步提升。

——突出重点，适度普惠。从不同老年群体的实际需求出发，对各优待项目的服务对象进行细分，优先考虑高龄、失能等困难老年群体的特殊需要，逐步发展面向老年人的普惠性优待项目。

——统筹协调，和谐共融。统筹社会优待与社会保障、优待工作与老龄事业、物质帮助与精神关爱协调发展；统筹推进城乡老年人优待工作，加快发展农村老年人优待项目；统筹不同年龄群体的利益诉求，促进代际共融与社会和谐。

（三）主要目标。

2015 年，实现县级以上地方人民政府全面建立健全老年人优待政策，社会敬老氛围更加浓厚，各项优待规定得到有效落实；2020 年，实现优待工作管理进一步规范，优待项目进一步拓展，优待水平进一步提升，老年人过上更加幸福的小康生活。

二、优待项目和范围

优待的基本对象为 60 周岁以上的老年人。各地可因地制宜，在本意见基础上合理确定优待对象和优待标准，率先在卫生保健、交通出行、商业服务、文体休闲等方面，对常住本行政区域内的老年人给予同等优待，并根据本地实际情况，逐步拓展同等优待范围。

（一）政务服务优待。

1. 各地在落实和完善社会保障制度和公共服务政策时，应对老年人予以适度倾斜。

2. 鼓励地方建立 80 周岁以上低收入老年人高龄津贴制度。

3. 政府投资兴办的养老机构，要在保障“三无”老年人、“五保”老年人服务需求的基础上，优先照顾经济困难的孤寡、失能、高龄老年人。

4. 各地对经济困难的老年人要逐步给予养老服务补贴。对生活长期不能自理、经济困难的老年人，要根据其失能程度等情况给予护理补贴。

5. 各地在实施廉租住房、公共租赁住房等住房保障制度时，要照顾符合条件的老年人，优先配租配售保障性住房；进行危旧房屋改造时，优先帮助符合条件的老年人进行危房改造。

6. 政府有关部门要为老年人及时、便利地领取养老金、结算医疗费和享受其他物质帮助，创造条件，提供便利。鼓励和引导公共服务机构、社会志愿服务组织优先为老年人提供服务。

7. 政府有关部门在办理房屋权属关系变更等涉及老年人权益的重大事项时，应依法优先办理，并就办理事项是否为老年人的真实意愿进行询问，有代理人的要严格审查代理资格。

8. 免除农村老年人兴办公益事业的筹劳任务。经农村集体经济组织全体成员同意，将未承包的集体所有的部分土地、山林、水面、滩涂等作为养老基地，收益供老年人养老，纳入国家和地方湿地保护体系及其自然保护区的重要湿地除外。

9. 政府有关部门要完善老年人社会参与方面的支持政策，充分发挥老年人参与社会发展的积极性和创造性。

10. 对有老年人去世的城乡生活困难家庭，减免其基本殡葬服务费用，或者为其提供基本殡葬服务补贴。对有老年人去世的家庭，选择生态安葬方式的，或者在土葬改革区自愿实行火葬的，要给予补贴或奖励。

（二）卫生保健优待。

11. 医疗卫生机构要优先为辖区内 65 周

岁以上常住老年人免费建立健康档案，每年至少提供1次免费体格检查和健康指导，开展健康管理服务。定期对老年人进行健康状况评估，及时发现健康风险因素，促进老年疾病早发现、早诊断、早治疗。积极开展老年疾病防控的知识宣传，开展老年慢性病和老年期精神障碍的预防控制工作。为行动不便的老年人提供上门服务。

12. 鼓励设立老年病医院，加强老年护理院、老年康复医院建设，有条件的二级以上综合医院应设立老年病科。

13. 医疗卫生机构应为老年人就医提供方便和优先优惠服务。通过完善挂号、诊疗系统管理，开设专用窗口或快速通道、提供导医服务等方式，为老年人特别是高龄、重病、失能老年人挂号（退换号）、就诊、转诊、综合诊疗提供便利条件。

14. 鼓励各地医疗机构减免老年人普通门诊挂号费和贫困老年人诊疗费。提倡为老年人义诊。

15. 倡导医疗卫生机构与养老机构之间建立业务协作机制，开通预约就诊绿色通道，协同做好老年人慢性病管理和康复护理，加快推进面向养老机构的远程医疗服务试点，为老年人提供便捷、优先、优惠的医疗服务。

16. 支持符合条件的养老机构内设医疗机构，申请纳入城镇职工（居民）基本医疗保险和新型农村合作医疗定点范围。

（三）交通出行优待。

17. 城市公共交通、公路、铁路、水路和航空客运，要为老年人提供便利服务。

18. 交通场所和站点应设置老年人优先标志，设立等候专区，根据需要配备升降电梯、无障碍通道、无障碍洗手间等设施。对于无人陪同、行动不便的老年人给予特别关照。

19. 城市公共交通工具应为老年人提供票价优惠，鼓励对65周岁以上老年人实行免费，有条件的地方可逐步覆盖全体老年人。各地可根据实际情况制定具体的优惠办法，对落实老年优待任务的公交企业要给予相应经济补偿。

20. 倡导老年人投保意外伤害保险，保险公司对参保老年人应给予保险费、保险金额等方面的优惠。

21. 公共交通工具要设立不低于坐席数10%的“老幼病残孕”专座。铁路部门要为列车配备无障碍车厢和座位，对有特殊需要的老年人订票和选座位提供便利服务。

22. 严格执行《无障碍环境建设条例》、《社区老年人日间照料中心建设标准》和《养老设施建筑设计规范》等建设标准，重点做好居住区、城市道路、商业网点、文化体育场馆、旅游景点等场所的无障碍设施建设，优先推进坡道、电梯等与老年人日常生活密切相关的公共设施改造，适当配备老年人出行辅助器具，为老年人提供安全、便利、舒适的生活和出行环境。

23. 公厕应配备便于老年人使用的无障碍设施，并对老年人实行免费。

（四）商业服务优待。

24. 各地要根据老年人口规模和消费需求，合理布局商业网点，有条件的商场、超市设立老年用品专柜。

25. 商业饮食服务网点、日常生活用品经销单位，以及水、电、暖气、燃气、通讯、电信、邮政等服务行业和网点，要为老年人提供优先、便利和优惠服务。

26. 金融机构应为老年人办理业务提供便捷服务，设置老年人取款优先窗口，并提供导银服务，对有特殊困难、行动不便的老年人提供特需服务或上门服务。鼓励对养老金客户实施减费让利，对异地领取养老金的客户减免手续费。对办理转账、汇款业务或购买金融产品的老年人，应提示相应风险。

（五）文体休闲优待。

27. 各级各类博物馆、美术馆、科技馆、纪念馆、公共图书馆、文化馆等公共文化服务设施，向老年人免费开放。减免老年人参观文物建筑及遗址类博物馆的门票。

28. 公共文化体育部门应对老年人优惠开

放，免费为老年人提供影视放映、文艺演出、体育赛事、图片展览、科技宣传等公益性流动文化体育服务。关注农村老年人文化体育需求，适当安排面向农村老年人的专题专场公益性文化体育服务。

29. 公共文化体育场所应为老年人健身活动提供方便和优惠服务，安排一定时段向老年人减免费用开放，有条件的可适当增加面向老年人的特色文化体育服务项目。提倡体育机构每年为老年人进行体质测定，为老年人体育健身提供咨询、服务和指导，提高老年人科学健身水平。

30. 提倡经营性文化体育单位对老年人提供优待。鼓励影剧院、体育场馆为老年人提供优惠票价，为老年文艺体育团体优惠提供场地。

31. 公园、旅游景点应对老年人实行门票减免，鼓励景区内的观光车、缆车等代步工具对老年人给予优惠。

32. 老年活动场所、老年教育资源要对城乡老年人公平开放，公共教育资源应为老年人学习提供指导和帮助。贫困老年人进入老年大学（学校）学习的，给予学费减免。

（六）维权服务优待。

33. 各级人民法院对侵犯老年人合法权益的案件，要依法及时立案受理、及时审判和执行。

34. 司法机关应开通电话和网络服务、上门服务等形式，为高龄、失能等行动不便的老年人报案、参与诉讼等提供便利。

35. 老年人因其合法权益受到侵害提起诉讼，需要律师帮助但无力支付律师费用的，可依法获得法律援助。对老年人提出的法律援助申请，要简化程序，优先受理、优先审查和指派。各地可根据经济社会发展水平，适度放宽老年人经济困难标准，将更多与老年人权益保护密切相关的事项纳入法律援助补充事项范围，扩大老年人法律援助覆盖面。

36. 要健全完善老年人法律援助体系，不断拓展老年人申请法律援助的渠道，科学设置基层法律援助站点，简化程序和手续，为老年人就近申请和获得法律援助提供便利条件。

37. 老年人因追索赡养费、扶养费、养老金、退休金、抚恤金、医疗费、劳动报酬、人身伤害事故赔偿金等提起诉讼，交纳诉讼费确有困难的，可以申请司法救助，缓交、减交或者免交诉讼费。因情况紧急需要先予执行的，可依法裁定先予执行。

38. 鼓励律师事务所、公证处、司法鉴定机构、基层法律服务所等法律服务机构，为经济困难的老年人提供免费或优惠服务。

三、组织实施

（一）切实加强领导。各地要高度重视老年人优待工作，健全政府主导、老龄委组织协调、相关部门各司其职、企事业单位和社会团体以及志愿者积极参与的工作体制和运行机制。要保障老年人优待工作经费，进一步落实各项财税优惠政策，调动社会力量积极参与。加强对老年人优待工作年度目标责任考核，确保责任到位、任务落实。县级以上地方人民政府和相关部门要结合实际制定老年人优待政策和具体实施办法。

（二）协力推进实施。优待老年人是全社会的共同责任。国家机关、社会团体、企事业单位和其他组织，都要履行为老年人提供优待的职责义务，积极为老年人提供优待服务。各级涉老主管单位要规范服务，加强管理，督促各优待服务场所、设施和窗口设置优待标识，公布优待内容。有关部门要加强尊老敬老思想教育和道德宣传、老年维权法制教育活动，增强社会成员优待老年人的自觉性，提高老年人自我维权意识和能力。深入推进“敬老爱老助老”主题教育、“敬老文明号”和“老年人维权示范岗”活动，在全社会弘扬孝亲敬老传统美德，进一步营造尊重老年人的社会氛围。

（三）监督检查落实。各级老龄工作委员会负责老年人优待工作的组织协调和监督指导，各级老龄工作委员会办公室承担老年人优待工作的日常事务管理，要会同有关部门定期开展监督检查。要进一步发挥行政监督和社会监督的作用，建立健全信息反馈和监督机制，设立服务和监督热线，依法妥善解决好举报和投诉问题，对老年人优待工作中反映强烈的突出问题，要尽早发现、及时解决。对不按规定履行优待老年人义务的，由有关主管部门责令改正。

二〇一三年十二月三十日

中华全国妇女联合会　人力资源和社会保障部关于支持妇女从事手工编织实现就业创业的意见

妇字［2013］26号

各省、自治区、直辖市及新疆生产建设兵团妇联、人力资源社会保障厅（局）：

为贯彻落实党的十八大提出的实现更加充分就业的目标，进一步拓展就业渠道，扩大就业规模，提高妇女群众收入水平，促进社会和谐稳定，现就支持妇女从事手工编织实现就业创业提出如下意见：

一、充分认识手工编织产业吸纳妇女就业的重要意义

手工编织产业是一项有着深厚文化底蕴和民族特色的传统产业，具有绿色环保、工作场所和工作方式灵活等特点，是农村富余女劳动力、失业失地妇女、残疾妇女等妇女群体实现就业创业的重要渠道。但是，目前手工编织产业还存在着组织化程度较低、产业发展较弱、政策扶持较少、技能人才缺乏、市场竞争力不强等问题，制约了产业的升级发展，使大量潜在的就业机会无法转化为现实的就业。各级妇联组织和人社部门要结合贯彻落实就业优先战略和更加积极的就业政策，加大对妇女发展手工编织的扶持，满足更多女性劳动者在这一领域就业发展的需求。

二、加大培育妇女手工编织技能人才支持力度

各地妇联组织、人社部门要根据当地手工编织产业发展实际，结合地区优势、市场需求和妇女就业特点，制定手工编织产业技能人才培训规划。研究制定手工编织产业从业人员技能标准，培养初、中、高级不同层次、满足手工编织专业化、产业化发展需求的技能人才队伍，培育一批非遗传承人、手工技艺大师和创业带头人。整合培训资源，完善以职业院校、企业和各类职业培训机构为载体的手工技能培训体系，将妇联组织推荐的、符合相关条件的妇女手工编织合作组织或龙头企业纳入就业培训基地认定范围。大力开展各类培训，结合手工编织产业发展的潜在需求，开展就业技能培训和职业技能提升培训，根据企业生产实际需求，开展订单培训、定向培训，对有创业意愿的手工编织从业者开展创业培训，着力提高培训的实效性和就业率。

三、落实妇女从事手工编织产业相关扶持政策

从事手工编织产业的城镇登记失业妇女、农村转移就业女性劳动者、毕业年度女大学

生、城乡未继续升学的初高中女毕业生参加手工编织就业技能培训或创业培训，培训合格并通过技能鉴定，取得相关职业资格证书或专项职业能力证书、培训合格证的，根据其取得的职业资格证书或就业情况，按规定给予培训费补贴和技能鉴定补贴。要根据手工编织技艺培训难易程度、时间长短、培训成本等实际情况，合理确定手工编织技能培训补贴标准，确保培训质量。

对符合就业困难人员条件的妇女，从事手工编织产业，与手工编织企业或组织签订劳动合同的，按规定给予相应期限的社会保险补贴；对没有签订劳动合同，自己申报就业、并以个人身份缴纳社会保险费的，按规定给予灵活就业人员社会保险补贴。

鼓励妇女面向手工编织产业自主创业。对符合条件的女性劳动者在手工编织领域创业的，落实税收优惠、小额担保贷款、财政贴息、资金补贴、场地安排等扶持政策。健全创业服务体系，依托各类手工编织协会、商会、合作组织及各类创业孵化基地，为创业者提供项目信息、政策咨询、开业指导、人力资源、跟踪扶持等服务。

四、支持妇女手工编织组织和龙头企业发展

各地妇联、人社部门要充分发挥妇女手工编织组织和龙头企业的行业引领作用。有条件的地区要安排经费，对妇女手工编织组织和龙头企业开发职业培训教材、师资培训、职业技能竞赛等工作给予支持。对符合小额担保贷款政策条件的合作组织和企业，可按相关政策规定，申请小额担保贷款。积极争取村镇银行、城市银行、小额贷款公司等新型金融服务机构对妇女合作组织、手工编织企业融资给予支持。充分发挥就业促进会、女企业家协会等团体的资源优势，为企业提供政策咨询、法律援助、创业创新、投资融资、市场开拓等服务，提高企业经营管理水平。

五、加强对妇女从事手工编织实现就业创业工作的组织领导

各地妇联、人社部门要高度重视妇女从事手工编织实现就业创业工作，将其作为创新社会管理、促进就业创业的重要内容，切实加强统筹规划、组织领导、分工协作。要充分发挥就业工作联席会议的作用，争取财政、税务、工商、农业、教育、旅游、文化等部门的参与和支持，建立联动机制，形成工作合力。要结合各地实际，制定发展手工编织促进妇女就业创业工作的具体目标，扎实推进，有效落实。要积极宣传扶持妇女手工编织产业发展的相关政策，树立创业典型，努力营造促进妇女就业创业的良好氛围。

二〇一三年六月十八日

中共中央组织部　中央机构编制委员会办公室 财政部　人力资源和社会保障部 国务院国有资产监督管理委员会 国家公务员局　中国残疾人联合会 关于促进残疾人按比例就业的意见

残联发［2013］11号

各省、自治区、直辖市及计划单列市党委组织部、编制办公室、财政厅（局）、人力资源社会保障厅（局）、国资委、公务员局、残联，新疆生产建设兵团党委组织部、编制办公室、财务局、人力资源社会保障局、国资委、公务员局、残联：

残疾人是就业困难群体。为保障残疾人劳动就业权益，20世纪90年代，我国参照国际通行做法，建立了用人单位按比例安排残疾人就业制度。这一制度的实施对于建立完善残疾人就业保护和就业促进制度体系，改善残疾人就业状况发挥了重要作用。按比例就业已成为我国残疾人就业的一种重要形式。但从实践看，目前残疾人按比例就业仍然存在着相关规定落实难、用人单位缺乏主动性和积极性等问题。为进一步促进残疾人按比例就业，现提出以下意见。

一、依法推进残疾人按比例就业

（一）《中华人民共和国残疾人保障法》规定“国家实行按比例安排残疾人就业制度”。《残疾人就业条例》进一步明确“用人单位应当按照一定比例安排残疾人就业，并为其提供适当的工种、岗位”。这些规定确立了我国按比例安排残疾人就业的法律制度，明确了按比例安排残疾人就业是用人单位的责任和义务，体现了对残疾人就业权利的尊重和保护。各地要根据国家法律规定，制定地方配套法规政策，进一步细化按比例就业的有关规定，增强可操作性和规范性，提高执行力和约束力。要依法行政，推动用人单位履行法律责任和义务。要加大执法检查力度，把残疾人按比例就业列为重点检查内容，发现问题，及时通报，妥善纠正和解决。

二、推动党政机关、事业单位及国有企业带头安排残疾人就业

（二）《中共中央、国务院关于促进残疾人事业发展的意见》（中发［2008］7号）明确提出“党政机关、事业单位及国有企业要带头安置残疾人”。党政机关、事业单位及国有企业应当为全社会做出表率，率先垂范招录和安置残疾人。根据残疾人按比例就业制度相关规定，各级机关、事业单位应包含一定数量的岗

位用于残疾人就业。

（三）各级党政机关在坚持具有正常履行职责的身体条件的前提下，对残疾人能够胜任的岗位，在同等条件下要鼓励优先录用残疾人。各地要切实维护残疾人平等报考公务员的权利，除特殊岗位外，不得额外设置限制残疾人报考的条件。招录机关专设残疾人招录岗位时，省级以上公务员主管部门要给予放宽开考比例等倾斜政策。各地在招录公务员时，要结合实际，采取适当措施，努力为残疾人考生创造良好的考试环境。

（四）各级残疾人工作委员会成员单位要率先招录残疾人，继而带动其他党政机关。各级党政机关中的非公务员岗位（科研、技术、后勤等），要积极安排残疾人就业，并依法与残疾职工订立劳动合同，保障其合法权益。到2020年，所有省级党政机关、地市级残工委主要成员单位至少安排有1名残疾人。各级残联机关干部队伍中都要有一定数量的残疾人干部，其中省级残联机关干部队伍中残疾人干部的比例应达到15％以上。

（五）各级党政机关要督导所属各类事业单位做好按比例安排残疾人就业工作。各类事业单位要结合本单位岗位构成情况，确定适合残疾人就业的岗位，多渠道招聘残疾人。

（六）国有和国有控股企业应根据行业特点，确定适合残疾人就业的岗位，招录符合岗位要求的残疾人就业。企业对招录的残疾人应依据《中华人民共和国劳动合同法》订立劳动合同，实行同工同酬。

三、加大对用人单位的补贴、奖励和惩处力度

（七）认真贯彻《中华人民共和国就业促进法》及相关法律法规，落实就业专项资金管理的有关规定，对参加职业培训、职业技能鉴定并符合条件的残疾人给予职业培训、职业技能鉴定补贴，对吸纳残疾人就业并符合条件的用人单位，按规定给予社会保险补贴。

（八）加大残疾人就业保障金（以下简称残保金）对按比例和超比例安置残疾人就业单位的奖励力度，提高用人单位安排残疾人就业的积极性。

（九）用人单位安排残疾人就业达不到规定比例的，应严格按规定标准缴纳残保金。对拒不安排残疾人就业又不缴纳残保金的用人单位，可采取通报、申请法院强制执行等措施。各地应将用人单位是否履行按比例安排残疾人就业义务纳入各类先进单位评选标准，对于不履行义务的用人单位，不能参评先进单位，其主要负责同志不能参评先进个人。

四、加强对用人单位按比例安排残疾人的就业服务

（十）加强培训提高残疾人就业能力，是促进残疾人按比例就业的基础。各地要贯彻落实《关于加强残疾人职业培训促进就业工作的通知》（残联发［2012］15号）精神，下大力气抓好残疾人职业培训。准确了解用人单位用工情况，结合岗位需求，有针对性地组织残疾人开展订单培训、定向培训、定岗培训，不断提高残疾人职业技能，以适应用人单位需求。

（十一）各级公共就业服务机构和残疾人就业服务机构要发挥好用人单位与残疾人之间的桥梁和纽带作用，准确掌握辖区内就业年龄段残疾人的基本情况，加快完善残疾人就业需求登记制度；全面了解辖区用人单位的岗位需求，定期做好信息发布。主动走进残疾人家庭和用人单位，掌握第一手信息，重点做好向用人单位的推荐工作。协助用人单位定期或不定期开展残疾人招聘活动，促进用人单位按比例安排残疾人。

五、齐抓共管协力促进残疾人按比例就业

（十二）残疾人按比例就业是国家为保护和促进残疾人就业而采取的重要举措，是法律赋予用人单位的责任和义务。各有关部门要高度重视这一工作，建立促进残疾人按比例就业的协调工作机制，共同做好制度完善、政策落实、监督管理等各项工作。加强对按比例就业

法规政策、履行法律义务的用人单位的宣传，进一步扩大社会影响，营造良好的社会环境。

（十三）各级人力资源社会保障部门要依法加强残疾人劳动权益维护工作。各类职业院校和培训机构要积极参与和承担残疾人职业培训职责。公共就业服务机构和基层劳动就业社会保障服务平台要加强对残疾人的就业服务和就业援助。

（十四）各级公务员主管部门负责落实并指导各部门做好残疾人公务员招录工作。要建立党政机关残疾人公务员实名制统计制度，准确掌握残疾人公务员底数。

（十五）各级事业单位登记管理部门在事业单位登记管理、绩效评估和年度审核工作中，要积极引导事业单位按比例安排残疾人就业。

（十六）各级国资委要重视并督促国有及国有控股企业按比例安排残疾人就业工作，积极推进残疾人就业工作。

（十七）财政部将会同国务院有关部门重新修订《残疾人就业保障金管理暂行办法》（财综字［1995］5号），各省（区、市）要认真落实并相应修订完善本地区残保金具体实施办法，更好地发挥残保金对促进残疾人就业的作用。各地要大力加强残保金征收使用管理。落实征收机关的责任，完善征收措施、规范征收程序、加大征收力度，做到依法征收、应收尽收。建立责任追究制度，对擅自多征、减征、缓征残保金的，要严肃追究责任人的责任。进一步规范残保金使用管理，残保金要专项用于残疾人职业培训、奖励超比例安置残疾人单位、扶持残疾人就业相关支出，不得挪作他用。要将残保金收支纳入各级政府性基金预算管理，提高资金使用效益。

（十八）各级残联及所属残疾人就业服务机构要积极主动做好残疾人按比例就业工作。沟通协调有关部门，进一步健全规范按比例就业制度。着力抓好残疾人职业培训，提高残疾人就业能力，向用人单位主动介绍、推荐残疾人；落实对按比例和超比例安排残疾人就业单位的补贴和奖励；加强对用人单位按比例安排残疾人就业情况的年审和检查、监督，完善各项服务。

（十九）各省、自治区、直辖市、计划单列市和新疆生产建设兵团有关部门要根据本意见精神，协商制定具体实施意见，并于2013年12月31日前报送上级主管部门。

二〇一三年八月十九日

人力资源和社会保障大事记

2013 年人力资源和社会保障大事记

1 月

1 月 4 日、6 日、7 日，尹蔚民部长三次参加温家宝总理主持召开的会议，分别听取有关部门负责同志、专家学者和地方负责同志对《关于深化收入分配制度改革的若干意见（修改稿)》的意见。

1 月 4 日，杨士秋副部长出席全国公共管理专业学位研究生教育指导委员会 2013 年工作座谈会并讲话。

何宪副部长参加全国宣传部长会议。

1 月 5 日，尹蔚民部长、胡晓义副部长参加由国务院副总理、医改领导小组组长李克强主持召开的国务院医改领导小组第十二次全体会议，审议《关于巩固完善基本药物制度和基层运行新机制的意见（稿）》、《关于建立疾病应急救助制度的指导意见（稿）》，听取公立医院改革情况汇报。

人社部会同国务院国资委、教育部在北京大学举办第二届中央企业面向西藏青海新疆高校毕业生专场招聘会，信长星副部长出席并讲话。

1 月 6 日，杨士秋副部长主持公务员局第 28 次党组会，传达贯彻全国组织部长会议精神。随后主持第 40 次局务会，审议 2013 年局会议计划、培训班计划等事项。公务员局副局长杨春光、吴云华、陈刚参加。下午，出席中央机关直属机构 2013 年度考试录用公务员面试工作部署视频会并讲话。陈刚副局长主持会议。各省（区、市）人社厅（局)、公务员局领导和中央机关各省级直属机构负责人以及相关工作人员在分会场参加了会议。

1 月 7 日，尹蔚民部长主持召开第 142 次党组会和第 110 次部务会，审议关于进一步解决农民工问题和贯彻实施新修订《劳动合同法》严格规范劳务派遣的相关文件送审稿，并研究其他事项。杨士秋、王晓初、胡晓义、信长星、邱小平副部长，中纪委驻部纪检组组长袁彦鹏参加。

杨士秋副部长出席全国卫生工作会议并宣读表彰决定。

1 月 7 日至 8 日，何宪副部长参加全国政法工作会议。

1 月 8 日，王晓初副部长出席全国宗教工作会议并宣读表彰决定。

1 月 8 日至 9 日，全国行政机关公务员管理工作会在京召开。会议深入贯彻落实党的十八大精神，总结过去一年和五年来的公务员管理工作，谋划今后一个时期的工作思路，部署安排 2013 年的主要任务。尹蔚民部长出席会议并讲话，杨士秋副部长做工作报告。公务员局副局长杨春光作会议总结，副局长吴云华、陈刚，各省（区、市）及新疆生产建设兵团公务员局局长，副省级市公务员局局长，国务院各部委、各直属机构人事部门负责人，部分特邀单位代表参加。

胡晓义副部长到天津出席全国社会保险标准化技术委员会 2012 年年会并讲话。国家标准化管理委员会服务业部有关人员、社保标委会委员、国家标准制定工作组牵头单位代表和社保领域国家级服务业标准化试点单位代表参加。其间，胡晓义副部长就医疗保险监控管理、医疗保险城乡统筹、档案管理等工作到天津人力资源发展促进中心、天津社会保障服务中心进行调研。

1月9日，尹蔚民部长、王晓初副部长列席温家宝总理主持召开的国务院第229次常务会议，决定继续提高企业退休人员基本养老金水平。

1月9日至21日，商务部、教育部、人社部联合举办“2013年全国国家级经济技术开发区高校毕业生网络招聘会”。

1月10日，杨士秋副部长参加全国食品药品监督管理工作会议，宣读全国食品药品监督管理系统先进集体、先进工作者表彰决定。

胡晓义副部长主持召开国务院新型农村和城镇居民社会养老保险试点工作领导小组办公室第二次会议，听取新农保和城居保工作进展情况，研究2013年领导小组办公室工作计划并讲话。

1月10日至12日，信长星副部长在山东青岛走访慰问“三支一扶”大学生，并与部分大学生座谈，了解他们的生活和工作情况。随后，出席半岛蓝色经济区首届高端人才和项目洽谈会、第十一届“中国企业发展高层论坛”并发言。

1月11日，尹蔚民部长出席做好2013年春节前保障农民工工资支付工作视频会并讲话，对做好2013年春节前农民工工资支付工作进行部署。邱小平副部长主持会议，住房城乡建设部、交通运输部、国资委、全国总工会等部门负责同志对本系统做好保障农民工工资支付工作提出要求。

下午，尹蔚民部长、胡晓义副部长出席由张德江副总理主持召开的国务院新型农村和城镇居民社会养老保险试点工作领导小组第三次会议，学习贯彻十八大精神，听取新农保和城居保工作进展情况，审议领导小组办公室2013年工作计划，研究进一步做好新农保和城居保工作。

1月14日，中央人才工作协调小组在人民大会堂举办2013年院士专家新春联谊会，邀请在京两院院士、中央联系专家、“千人计划”专家等1 000多人参加联谊活动，中央政治局委员、中央书记处书记、中组部部长赵乐际致辞，尹蔚民部长主持，王晓初副部长出席。

邱小平副部长参加国务院安全生产委员会全体会议。

1月14日至15日，何宪副部长到天津调研。其间，就人力资源社会保障有关工作与天津市委常委、常务副市长崔津渡交换意见，到天士力集团实地考察，并与部分有军队服役经历的企业家和首期全国自主择业军队转业干部就业培训实验班实习学员座谈，听取意见和建议。

1月15日，尹蔚民部长主持召开国务院就业工作部际联席会议全体会议，总结2012年就业工作，研究部署2013年工作。信长星副部长代表联席会议办公室作工作汇报，国务院副秘书长肖亚庆及发改委、教育部等21个成员单位负责同志出席会议。

中午，尹蔚民部长会见印度人事、公共申诉和养老金部国务部长纳拉亚那萨米一行，介绍我国公务员制度、公务员管理的相关情况，并就加强双方合作进行交流。杨士秋副部长和公务员局副局长吴云华参加。

王晓初副部长出席在北京大学百周年纪念讲堂举行的2013博士后迎春晚会暨首届中国博士后艺术展。

1月15日至16日，2013年全国行政机关公务员考试录用工作座谈会在广西南宁召开。公务员局副局长陈刚出席会议并讲话。各省（区、市）及新疆生产建设兵团公务员局和国务院有关部委人事部门负责同志约70人参加。

1月16日，尹蔚民部长主持召开第143次党组会，审议《人力资源社会保障部党组改进工作作风密切联系群众的规定（送审稿）》，并研究相关事项。杨志明、杨士秋、王晓初、何宪、胡晓义、信长星、邱小平副部长，中纪委驻部纪检组组长袁彦鹏参加。

1月16日至18日，胡晓义副部长率队赴

山东省对新农保和城居保工作进行专项督导。其间，分别听取山东省及滨州市、东营市工作情况汇报，实地考察滨州市人社服务大厅及惠民县姜楼镇人社所、李庄镇大徐村远程网络服务系统，东营市广饶县大王镇便民服务中心，分别召开了县区人社局长、农保处主任、乡镇劳动保障所代表和村民代表参加的座谈会，并走访参保的农户家庭。

1月17日，杨志明副部长参加全国安全生产电视电话会议。

1月18日，尹蔚民部长，杨志明、邱小平副部长参加国务院副总理、国务院农民工工作联席会议总召集人张德江主持召开的国务院农民工工作联席会议第十一次全体会议，听取2012年农民工工作情况和第六次全国农民工工作督察情况汇报，审议并通过《国务院农民工工作联席会议2013年工作要点》。会议充分肯定本届政府成立五年来的农民工工作成绩，要求全面贯彻落实党的十八大做出的决策部署，加强顶层设计，站在战略和全局的高度，全面认识、重新审视农民工问题，明确农民工工作的远期工作目标和近期工作任务，提出解决农民工问题的路线图、时间表。

下午，尹蔚民部长走访慰问我国知名中医药专家、“国医大师”路志正教授和“千人计划”专家、北京大学陈十一教授，并听取他们对加强高层次人才队伍建设的意见和建议。

王晓初副部长出席亚太经合组织技能开发促进项目指导委员会和亚太经合组织技能开发促进中心理事会第三次会议并讲话。会议听取了项目2012年度活动执行情况和经费支出情况、APEC技能开发促进中心建设进展情况以及2013年度项目活动计划。会议通过了项目指导委员会及中心理事会人员变更，并原则通过了项目2013年度活动计划。

由人社部、全国总工会、全国妇联共同组织的“2013全国春风行动”在安徽省滁州市正式启动，信长星副部长，全国总工会副主席、书记处书记段敦厚，全国妇联书记处书记崔郁出席并讲话。

邱小平副部长参加全国扶贫开发工作电视电话会议。

1月19日，信长星副部长到四川成都出席第七批援藏干部选派计划协调会。

1月21日，尹蔚民部长主持召开会议，传达中办印发习近平同志关于厉行勤俭节约反对铺张浪费重要批示通知精神并讲话。杨志明、杨士秋、胡晓义、信长星、邱小平副部长出席。公务员局副局长杨春光、吴云华、陈刚参加。

王晓初副部长参加国务委员刘延东主持召开的全民科学素质行动计划纲要实施工作会议。

1月21日至22日，何宪副部长出席全国自主择业军转干部就业培训实验班学员成果展示活动和实验班结业式并讲话。

中纪委驻部纪检组组长袁彦鹏出席第十八届中央纪委第二次全体会议。

1月22日，尹蔚民部长、杨士秋副部长参加第十八届中央纪委第二次全体会议。

1月23日，中纪委驻部纪检组组长袁彦鹏参加第十八届中央纪委委员学习贯彻党的十八大精神研讨班。

1月24日，尹蔚民部长主持召开第145次党组会，传达学习十八届中央纪委第二次全体会议精神，审议人社部党风廉政建设工作相关文件。杨志明、杨士秋、何宪、胡晓义、信长星、邱小平副部长，中纪委驻部纪检组组长袁彦鹏参加。

下午，尹蔚民部长参加温家宝总理主持召开的座谈会，听取经济、社会等方面专家、企业界人士对《政府工作报告（征求意见稿）》的意见。

杨士秋副部长出席公务员考试录用工作专家座谈会并讲话，公务员局副局长陈刚主持。

王晓初副部长参加教育体制改革领导小组第七次全体会议。

1月25日，尹蔚民部长参加温家宝总理主持召开的座谈会，分别听取经济、社会等方面专家、企业界人士和各民主党派、全国工商联负责人等对《政府工作报告（征求意见稿）》的意见。

下午，尹蔚民部长，杨志明、杨士秋、王晓初、何宪、胡晓义、信长星、邱小平副部长，中纪委驻部纪检组组长袁彦鹏出席部2013年春节联欢会。全体干部职工400余人参加。

何宪副部长参加纪念延安双拥活动70周年座谈会。

1月26日，全国劳动人事争议处理效能建设现场会在京召开，邱小平副部长出席并讲话。会议总结了2012年和过去五年来的调解仲裁工作，观摩学习北京市朝阳区劳动人事争议仲裁院建设经验，分析新形势新任务，安排2013年工作任务。

1月27日至2月2日，信长星副部长应台湾技专校院入学测试中心邀请，赴台湾参加“2013职业教育与检定研讨会规划会议”，并到台湾云林科技大学、南华大学、中州科技大学、高雄餐旅大学等院校，了解台湾职业教育及技能鉴定有关情况。考察期间，代表团还与台湾相关机构进行非正式座谈。

1月28日，发展家庭服务业促进就业部际联席会议召开第五次全体会议。会议总结了2012年发展家庭服务业工作情况，审议并原则通过《发展家庭服务业促进就业部际联席会议2013年工作要点（送审稿）》，部署2013年发展家庭服务业工作任务。杨志明、邱小平副部长出席会议。

1月29日，杨士秋副部长参加中央经济责任审计工作部际联席会议第三次全体会议。下午，参加中央国家机关第27次党的工作会议暨第25次纪检工作会议。

胡晓义副部长在深圳市主持召开专题座谈会，研究讨论机关事业单位养老保险制度改革问题。

邱小平副部长赴湖南开展春节前保障农民工工资支付督查。其间，听取湖南省工作情况汇报，实地检查湖南长湘公司、西城实业集团公司农民工工资支付情况。

1月29日至30日，何宪副部长出席在广州召开的部分省市军转工作座谈会。广东省常务副省长肖志恒、广东省军区政治部主任盛强等参加。其间，就推进自主择业军转干部就业创业工作到广东药业集团公司调研。

1月29日至31日，人社部在广州召开2013年全国医疗保险生育保险工作座谈会，主要是贯彻落实党的十八大精神，总结五年医疗生育保险工作，分析当前面临形势，部署2013年工作。胡晓义副部长出席会议并做题为“健全全民医保”的讲话。各省（区、市）及新疆生产建设兵团、各副省级市人社厅（局）负责同志和部属有关单位负责同志参加。其间，胡晓义副部长会见了广东省常务副省长肖志恒，并到广东省工伤康复中心调研。

1月31日，尹蔚民部长，杨志明、何宪副部长走访慰问解放军总政治部，与中央军委委员、总政治部主任张阳等总政治部领导座谈，并向他们致以节日的问候。下午，尹蔚民部长参加温家宝总理在人民大会堂与在华外国专家代表及其亲属的座谈。

何宪副部长走访慰问中国人民武装警察部队总部。

邱小平副部长出席国家协调劳动关系三方会议第十八次会议并讲话，会议听取2012年工作情况总结、小企业劳动合同制度实施专项行动和集体合同制度实施“彩虹计划”工作总结等汇报，审议国家三方会议及办公室人员调整建议、2013年工作要点等。

1月31日至2月2日，胡晓义副部长在广东省就新农保和医疗保险城乡统筹工作进行调研。其间，实地考察揭阳、潮州、汕头有关区县人力资源社会保障服务所、居委会、基层医疗机构等，并分别主持召开基层干部、医务人员、参保群众座谈会，听取意见建议。

2月

2月1日，温家宝总理到北京西城区牛街西里二区看望群众，并召开座谈会听取对政府工作的意见和建议。尹蔚民部长陪同。

杨志明、杨士秋、王晓初、何宪副部长，中纪委驻部纪检组组长袁彦鹏和原部领导李伯勇、张汉夫、程连昌、徐颂陶出席离退休干部2013年春节团拜会。部属各单位有关负责同志及离退休干部230余人参加。

邱小平副部长参加国务院促进中小企业发展工作领导小组会议。

2月4日，尹蔚民部长主持召开第146次党组会和第112次部务会，审议关于扩大企业年金投资范围和人力资源社会保障电话咨询服务全国统一标识的送审稿，并研究其他事项。杨志明、杨士秋、王晓初、何宪、胡晓义、信长星、张建国、邱小平副部长，中纪委驻部纪检组组长袁彦鹏参加。

杨志明副部长参加煤矿瓦斯防治部际协调领导小组第十次会议。

王晓初副部长参加中央文化体制改革和发展工作领导小组第三次会议。

2月6日，杨士秋副部长主持召开公务员局第29次党组会和第41次局务会，审议《国家公务员局党组改进工作作风密切联系群众的规定》、《第八届“人民满意的公务员”和“人民满意的公务员集体”评选表彰工作方案》等。公务员局副局长杨春光、吴云华、陈刚参加。

2月8日，尹蔚民部长、杨士秋副部长参加中共中央、国务院2013年春节团拜会。

2月16日，尹蔚民部长主持召开第147次党组会和第113次部务会，审议《就业专项资金管理纪律规定（送审稿）》，并研究其他事项。杨志明、王晓初、何宪、胡晓义、信长星、张建国、邱小平副部长，中纪委驻部纪检组组长袁彦鹏参加。

2月21日，尹蔚民部长，杨志明、杨士秋、王晓初、何宪、胡晓义、邱小平副部长、中纪委驻部纪检组组长袁彦鹏和公务员局副局长杨春光分别会见宁夏回族自治区政协副主席张学武一行。

杨志明副部长参加由发改委主任张平主持召开的深圳前海深港现代服务业合作区建设部际联席会议，会后与发改委副主任徐宪平就加强劳动就业和社会保障基层平台建设有关问题进行商谈。

2月21日至22日，全国就业工作座谈会在京召开。会议主要是贯彻落实党的十八大精神和全国人力资源社会保障工作会议要求，研究分析就业形势，安排部署今年就业工作。尹蔚民部长出席会议并讲话，信长星副部长主持会议并做总结。部相关单位负责同志，各省（区、市）及新疆生产建设兵团人社厅（局）和计划单列市人社局有关负责同志参加。

2月25日，尹蔚民部长主持召开第114次部务会，审议《社会保险费申报缴纳管理规定（草案）》。杨志明、杨士秋、王晓初、何宪、胡晓义、信长星、邱小平副部长，中纪委驻部纪检组组长袁彦鹏参加。

2月26日，杨士秋、王晓初、何宪、胡晓义、信长星副部长，中纪委驻部纪检组组长袁彦鹏分别会见湖北省副省长梁惠玲一行。

全国劳动关系工作座谈会暨贯彻落实新修订《劳动合同法》工作部署会在京召开，邱小平副部长出席并讲话。会议总结了2012年和过去五年劳动关系工作取得的成绩，分析面临的形势，研究加强劳动关系矛盾源头治理，对2013年贯彻落实新修订的《劳动合同法》等重点工作进行部署。

2月26日至28日，尹蔚民部长参加党的十八届二中全会。

2月27日，杨志明副部长出席全国人力资源和社会保障规划财务工作座谈会并讲话。会议总结了过去五年来人社规划财务工作，分析当前面临的新形势和新任务，按照全国人力资源社会保障工作会议部署，安排2013年规划财务工作。

邱小平副部长参加全总第十五届执行委员会主席团第十四次全体会议。

2月27日至28日，全国社会保险局长会议在重庆召开。胡晓义副部长出席并讲话。会议主要是学习贯彻党的十八大及中央经济工作会议精神，传达全国人力资源社会保障工作会议要求，总结2012年及近五年社会保险工作，研究分析面临的形势，明确今后一个时期社会保险工作思路和主要任务，部署2013年工作。部相关单位负责同志，各省（区、市）及新疆生产建设兵团人社厅（局）、副省级市人社局分管负责同志和社会保险经办机构主要负责同志参加。

2月28日，邱小平副部长会见来部访问的国际劳工组织国际研究所所长托雷斯，介绍中国在人力资源社会保障领域取得的成就，并就加强双方合作研究提出建议。

2月至3月，人社部会同公安部、国家工商行政管理总局在全国联合开展清理整顿人力资源市场秩序专项检查。

3月

3月1日至2日，全国农民工工作暨家庭服务业工作办公室主任会议在江西省南昌市召开，邱小平副部长出席会议并讲话。会议总结了2012年农民工工作和家庭服务业工作，学习观摩了南昌市农民工零工超市和农民工综合服务中心建设情况，安排部署2013年工作任务。

3月3日至12日，杨志明、杨士秋、何宪、胡晓义副部长参加全国政协十二届一次会议。

3月3日至17日，王晓初副部长参加十二届全国人大一次会议。

3月4日，信长星副部长出席团中央组织召开的第九届中国青年志愿者优秀奖表彰暨学雷锋座谈会并讲话。

3月5日，尹蔚民部长、杨士秋副部长列席十二届全国人大一次会议开幕会。下午，尹蔚民部长参加十二届全国人大一次会议湖北代表团全体会议。

3月6日，尹蔚民部长，信长星、邱小平副部长，中纪委驻部纪检组组长袁彦鹏会见安徽省副省长杨振超一行。

邱小平副部长参加全国政协“积极稳妥推进城镇化　着力提高城镇化质量”提案办理协商会并发言。

3月7日，尹蔚民部长参加十二届全国人大一次会议四川代表团全体会议。下午，参加中央党的建设工作领导小组第3次会议。

信长星副部长列席全国政协十二届一次会议体育43组界别联组和小组讨论。

邱小平副部长列席全国政协十二届一次会议第二次全体会议。

3月8日，尹蔚民部长列席十二届全国人大一次会议第二次全体会议。

中纪委驻部纪检组组长袁彦鹏列席全国政协十二届一次会议第三次全体会议。

3月11日，尹蔚民部长旁听十二届全国人大一次会议解放军代表团全体会议。

3月12日，信长星副部长列席全国政协十二届一次会议闭幕会。

3月14日，尹蔚民部长列席十二届全国人大一次会议第四次全体会议。

胡晓义副部长参加十二届全国人大一次会议“医药卫生体制改革”专题记者会。

3月15日，尹蔚民部长列席十二届全国人大一次会议第五次全体会议。

3月16日，尹蔚民部长列席十二届全国人大一次会议第六次全体会议。

3月17日，尹蔚民部长列席十二届全国人大一次会议闭幕会，杨士秋副部长旁听。

3月18日，人社部召开传达贯彻“两会”精神大会。尹蔚民部长出席并讲话，杨志明副部长主持，王晓初副部长传达十二届全国人大一次会议精神，吴江同志传达全国政协十二届一次会议精神。杨士秋、何宪、胡晓义、信长星、邱小平副部长，中纪委驻部纪检组组长袁彦鹏，原部领导李伯勇、蒋冠庄、张汉夫、程连昌、王建伦、戴光前、侯建良出席。公务员局副局长杨春光、吴云华、陈刚，部机关、公务员局各司处以上干部，部属事业单位司级干部，离退休干部党支部书记400余人参加。

3月19日，尹蔚民部长主持召开第149次党组会和第115次部务会，审议2013年度部重大研究课题选题及分工、2013年部外事活动计划，并研究其他事项。杨志明、杨士秋、何宪、胡晓义、信长星、张建国、邱小平副部长，中纪委驻部纪检组组长袁彦鹏参加。

3 月 20 日，胡晓义副部长礼节性会见美国波士顿科学公司首席执行官兼总裁马鸿明先生一行。

3 月 21 日，2013 年留学人员回国服务工作部际联席会议召开，尹蔚民部长出席并讲话，王晓初副部长主持，教育部、科技部、财政部、中组部人才局有关负责同志出席并讲话。

何宪副部长出席在贵阳召开的部分省市军转安置工作座谈会。贵州省常务副省长谌贻琴、贵州省军区政治部主任肖茂光参加。

全国社会保险基金监督工作座谈会在四川省成都市召开。胡晓义副部长出席并讲话。会议总结过去五年社会保险基金监督工作的成效和经验，分析当前面临的形势，部署 2013 年重点工作。部属相关单位负责同志，各省（区、市）、新疆生产建设兵团和计划单列市人社厅（局）分管负责同志参加。

3 月 21 日至 24 日，胡晓义副部长到四川省资阳市、凉山州调研医疗保险、新农保和信息化建设工作。

3 月 22 日，尹蔚民部长，杨士秋、王晓初、信长星、邱小平副部长，中纪委驻部纪检组组长袁彦鹏分别会见青海省政协副主席纪仁凤一行。

3 月 25 日，尹蔚民部长主持召开第 1 次党组会和第 1 次部务会，传达学习国务院第一次全体会议精神，研究贯彻落实措施，审议《世界技能大赛参赛管理暂行办法（送审稿）》，并研究其他事项。杨志明、杨士秋、王晓初、何宪、胡晓义、信长星、张建国、邱小平副部长，中纪委驻部纪检组组长袁彦鹏参加。

杨士秋副部长主持召开公务员局党组会、局务会，传达贯彻国务院第一次全体会议精神，审议《突发事件应急管理行政责任追究办法（试行）》，研究部署公务员局近期工作。公务员局副局长杨春光、吴云华、陈刚参加。

3 月 26 日，尹蔚民部长、杨士秋副部长参加国务院第一次廉政工作会议。

胡晓义副部长会见美国药品研究与制造商协会主席，礼来制药董事长、总裁兼首席执行官李励达一行。

3 月 26 日至 27 日，胡晓义副部长出席全国政协十二届一次会议提案交办会、重点督办提案选题协商会。

人社部在山东济南召开全国劳动保障监察工作座谈会，邱小平副部长出席并讲话。会议总结了 2012 年和过去五年来的劳动保障监察工作，分析面临的新形势新任务，安排 2013 年推进劳动保障监察效能建设的工作任务，实地学习观摩济南市劳动保障监察“两网化”建设情况。各省（区、市）及新疆生产建设兵团人社厅（局）分管劳动保障监察工作的负责同志和监察机构负责人参加座谈会。

3 月 27 日，何宪副部长参加全国森林草原防火和造林绿化工作电视电话会议。

3 月 28 日，中共中央政治局委员、国务院副总理马凯来人社部考察并召开座谈会。国务院副秘书长肖亚庆陪同。尹蔚民部长做工作汇报。杨志明、杨士秋、王晓初、何宪、胡晓义、信长星、张建国、邱小平副部长，中纪委驻部纪检组组长袁彦鹏，外专局副局长孙照华、陆明、刘延国、张亚力，公务员局副局长杨春光、吴云华、陈刚参加。座谈会前，马凯同志分别到就业司、专技司、农民工司、工资司、养老司和公务员局考试录用司看望干部职工。

3 月 29 日，尹蔚民部长、胡晓义副部长会见全国社会保障基金理事会理事长谢旭人、副理事长于革胜一行。

杨士秋副部长出席国家外专局干部大会并宣布国务院和中组部有关任命：孙照华任外专局党组副书记，张亚力（女）任外专家局党组成员、副局长。人社部副部长、外专局局长张建国主持会议并讲话。

中纪委驻部纪检组组长袁彦鹏在广西南宁出席全国人社系统党风廉政建设工作座谈会。

部党风廉政建设工作领导小组成员单位负责同志，各省（区、市）人社厅（局）纪检组长，计划单列市人社局纪检组长参加。

3月29日至30日，人社部在重庆召开2013年全国职业能力建设工作座谈会。王晓初副部长出席并讲话。会议总结交流了人社部成立五年来职业能力建设工作的成绩和经验，分析了当前和今后一个时期面临的形势，部署了2013年职业能力建设工作的总体思路和重点工作。

3月30日，全国人社系统举办第二届“12333全国统一咨询日”活动。

3月，全国社会保险基金预算首次报送全国人大，标志着社会保险基金预算迈入制度化、规范化、科学化管理的新阶段。

4月

4月1日，尹蔚民部长主持召开第2次党组会，学习领会马凯同志来部考察座谈时的重要讲话精神，研究贯彻落实措施。下午，主持部属各单位、公务员局各司主要负责同志会议，传达贯彻国务院第一次全体会议、国务院第一次廉政工作会议精神和马凯同志来部考察座谈时的重要讲话精神，并对做好当前和今后一个时期工作提出要求。杨志明、杨士秋、王晓初、何宪、胡晓义、信长星、邱小平副部长，中纪委驻部纪检组组长袁彦鹏出席。

胡晓义副部长礼节性会见赛诺菲集团首席执行官魏巴赫一行。

4月2日，胡晓义副部长出席全国社会保障基金理事会第四届理事大会第三次会议。

邱小平副部长参加十二届全国人大一次会议代表建议交办会。

4月2日至3日，全国专业技术人才工作座谈会在陕西西安召开，王晓初副部长出席并讲话。全国31个省（区、市）及新疆生产建设兵团和15个副省级市人社厅（局）负责同志，有关中央部委、中央企业人力资源（人事）部门负责同志，共150余人参加。其间，会见陕西省省长娄勤俭并举行座谈。

4月3日，杨士秋副部长主持召开公务员局第43次局务会，研究公务员局当前及今后五年重点工作。公务员局副局长杨春光、吴云华、陈刚参加。

信长星副部长与全国妇联书记处书记崔郁商谈妇女灵活就业和女大学生就业工作。

4月7日，尹蔚民部长主持召开第2次部务会，审议社会保险视觉识别系统。王晓初、何宪、胡晓义、信长星、邱小平副部长，中纪委驻部纪检组组长袁彦鹏参加。

4月8日，尹蔚民部长，杨志明、王晓初、胡晓义、信长星、邱小平副部长分别会见河北省副省长杨汭一行。

胡晓义副部长到建设银行就企业年金工作进行调研，并与建设银行行长张建国、副行长章更生进行工作会谈。

4月8日至12日，何宪副部长在福建省主持召开部分省市机关事业单位工资工作座谈会。会后，就相关工作进行调研。

中纪委驻部纪检组组长袁彦鹏到海南省开展调研。其间，会见海南省委常委、省纪委书记马勇霞，听取省人社厅和海口、三亚、万宁3个市的工作情况汇报，就开展社保基金、就业资金和人事考试安全风险防控工作召开3个专题座谈会，并考察人力资源市场、技工学校、社保服务平台。

4月11日，尹蔚民部长主持召开第3次党组会和第3次部务会，审议关于人社部取消和下放行政审批事项有关问题；审议第八届全国“人民满意的公务员”和“人民满意的公务员集体”评选表彰工作方案，并研究相关事项。杨志明、杨士秋、王晓初、胡晓义、信长星、张建国、邱小平副部长参加。

企业年金基金监管工作座谈会在北京召开，胡晓义副部长出席并讲话。会议总结过去五年工作成效和经验，分析当前面临的形势，部署2013年重点任务。部相关单位负责同志，银监会、证监会、保监会相关单位负责同志，企业年金基金管理机构以及部分中央企业年金理事会负责人参加。

邱小平副部长到发改委参加深化收入分配制度改革工作会议。

4月12日，尹蔚民部长参加国务院经济形势专家企业家座谈会。

杨志明副部长参加全国人大常委会预算工委召开的政府全口径预算决算管理情况座谈会。

信长星副部长分别主持召开2013年全国“三支一扶”工作领导小组会议和2013年统筹实施引导高校毕业生到农村基层服务项目工作协调小组会议并讲话。

邱小平副部长会见中国企业联合会/中国企业家协会驻会副会长黄海嵩，就协调劳动关系三方有关工作进行沟通。

4月13日，国务院第4次常务会议决定，国务院农民工工作联席会议更名为国务院农民工工作领导小组，明确为国务院议事协调机构。

4月15日，尹蔚民部长主持召开第4次党组会和第4次部务会，审议《突发事件应急管理行政责任追究办法（试行）》（送审稿），并研究相关事项。杨士秋、王晓初、何宪、胡晓义、信长星、邱小平副部长，中纪委驻部纪检组组长袁彦鹏参加。

下午，尹蔚民部长参加中央农村工作领导小组第一次会议。

4月15日至25日，人社部举办2013年全国市（地、州、盟）人社局长培训班。全国各省（区、市）253名人社局长参加学习。尹蔚民部长、杨士秋副部长、袁彦鹏纪检组长出席培训班并做专题报告。

4月16日，尹蔚民部长，何宪、邱小平副部长，中纪委驻部纪检组组长袁彦鹏先后分别会见河南省副省长王艳玲、上海市副市长时光辉一行。

国务院军队转业干部安置工作小组会议在京召开。会议总结了2012年军转安置工作，研究2013年工作安排。尹蔚民部长主持会议并讲话，何宪副部长做工作报告。国务院副秘书长肖亚庆出席会议。国务院军队转业干部安置工作小组副组长、总政治部主任助理崔昌军出席会议并讲话。国务院军队转业干部安置工作小组成员及成员单位负责同志参加。

信长星副部长出席人社部和全国总工会、全国工商联召开的三方联合推动就业工作第九次联席会议。

4月16日至17日，全国行政机关公务员平时考核工作经验交流会在天津召开。会议系统总结了公务员考核规定颁布实施以来的公务员平时考核工作，交流经验，部署工作，向公务员考核工作理论征文获奖代表颁奖。人社部副部长，国家公务员局党组书记、副局长杨士秋出席会议并讲话，吴云华副局长做总结讲话。

4月16日至19日，胡晓义副部长到浙江开展调研。其间，会见浙江省副省长卢子跃，分别听取浙江省、宁波市、舟山市人社工作情况和杭州市医保整合工作情况汇报，实地考察企业、人力资源市场、社保经办大厅、基层服务平台等，并主持召开浙江省人社厅、财政厅、编委等相关部门参加的事业单位养老保险制度改革座谈会。

4月17日，尹蔚民部长列席李克强总理主持召开的国务院常务会议。会议分析了一季度经济形势，研究部署下一阶段工作。李克强总理指出，着力保障和改善民生仍是下一阶段工作的重点，要做好高校毕业生等重点群体就业工作，多渠道扩大就业、支持创业，增加居民收入，进一步完善社会保障体系，逐步消除群众养老、医疗等方面的后顾之忧。

邱小平副部长参加全国人大财经委城镇化专题调研座谈会。

4月19日，尹蔚民部长，杨志明、何宪副部长与西藏自治区党委书记陈全国一行座谈。下午，尹蔚民部长列席中央政治局集体学习。

4月21日，王晓初副部长会见来访的国际劳工组织亚太分局局长浦元义照一行，向对方介绍中国人力资源社会保障改革情况，并就加强我与国际劳工组织合作等事宜深入交换意见。

4 月 22 日，尹蔚民部长主持召开第 5 次党组会和第 5 次部务会，审议《关于执行〈工伤保险条例〉若干问题的意见（送审稿）》，并研究相关事项。杨士秋、何宪、胡晓义、信长星、张建国、邱小平副部长，中纪委驻部纪检组组长袁彦鹏参加。

尹蔚民部长，杨志明、何宪、胡晓义、邱小平副部长分别会见辽宁省委常委、常务副省长周忠轩一行。

4 月 22 日至 25 日，信长星副部长到吉林开展调研。其间，先后听取吉林省人社厅和延边州工作情况汇报；召开部分企业、高校负责人及大学生座谈会，了解就业工作情况；到长春、吉林、敦化、延吉市等地人力资源市场、青年创业园、大学生创业实训基地、街道社区基层公共服务平台调研；现场接待 3 批次信访群众，提出办理意见。

4 月 22 日至 26 日，杨士秋副部长赴山东省开展调研，听取省人社厅和枣庄、临沂、日照 3 个市的工作情况汇报，与农民工代表、大学生代表和有关企业负责人代表进行座谈，考察当地零工市场（进城务工人员综合服务中心）、部分企业和基层人社服务大厅。

4 月 23 日，尹蔚民部长、何宪副部长、中纪委驻部纪检组组长袁彦鹏分别会见青海省副省长严金海一行。

杨志明副部长参加发改委副主任徐宪平主持召开的城镇化发展规划编制工作会议。

王晓初副部长参加国家教育咨询委员会第二次全体会议。

4 月 23 日至 25 日，调解仲裁工作分管领导及调解仲裁机构负责人培训班在北京举办。邱小平副部长做专题讲座。国际劳工组织委派外国专家授课。各省（区、市）及新疆兵团所辖地市级人社局分管调解仲裁工作负责同志共 256 人参加。

4 月 23 日至 27 日，邱小平副部长赴广西开展调研。其间，会见广西常务副主席黄道伟，听取自治区人社厅工作汇报并与相关部门进行座谈，召开地市人社、国资、财政、住房城乡建设等部门和企业座谈会，实地调研南宁市劳动保障监察指挥中心，玉林市劳动保障监察机构、劳动人事争议仲裁院和人力资源市场以及部分企业等。

4 月 25 日，全国军队转业干部安置工作电视电话会议在京召开。会议指出，要充分认识做好军转安置工作的极端重要性，认真贯彻落实中央关于军转安置工作的一系列方针政策，突出安置重点，改进安置办法，拓宽安置渠道，挖掘安置潜力，千方百计安排好计划分配军转干部，并扎实做好自主择业军转干部管理服务和就业促进工作。中共中央政治局委员、国务院副总理马凯，中央军委委员、总政治部主任张阳出席会议并讲话。尹蔚民部长做工作报告，何宪副部长主持。

4 月 25 日至 26 日，全国人力资源社会保障信息化工作座谈会在安徽省合肥市召开，胡晓义副部长出席会议并讲话。会议总结了过去五年人力资源社会保障信息化工作，部署了 2013 年工作任务。

4 月 27 日，王晓初副部长出席第四届清华大学博士后创新论坛。下午，参加教育部部长袁贵仁主持召开的加快发展现代职业教育专题磋商会。

4 月 28 日，尹蔚民部长主持召开第 6 次党组会和第 6 次部务会，审议《人事考试工作人员纪律规定（送审稿）》，并研究相关事项。杨志明、王晓初、何宪、胡晓义、信长星、邱小平副部长，中纪委驻部纪检组组长袁彦鹏参加。

王晓初副部长出席庆祝“五一”国际劳动节暨为全面建成小康社会建功立业推进大会并宣读表彰决定。

信长星副部长参加国务院残工委第一次全体会议。

5 月

5 月 3 日，胡晓义副部长主持召开养老保险顶层设计部际研究启动会，传达马凯副总理指示精神，研究《养老保险顶层设计研究工作方案》，审定平行研究机构，并对做好研究工作提出意见。社保基金会副理事长于革胜、全国总工会党组纪检组组长王瑞生出席。

5月4日，信长星副部长陪同中央领导看望“中国青年五四奖章”、“中国青年创业奖”等获奖代表并座谈。

5月6日至9日，信长星副部长到辽宁省开展调研。其间，与省长陈政高就有关问题交换意见，先后听取省人社厅和葫芦岛市、大连市工作情况汇报，分别召开部分企业、高校负责人及大学生座谈会了解就业工作情况，到葫芦岛市社区和乡镇公共服务平台调研。

5月6日至10日，何宪副部长到江西开展调研。其间，分别会见省长鹿心社、常务副省长凌成兴，听取省人社厅和南昌市、九江市有关工作汇报，实地调研九江市星子县、都昌县和南昌市安义县人社工作，并深入乡镇实地考察社会保障公共服务平台建设。

5月6日至11日，中纪委驻部纪检组组长袁彦鹏赴山西省开展调研。其间，会见省委常委、常务副省长高建民，省委常委、省纪委书记李兆前，听取省人社厅和太原、晋城、长治3个市的工作情况汇报，就开展社保基金、就业资金和人事考试安全风险防控工作召开3个专题座谈会，并对社保经办机构、人事考试中心、人力资源市场等进行实地考察。

5月7日，尹蔚民部长会见贵州省委常委、常务副省长谌贻琴一行。

王晓初副部长和中国老科学技术工作者协会会长程连昌、常务副会长张春园专题研究落实马凯副总理批示精神，进一步发挥离退休专业技术人员作用有关问题。

5月8日，杨士秋副部长参加第13次全国干部教育联席会议。

5月8日至9日，王晓初副部长在天津开展调研。其间，听取了天津市和武清区、蓟县人社工作汇报，召开座谈会听取基层事业单位对人事制度改革的意见和建议，并深入武清区杨村第十一小学、武清区中医院、蓟县第一小学、蓟县文保所、盘山管理局实地调研。

5月9日，尹蔚民部长、邱小平副部长分别会见甘肃省委常委、副省长咸辉一行，新疆生产建设兵团党委常委、副司令员宋建业一行。

5月9日至10日，全国工伤保险工作座谈会在山东青岛召开，胡晓义副部长出席并讲话。会议总结了《工伤保险条例》颁布十年来取得的成绩和经验，分析当前和今后一个时期工伤保险工作面临的形势和任务，部署安排2013年工伤保险工作。其间，胡晓义副部长先后到青岛市湛海医院、经济技术开发区社保服务大厅，日照市人力资源市场，莒县长岭镇人力资源社会保障所和岳家村村级公共服务平台进行调研。

5月10日，王晓初副部长出席中国·天津第二十届投资贸易洽谈会暨第九届PECC国际贸易投资博览会开幕式，并参观人才智力引进洽谈会。下午，前往天津市职业技术师范大学和天津市电子信息高级技术学校，看望第42届世界技能大赛移动机器人项目、信息网络布线项目的参赛选手和技术指导专家组组长。

5月12日至15日，国际劳工组织总干事盖·莱德率团来访。13日，尹蔚民部长会见盖·莱德一行，并出席人社部与国际劳工组织南南合作项目文件签署仪式及人社部与国际劳工组织合作谅解备忘录联合委员会第七次会议，王晓初副部长参加。14日，马凯副总理在中南海紫光阁会见代表团，杨志明副部长和全总副主席陈豪、中企联常务副会长李德成参加。

5月13日，国务院召开国务院机构职能转变动员电视电话会议。尹蔚民部长，杨志明、张建国副部长和公务员局副局长吴云华在国务院主会场参加，尹蔚民部长发言。何宪、胡晓义、信长星、邱小平副部长，中纪委驻部纪检组组长袁彦鹏和公务员局副局长杨春光、陈刚在人社部分会场参加。

尹蔚民部长会见应邀来访的土耳其国家人事委员会主席库姆布兹奥卢一行，双方签署两部门《公共行政与人事管理合作谅解备忘录》。公务员局副局长杨春光和土耳其驻华大使埃森利参加。

下午，尹蔚民部长主持召开第 7 次党组会和第 7 次部务会，传达学习习近平、李克强等中央领导同志对大学生就业工作的重要批示精神，研究贯彻落实措施；专题学习国务院机构职能转变动员电视电话会议精神，研究贯彻落实措施；审议《四川芦山强烈地震灾后恢复重建有关人力资源社会保障支持政策》，并研究了其他事项。杨士秋、王晓初、何宪、胡晓义、信长星、邱小平副部长，中纪委驻部纪检组组长袁彦鹏参加。

王晓初副部长出席第 42 届世界技能大赛技术工作研讨会并讲话，对集训冲刺工作进行动员部署。参赛项目中国技术指导专家组组长、技术翻译、教练组长、参赛选手，中国集训基地负责人，中国集训基地所在省（市）人社部门和所属部门（行业组织、集团公司）主管竞赛工作相关人员，以及世界技能大赛中国研究中心负责同志约 150 人参加。

5 月 13 日至 23 日，人社部举办 2013 年全国县（市、区、旗）新任人社局长培训班。全国各省（区、市）171 名新任县人社局长参加学习。尹蔚民部长、杨士秋副部长、袁彦鹏纪检组长出席培训班并做专题报告。

5 月 14 日，习近平总书记在天津考察保障和改善民生等工作。他指出，就业是民生之本，解决就业问题根本要靠发展。要切实做好以高校毕业生为重点的青年就业工作，加强城镇困难人员、退役军人、农村转移劳动力就业工作，搞好职业技能培训、完善就业服务体系，缓解结构性失业问题。

5 月 14 日至 17 日，胡晓义副部长赴湖南开展调研。其间，会见了湖南省副省长黄兰香，听取湖南省、长沙市、益阳市、湘西州人社工作情况汇报，先后到省社保经办大厅、中南大学、长沙市宇顺显示公司、沅江市新湾镇农保站、吉首市能工巧匠创业园、古城社区、大学生创业孵化基地等实地考察，并与参保农民进行座谈，听取意见建议。

邱小平副部长赴广东省开展调研。调研期间，会见广东省政府相关领导，听取省人社部门工作情况汇报，深入湛江、茂名、广州等地市进行调研，与地方人社部门和财政、住建、国资、经信、工会等相关部门和单位以及企业进行座谈，实地考察 4 家企业。

5 月 14 日至 19 日，王晓初副部长到新疆维吾尔自治区调研人社工作。其间，会见了中央政治局委员、自治区党委书记张春贤，自治区主席努尔·白克力，自治区副主席马敖·塞依提哈木扎；分别听取自治区人社厅、兵团人社局和喀什地区、和田地区人社工作情况汇报并座谈；实地考察了自治区社保经办中心、信息中心等人力资源社会保障服务机构，兵团技师学院、喀什地区技工学校、和田地区技工学校、莎车县技工学校、和田县职业高中等技工院校和职业学校，兵团共青团农场、皮山县科克铁热乡培训点、皮山县廉租房建设工地、墨玉县阿尔墩桥职业技能实训基地、和田地毯厂的职业培训工作。

5 月 15 日，李克强总理主持召开国务院常务会议，研究做好 2013 年高校毕业生就业工作等问题。会议指出，做好高校毕业生就业工作，关乎经济升级、民生改善和社会稳定。要采取有效措施，切实保障应届毕业生就业水平不降低、有提高。

人社部举办为期两周的“2013 年全国应届高校毕业生网络招聘活动”。

5 月 16 日，尹蔚民部长，杨志明、信长星副部长分别会见四川省委常委、常务副省长钟勉一行。下午，尹蔚民部长，杨士秋、何宪、信长星副部长，中纪委驻部纪检组组长袁彦鹏分别会见宁夏回族自治区副主席李锐一行。

杨志明副部长先后参加国务院芦山地震灾后恢复重建指导小组第一次全体会议，贯彻落实《中华人民共和国旅游法》电视电话会议和全国政协“第六届中国人口资源环境发展态势分析会”。

信长星副部长主持召开国务院就业工作部际联席会议办公室会议，贯彻中央领导同志关于促进高校毕业生就业工作指示精神和国务院常务会议精神，研究做好下一步高校毕业生就业工作。

5月17日，全国普通高等学校毕业生就业工作电视电话会议在京召开。会议指出，高校毕业生就业事关经济升级、民生改善和稳定，各地、各部门、各高校要认真贯彻落实习近平总书记、李克强总理关于做好高校毕业生就业工作的一系列指示精神，坚持把高校毕业生就业工作放在就业工作的首位，全力以赴做好2013年高校毕业生就业工作。国务院副总理刘延东、马凯出席会议并讲话。尹蔚民部长、信长星副部长参加。

杨士秋副部长参加中国载人深潜表彰大会并宣读表彰决定。

何宪副部长出席2013年中央单位军转安置工作会议并讲话。

5月20日，尹蔚民部长主持召开第8次党组会和第8次部务会，审议《"中国家庭服务"标识及管理办法（送审稿）》，并研究相关事项。杨志明、杨士秋、王晓初、何宪、胡晓义、信长星、张建国、邱小平副部长，中纪委驻部纪检组组长袁彦鹏参加。

5月21日，尹蔚民部长参加中央党的群众路线教育实践活动领导小组第一次会议。

人社部、教育部、全国总工会、全国工商联联合开展的"2013年全国民营企业招聘周"活动在上海理工大学正式启动。信长星副部长出席启动仪式并讲话。

5月21日至22日，信长星副部长到上海调研。其间，听取了市人社局关于就业工作情况的汇报，先后到闸北区市北聚能湾园区、就业促进中心服务大厅和金山区部分涉农企业、农民专业合作社调研，了解创业就业服务、农村富余劳动力就业等情况。

5月21日至24日，杨士秋副部长在北京市开展调研。其间，与市委常委、常务副市长李士祥交换意见，先后听取了市人社局和西城、昌平、顺义3个区的工作情况汇报，前往北京市12333电话咨询中心、北京金融资产交易所、海淀区劳动人事争议仲裁院、海淀区行政事务管理办事大厅、中关村人才市场、中关村自主创新示范区展示中心、工美技工学校实训基地、昌平未来科技城、部分基层社保经办机构进行实地考察，与企业代表、大学生村官代表和归国留学专家代表进行交流。

5月22日，杨志明副部长听取内蒙古自治区副主席白向群关于部区合作备忘录落实情况的汇报。

5月22日至24日，尹蔚民部长到江苏开展调研。其间，与罗志军、李学勇、毛伟明等省委、省政府领导就做好人社工作交换意见，考察了南京高校毕业生就业指导中心、南京市大学生创业示范园等大学生就业创业服务机构；分别召开部分高校负责人、高校毕业生代表座谈会，详细了解高校毕业生就业创业情况；考察了南京途牛科技公司、苏宁云商、海澜集团、无锡软通动力科技有限公司等单位，召开部分企业负责人座谈会，了解用人单位招工、劳动关系、社会保障、人才培养引进等情况；召开部分市、县人社局长座谈会，考察基层人力资源社会保障工作平台，全面了解江苏省人社工作情况。

5月23日，王晓初副部长出席第五届"中国国际商务培训论坛"开幕式。

5月24日，杨志明副部长参加国务院研究芦山地震恢复重建工作会议。

人社部召开加强技工院校学生资助管理工作座谈会，通报技工院校学生国家资助政策执行情况和江西应用工程职业学院套取国家助学金事件，部署开展全国技工院校学生资助管理工作专项检查活动。王晓初副部长出席会议并就切实做好技工院校学生资助管理工作并讲话。各地人社厅（局）分管厅（局）长和相关同志参加。

5月27日，尹蔚民部长主持召开第9次党组会和第9次部务会，宣布潘立刚副部长任职决定：中央组织部副部长潘立刚兼任人力资源社会保障部副部长、党组成员。审议《关于实施离校未就业高校毕业生就业促进计划的通知（送审稿）》等文件，并研究相关事项。杨志明、潘立刚（部务会请假）、杨士秋、王晓初、何宪、胡晓义、信长星、张建国（部务会请假）、邱小平副部长，中纪委驻部纪检组组长袁彦鹏（部务会请假）参加。

胡晓义副部长参加国务院安全生产委员会全体会议。

中纪委驻部纪检组组长袁彦鹏参加在全国纪检监察系统开展的会员卡专项清退活动电视电话会议。

5 月 27 日至 30 日，杨志明副部长赴黑龙江省开展调研。其间，听取了省人社厅和哈尔滨市人社局工作汇报，实地考察哈尔滨市香坊区、大兴安岭漠河县劳动就业和社会保障服务平台建设情况，并与基层工作人员、大学生和农民工进行了交流，广泛听取意见和建议。

5 月 28 日，尹蔚民部长、胡晓义副部长参加全国老龄工作委员会第十五次全体会议。

邱小平副部长出席全国劳动定额定员标准化技术委员会换届暨第四届委员会第一次会议。

5 月 28 日至 31 日，何宪副部长就公务员职务与职级并行制度试点工作赴吉林省调研。其间，分别与省委常委、组织部长齐玉和副省长王化文交换意见。

5 月 29 日，尹蔚民部长、中纪委驻部纪检组组长袁彦鹏参加中央国家机关工委深入开展党的群众路线教育实践活动征求意见建议座谈会。

杨士秋副部长与国家铁路局局长陆东福一行座谈。

5 月 30 日，全国人力资源市场建设工作座谈会在京召开，会议就加快市场整合改革、加强市场管理、整合和加强公共就业和人才服务、大力发展人力资源服务业等问题进行讨论，并对下一步工作进行部署。尹蔚民部长对会议做出重要批示，信长星副部长出席会议并讲话。

5 月 31 日，王晓初副部长出席由人社部、公安部、工信部、工商总局、税务总局、公务员局联合召开全国人事考试环境综合治理专项行动电视电话会议并讲话。公务员局副局长陈刚主持。

5 月 31 日至 6 月 1 日，杨志明副部长参加中央政法委“深化平安中国建设工作会议”，并宣读表彰全国社会管理综合治理先进集体和先进工作者的决定。

6 月

6 月 3 日，人社部召开高校毕业生就业工作视频会议，部署 2013 年离校未就业高校毕业生就业工作。信长星副部长出席并讲话。

6 月 3 日至 8 日，胡晓义副部长参加全国政协 2013 年度重点督办提案“以农业转移人口市民化为核心，努力实现城镇基本公共服务常住人口全覆盖”督办调研组赴江苏、浙江进行调研。

6 月 4 日，杨志明副部长参加国务院芦山地震灾后恢复重建指导协调小组工作会议。

6 月 4 日至 6 日，尹蔚民部长到湖北省调研高校毕业生就业工作。先后走访了武汉、宜昌两地的企业、大学生创业孵化基地，并与部分市县人社部门负责同志、部分高校负责人、应届大学毕业生进行座谈。

6 月 5 日，王晓初副部长参加全国政协教科文卫体委员会“现代职业教育体系建设的途径”协商座谈会。

6 月 5 日、8 日，信长星副部长两次主持召开专家座谈会，听取清华大学教授王丰、北京大学教授陈功、首经贸大学教授李仲生、北京大学教授郭志刚、南开大学教授陈卫民、社科院研究员蔡昉等对我国人口老龄化和人口政策的意见建议。

6 月 5 日至 20 日，第 102 届国际劳工大会在日内瓦召开，王晓初副部长率包括港澳特别行政区顾问在内的中国三方代表团出席会议，并发表题为“携手合作，促进体面劳动的新发展”的发言，介绍我国在民生保障领域取得的新成就。其间，会见了国际劳工组织总干事莱德、副总干事维恩斯、洪博，并与南非劳工部长奥利芬进行工作会谈，就签署合作协议交换意见。会议期间，我代表参加了绿色就业、新人口形势下的就业和社会保护、社会对话以及标准实施等若干委员会的讨论。

6 月 6 日，杨志明副部长出席全国劳动管理与保护标准化技术委员会成立大会并讲话。

6 月 7 日，杨志明副部长参加全国安全生产电视电话会议。

杨士秋副部长主持召开第 32 次公务员局党组会，审议《国家公务员局工作规则》，研究部署近期工作。公务员局副局长杨春光、卢雍政、陈刚参加。

王晓初副部长出席国家技术创新工程部际协调小组第一次会议。

6 月 8 日，国务院总理李克强到河北师范大学了解大学生就业情况。在该校学生就业指导中心，李克强对学生说，下基层、到基层工作，才能使人更快地成长起来，基层的经验，无论以后走到什么岗位都将是一笔宝贵的财富，只有经历基层锻炼，才会成长为社会的有用之才。今年的就业形势比较严峻，就业有压力，但就业的动力大于压力，学校和国家都会为你们就业提供支持和帮助。

杨士秋副部长参加中央国家机关部门党组（党委）中心组学习经验交流会。

6 月 13 日，信长星副部长出席科技促进高校毕业生就业创业视频会议。

6 月 14 日，尹蔚民部长主持召开第 10 次党组会和第 10 次部务会，审议关于开展全国人力资源社会保障系统 2011—2013 年度优质服务窗口评选表彰工作方案、2013 年立法工作计划和《劳务派遣行政许可管理办法（送审稿）》，并研究相关事项。杨志明、杨士秋、何宪、胡晓义、信长星、邱小平副部长，中纪委驻部纪检组组长袁彦鹏参加。

国务院办公厅印发《关于成立国务院农民工工作领导小组的通知》（国办发［2013］60 号）。国务院决定成立国务院农民工工作领导小组。组长为国务院副总理马凯，副组长为人社部部长尹蔚民、国务院副秘书长肖亚庆、国务院研究室副主任黄守宏，办公室设在人社部，人社部党组副书记、副部长杨志明兼任办公室主任，31 个部门（单位）为成员单位。

6 月 17 日，尹蔚民部长到北京外国语大学为首都大学生代表做题为“当前的就业形势和政策措施”的报告，并就大学生关心的问题与大学生进行交流。北京大学、中国人民大学、北京师范大学、北京外国语大学、北京理工大学等 10 所高校的 1 000 多名学生代表参加了报告会。北京市委常委、教育工委书记赵凤桐主持。

杨志明副部长参加共青团第十七次全国代表大会。

胡晓义副部长参加传染病防治工作和传染病防治法实施情况报告及应询工作部际工作机制第一次会议。

6 月 17 日至 20 日，杨志明副部长赴新疆调研。其间，会见了中央政治局委员、自治区党委书记张春贤，自治区主席努尔·白克力；先后听取自治区人社厅、和田地区行署、喀什地区行署关于人社工作情况的汇报；实地考察了和田市努尔巴格劳动保障事务所、和田县人力资源市场、喀什地区远程教育中心。20 日，在乌鲁木齐出席部分省区人力资源社会保障信访工作座谈会并讲话。河北、内蒙古、吉林、江苏、河南、湖南、广西、云南、新疆、新疆生产建设兵团人社厅（局）有关负责同志参加。

6 月 18 日至 19 日，尹蔚民部长参加党的群众路线教育实践活动工作会议。杨士秋副部长参加 18 日会议。

信长星副部长到江苏苏州主持召开中国人才交流协会会长、秘书长办公会，出席中国人才交流协会第三届第二次会员大会并讲话。

6 月 19 日，杨士秋副部长参加全国文联系统先进集体、先进个人评选表彰工作领导小组会。

人社部召开副司以上干部大会，传达贯彻中央党的群众路线教育实践活动工作会议精神。杨士秋副部长传达习近平总书记讲话精神，王晓初、胡晓义副部长分别传达刘云山、赵乐际同志讲话精神。邱小平副部长、中纪委驻部纪检组组长袁彦鹏和原部领导李伯勇出席，公务员局副局长杨春光、卢雍政、陈刚，部属各单位、公务员局各司副司以上干部和离退休党支部书记参加。

王晓初副部长到北京市工业技师学院、北京吉诺高食品技术推广中心有限公司考察第42届世界技能大赛数控车、数控铣和糖果/糕点制作3个参赛项目集训基地，看望参赛选手、技术指导专家组组长、技术翻译和集训基地工作人员，对进一步做好参赛前各项准备工作提出明确要求。

6月19日至26日，应乌克兰社会政策部和斯洛伐克劳动、社会事务和家庭部邀请，何宪副部长率团赴两国就退役军官安置和公职人员工资管理情况进行考察，深入了解两国在经济转型、应对金融危机背景下退役军官安置保障制度以及收入分配制度改革，特别是公职人员工资制度情况，并就进一步推动务实合作交换意见。其间，考察团访问了乌克兰国家人事总局。

6月20日，王晓初副部长到中冶建筑研究总院有限公司考察第42届世界技能大赛焊接、建筑金属加工2个参赛项目集训基地，看望参赛选手、技术指导专家组组长、技术翻译和集训基地工作人员，对进一步做好参赛前各项准备工作提出明确要求。

信长星副部长出席第一届北京大学人才论坛。

6月21日，尹蔚民部长，杨志明、杨士秋、王晓初、胡晓义、信长星、邱小平副部长，中纪委驻部纪检组组长袁彦鹏分别会见广东省副省长林少春一行。

王晓初副部长参加由国务委员杨洁篪主持召开的2014年亚太经社理事会（APEC）会议委员会第一次会议。

6月24日，尹蔚民部长主持召开第11次党组会，审议《人力资源社会保障部深入开展党的群众路线教育实践活动实施方案（送审稿）》。杨志明、杨士秋、王晓初、胡晓义、信长星、邱小平副部长，中纪委驻部纪检组组长袁彦鹏参加。

6月24日至25日，邱小平副部长到上海出席2013年中国海员大会。

6月24日至26日，信长星副部长带队到山西开展高校毕业生就业工作督查。其间，先后听取省政府、阳泉市高校毕业生就业工作情况汇报，分别与部分地市公共就业服务机构负责人、用人单位、高校、毕业生代表座谈，就督查情况与省政府领导交换了意见。中组部、财政部、住建部、国资委、全总有关同志参加。

6月25日，尹蔚民部长列席中央政治局集体学习。

杨志明副部长参加国办研究城镇化发展规划编制工作会议。

杨士秋副部长出席全国石化工业劳动模范表彰大会，并宣读表彰决定。随后，会见阿塞拜疆公务员委员会主席哈利洛夫，双方就两国公务员管理事宜进行了交流。

王晓初副部长主持召开创新技能人才培养模式专家座谈会。

6月26日，尹蔚民部长、胡晓义副部长参加国务院医改领导小组第一次全体会议。

杨士秋副部长会见新疆生产建设兵团党委常委、副司令员宋建业一行。

王晓初副部长出席第42届世界技能大赛参赛行前动员会，对进一步做好赛中、赛后各项工作提出明确要求。

邱小平副部长参加全国现代渔业建设工作电视电话会议。

6月28日，尹蔚民部长与法国社会事务和卫生部长以函签形式签署两部《关于深化在社会保障领域合作的协议》。

杨志明副部长参加国务院安委会安全生产综合督查动员部署会议。

王晓初副部长出席在辽宁大连召开的2013年中国海外学子创业周活动开幕式并致辞。

何宪副部长参加国务院芦山地震灾后恢复重建指导协调小组第二次全体会议。

胡晓义副部长参加全国医改工作电视电话会议。

邱小平副部长参加国务院扶贫开发领导小组第一次全体会议。

6月28日至29日，尹蔚民部长参加全国组织工作会议。杨士秋副部长参加28日会议。

6月30日，杨士秋副部长出席全国文联系统先进集体和先进个人表彰大会，并宣读表彰决定。

2013年中央单位和北京市市级单位接收安置军队转业干部统一笔试在北京大学进行。何宪副部长、总政干部部副部长白锦峰、北京市卫戍区副政委郭志刚到现场巡视。

6月30日至7月7日，杨志明副部长率团访问白俄罗斯、冰岛。在白俄罗斯期间，与白俄罗斯劳动和社会保障部部长谢特盖娜举行会谈，参观了白俄罗斯居民就业中心和残疾人视力康复电子光学仪器公司。在冰岛期间，与冰岛社会事务和住房部部长哈达多蒂尔和冰岛福利部常务秘书谷娜多蒂尔分别举行会谈，就中冰对口部门加强合作交换意见，并听取冰岛促进就业和社会保障情况介绍。

7月

7月1日，信长星副部长参加全国人大财经委中小企业促进法修改工作座谈会。

7月2日，人社部召开党的群众路线教育实践活动动员大会。尹蔚民部长做全面动员部署。中央第十八督导组组长胡振民代表督导组做重要讲话。中央第十八督导组副组长鲍绍坤就民主评议领导班子和领导干部有关事项做说明。杨士秋副部长主持会议。潘立刚、何宪、胡晓义、信长星、张建国、邱小平副部长，中纪委驻部纪检组组长袁彦鹏和原部领导李伯勇、张小建、张汉夫、程连昌、徐颂陶、王建伦、戴光前同志出席。中央第十八督导组全体同志，公务员局副局长杨春光、卢雍政、陈刚，部机关和公务员局处以上干部，事业单位司级干部及党办主任，离退休干部党支部书记参加。

7月2日至7日，第42届世界技能大赛在德国莱比锡举行。王晓初副部长率团参赛，并出席大赛闭幕式。中国代表团共参加22个项目比赛，获得1银3铜和13个优胜奖的优良成绩。赛前，王晓初副部长应邀访问丹麦，同丹麦社会事务与融合部部长凯仑·汉克拉普、常务国务秘书杰斯帕·威斯勒分别举行会谈，并到哥本哈根职业培训学校参观。在德期间，王晓初副部长和世界技能组织主席塞蒙·巴特利举行会谈，就我与世界技能组织加强合作交换意见；看望参赛的中国代表团成员并到赛场观看中国选手参赛项目；参观莱比锡行业协会职业培训中心。

7月3日，杨士秋副部长主持召开公务员局第33次党组会，传达学习全国组织工作会议精神，研究局党组及局党的群众路线教育实践活动相关事宜。副局长杨春光、卢雍政、吴云华、陈刚参加。

何宪副部长会见越共中央经济部部长王庭惠，就我国公务员工资政策以及社会保障等情况进行交流。

邱小平副部长参加国务院关于城镇化规划、芦山地震灾后重建相关议题会议。

中纪委驻部纪检组组长袁彦鹏参加中央纪委干部大会。

7月4日至10日，按照国务院安委会的统一安排，胡晓义副部长带领国务院安委会第五综合督查组到福建省开展第一轮安全生产综合督查。

7月5日，尹蔚民部长参加中央党的群众路线教育实践活动领导小组第二次会议。

7月6日，尹蔚民部长会见瑞士联邦委员兼经济事务、教育和研究部长施耐德—阿曼一行。双方就当前中瑞就业和社会保障现状及进一步加强合作事宜交换意见，并签署两部《关于劳动和就业领域合作协议》。

7月8日，尹蔚民部长主持召开第13次党组会，传达学习中央有关会议精神，审议部党组成员参加党的群众路线教育实践活动安排，并研究相关事项。杨志明、杨士秋、何宪、信长星、张建国、邱小平副部长，中纪委驻部纪检组组长袁彦鹏参加。

7月8日至10日，李克强总理在广西北海、钦州、南宁围绕经济运行、改革开放、民生改善等调研考察时指出，小微企业“铺天盖地”，是就业的最大吸纳器，政府会继续从政策上给予支持，创造良好环境。千千万万的小微企业发展好了，就会为增长和转型装上更多“助推器”，为就业打开更广阔的大门。

7月10日，王晓初副部长出席苏州国际精英创业周开幕式并致辞。

7月11日，尹蔚民部长主持召开部党组中心组学习会，专题学习《论群众路线——重要论述摘编》、《党的群众路线教育实践活动学习文件选编》和《厉行节约、反对浪费——重要论述摘编》3本必读书目，联系思想实际，交流学习体会。杨志明、杨士秋、王晓初、何宪、胡晓义、信长星、张建国、邱小平副部长，中纪委驻部纪检组组长袁彦鹏分别在会上谈了学习体会。中央第十八督导组成员李耀建、蔡兵出席。

王晓初副部长出席全国第十批博士后科研工作站专家评议会并讲话。北京大学、清华大学等40多个单位130多名专家参加。

7月12日，王晓初副部长为全国地市级人社局专技工作分管局长培训班授课，就如何更好发挥人社部门职能作用、推进政府人才工作发展进行专题讲解，并与学员互动交流。

人社部、中组部、中央编办、财政部、公务员局联合召开县以下机关建立公务员职务与职级并行制度试点工作部署会。何宪副部长出席并讲话。中组部部务委员兼干部一局局长邓声明主持，中央编办副主任何建中、财政部副部长王保安、公务员局副局长吴云华出席，吉林、江西、广东、甘肃四省人社、组织、编制、财政、公务员管理部门的负责同志，试点县有关同志参加。

胡晓义副部长参加纠正医药购销和医疗服务中不正之风部际联席会议第16次会议。

7月15日，尹蔚民部长会见新加坡驻华大使罗家良一行，介绍人社部机构职能及中国人力资源社会保障有关情况，并就双方感兴趣的问题进行交流。

邱小平副部长参加全国小微企业金融服务经验交流电视电话会议。

7月16日，中宣部等六部门在京联合举办中国特色社会主义和中国梦宣传教育系列报告会第二场报告，尹蔚民部长做题为“实施就业优先战略　推进社会保障体系建设”的专题报告。

王晓初副部长参加进一步规范外事管理工作全国电视电话会议。

何宪副部长参加外交部、教育部召集的海外办学工作部际协调会。

7月16日至17日，国家公务员局年中务虚会在京召开。会议主题是总结上半年工作，部署下半年任务，分析公务员管理工作面临的形势，研究当前公务员管理工作中的重点难点问题，提出对策建议；研究讨论专业技术类和行政执法类公务员管理暂行办法；听取地方对国家公务员局开展群众路线教育实践活动的意见建议。杨士秋副部长出席并讲话。杨春光、卢雍政、吴云华、陈刚副局长出席会议并发言。

7月17日，王晓初副部长参加由国务院副秘书长江小涓主持召开的会议，研究加快发展现代职业教育有关问题。

7月17日至23日，信长星副部长率团赴俄罗斯莫斯科出席20国集团劳工和就业部长会议。会议期间，信长星副部长以“实施积极的就业政策实现包容性增长”为题，在20国集团劳工和就业部长会议、劳工和就业部长与财政部长联合会议上分别发言。其间，会见法国社会事务与就业部长萨平、欧盟就业委员安多尔、国际劳工组织总干事莱德及副总干事伯拉斯基。会后，应邀访问了芬兰。访芬期间，信长星副部长会见了芬兰就业经济部国务秘书马吉亚，参观了赫尔辛基新地就业和经济发展办公室，并分别与芬就业经济部、社会事务与卫生部高级官员进行了座谈交流。

7 月 18 日，人社部举办党的群众路线专题辅导报告会暨“人力资源社会保障部讲坛”第二十一次讲座，邀请中央党校党建部教授张希贤做专题辅导。尹蔚民部长，王晓初、何宪、邱小平副部长，中纪委驻部纪检组组长袁彦鹏出席，杨志明副部长主持。公务员局副局长杨春光、卢雍政、吴云华、陈刚，部机关和公务员局党员干部，部属事业单位司级干部 300 余人参加。

胡晓义副部长出席全国社保基金理事会 2013 年夏季理事座谈会。

7 月 19 日，尹蔚民部长和杨志明、邱小平副部长参加由国务院副总理、国务院农民工工作领导小组组长马凯主持召开的国务院农民工工作领导小组第一次全体会议。会议审议并原则通过《国务院关于进一步做好农民工工作的若干意见（送审稿）》和《国务院农民工工作领导小组工作规则（送审稿）》、《国务院农民工工作领导小组办公室工作职责（送审稿）》。会议强调农民工工作已经站上了一个新的历史起点，做好农民工工作是我国经济社会发展进入新的历史阶段的重要战略任务，要着力稳定和扩大农民工就业、创业，着力维护农民工劳动保障权益，着力推动农民工平等享受城镇基本公共服务和在城镇落户，着力促进农民工社会融合。

7 月 22 日，尹蔚民部长主持召开第 14 次党组会和第 11 次部务会，听取关于推荐第八届全国“人民满意的公务员”和“人民满意的公务员集体”的汇报；审议《关于清理评比达标表彰评估和相关检查活动项目的意见（送审稿）》，并研究有关事项。杨志明、王晓初、何宪、张建国、邱小平副部长，中纪委驻部纪检组组长袁彦鹏参加。

中组部召开“千人计划”专家座谈会，听取专家对千人计划工作的意见建议。中共中央政治局委员、中组部部长赵乐际出席并做重要讲话，尹蔚民部长主持会议，王晓初副部长参加。

胡晓义副部长参加由马凯副总理主持召开的铁路体制改革领导小组第二次会议。

7 月 23 日，尹蔚民部长会见来访的俄罗斯联邦总统公务及人事局局长基科提一行，双方就加强中俄在人事及公共行政领域合作进行交流并签署延长两部门合作谅解备忘录的协议和两部门年度合作计划。公务员局副局长杨春光、俄罗斯驻华大使杰尼索夫参加。

王晓初副部长参加国务院研究财政性教育经费使用和管理工作会议。

7 月 25 日，尹蔚民部长参加中央召开的座谈会，征求各民主党派、全国工商联和无党派人士对经济工作的意见。

7 月 25 日至 26 日，人社部召开务虚会（党的群众路线教育实践活动部党组中心组集中学习扩大会）。会议以结合实际、把握规律，进一步提高工作科学化水平为主题进行研讨。尹蔚民部长出席会议并讲话。杨志明、杨士秋、王晓初、何宪、胡晓义、信长星、张建国、邱小平副部长，中纪委驻部纪检组组长袁彦鹏出席会议并发言。公务员局副局长杨春光、卢雍政、吴云华、陈刚，部属各单位、公务员局各司主要负责同志和各省（区、市）及新疆生产建设兵团人社厅（局）主要负责同志参加会议。会议期间，面对面征求了各地人社厅（局）主要负责同志对部党组及成员的意见和建议。

7 月 26 日，杨志明副部长参加中央领导同志接见神舟十号任务航天员及参研参试人员代表活动。

7 月 26 日至 29 日，中组部、人社部等五部门在京联合举办中央和国家机关、中央企业第七批援藏干部人才、第二批援青干部培训班。信长星副部长主持开班式，并在结业式上做总结讲话。

7 月 28 日至 8 月 3 日，王晓初副部长赴伦敦出席联合国国际公务员制度委员会（ICSC）第77次会议，就联合国共同制度薪酬全面审查、联合国/美国薪酬净额比值的演变、业绩管理等核心问题参加讨论并发表重要意见。其间，与委员会主席金斯顿·罗兹和副主席沃尔夫冈·斯托科尔进行专门会谈，并会见我在国际海事组织高级别国际职员，与共同制度参与机构代表就国际组织治理方法交换意见，并就如何进一步扩大中国高级别国际职员队伍做相关组织管理层工作。

7月29日，尹蔚民部长主持召开第15次党组会，传达学习中央督导组工作座谈会精神，研究部署贯彻落实措施，听取关于我部党的群众路线教育实践活动学习教育听取意见环节的工作汇报，并研究相关事项。杨志明、何宪、胡晓义、信长星、邱小平副部长、中纪委驻部纪检组组长袁彦鹏参加。

7月30日，尹蔚民部长列席中央政治局集体学习。

7月31日，尹蔚民部长、杨志明副部长与湖南省省长杜家毫会谈。

邱小平副部长出席中华全国总工会第十五届执行委员会主席团第十五次全体会议。

中国与欧盟社会保障合作项目圆满结束。中欧社会保障合作项目自2006年4月启动以来，共开展各类合作活动360个，中方受益人员近2万人次。

7月31日至8月6日，信长星副部长送中央和国家机关、中央企业第二批援青干部赴青海并调研。其间，分别与省委书记骆惠宁、省长郝鹏等领导同志交换意见，出席对口援青工作总结表彰大会并讲话，听取省人社工作情况汇报，到海北州、海西州部分企业、基层公共服务平台了解有关情况。

7月至8月，人社部在全国范围内组织开展用人单位遵守劳动用工与社会保险法律法规情况专项检查。

7月至11月，国家公务员局组织开展公务员工作“让人民满意”专题调研。局党组成员带队，先后对辽宁、黑龙江、福建、江西、湖北、广东、四川、云南、甘肃、新疆10个省（区）公务员工作让人民满意情况开展调研，同时，对公务员法律法规执行情况进行检查。

8月

8月5日，尹蔚民部长在北戴河陪同中央领导同志看望暑期休假专家。

8月13日，尹蔚民部长与四川省省长魏宏在北京签署《人力资源和社会保障部　四川省人民政府共同推进四川贫困地区人力资源社会保障事业发展　加快建设西部经济发展高地合作备忘录》。杨志明副部长出席签署仪式。

王晓初副部长参加国务院研究加快发展社会养老服务业若干意见征求意见会。

8月14日，尹蔚民部长参加中央党的群众路线教育实践活动领导小组第三次会议。

8月15日，杨志明副部长出席全国卫生援外工作暨援外医疗队派遣50周年会议。

胡晓义副部长参加全国人大传染病防治工作和传染病防治法实施情况专题询问工作协调会。

8月16日，王晓初副部长参加习近平总书记接见全国援外医疗工作先进集体和先进个人代表活动。下午，会见常驻联合国代表团新任大使刘结一和联合国副秘书长吴红波，就联合国安理会改革、经社部与中国政府合作、共同制度和人力资源管理以及国际职员工作交换意见。

胡晓义副部长会见来访的瑞士联邦委员兼内政部长阿兰·贝尔塞特一行，就中瑞人力资源社会保障领域相关情况及中瑞社保谈判工作进行交流。

8月16日至17日，中组部、人社部、国家公务员局在辽宁省沈阳市召开全国公务员考试录用工作会议。尹蔚民部长出席并讲话，杨士秋副部长主持，中组部干部一局局长邓声明做会议总结。公务员局副局长陈刚，各省（区、市）和新疆兵团党委组织部负责公务员录用的同志、公务员局有关负责同志以及中央有关部委干部人事部门的负责同志参加。

8 月 18 日，李克强总理在兰州大学就业指导中心考察时强调，应鼓励、引导大学生到西部和边远地区就业和创业。

8 月 19 日，尹蔚民部长参加全国宣传思想工作会议。下午，参加国务院机构职能转变协调小组会议，并就清理评比达标表彰评估项目和相关检查活动工作做了汇报。

杨士秋副部长参加第一次全国地理国情普查电视电话会议。

8 月 19 日至 20 日，何宪副部长参加全国宣传思想工作会议。

8 月 20 日，尹蔚民部长、王晓初副部长分别会见来访的香港特别行政区劳工及福利局局长张建宗一行。

杨志明、胡晓义副部长参加国务院安委会安全生产综合督查汇报会。

8 月 21 日，尹蔚民部长主持召开第 16 次党组会，传达学习全国宣传思想工作会议精神，研究贯彻落实措施，并研究相关事项。杨志明、杨士秋、王晓初、何宪、胡晓义、信长星、张建国、邱小平副部长，中纪委驻部纪检组组长袁彦鹏参加。

杨士秋副部长出席 2013 年中央机关初任培训公务员先进模范事迹报告会暨新录用公务员宣誓仪式并讲话。公务员局副局长卢雍政带领新录用公务员宣誓。来自 89 个中央单位的 1 000 余名公务员参加。

8 月 21 日至 23 日，第 42 届世界技能大赛总结大会在北京召开。王晓初副部长出席并做总结讲话。大赛中国组委会各成员单位负责同志、专家组组长、技术翻译、教练组组长、有关省（市）人社部门和有关部门负责同志参加。

8 月 22 日，第 42 届世界技能大赛参赛总结大会暨首届中国青年技能夏令营开营仪式在人民大会堂举行。尹蔚民部长讲话并宣布首届中国青年技能夏令营开营，王晓初副部长主持。大赛中国代表团汇报有关参赛情况。会上为获奖选手及技术指导团队颁发了奖金。大赛中国组委会各成员单位负责同志、专家组组长、技术翻译、教练组组长、有关省（市）人社部门和有关部门负责同志、首届中国青年技能夏令营营员参加。

人社部召开传达全国宣传思想工作会议精神大会。尹蔚民部长出席并讲话。杨志明、王晓初、何宪、信长星、邱小平副部长，中纪委驻部纪检组组长袁彦鹏和原部领导程连昌、王建伦同志出席。公务员局副局长卢雍政、吴云华、陈刚参加。

8 月 22 日至 26 日，杨士秋副部长赴云南开展公务员工作“让人民满意”专题调研，听取云南省和昆明、保山市公务员工作汇报，召开省直机关人事处长座谈会、群众代表和人民满意公务员代表座谈会，听取各级各部门对行政机关公务员工作的评价及意见建议。走访保山市施甸县杨善洲林场，了解当地群众、基层干部和大学生村官对公务员工作的评价及意见建议。其间，出席全国 MPA 教育指导委员会 2013 年度工作会议和全国 MPA 培养院校 2013 年度院长工作会议并讲话。

8 月 23 日，信长星副部长参加国务院研究化解产能过剩矛盾有关问题的会议。

8 月 26 日，尹蔚民部长、何宪副部长与青海省省长郝鹏、副省长程丽华一行座谈。杨志明、邱小平副部长，中纪委驻部纪检组组长袁彦鹏分别会见青海省副省长程丽华一行。

尹蔚民部长礼节性会见来访的南非劳工部长米尔德莱德·奥利方特一行，双方就加强两国在人力资源社会保障领域的合作进行交流。王晓初副部长主持工作会谈，向南非客人介绍中国促进就业、职业培训、劳动关系等领域的相关情况。南非驻华大使兰加参加。

8 月 27 日，王晓初副部长出席首届中国青年技能夏令营闭营式并致辞。第 42 届世界技能大赛中国组委会各成员单位负责同志、夏令营全体营员及有关人员参加。

何宪副部长到天津就全国自主择业军队转业干部创业培训实验班有关工作进行调研。其间，与天津市委常委、常务副市长崔津渡交换意见，前往鑫茂集团实地调研，与全国自主择业军队转业干部创业培训实验班学员座谈。

8月28日，邱小平副部长参加国务院三峡工程建设委员会第十八次全体会议。

8月28日至29日，全国高校毕业生就业见习工作经验交流会在湖北省武汉市召开，信长星副部长出席并讲话。其间，信长星副部长出席了2013年全国高校毕业生就业服务月活动启动仪式。

8月28日至31日，习近平总书记在辽宁考察，并在社区活动站同下岗人员、下岗再就业人员、退休人员和社区干部代表进行座谈。习近平总书记指出，让老百姓过上好日子是我们一切工作的出发点和落脚点。老工业基地前些年下岗人员相对集中，党和政府要切实关心他们及其家庭的工作和生活，加强社区服务特别是针对老年人的服务，做好就业再就业工作，让在就业创业上需要帮助的群众都得到帮助、在生活上需要保障的群众都得到保障。

8月29日，杨志明副部长参加第三次全国经济普查电视电话会议。

邱小平副部长参加国务院退役士兵安置工作领导小组全体会议。

8月30日，尹蔚民部长、杨士秋副部长参加部分中央和国家机关党组（党委）教育实践活动领导小组组长座谈会。

王晓初副部长，参加国家知识产权战略实施工作电视电话会议。

8月31日至9月1日，信长星副部长到新疆出席大学生志愿服务西部计划实施十周年座谈会。

9月

9月2日，杨士秋副部长参加国家行政学院2013年秋季学期开学典礼。中共中央书记处书记、国务委员兼国务院秘书长、国家行政学院院长杨晶出席并讲话。

邱小平副部长参加全国人大常委会义务教育法执法检查组第一次全体会议，汇报人社部贯彻实施义务教育法情况。

9月3日，尹蔚民部长主持召开第17次党组会和第13次部务会，传达学习部分中央国家机关党组教育实践活动领导小组组长座谈会精神，研究贯彻落实措施；审议《人力资源社会保障部关于节庆论坛展会摸底普查和规范工作有关情况的报告（送审稿）》，并研究相关事项。杨志明、杨士秋、王晓初、何宪、胡晓义、信长星、邱小平副部长，中纪委驻部纪检组组长袁彦鹏参加。

9月4日至8日，杨士秋副部长赴四川开展调研。其间，听取了四川省人社工作及公务员管理工作总体情况汇报，召开部分省直单位人事部门负责人座谈会，先后前往成都、泸州、宜宾，听取当地人社工作总体情况汇报，实地考察社保经办服务机构、人力资源市场、乡镇（村）街道（社区）就业和社会保障服务站（所），深入乡镇机关、企业和农村，面对面听取基层公务员、村干部、大学生村官、职工及群众的意见和建议。四川省委书记王东明、省长魏宏分别会见调研组一行。

9月4日至13日，胡晓义副部长率国务院基层医改政策落实情况第三督查组赴青海、四川，重点督查地方巩固完善基本药物制度和基层运行新机制情况。中编办、国务院办公厅、发改委、财政部、卫生计生委、食品药品监管总局及医学科学院有关同志参加。

9月5日，邱小平副部长参加国务院农村扶贫开发工作有关会议。

9月6日，杨志明副部长会见来访的富达国际投资总裁柏克堂一行。双方就加强在社保经办机构负责人赴港培训及养老金领域合作交换意见。

王晓初副部长参加由中组部常务副部长陈希主持召开的改进科研和人才项目评审工作会。

9月8日至11日，王晓初副部长赴浙江省调研。其间，会见浙江省副省长熊建平；听取浙江省、温州市人社工作汇报；深入五马街道八仙楼社区、瓯北新区人力资源市场和温州源大创业园了解软硬件建设及作用发挥情况；

实地调研奥康集团、正泰集团、人民电器集团、汇润机电公司等民营企业吸纳就业、建立和谐劳动关系和高层次高技能人才引进、培养及使用情况；分别组织召开座谈会，听取省、市和基层人社部门、经办机构（平台）、企业家代表、员工代表、见习大学生代表、居民代表等对人社工作和人社部门“四风”问题的意见建议。调研结束后，王晓初副部长在基层接待上访群众。

9月9日，信长星副部长与新疆维吾尔自治区常务副主席黄卫和中央新疆办副主任李兴民一行座谈。

9月9日至12日，中纪委驻部纪检组组长袁彦鹏赴内蒙古自治区开展调研。其间，会见了内蒙古自治区副主席白向群，听取自治区人社厅及呼和浩特市、呼伦贝尔市、满洲里市和扎赉诺尔区工作情况汇报，分别召开座谈会征求基层群众和基层人社部门对人社系统反对“四风”，特别是民生政策制定、公共服务、优质服务窗口创建等方面的意见建议，实地考察人力资源社会保障综合服务大厅、就业服务大厅、人才交流服务中心、劳动力市场等。

9月9日至13日，胡晓义副部长到西藏开展调研，督查当年人社工作任务完成情况，重点了解城乡居民养老保险和信息化建设情况。其间，分别会见自治区陈全国、洛桑江村、邓小刚、王瑞连、姜杰等党政领导同志，听取自治区及阿里地区人社工作情况汇报，先后到札达县扎不让村、普兰县巴嘎乡、噶尔县狮泉河镇等地实地考察基层社保经办平台，与乡镇、村干部和农牧民座谈；走访农户了解新农保、新农合实施情况，与自治区人社厅班子成员座谈听取对人社系统“四风”问题的意见建议，看望人社部援藏干部。

9月10日，邱小平副部长参加国家教育体制改革领导小组第八次全体会议。

9月11日至14日，王晓初副部长赴浙江就制定“海洋基本法”进行立法调研。其间，在杭州市和宁波市分别召开座谈会，听取省市人大和政府法制部门、有关涉海管理和执法单位、海洋研究机构的意见和建议，实地考察北仑港建设和象山县海洋经济发展情况。

9月12日，杨志明副部长参加由张高丽副总理主持召开的新型城镇化发展规划编制工作会议。

杨士秋副部长参加全国公务员管理信息系统建设工作协调小组第一次会议并讲话。

9月12日至14日，邱小平副部长赴上海就《劳务派遣若干规定（征求意见稿）》有关重点问题进行研讨，并到上海电气、上海宝钢等企业进行实地调研。

9月13日，尹蔚民部长会见来访的比利时副首相兼退休金大臣德克罗一行，双方就加强中比两国在人力资源社会保障领域合作进行交流。

杨志明副部长出席2013中国（宁夏）引进海内外高层次人才合作洽谈会并致辞。

杨士秋副部长主持召开公务员局第34次党组会，审议公务员局党组教育实践活动民主生活会工作方案，查找局党组在“四风”方面存在的突出问题；随后主持召开第44次局务会，审议《公务员平时考核办法（试行）》。公务员局副局长卢雍政、吴云华、陈刚参加。

中纪委驻部纪检组组长袁彦鹏出席内蒙古“草原英才”高层次人才合作交流会暨呼包鄂人才创新创业周活动开幕式，并为内蒙古人才改革试验区等8家单位颁发牌匾。其间，会见自治区党委常委、组织部长李鹏新，自治区副主席白向群。

9月14日，王晓初副部长到2013中国宁波海外留学人才创业周活动现场进行调研，并考察宁波国家高新区留学人员创业园。

9月15日，杨志明副部长出席中国—阿拉伯国家博览会开幕式。

9月16日，尹蔚民部长主持召开第18次党组会，讨论群众路线教育实践活动文件，并研究相关事项。杨志明、潘立刚、杨士秋、王晓初、何宪、胡晓义、信长星、张建国、邱小平副部长，中纪委驻部纪检组组长袁彦鹏参加。

9 月 17 日，杨志明、何宪、信长星、邱小平副部长，中纪委驻部纪检组组长袁彦鹏分别会见浙江省副省长熊建平一行。

杨士秋副部长参加党的群众路线教育实践活动中央第十八督导组会议。

王晓初副部长与土耳其大国民议会外委会主席沃坎·博兹科尔一行举行会谈，双方就推动中土关系发展、加强两国议会及专门委员会之间的友好合作关系以及国际问题交换意见。

何宪副部长会见广东省副省长林少春。

信长星副部长参加中国残联第六次全国代表大会开幕式。

9 月 17 日至 18 日，金砖国家扩大社会保障覆盖面技术研讨会在浙江省杭州市召开。胡晓义副部长出席会议并讲话。这次会议是首次在中国召开的金砖国家社保扩面研讨会。会议期间，国际社会保障协会秘书长汉斯·康克乐伍斯基向胡晓义副部长授予国际社会保障协会功勋奖章，感谢其为国际社会保障事业发展所做的突出贡献。

9 月 22 日，尹蔚民部长主持召开第 19 次党组会，传达学习部分中央督导组工作座谈会及中央第十八督导组督导单位负责人座谈会精神，研究贯彻落实措施；审议群众路线教育实践活动和进一步加强与改进人力资源社会保障宣传思想工作的文件；研究其他事项。杨志明、杨士秋、何宪、胡晓义、信长星、邱小平副部长，中纪委驻部纪检组组长袁彦鹏参加。

邱小平副部长参加全国总工会第十五届执行委员会主席团第十六次全体会议。

9 月 23 日，邱小平副部长参加全国总工会第十五届执行委员会第八次全体会议。

9 月 23 日至 24 日，杨志明副部长参加第四次全国对口支援新疆工作会议。

9 月 24 日，杨士秋副部长参加全国行政机关公务员特色实践教育基地（装甲兵工程学院）授牌签约仪式，为基地揭牌并讲话。公务员局副局长卢雍政宣读批复文件，并与相关部门代表签署协议。

9 月 25 日，潘立刚、王晓初副部长到“千人计划”、“万人计划”咨询顾问组工作会议分会场进行巡视并看望专家。

杨士秋副部长出席中央国家机关第十届“公仆杯”乒乓球联赛开幕式。

王晓初副部长参加国务院研究科技项目经费管理评价奖励改革工作会议。

胡晓义副部长会见来访的芬兰社会事务与卫生部部长宝拉·瑞斯科一行，双方就加强中芬在该领域的交流合作及继续推进中芬双边社保协定谈判进行讨论并初步达成一致意见。

9 月 27 日至 30 日，何宪副部长到四川省成都市出席全国人力资源社会保障宣传思想工作座谈会。其间，就人社有关工作与四川省委常委、常务副省长钟勉和成都市委副书记、市长葛红林交换意见，并到成都部分自主择业军转干部创办的企业进行实地调研，前往资阳市考察乡镇社会保障公共服务平台建设情况。

9 月 29 日，尹蔚民部长主持召开第 20 次党组会和第 14 次部务会，审议群众路线教育实践活动相关材料；审议关于追授兰辉同志全国“人民满意的公务员”荣誉称号的决定（送审稿）和工伤职工劳动能力鉴定管理办法（草案）。杨志明、杨士秋、王晓初、胡晓义、信长星、邱小平副部长，中纪委驻部纪检组组长袁彦鹏参加。

下午，尹蔚民部长到人民大会堂参加中国政府“友谊奖”颁奖大会。

王晓初副部长参加国务委员兼国务院秘书长杨晶主持召开的中央分类推进事业单位改革部际联席会议第四次会议，汇报事业单位人事、收入分配制度改革进展情况，重点汇报推进事业单位养老保险制度改革进展情况和下一步工作考虑。

9 月 30 日，尹蔚民部长先后列席中央政治局集体学习。陪同国务院领导会见“友谊奖”获奖专家，参加中央党的群众路线教育实践活动领导小组第四次会议。晚上，尹蔚民部长、杨士秋副部长参加国庆招待会。

杨志明副部长参加国务院办公厅户籍制度改革座谈会。

10月

10月8日，尹蔚民部长主持召开第21次党组会，组织学习习近平总书记指导河北省委常委班子专题民主生活会有关新闻报道，研究开好部党组专题民主生活会准备工作。杨志明、杨士秋、何宪、胡晓义、信长星、邱小平副部长，中纪委驻部纪检组组长袁彦鹏参加。

10月9日，胡晓义副部长参加刘延东副总理主持召开的基层医改政策落实情况督查工作汇报会。

邱小平副部长会见应全国总工会邀请访华的美国劳联—产联主席乔姆卡一行，并介绍我国人社领域改革发展有关情况，就双方感兴趣的问题进行交流。

10月9日至12日，杨志明副部长率调研组赴福建开展调研。这次调研改进了调研方式，与福建省人社厅选择对中央苏区联合开展调研，重点解决基层劳动就业和社会保障服务平台建设的突出问题。其间，与福建省委书记尤权就福建省人社工作交换意见；深入莆田市及荔城区、龙岩市连城县和上杭县、漳州市漳浦县及大南坂镇人力资源社会保障服务平台，通过座谈会、随机抽查、问卷调查等方式，与基层工作人员、企业管理人员、农民工和居民进行面对面座谈，听取县乡政府、企事业单位、一线职工和服务对象的意见建议，以及基层劳动就业和社会保障公共服务能力建设的新鲜经验，对反映的基层力量薄弱、服务人员待遇低、业务信息采集分散、设施设备落后等突出问题进行深入了解，研究探讨从目标、功能定位、夯实措施等方面进一步加强基层公共服务能力建设的指导意见。

10月10日，杨士秋副部长主持召开公务员局第35次党组会，讨论教育实践活动相关材料。公务员局副局长卢雍政、吴云华、陈刚参加。

国务院农民工工作领导小组办公室在湖北省武汉市召开了大连、长春、南京、杭州、厦门、青岛、武汉、成都、西安等副省级市农民工办和文化部、国资委、民政部、全总有关同志参加的丰富农民工精神文化工作座谈会，研究加强农民工文化工作的措施，推动建立丰富农民工精神文化生活城市交流平台。

10月10日至12日，信长星副部长到浙江省参加纪念毛泽东同志批示“枫桥经验”50周年大会暨信访工作专题会议。

10月11日，尹蔚民部长与中国残联主席张海迪和党组书记、理事长鲁勇一行座谈。

杨士秋副部长出席2014年中央机关及其直属机构招考工作协调会并讲话。公务员局副局长陈刚主持，国务院新闻办、工信部、公安部有关人员参加。

10月11日至12日，胡晓义副部长到吉林省长春市出席部分省份基础养老金全国统筹研讨会并讲话。

10月12日，何宪副部长到中国人民大学参加中国劳动学会劳动教育分会2013年年会，并与有关专家学者就收入分配改革中的新问题进行交流。

10月13日，中组部、人社部和国家公务员局在四川省绵阳市北川羌族自治县举行追授兰辉同志全国“人民满意的公务员”荣誉称号表彰会。杨士秋副部长出席表彰会，向兰辉同志妻子周志鸿同志颁发了奖章和证书，公务员局副局长吴云华主持会议。

王晓初副部长出席欧美同学会北京论坛暨第八届中国留学人员回国创新创业论坛开幕式并致辞。

10月14日，尹蔚民部长主持召开第22次党组会和第15次部务会，传达学习马凯同志有关开展党的群众路线教育实践活动的重要讲话精神并研究贯彻落实措施；听取关于北京市平谷区人社局真诚服务群众做法专题调研有关情况的汇报，并研究相关事项。杨志明、王晓初、何宪、胡晓义、信长星、张建国、邱小平副部长，中纪委驻部纪检组组长袁彦鹏参加。

杨士秋副部长参加全国干部教育培训工作会。

10月14日至17日，何宪副部长到甘肃就县以下机关建立公务员职务与职级并行制度试点工作进行调研。其间，与甘肃省委书记王三运、省长刘伟平、副省长咸辉交换意见。

10月15日至16日，养老保险顶层设计研究成果交流会在京举行。尹蔚民部长出席开幕式并致辞，胡晓义副部长主持开幕式并做会议总结。发改委、财政部、社保基金会、全国总工会有关负责同志出席。国际劳工组织、国际社会保障协会、世界银行、国务院发展研究中心、中国社会科学院、中国人民大学、浙江大学等7家平行研究机构分别展示研究成果，与会专家和部分地方人社系统同志进行了点评和讨论。

10月17日，尹蔚民部长、杨志明副部长分别会见贵州省委常委、常务副省长谌贻琴一行。

王晓初副部长出席中央机关及其直属机构2014年度考试录用公务员考务工作部署视频会议并讲话，对笔试考务工作进行部署。公务员局副局长陈刚主持会议，31个省（区、市）人社厅（局）、公务员局主要负责同志在各地分会场参加。

10月18日，尹蔚民部长、邱小平副部长参加中国工会第十六次全国代表大会开幕式。

杨士秋副部长出席全国工商联系统先进集体和先进工作者表彰会。

胡晓义副部长会见应国务院扶贫办邀请访华的坦桑尼亚劳动和就业部长卡巴卡一行，向代表团介绍我国人力资源社会保障领域有关情况。

10月21日，王晓初副部长参加欧美同学会成立100周年庆祝大会。

胡晓义副部长出席中国记协第40期新闻茶座，就"'中国梦'与社会保障体系"的主题与中外媒体记者和外国驻华使馆外交官进行交流，介绍中国社保体系的基本情况并回答提问。

10月22日，胡晓义副部长会见法国国家高等社会保障学院院长多米尼克·里博一行，就中法社会保障总体情况进行交流。之后，出席天津市社会保险基金管理中心与法国朗科多—胡斯永大区社会保险金征收局合作协议签署仪式，以及四川省职工社会保险事业管理局与法国阿基坦大区社会保险金征收局合作协议签署仪式。

10月22日至23日，按照中央统一部署和部教育实践活动工作安排，尹蔚民部长主持召开人社部党的群众路线教育实践活动专题民主生活会，按照"照镜子、正衣冠、洗洗澡、治治病"的总要求，围绕为民务实清廉，聚焦"四风"突出问题，以整风精神开展批评和自我批评。杨志明、杨士秋、王晓初、何宪、胡晓义、信长星、张建国、邱小平副部长，中纪委驻部纪检组组长袁彦鹏参加。中央第十八督导组组长胡振民到会指导并点评，副组长鲍绍坤及全体督导组成员、中组部和中央国家机关工委有关同志到会指导。

10月23日，尹蔚民部长、王晓初副部长分别会见香港特别行政区劳工处处长卓永兴一行。尹蔚民部长从就业、社会保障、构建和谐劳动关系方面介绍内地人力资源社会保障工作发展情况，特别介绍了推进就业优先战略的举措和工作目标；卓永兴处长介绍了香港最低工资、促进就业等劳工事务近况。

10月24日，王晓初副部长会见来华访问的联合国助理秘书长、开发计划署助理署长兼亚太局局长徐浩良一行。

邱小平副部长参加全国冬春农田水利基本建设电视电话会议。

10月24日至26日，按照国办有关工作安排，杨志明副部长率加快推进户籍制度改革政策要点听取地方意见调研组到河南省郑州市、南阳市进行专题调研。其间，召开2场座谈会，听取河南省政府及13个省直部门，以及郑州市和南阳、安阳、信阳、许昌4个地级市，滑县、潢川、长葛3个县政府及发展改革、公安、人社部门有关负责同志的意见，并赴南阳市镇平县对农民工城镇落户意愿等情况进行实地调研。

10月25日，何宪副部长出席人才强国研究出版工程启动会并讲话。

10月26日，尹蔚民部长参加中央党的群众路线教育实践活动领导小组第五次会议。

10月28日，尹蔚民部长参加中国妇女第十一次全国代表大会开幕式。下午，主持第24次党组会和第16次部务会，审议《人力资源社会保障部关于加强干部教育培训管理的规定（送审稿）》和《人力资源社会保障部会议管理办法（送审稿）》，并研究相关事项。杨志明、杨士秋、何宪、胡晓义、信长星、邱小平副部长，中纪委驻部纪检组组长袁彦鹏参加。

10月29日，尹蔚民部长列席中央政治局集体学习。

杨士秋副部长主持召开公务员局党组会，研究党的群众路线教育实践活动专题民主生活会有关事宜。公务员局副局长杨春光、卢雍政、吴云华、陈刚参加。

10月29日至31日，信长星副部长到湖南开展调研。其间，分别听取省人社厅和益阳市人社局工作情况汇报，到益阳市部分企业调研淘汰落后产能情况，到街道、社区考察基层服务平台建设情况，并分别与部分淘汰落后产能企业和就业困难人员进行座谈。

10月29日至11月1日，何宪副部长到浙江杭州出席第十次全国大城市军转工作联席会议。会后到江山、兰溪、义乌等地就军转安置和机关事业单位工资工作进行调研。

邱小平副部长到重庆开展调研。其间，与重庆市副市长刘强就人社有关工作进行沟通，听取重庆市人社部门工作情况汇报，深入巴南区、九龙坡区、永川区等地调研，分别与人社、工会、企联、工商联等部门相关单位以及劳动保障监察机构、劳动人事争议调解仲裁机构、基层劳动就业社会保障平台的代表，部分企业和农民工代表进行座谈，实地了考察人力资源服务产业园、劳动人事争议仲裁院、劳动保障监察机构、基层劳动就业社会保障平台、农民工综合服务中心等。

10月30日，尹蔚民部长列席李克强总理主持召开的第29次国务院常务会议，讨论建立健全社会救助制度，推进以法治方式织牢保障困难群众基本生活的安全网。会议指出，要注重做好“零就业”家庭的失业救助工作，为有劳动能力但未就业人员提供职业指导、介绍公益性就业岗位等公共就业服务。

杨士秋副部长参加第一批党的群众路线教育实践活动工作座谈会。

10月31日，信长星副部长列席国务院经济形势专家企业负责人座谈会。

11月

11月1日，尹蔚民部长参加地方政府职能转变和机构改革工作电视电话会议。下午，参加“万人计划”专家座谈会。

按照中央统一部署和部、局教育实践活动工作安排，杨士秋副部长主持召开国家公务员局党组党的群众路线教育实践活动专题民主生活会，按照“照镜子、正衣冠、洗洗澡、治治病”的总要求，围绕为民务实清廉，聚焦“四风”突出问题，以整风精神开展批评与自我批评。中央第十八督导组组长胡振民到会指导并点评，副组长鲍绍坤及督导组全体成员、中央国家机关工委有关同志到会指导。公务员局副局长杨春光、卢雍政、吴云华、陈刚参加。

胡晓义副部长参加国家教育体制改革领导小组第九次全体会议。

11月2日，胡晓义副部长出席2013中国老龄事业发展高层论坛并发表演讲。晚上，会见应邀来访的国际行政科学学会主席吉尔特·波科特，就进一步发展友好合作关系事宜交换意见。

11月3日，胡晓义副部长参加国务委员兼国务院秘书长杨晶主持召开的部分省（区、市）事业单位分类改革工作座谈会。

11月4日，尹蔚民部长主持召开第25次党组会。传达学习党的群众路线教育实践活动工作座谈会精神，研究贯彻落实措施。杨志明、杨士秋、何宪、胡晓义、信长星副部长参加。

尹蔚民部长、王晓初副部长分别会见欧盟就业社会事务与社会融合委员拉斯洛·安多尔一行，双方就共同关心的问题进行深入交流。下午，尹蔚民部长、张建国副部长陪同马凯副总理会见美国退休人员协会主席罗伯特·罗马斯科一行。

11 月 4 日至 8 日，邱小平副部长率团赴美国开展第四次中美劳工部门对话。其间，与美国劳工部副部长哈瑞斯就 2002 年以来中美劳工合作进行回顾，提出双方下一步合作设想，重点就中美劳动监察绩效评估、和谐劳动关系指标评估等工作进行交流。之后，赴美国劳工部工资工时局坦帕地区办公室就劳动监察工作进行专题考察交流。

11 月 6 日，杨志明副部长在安徽省合肥市出席人力资源社会保障统计工作座谈会暨社区直报调查布置会并讲话。

11 月 7 日，第五届中国社会保障论坛在北京召开。尹蔚民部长发表主旨演讲，胡晓义副部长主持开幕式和“社会保险法专题”研讨。中国社会保险学会会长王建伦、中国医疗保险研究会会长王东进和国务院有关部委负责同志出席。人社部有关单位负责同志、社保领域专家学者、社会保险实际工作者及社会有关方面人士 250 余人参加。

11 月 8 日，尹蔚民部长与河北省省长张庆伟在北京签署《人力资源社会保障部、河北省人民政府共同推进河北省人力资源和社会保障事业发展与改革备忘录》。杨志明、杨士秋副部长出席备忘录签署仪式。

部教育实践活动领导小组召开部党组专题民主生活会情况通报会暨教育实践活动整改落实、建章立制环节工作部署会。尹蔚民部长主持会议，并部署整改落实、建章立制环节工作，杨志明副部长通报部党组专题民主生活会情况，杨士秋副部长传达刘云山同志在党的群众路线教育实践活动工作座谈会上的讲话精神。中央第十八督导组成员蒋凌云到会指导。公务员局副局长卢雍政、陈刚，部机关、公务员局处以上干部、事业单位司级干部 300 余人参加。

11 月 9 日至 12 日，尹蔚民部长参加十八届三中全会。

11 月 11 日，杨志明、王晓初副部长分别会见国际劳工组织副总干事瓦恩斯一行。杨志明副部长简要介绍人社部职能及我国人力资源社会保障状况，并就双方合作交换意见。

人社部召开全国城乡居民大病保险工作视频会，总结交流大病保险试点经验，研究进一步推进和完善城乡居民大病保险工作的措施。胡晓义副部长出席并讲话。全国各省（区、市）、新疆生产建设兵团和副省级城市、试点城市人社厅（局）相关同志参加了会议。

信长星副部长参加由国务院副秘书长肖捷主持召开的会议，研究失业保险基金用于兼并重组企业稳定岗位补贴问题。

11 月 13 日，人社部召开传达贯彻党的十八届三中全会精神大会。尹蔚民部长主持并讲话，杨士秋副部长传达十八届三中全会有关精神。杨志明、何宪、邱小平副部长，中纪委驻部纪检组组长袁彦鹏和原部领导孙宝树、赵东宛、李伯勇、蒋冠庄、张汉夫、程连昌、徐颂陶、王建伦、王东进、李有慰、华福周、张建良、崔会烈同志，公务员局副局长杨春光、吴云华、陈刚，部属各单位、公务员局司级干部，离退休干部党支部书记共约 230 人参加。

中纪委驻部纪检组组长袁彦鹏与参加全国人社系统纪检监察干部业务培训班的学员进行座谈。

11 月 13 日至 20 日，胡晓义副部长率团赴卡塔尔参加世界社会保障论坛暨国际社会保障协会第 31 届全球大会并访问土耳其。在卡塔尔期间，胡晓义副部长出席世界社会保障峰会和金砖国家社保扩面专场会并发言，介绍我国社保制度建设和社保扩面取得的成就，参加金砖国家社会保障部长会议。在土耳其期间，胡晓义副部长与土耳其劳动和社会保障部副部长举行会谈，就加强两部合作交换意见；访问土耳其社会保障署，了解土社会保障制度，并就商签双边社会保险协定做土方工作。

11月14日，尹蔚民部长主持召开第26次党组会和第17次部务会，研究部署贯彻落实党的十八届三中全会精神的有关措施；审议《国务院关于建立健全城乡居民基本养老保险制度的意见（送审稿）》，听取关于同意建立“中国江苏（苏州）人力资源服务产业园”有关情况的汇报，并研究其他事项。杨志明、杨士秋、何宪、信长星、张建国副部长，中纪委驻部纪检组组长袁彦鹏参加。

信长星副部长主持会议，与来人社部走访的全国政协提案委员会副主任干以胜一行就提案办理情况进行座谈。

11月15日，王晓初副部长参加刘延东副总理主持召开的国家科技体制改革和创新体系建设领导小组第四次全体会议。

11月15日至16日，信长星副部长到深圳出席第十五届中国国际高新技术成果交易会。

11月16日，中国人力资源和社会保障出版集团有限公司成立大会在京召开，王晓初副部长致辞并揭牌。

11月18日，尹蔚民部长主持召开第18次部务会，审议《第八届“人民满意的公务员”和“人民满意的公务员集体”拟表彰对象名单（送审稿）》、《关于推进新一轮对口支援新疆工作促进新疆人力资源社会保障事业发展的意见（送审稿）》。杨志明、杨士秋、何宪、信长星副部长，中纪委驻部纪检组组长袁彦鹏参加。

杨士秋副部长主持召开公务员局第37次党组会和公务员局第45次局务会，研究贯彻落实十八届三中全会精神的意见，部署局群众路线教育实践活动整改落实、建章立制环节有关工作，研究2014年重点工作项目。公务员局副局长杨春光、卢雍政、吴云华、陈刚参加。

11月19日，何宪副部长出席全国军转系统工作人员业务培训班并授课。

中纪委驻部纪检组组长袁彦鹏到浙江杭州出席全国人力资源社会保障政务公开工作座谈会并讲话。会议观摩学习了浙江省人社系统开展“阳光政务”的做法，北京、上海、江苏、浙江、广东五省（市）人社厅（局）负责同志作经验交流。中纪委预防腐败室和国办信息公开办有关同志，部属有关单位负责同志，各省（区、市）人社厅（局）分管政务公开工作的负责同志和负责政务公开工作的处室负责人，浙江省11个市的人社局长参加。

11月20日，杨士秋副部长出席中国建材联合会第五次会员代表大会暨建材行业先进集体、先进工作者和劳动模范表彰大会。

信长星副部长在重庆出席亚欧青年就业高层研讨会开幕式并致辞。

11月22日，尹蔚民部长参加中央领导同志主持召开的座谈会，征求各民主党派、全国工商联和无党派人士对经济工作的意见。

杨士秋副部长主持召开公务员局第38次党组会，研究局党组教育实践活动整改落实方案、专项整治方案和制度建设计划。公务员局副局长杨春光、卢雍政、陈刚参加。

11月22日至23日，中纪委驻部纪检组组长袁彦鹏到海南就优质服务窗口创建工作进行调研。其间，分别听取海口市、三亚市工作情况汇报，并实地考察三亚市人力资源市场服务窗口和海口市龙泉镇人力资源服务窗口。

11月23日至24日，中央机关及其直属机构2014年度考试录用公务员笔试在全国31个省（区、市）举行，近102万名考生参加考试。王晓初副部长、中纪委驻部纪检组组长袁彦鹏分别在北京、海南考区巡视。100余名工作人员分赴46个考点城市督查考务组织工作。

11月23日至30日，杨士秋副部长率团对斯里兰卡和印度进行访问。在斯里兰卡期间，与斯里兰卡总理贾亚拉特纳会谈；访问斯里兰卡劳动和劳动关系部并与娄库格部长会谈，签署两部门合作谅解备忘录；与斯里兰卡公共行政和内政部部长塞内瓦拉斯和资深部长秘书处负责人力资源开发的部长贡纳塞卡拉会谈。在印度期间，访问了印度人事、公共申诉和养老金部，与常务秘书科萨里共同主持公务员培训专题研讨会，并就两部门2014—2015年度合作计划进行商谈；与印度劳动和就业部副部长库玛尔会谈，就加强两部门在国际劳工组织等多边机制合作达成一致；与印度公务员委员会主席阿格拉沃会谈。公务员局副局长卢雍政同往。

11月25日，尹蔚民部长主持召开第27次党组会，讨论部教育实践活动专项整治方案等，并研究相关事项。杨志明、何宪、胡晓义、信长星、邱小平副部长，中纪委驻部纪检组组长袁彦鹏参加。

胡晓义副部长会见应中联部邀请访华的欧洲社会党副主席罗亚尔女士一行，介绍我国人力资源社会保障领域改革发展的有关情况，并就双方感兴趣的问题进行交流。

11月25日至27日，信长星副部长应邀赴新加坡出席新加坡总理公署主办的第四届中新领导力论坛，并就我国开展公务员职业道德建设情况做专题发言。

11月25日至12月2日，王晓初副部长应邀率全国人大代表团访问欧盟和罗马尼亚，并作为中方主席共同主持中欧议会定期交流机制第36次会议；出席第三届中欧论坛，代表中方做主旨发言。

11月26日，中纪委驻部纪检组组长袁彦鹏参加中央第十八督导组组长胡振民主持召开的8个单位教育实践活动领导小组副组长会议。

11月27日，习近平总书记考察济南市农民工综合服务中心时，对农民工工作做出重要指示，要求把涉及农民工的政策落实好，并在实践中不断完善，贵在坚持。对家庭服务业，习近平同志指出，家政服务大有可为，要坚持诚信为本，提高职业化水平，做到与人方便、自己方便。

11月28日，中纪委驻部纪检组组长袁彦鹏到监察部参加部分中央和国家机关纪检组长（纪委书记）座谈会并发言。

胡晓义副部长参加国务院防治艾滋病工作委员会全体会议。

11月至12月，国务院农民工工作领导小组办公室组织开展第七次全国农民工工作督察，推动各地贯彻党的十八大精神，落实国务院农民工工作领导小组第一次全体会议工作部署，突出重点，全面做好农民工工作。

11月至2014年1月，人社部会同住建部、公安部、国资委、工商行政总局、全国总工会在全国联合开展农民工工资支付情况专项检查。

12月

12月1日，胡晓义副部长陪同刘延东副总理到北京佑安医院考察艾滋病防治工作并慰问患者。

12月2日，杨志明副部长出席第九次全国归侨侨眷代表大会，并宣读全国侨联系统先进集体和先进工作者表彰决定。

12月2日至3日，人社部召开年底务虚会。会议深入学习贯彻习近平总书记的一系列重要讲话精神特别是关于人力资源社会保障工作的重要论述，深入学习贯彻党的十八届三中全会精神，研究谋划明年工作思路和主要任务。尹蔚民部长主持会议并做重要讲话。杨志明、杨士秋、王晓初、何宪、胡晓义、信长星、张建国、邱小平副部长，中纪委驻部纪检组组长袁彦鹏出席并发言，潘立刚副部长出席。外专局副局长孙照华、公务员局副局长卢雍政和公务员局各司主要负责同志参加，部属各单位主要负责同志参加并发言。

12月4日，王晓初副部长陪同全国人大常委会委员长张德江会见韩国议长姜昌熙。

12月5日，胡晓义副部长参加全国爱国卫生运动委员会第一次全体会议。

12月6日，杨志明副部长赴广东广州出席人社系统对口援疆工作协调会并讲话。会议传达了全国第四次对口援疆工作会议精神，总结三年来人社系统对口援疆工作取得的成绩，分析当前存在的问题，明确新一轮对口援疆的重点任务；对口支援省市和新疆受援地区就新一轮对口支援工作协议进行对接，针对新疆未就业高校毕业生赴内地培养计划实施情况进行深入座谈。新疆维吾尔自治区、新疆生产建设兵团、19个对口援疆省（市）人社厅（局）相关负责同志及新疆维吾尔自治区12个受援地州、兵团12个受援师人社局长参加。

胡晓义副部长参加国务院安委会全体会议。

12月9日，尹蔚民部长主持召开第28次党组会和第19次部务会，传达中央和国家机关党的群众路线教育实践活动中央督导组组长座谈会和中央第十八督导组所督导的8个单位教育实践活动领导小组副组长会议精神，听取部教育实践活动第三环节进展情况和下步工作建议的汇报；审议部党组中心组学习制度（修订稿）、部财务管理规定（修订稿）等文件。杨志明、杨士秋、王晓初、何宪、胡晓义、信长星、邱小平副部长，中纪委驻部纪检组组长袁彦鹏参加。

王晓初副部长与丹麦社会事务、儿童与社会融合部常务秘书兹韦斯勒先生共同签署中丹两国政府社会保障协定及其行政协议。签署仪式前，王晓初副部长向兹韦斯勒先生一行介绍我国人力资源社会保障领域改革发展的有关情况，并就加强合作交换意见。

12月10日，何宪副部长会见甘肃省副省长咸辉一行。

中央教育实践活动领导小组办公室副主任、中纪委副部级巡视专员谢秀兰率调研组到人社部调研，了解教育实践活动开展情况，重点了解整改落实、建章立制环节工作，特别是专项整治情况。中纪委驻部纪检组组长袁彦鹏主持召开调研座谈会并汇报教育实践活动开展情况。

12月10日至13日，尹蔚民部长，杨士秋、张建国副部长参加中央经济工作会议和中央城镇化工作会议。

12月11日，信长星副部长会见国际劳工组织前任副总干事、凯迪有限责任公司主席兼总裁胡廷。双方就当前就业领域的最新进展等情况进行交流。

12月12日，杨士秋副部长主持召开公务员局第46次局务会，讨论《关于进一步加强考试录用工作的意见》。公务员局副局长杨春光、卢雍政、吴云华出席。

12月14日，王晓初副部长到海南看望并慰问休假专家，并主持召开座谈会听取专家对做好政府人才工作的意见和建议。

12月16日，人社部、全国总工会、全国工商联在京联合召开“第五届全国就业与社会保障先进民营企业表彰大会”。会议对近两年在吸纳就业和参加社会保险方面做出突出贡献的民营企业予以表彰，授予了“东华软件股份公司”等100家民营企业“全国就业与社会保障先进民营企业”荣誉称号；对在2012年和2013年全国民营企业招聘周活动期间组织工作突出城市和吸纳就业突出民营企业予以通报，表扬了北京市东城区等56个城市（区）和“北京崇文门菜市场物美综合超市有限公司”等81家民营企业。全国政协副主席、全国工商联主席王钦敏出席会议并讲话。会议由尹蔚民部长主持。中央统战部副部长，全国工商联党组书记、常务副主席全哲洙；全国总工会副主席、书记处第一书记陈豪；人社部副部长信长星；全国总工会副主席、书记处书记焦开河；全国工商联副主席谢经荣出席会议。

尹蔚民部长主持部传达贯彻中央经济工作会议和城镇化工作会议精神大会并讲话。杨志明、杨士秋、何宪、胡晓义、信长星副部长，中纪委驻部纪检组组长袁彦鹏和原部领导李伯勇、蒋冠庄、张汉夫、程连昌、徐颂陶、王建伦、戴光前、侯建良同志出席。公务员局副局长杨春光、卢雍政和部属各单位、公务员局各司司级干部，离退休干部党支部书记参加。

国家信息惠民工程实施方案经国家战略性新兴产业发展专家咨询委员会评审通过，“跨省医保费用即时结算试点专项”被确立为国家信息惠民工程新设专项。专项计划用3年时间在15个省份100个地市开展跨省（地区）医保费用即时结算试点，服务约3亿参保人员。

12月16日至17日，王晓初副部长到广

东开展调研。其间，与广东省人社厅主要负责同志就人才有关工作进行沟通，主持召开广东省技工院校改革发展工作座谈会和广东省部分高校职称制度改革座谈会。

12 月 17 日，第八届全国“人民满意的公务员”和“人民满意的公务员集体”表彰大会在北京人民大会堂召开。大会共表彰了 99 名“人民满意的公务员”和 80 个“人民满意的公务员集体”。李克强总理接见受表彰人员和与会代表并发表重要讲话。刘云山同志和马凯、刘奇葆、赵乐际、杨晶、郭声琨、王正伟同志以及 60 余位中央和国家工作部门主要负责同志参加接见。马凯同志出席表彰大会并做重要讲话。尹蔚民部长主持会议，杨士秋副部长出席，公务员局副局长杨春光、卢雍政、吴云华参加。人社部农村社会保险司综合处荣获“人民满意的公务员集体”称号。

尹蔚民部长主持召开第 29 次党组会和第 20 次部务会，审议《全国人力资源和社会保障工作会议报告（送审稿）》；审议《关于优质服务窗口评选表彰工作和优质服务窗口表彰决定的请示》，并研究相关事项。杨志明、杨士秋、何宪、胡晓义、信长星、邱小平副部长，中纪委驻部纪检组组长袁彦鹏参加。

12 月 18 日，国家公务员局召开年底务虚会，学习贯彻党的十八大、十八届三中全会精神，回顾总结 2013 年公务员管理工作，谋划 2014 年工作思路和任务。杨士秋副部长主持会议。杨春光、卢雍政、吴云华、陈刚副局长出席会议。

王晓初副部长出席第 16 届中国留学人员广州科技交流会并致辞。

何宪副部长参加国家民委委员全体会议。

国资委、教育部、人社部在四川大学联合举办“第三届中央企业面向西藏青海新疆高校毕业生现场招聘会”。信长星副部长、国资委副主任徐福顺出席招聘会并讲话。

人社部、中国残联在四川成都开展就业援助月活动，信长星副部长出席并讲话。

12 月 18 日至 20 日，杨志明副部长到新疆维吾尔自治区对人力资源社会保障援疆政策措施落实情况和新疆未就业高校毕业生赴内地培养计划实施情况进行专题调研。其间，听取了自治区人社厅、自治区普通高校毕业生赴援疆省市培养工作领导小组办公室、新疆生产建设兵团人社局有关人力资源社会保障援疆及培养计划实施情况的汇报，深入乌鲁木齐市天山区、阿克苏地区等地进行实地走访，与培养计划相关组织部门、用人单位以及返疆学员进行座谈，广泛听取意见建议。

12 月 19 日，人社部会同发改委、公安部、财政部、住建部、交通运输部、水利部、国资委、工商总局、中华全国总工会联合召开春节前保障农民工工资支付工作视频会议，对做好 2014 年春节前保障农民工工资支付工作进行动员部署。尹蔚民部长和住建部副部长王宁，交通运输部副部长冯正霖，中华全国总工会副主席、书记处书记范继英出席会议并讲话。邱小平副部长主持会议。各省（区、市）及新疆生产建设兵团人社、公安、住建等十部门有关负责同志在各分会场出席会议。

12 月 20 日，尹蔚民部长主持召开第 30 次党组会和第 21 次部务会，传达学习习近平总书记在听取河北省委党的群众路线教育实践活动总体情况汇报时的重要讲话精神，研究贯彻落实措施；听取 2013 年预算管理和 2014 年预算编制情况的汇报，审议《劳务派遣若干规定（送审稿）》等文件，并研究相关事项。杨志明、杨士秋、王晓初、何宪、胡晓义、信长星、邱小平副部长，中纪委驻部纪检组组长袁彦鹏参加。

王晓初副部长出席第四届全国职工优秀技术创新成果表彰大会并宣读表彰决定。

12 月 23 日，邱小平副部长参加全国总工会第十六届执行委员会主席团第三次全体会议。

12 月 25 日，尹蔚民部长、胡晓义副部长参加国务院深化医药卫生体制改革领导小组组长会议。

杨士秋副部长与青海省副省长马顺清一行

就玉树灾后重建表彰工作事宜进行座谈。

12 月 26 日，杨士秋副部长出席全国工商行政管理暨评选表彰工作会议并宣读表彰决定。下午，参加 2013 年全国行政学院院长会议。

邱小平副部长参加纪念毛泽东同志诞辰 120 周年座谈会。

12 月 26 日至 27 日，全国人力资源和社会保障工作会议暨优质服务窗口表彰大会在京召开。会议深入贯彻落实党的十八届三中全会精神和习近平总书记系列重要讲话精神，落实中央经济工作会议和中央城镇化工作会议、中央农村工作会议部署，研究深化人社领域重大改革问题，总结 2013 年人社工作，部署 2014 年工作任务。会议还对全国人社系统 389 个优质服务窗口进行了表彰。尹蔚民部长做工作报告，杨志明副部长做会议总结。潘立刚、杨士秋、王晓初、何宪、胡晓义、信长星、张建国、邱小平副部长，中纪委驻部纪检组组长袁彦鹏出席。外专局和公务员局领导班子成员，各省（区、市）、新疆生产建设兵团、副省级市人社厅（局）主要负责同志，中央和国家机关各部委、各直属机构等人事部门负责同志，军队有关单位负责同志，部分特邀单位代表，部属各单位和公务员局各司主要负责同志参加。

杨士秋副部长参加中央国家机关部门党组（党委）书记座谈会。

12 月 30 日，尹蔚民部长主持召开第 31 次党组会和第 22 次部务会，听取关于部廉政风险防控机制建设工作总结及下一步工作建议的汇报；审议《人力资源社会保障部关于减少资格许可和认定工作有关问题的请示（送审稿）》，并研究相关事项。杨志明、杨士秋、王晓初、何宪、胡晓义、信长星副部长，中纪委驻部纪检组组长袁彦鹏参加。

尹蔚民部长列席中央政治局集体学习。

12 月 31 日，尹蔚民部长参加中央党的建设工作领导小组第六次会议。